転生

満州国皇帝・愛新覚羅家と天皇家の昭和

Hisashi Maki
牧久

小学館

満州国皇帝の溥儀《ふぎ》(右)を東京駅のホームに迎えに出て握手を交わす昭和天皇
(1940年6月26日)

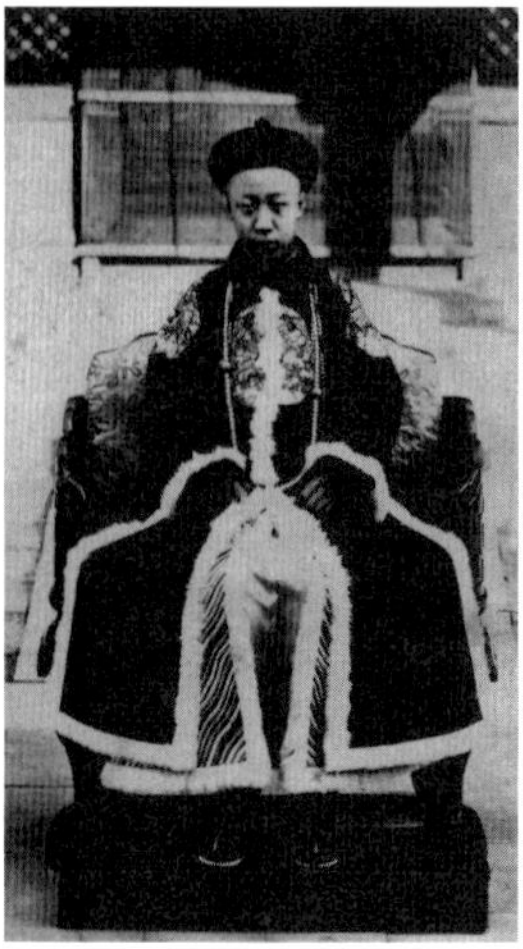

溥儀は辛亥革命によって廃帝となったが復辟《ふくへき》運動によってふたたび宣統帝に

父、二代目醇親王《じゅんしんのう》の愛新覚羅《あいしんかくら》載灃《さいほう》と3歳の溥儀。載灃の膝の上で抱かれているのが溥傑《ふけつ》

溥儀の最初の側室・文繡《ぶんしゅう》

皇后・婉容《えんよう》と『紫禁城の黄昏』を書いた溥儀の家庭教師ジョンストン。右は婉容の家庭教師のイザベル・イングラム

満州国皇帝・康徳帝となった溥儀。陸軍様式の正装に昭和天皇から授与された大勲位菊花章頸飾を佩用している

1928年(昭和3年)6月3日、京奉線と満鉄とが交わる皇姑屯《こうことん》に仕掛けられた爆弾が爆発、特別列車に乗っていた張作霖《ちょうさくりん》が重傷を負い死亡。東京裁判に提出された現場写真

天津時代。誕生日を迎え、婉容や妹たちと記念撮影する溥儀(右端)

千葉・稲毛の新居で

侯爵嵯峨《さが》実勝《さねとう》と尚子の長女だった浩の
お見合い写真

結婚式の記念写真。前列左から３人目が、媒酌人の本庄繁・元関東軍司令官、以下、順に溥傑、浩、本庄夫人、嵯峨公勝（浩の祖父）と祖母・南加

新京（長春）の溥傑邸で。
乳母車に乗っているのは長女・慧生《えいせい》

満州族の正装姿の浩。溥儀皇帝夫妻に拝謁の際にはこの姿で三跪九叩の礼を行う

バイオリンを弾く慧生とピアノで伴奏する次女の嫮生《こせい》。
日本の敗戦によって満州国が崩壊、
ソ連軍に囚われた溥傑とはぐれ逃避行を重ねて
日本に生還した浩は実家に身を寄せていた

東京裁判の証人台に立ち宣誓をする溥儀（1946年8月16日）

学習院高等科時代の慧生

慧生は、学習院大学文学部2年の同級生・大久保武道と伊豆・天城山で心中する。写真は、大久保の手に握られていたピストル

特赦で撫順戦犯管理所から釈放された溥儀は、62年4月に最後の妻・李淑賢《りしゅくけん》と再婚する

61年5月、周恩来総理の尽力で、浩と嫮生は溥傑と再会を果たす。写真は香港から広州に向かう列車で。生き別れたとき5歳だった嫮生は21歳に、浩は47歳になった

溥傑と浩の再会を祝い周恩来総理が催した午餐会の記念写真。前列右端から溥傑、浩、周恩来、浩の母尚子、2列目浩と周総理の間に嫮生。溥儀は前列左から2人目

1992年10月に訪中し、北京の故宮博物院（紫禁城）を見学する明仁天皇・美智子皇后

晩年の溥傑と浩

訪中した明仁天皇と溥傑（右から2人目）。
橋本大使主催のレセプションで（1992年10月25日）

写真提供／関西学院大学博物館、朝日新聞社、毎日新聞社

転生——満州国皇帝・愛新覚羅家と天皇家の昭和　目次

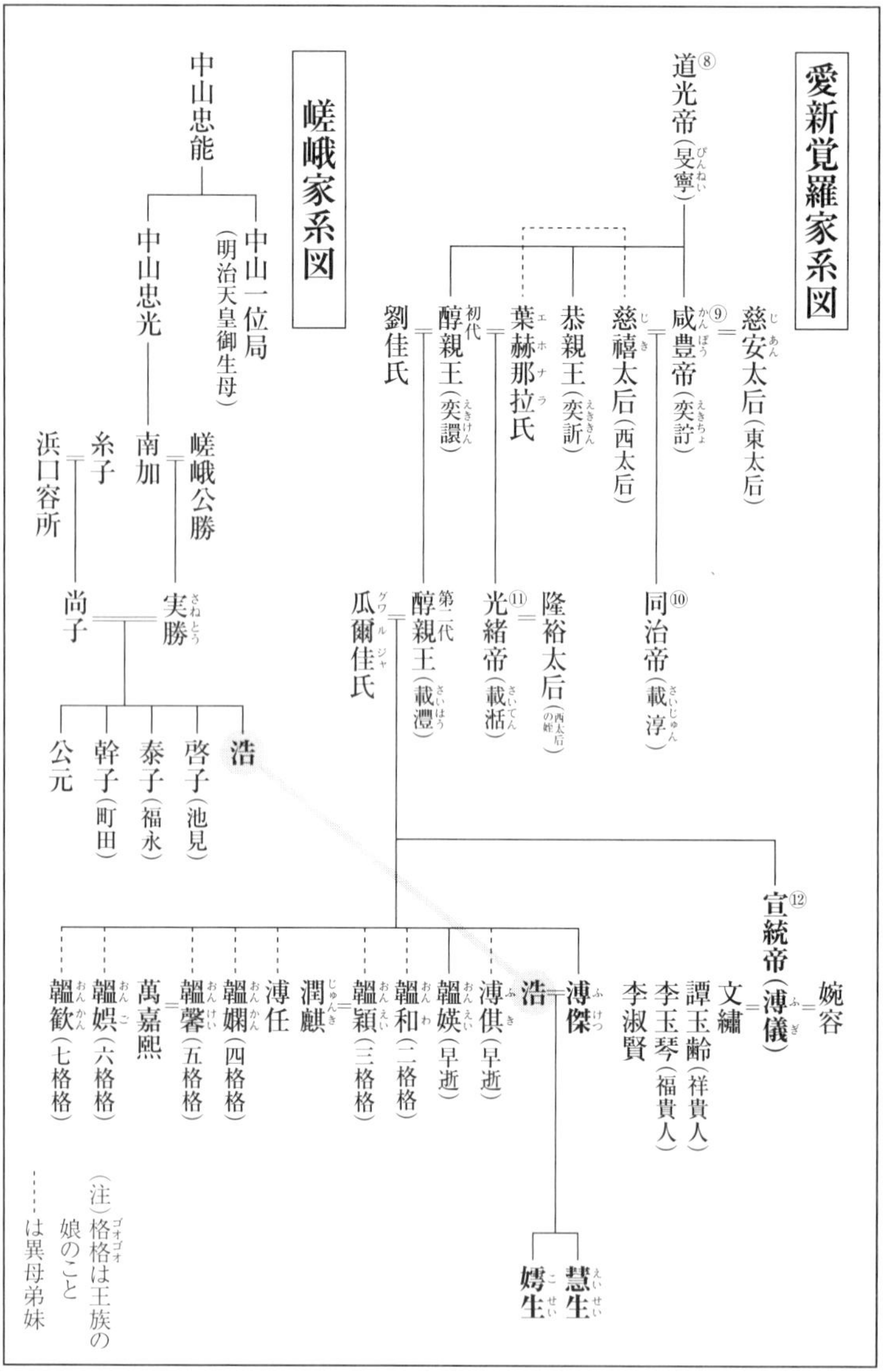
愛新覚羅家系図
道光帝⑧（旻寧《びんねい》）
咸豊帝《かんぽう》⑨（奕詝《えきちょ》）
慈安太后《じあん》（東太后）
慈禧太后《じき》（西太后）
恭親王（奕訢《えききん》）
葉赫那拉氏《エホナラ》
初代醇親王（奕譞《えきけん》）
劉佳氏
同治帝⑩（載淳《さいじゅん》）
隆裕太后（西太后の姪）
光緒帝⑪（載湉《さいてん》）
第二代醇親王（載灃《さいほう》）
瓜爾佳氏《グワルジャ》
宣統帝⑫（溥儀《ふぎ》）
婉容
文繡
譚玉齢（祥貴人）
李玉琴（福貴人）
李淑賢
溥傑《ふけつ》
浩
溥倛《ふき》（早逝）
韞媖《おんえい》（早逝）
韞和《おんわ》（二格格）
韞穎《おんえい》（三格格）
潤麒《じゅんき》
溥任
韞嫻《おんかん》（四格格）
韞馨《おんけい》（五格格）
萬嘉熙
韞娛《おんご》（六格格）
韞歡《おんかん》（七格格）
慧生《えいせい》
嫮生《こせい》
嵯峨家系図
中山忠能
中山一位局（明治天皇御生母）
中山忠光
南加
嵯峨公勝
糸子
浜口容所
実勝《さねとう》
尚子
浩
啓子（池見）
泰子（福永）
幹子（町田）
公元
（注）格格《ゴオゴオ》は王族の娘のこと
……は異母弟妹

満州国

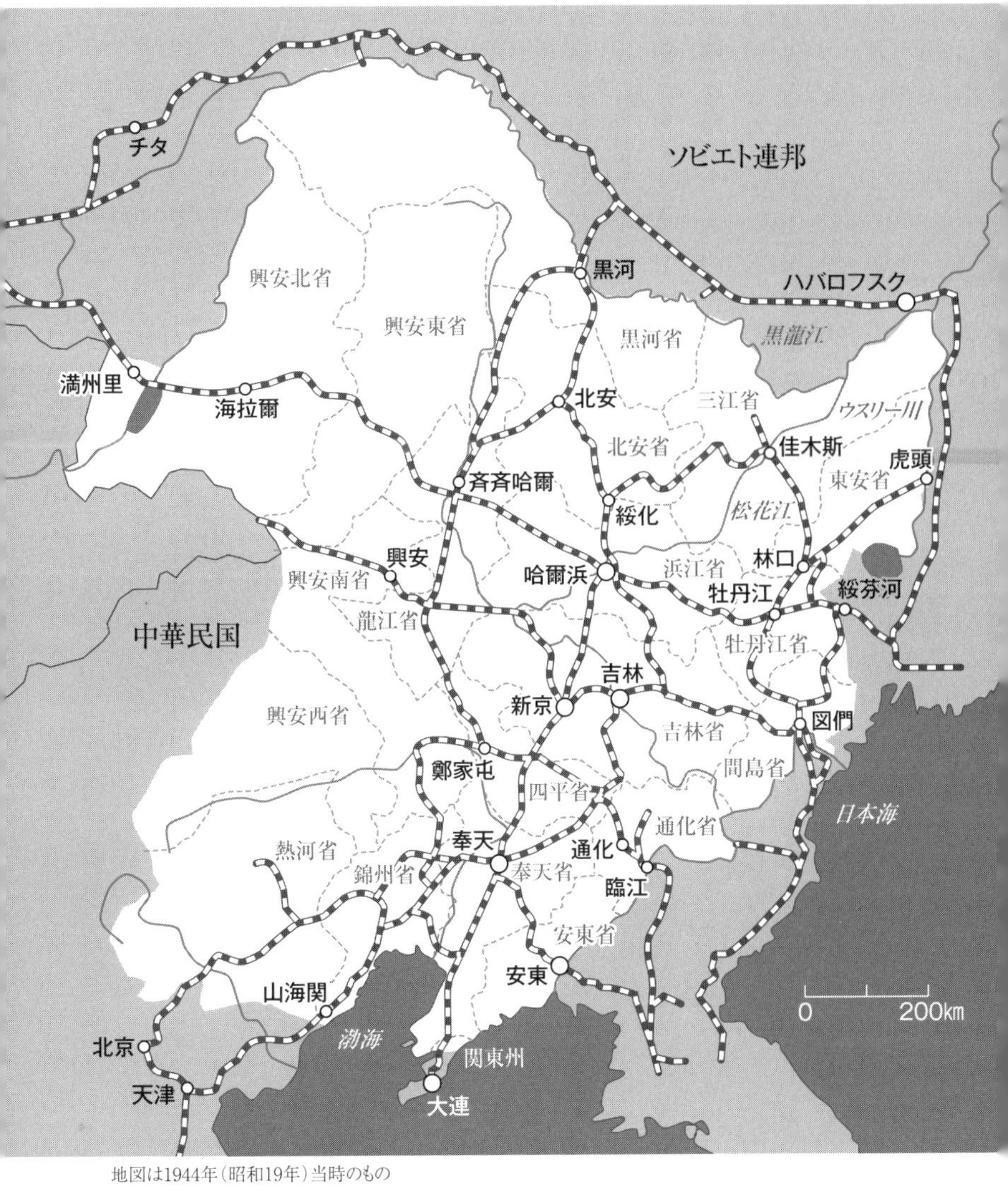

地図は1944年（昭和19年）当時のもの

凡例

＊本文中の敬称は原則、省略します。
＊「満洲」（現・中国東北地方）は、「満州」と表記しました。
＊「支那」「北支」などは、第二次世界大戦後、使用を控えるべき言葉となりましたが、当時の文書、書籍からの引用などにおいては、ママ表記している箇所があります。
＊地名の「北京」は歴史上一時「北平」となりますが、一部を除いて、表記は「北京」とします。
＊軍隊の部隊名、および人物の肩書き、学校名、地名等々は原則的に当時のものとし、（　）内で適宜補足しました。
＊書籍、新聞、公文書の引用に際しては、読みやすさを考慮し、原文がカタカナの場合はひらがなに、旧漢字を新字、旧かなづかいを新かなづかいに、また句読点などを入れたり簡略化したことをお断りします。
＊地名、人名については通用の表記に従って、旧字、異体字のままとしたものもあります。

転生

——満州国皇帝・愛新覚羅家と天皇家の昭和

Addio, amore! Addio,razza!
Addio, stirpe divina!
E finisce la China!

さらば、愛よ！　さらば、民族よ！
さらば、尊き血筋よ！
これで中国は終わる！

――歌劇トゥーランドット第二幕第一場より（小瀬村幸子訳・音楽之友社）

序章　数奇な人生への旅立ち

白雲木の花

JR総武線稲毛《いなげ》駅から西へ十分ほど歩くと、左手に稲毛浅間神社《せんげんじんじゃ》の小高い杜《もり》が見えてくる。その杜に寄り添うように、ひっそりと建つ古びた木造平屋建て瓦葺き屋根の和風住宅がある。玄関に通じる階段わきの小さな表示板に「千葉市ゆかりの家・いなげ（愛新覚羅溥傑仮寓）」と記されている。この住宅の広い庭に四季折々に咲き乱れる花々の借景となっているのが浅間神社の杜の豊かな松の緑である。一九一三年（大正二年・推定）に東京の実業家、鈴木弥吉が建てた別荘だという。その後、所有者は何人か変わったが九七年（平成九年）、千葉市が買い取り、同年四月から一般に公開した。二〇一六年（平成二十八年）には千葉市の「地域有形文化財」に指定されている。

昭和三十年代の中ごろまでは国道一四号線に面した浅間神社の前面には沖合数キロにわたって、カモメがゆったりと飛び交う遠浅の海が広がり、春先になると東京からもやってくる多くの潮干狩り客で賑わっていた。日本が高度経済成長期を迎えると、遠浅の海は沖合四キロ近くまで埋め立てられ、住宅団地の建設が進み、東京のベッドタウンとなった。今では一四号線沿いに立つ赤い大鳥居と浅間神社の杜が当時の面影を残すだけである。「千葉市ゆかりの家・いなげ」もよほど注意して見ないと一般住宅と見分けがつかない。

この「ゆかりの家」の床の間に、一幅の書が額に入れられて展示されている。日本の公家の娘、嵯峨《さが》浩《ひろ》と結婚し、新婚時代の半年間をこの家で過ごした満州国皇帝・愛新覚羅溥儀《あいしんかくらふぎ》の弟、溥傑《ふけつ》の自詠自筆の書の写しである。溥傑は妻・浩の三年祭（神道での没後三年目の祭祀）に当たる一九九〇年

（平成二年）五月、この稲毛海岸の旧居を訪れ、新婚時代の想い出に浸りながら、次のような詩を詠み、筆を振るい、千葉市に寄贈した。溥傑は中国の現代三筆《さんぴつ》のひとりに数えられる書家でもある。この書の原本は「千葉市郷土博物館」（千葉市中央区亥鼻《いのはな》）に大切に保管されている。

滄桑廻首来千葉　陵谷余齢訪旧居
如鼓好合渾断夢　憮然追憶立移時

伊人笑貌今何処　庭榭依然倍動情
卿我結褵当日事　那堪皓首弔鴛盟
歳次庚午仲夏　重訪千葉海岸稲毛旧居有感二首　溥傑

こんな訳文が添えられている。

過ぎ去った歳月を顧みて再び千葉に来る。世の中はすでに大きく変わっているが、余齢をもって稲毛の旧宅を訪れる。新婚当時は琴瑟相和《きんしつあいわ》して仲がよく、まるで夢のようだった。短い期間であったが思い出すとつい我を忘れてしまうほど幸せだった。

愛しい妻の姿と笑顔は今は何処に。昔のままの建物と庭を見ていると恋しい情が次々と湧いてくる。君と結婚した日のことが目の前に浮かび、白髪いっぱいになった今、かつての愛の誓いを思い出すにはしのびない。

再び千葉海岸稲毛旧居を訪れて感あり、二首を詠む。　溥傑溥傑が浩と結婚してから半世紀以上の歳月が流れていた。八十三歳の溥傑に同行していたのは次女の福永嫮生《こせい》だった。このとき嫮生は、白雲木《はくうんぼく》の苗木をこの庭に植えた。以来、三十年余、高さ七メートル近くに生長し、毎年四月末から五月にかけて、あたかも青空にたなびく白雲のように、小さな真っ白な花がぶどうの房のように密集して下向きに咲き乱れ、馥郁《ふくいく》たる甘い香りを周囲に漂わせる。

白雲木はもともと宮中でしか育てることが許されなかった「禁廷木」である。

浩は溥傑の妻として満州（現・中国東北地方の遼寧、吉林、黒龍江三省）に渡る直前の一九三七年（昭和十二年）十月、貞明皇太后《ていめいこうたいごう》（大正天皇の皇后）を大宮御所（赤坂御用地にあった）に訪ねる。皇太后は「溥儀皇帝によくお仕えするように」と言いながら、御座所の庭にあった御愛木「白雲木」の種を自ら拾い、「記念に満州へこれを植えるように」と浩に手渡した。

貞明皇太后は二年半前に溥儀が初来日した折、一緒に大宮御所の御苑を散策した。そのとき、幼くして清朝の皇帝となり、母の愛を知らない溥儀は皇太后の優しさが実の母のように思え、皇太后もまた溥儀をわが子のように感じたのである。

満州の冬の寒さに耐えられるかどうか心配した浩は、この種を母方の浜口家の祖母に頼んで実家の植木鉢に植えてもらった。種が芽を出し、少し生長してから満州に移植しようと浩は考えていたのだ。しかし、その後は激動する歴史の荒波に翻弄され、満州に移す機会は訪れなかった。浜口家の庭で最初に花を咲かせたのは、一三年経った戦後のことである。

浩は敗戦の混乱の中、幼い嫮生の手を引いて満州の荒野を逃げ惑い、満州国崩壊から一年半後、命からがら日本に辿り着く。溥儀、溥傑兄弟はソ連軍に捕らえられハバロフスクの獄中にあった。

＊　　＊

私事で恐縮だが、千葉市・稲毛を終《つい》の棲家《すみか》とする私（筆者）は、勤めていた新聞社生活を終えると、健康維持のためジョギングを始めた。自宅から浅間神社わきの「ゆかりの家」に通じる小道を通り抜け、東京湾に面した稲毛海岸まで往復約一〇キロのコースである。五月初めになると、白雲木の甘やかな香りに誘われてこの「ゆかりの家」に立ち寄り、広い庭に咲き乱れる色とりどりの草花を楽しんできた。そのたびに、ここで新婚生活を過ごし、激しく移り変わる歴史の荒波の中で、その愛を生涯、貫き通した愛新覚羅溥傑と浩の人生ドラマを書き残したいと思い、資料収集を続けてきた。

ふたりの生涯は溥傑の一歳違いの兄で満州国皇帝となった清朝の〝ラストエンペラー〟溥儀と切り離しては考えることができない。溥傑は浩の夫である前に、満州国皇帝の実弟だった。ときには溥儀の性格や行動に強い反発を覚えながらも、その前半生は弟としてではなく、満州国皇帝・溥儀に忠実に仕える軍人として、溥儀を支え続ける。

「皇上」と呼び続けた溥儀を「兄」と呼ぶようになったのは戦後、中国共産党軍の捕虜となり、撫《ぶ》順《じゅん》の戦犯収容所で十年余にわたって思想改造教育を受け、「特赦」された後のことである。

皇弟に嫁いだ華族の娘

漢民族の孫文《そんぶん》たちが起こした「辛亥革命《しんがいかくめい》」によって、満州族の王朝「清」は滅亡し中華民国が生まれる。清朝最後の皇帝・溥儀（宣統帝）は一九一二年（明治四十五年）に退位し、二九六年の歴史に幕を閉じた。それはまた、始皇帝の秦から続いた中華王朝最後の日でもあった。

一九二九年（昭和四年）、「清朝復辟《ふくへき》（退位した君主がまた君位につくこと）の夢」を抱いて来日した溥傑は、学習院で日本語を学んだあと陸軍士官学校に入学する。溥傑の日本留学を強く後押ししたのは、同じ夢を抱く清朝のラストエンペラー、兄の溥儀である。

そんな溥傑に日本人女性との見合い話が持ち込まれたのは一九三六年（昭和十一年）暮れのこと。陸軍士官学校を優秀な成績で卒業した溥傑は、そのころ、千葉市作草部《さくさべ》にあった陸軍歩兵学校の実習生として機関銃、歩兵砲の実習や通信技術の習得に励んでいた。溥傑は当時二十九歳。見合いの相手は侯爵・嵯峨実勝《さがさねとう》の長女、浩。二十二歳だった。

溥傑と浩が出会うまでに、時代は「デモクラシーの大正」から「テロと反乱の昭和」へと移ろい、日本は、のちに十五年戦争と呼ばれる破滅への道に踏み出す。一九三一年（昭和六年）九月十八日、遼東半島の旅順に司令部を置く関東軍は、自作自演の柳条湖事件を突破口に満州一帯を征圧した（満州事変）。翌三二年、関東軍の主導のもとに中華民国からの独立を宣言、溥儀を元首とする満州国が誕生していたのだ。

嵯峨家は華族（旧・公家）の中でも五摂家（近衛・鷹司・九条・二条・一条）、清華家（三条・西園寺・徳大寺・久我・花山院・大炊御門・今出川・広幡・醍醐）に次ぐ名門。実勝は正親町《おおぎまち》三条家第二十九代の当主である。実勝の母の南加《なか》は、明治天皇のご生母である中山一位局《なかやまいちいのつぼね》（中山慶子）の弟で宮内侍従、中山忠光の一人娘だった。また浩の母・尚子《ひさこ》は、九代目浜口吉右衛門（浜口容所）の長女。浜口吉右衛門家は代々醤油醸造を営み、父の容所は衆議院議員に何度か当選。貴族院議員にもなり、九州水力電気社長、豊国銀行頭取などを歴任し、絵画収集家としても知られる名士だった（巻頭の家系図参照）。

ふたりの見合い話を背後から強引に進めたのは、関東軍だった。このミッションを直接担当したのが関東軍参謀で満州国皇帝溥儀の御用掛《ごようがかり》を務めていた吉岡安直《よしおかやすなお》中佐である。吉岡は溥傑の陸軍士官学校時代の教官だった。

溥儀には性的なトラウマがあり、皇后・婉容《えんよう》はアヘン中毒。溥儀は側室の譚玉齢《たんぎょくれい》の閨房にも寄りつかないのだから、玉齢も妊娠する可能性は極めて低い。この事実を知る吉岡ら関東軍は、溥傑と浩の間に男子が生まれれば、溥儀の次の皇帝に擁立するという秘めたる思惑があった。当初は皇族の女性を探そうとしたが、明治憲法下の「皇室典範」では、皇族の女性は外国人と結婚できない。皇族の王女を溥傑の妃とするためには、皇室典範の改正が必要になる。このため関東軍は皇族をあきらめ、極秘裏に五摂家をはじめ旧華族、旧大名家まで範囲を広げて溥傑の〝お妃さがし〟を進めていたのである。

ちょうどそのころ、浩の母、尚子は適齢期を迎えた娘の良縁を求めて、古くからの知人たちに浩の見合い写真を配っていた。その一枚が、五摂家や華族の適齢期のお嬢さん方の見合い写真を密かに集めていた本庄繁大将ら関東軍関係者の手に渡ったのである。本庄は「満州建国」（一九三二年三月）時の関東軍司令官であり、「満州建国の父」と呼ばれていた。その後、侍従武官長のポストに就くが、青年将校たちが起こしたクーデター「二・二六事件」の責任をとって予備役に編入される。現役を退いた本庄は、事件前に関東軍司令官・南次郎《みなみじろう》から依頼されていた溥傑の嫁探しを再開した。三六年九月、溥傑が千葉の陸軍歩兵学校入学のために来日すると、嫁探しは一段と本格化する。

本庄繁大将が予告もなく東京・赤坂氷川町の嵯峨家を訪ねて来たのは同年十一月のある夕方のことである。本庄は自宅にいた浩の母・尚子たちに「嵯峨家の長女、浩を満州国皇弟、溥傑氏の妃とすることに内定した。その見合いの日取りを決めるために関東軍参謀で皇帝溥儀の御用掛、吉岡安直中佐が近く上京することになった」と一方的に告げたのである。嵯峨家も連絡を受けた浜口家も大騒ぎとなった。

この話に強く反対したのは浜口家の祖母だった。降ってわいたような突然の事態に、祖母は浩の肩を抱き、涙をこぼしながらこう言った。

「ねえ、浩や。あなたは私を捨てないだろうね。中国人のところなんかに、お嫁に行きはすまいね？」

浩はこのときの気持ちをこう記している。

〈正直に言って、私は、この時の実感を伴わない驚き、そして漸《よう》く訪れた躊躇と怒りの錯綜した不思議な感情を、正確に表現する言葉を持たない〉（『流転の王妃』）

浩は本人の意思を無視して強引に進められる「政略結婚」に不満だった。

溥傑に日本女性と結婚するよう執拗に勧めたのは、満州から急遽《きゅうきょ》、東京に戻ってきていた吉岡である。士官学校在学中、溥傑は日曜や休日となると教官だった吉岡の家を訪ね、吉岡夫人の心のこもったもてなしを受け、それまで味わったことのない家庭の温かさに浸っていた。そんな溥傑に吉岡は、日本女性こそ世界で最も理想的な妻である、と繰り返し吹き込んだ。

溥傑はある日、本庄大将の自宅に呼ばれ、同席していた吉岡から十数枚の見合い写真を渡される。一枚、一枚をじっくりと見終わった溥傑が「この方なら」と取り出したのが浩の写真だった。

〈私は吉岡から渡された嵯峨浩の写真を見て、上品でおっとりして、美しく淑やかな感じをうけた。当時私がファンであった宝塚の花形スター草笛美子に似ていたので、私は頷いて気に入ったことを示した。後に浩から聞いた話だが、彼女は不安でいっぱいの気持ちで私の写真を見た。（略）軍帽はかぶっていたが、整った顔だちに眼鏡の奥からのぞく聡明なまなざしは、軍人というより学者か文人のようで安心し、気に入ったと（筆者注：浩は私に）いった〉（『溥傑自伝』）

浩も思いは同じだった。

〈この縁談を、身に振りかかった災難と初めのうちは考えていた私も、だんだん安心めいた気持になって行った。それは結婚の相手である溥傑氏が、いわゆる頭脳明晰型の秀才であるばかりでなく、部下想いの優しい性格の男性であり、ちょっと真似のできない立派な人格をもつ方だということが、周囲の情報によって、ハッキリと確定づけられたからである〉（『流転の王妃』）

お互い、見合い写真で〝ひとめぼれ〟だった。後年、溥傑は、ふたりは「一目の恋」からはじまったと記している。

正式なお見合いは一九三七年（昭和十二年）一月十八日、東京・上大崎の浩の母方の伯父、十代目浜口吉右衛門の邸で行われた。浜口邸は、現在タイ国大使館として使われている三階建ての豪壮な洋館。訪れた溥傑は玄関わきに置かれた大きな七宝焼きの一対の唐獅子に驚く。清朝時代の美術品に造詣が深い溥傑には、それはかつて北京の「頤和園《いわえん》」（西太后《せいたいこう》が隠居し院政を行った宮廷）にあったものだということがすぐにわかった。日清戦争の折、ある将校が持ち帰り骨董品屋に売り払ったものを、美術品収集家である十代目吉右衛門が買い求めたものだという。

見合いの席に着いたのは、男性側は溥傑のほか本庄繁夫妻、満州国皇帝御用掛の吉岡中佐。女性側は浩本人と両親、伯父夫妻と浩の外祖母である浜口容所の妻らである。すでに見合い写真で互いに好ましい感情をいだいていた溥傑と浩にとって、お互いを確認するだけの場でしかなかった。見合いの席では吉岡中佐だけがひとり饒舌《じょうぜつ》にしゃべり、高笑いして場を盛り上げようとした。それは〈時間潰しにすぎなかった〉（『溥傑自伝』）。浩も溥傑も黙って時折、目を見合わせるだけだった。

夕食後、本庄は別室で溥傑に、浩の印象はどうかと尋ねた。

「たいへん結構な方です」

溥傑は一言、こう答えた。浩方の出席者は、

「あまり口数こそ利かれなかったが、なにかほのぼのと人の心を解きほぐす春風のような人物じゃアないか」

という意見で一致する。「ご態度も立派だし、よろしかろう」と伯父。その言葉に浩は思わず赤くなって「みなさんに一任します」と頭を下げた。

溥傑と浩の婚儀は同年四月三日、東京・九段の軍人会館（現・九段会館）で行われた。媒酌人は

本庄繁夫妻。日本式の神前結婚式である。「満州国」からは皇帝の名代として熙洽《きこう》・宮内府大臣、日本の皇族からは竹田宮恒徳《たけだのみやつねよし》夫妻が出席、また当時の首相・林銑十郎陸軍大将、貴族院議長の近衛文麿らも列席した。費用がかかるということを口実に、招待者を五〇〇人に制限するなどこの結婚式の式次第いっさいは陸軍省で決められた。

このため溥傑側の親戚友人はほんの数人、浩の友人も五名、恩師も七名しか招待できなかった。浩にはこれが釈然としなかった。〈私は世間知らずだったが、ぼんやりと嗅ぎとることだけは出来た。いまの自分が、国策という名を藉《か》りた、軍部の傀儡でしかないことを……〉（『流転の王妃』）と浩は言う。その夜を帝国ホテルで過ごしたふたりは、静岡県・川奈に一週間の新婚旅行に出かけた。

＊　＊

溥傑と浩の結婚から三ヵ月後の七月七日、北京郊外の盧溝橋《ろこうきょう》で日中両軍が衝突すると、これをきっかけに本格的な戦闘状態に入った。この事件のことを溥傑と浩は、新居で知ることになる。

新居は、千葉市内の陸軍歩兵学校に通学していた溥傑のためにすでに稲毛海岸に借りてあった、元資産家の別荘だった屋敷である。これが今は千葉市の「地域有形文化財」となった「千葉市ゆかりの家」である。〈広い縁側に立つと、袖ケ浦一帯が展望できる、陽当りと見晴しの良い和風の家だった〉と、浩が回想する海辺の家で束の間の幸せな新婚生活が始まった。

浩は満州では椅子とテーブルの生活であることを考えて、思い切って暮らし方を洋式に切り替えた。六畳の離れを書斎に、ベッドを置いて奥の八畳を寝室に、次の間が居間。応接間は一二畳、食堂は一〇畳。

海が近く魚が安いのは便利だったが、肉類などは千葉市中心部まで買い出しに行かねばならなかった。突然の来客があるとてんてこ舞いである。そんなときには学習院出身の執事が「海の幸、山の幸です」と言って、目の前の海岸に出かけてはまぐりやあさりを、隣接する浅間神社の松林から松露《しょうろ》（キノコの一種）をとってきてくれたので、それらを御御御付《おみおつけ》の具にした。日曜日には満州国や中華民国からの留学生たちがどっと押し掛けてきて、溥傑と楽しそうに議論を交わす。浩は一生懸命、接待した。

溥傑は動物が好きで子供のころ、猿を飼って可愛がっていたという。この話を聞いた浩は軍用犬協会に頼んで生後一ヵ月のエアデールテリアの子犬をもらった。喜んだ溥傑は毎朝起きると、この子犬を連れて散歩に出かけるのが日課となった。

午前七時すぎになると、お迎えの従者が引いてきた馬に乗って千葉市作草部にある陸軍歩兵学校に通学する。陸軍歩兵学校は、歩兵の戦闘法の研究とその普及のために一九一二年（大正元年）十二月に創立された学校である。

稲毛海岸の家から現在のJR稲毛駅の脇を通り抜け、東に約一キロ進むと、稲毛区役所近くの穴《あな》川神社《がわじんじゃ》の鳥居前に出る。この鳥居前を通り過ぎて南六〇〇メートルほどの場所に陸軍歩兵学校の正門があった。現在の地名は千葉市稲毛区天台。家から馬でゆっくり行けば四〇分ほどの距離である。今の千葉都市モノレール天台駅も当時の歩兵学校の敷地内にあり、敷地の一部が「作草部公園」となっている。その公園の一角には「平和の礎」「陸軍歩兵学校跡」と記された石碑が建ち、三メートルほどの高さの土塁跡が当時の面影を残している。

密約

溥傑の嫁探しが始まったころから、満州国政府は新たに「帝位継承法」を公布する準備を進めていた。日本の「皇族」に準ずる満州国の「帝族」の範囲は、皇帝の直系子孫を中心に制限する方針がとられ、実弟の溥傑ですら帝族として認められていなかった。新「帝位継承法」も帝位の継承は皇帝の男系の子孫の男子に限ることを明示したもので、要するに皇帝の死後はその子が継ぎ、子がない時は孫、孫なき時は弟、弟の子と男系に限って継ぐと規定している。しかし、この場合の弟は溥傑を指すのではなく、溥儀皇帝の後を継ぐ第二代、第三代の弟のことであり、溥傑は継承者とはなり得ない。

しかし、その裏には、大きな〝秘密〟が隠されていた。溥儀に迫って無理やりに署名捺印させた「密約」があったのである。密約は「覚書」と「節略」の二本立てとなっており、それによると皇帝・溥儀に男子が生まれない場合、「日本国天皇の叡慮によって関東軍司令官の同意を得て、後継者を決定する」ことになっていた。溥儀には子供が出来ないことを知る吉岡たち関東軍はこの密約によって事実上、溥儀の後継者の決定権を得ていたのである。溥儀が最も恐れ、苦痛に感じていることであった。この事実は「極秘扱い」とされ、関係者以外には知らされない。

溥傑はそんな密約に、溥儀がしぶしぶ署名させられたことは知る由もない。しかし、溥儀が浩のことを関東軍が送り込んだ「特務《スパイ》」だと疑っていることを、強く感じ取っていた。浩はこのころ、第一子を身籠っており、これを知った溥儀を一段と不快にさせていた。溥傑は兄の気持ちを和らげようと、「（満州に）帰国後も稲毛海岸での生活と同じように、平和に暮らしていけるよう」溥儀に手紙でその心境を送り続けた。中国宮廷での手紙の書き方のしきたりを知らない浩も、溥傑に教わりながら何度も義兄への「ご機嫌伺い」の手紙を毛筆で認《したた》めた。すると一度、「なかなか字が上手だね」との返書が届いた。溥儀はその手紙を読むとニコニコと笑いながら喜んだ。

溥傑は稲毛海岸での新婚生活をこう書き残している。

〈今その時の新婚生活を思いだすと、簡素ではあったが安らかで満ちたりており、あの頃毎日見ていた渚に打ち寄せるさざ波のようだった。波は小さな音を立てながら打ち寄せ、また静かに戻っていく。渚には色とりどりの貝殻が残され、拾ってくれる人を待っているかのようにあちこちで光っている。こういうつましい生活は私が望んでいたものだったし、また浩も望んでいたものであった〉（『溥傑自伝』）

溥傑は八月末に陸軍歩兵学校での実習を終え、九月初め新京（現・長春）に帰国、満州国軍の禁衛歩兵連隊（皇室における近衛師団に当たる）の上尉（大尉）に任官する。浩は妊娠していたため、体調が安定するまでしばらくは日本に残ることになった。稲毛海岸での幸せな新婚生活は、わずか五ヵ月間で終わりを告げたのである。浩の渡満の日取りは十月中旬と決まった。それに先立ち、浩は大宮御所の貞明皇太后にお別れの挨拶に参上する。

「いよいよ日本ともお別れですね。皇帝によろしく申してください。そしてよくお仕えするように」

皇太后は日本を離れる浩に対し「満州は寒いから身重の大切な体ゆえ、この品々を身に着けて体を大切にするように」と、宮中の紅葉山の養蚕所で皇后や女官たちが丹精した蚕の絹で織った生地に真綿を入れた「綿入れ」や洋服地を下賜する。そして御座所の庭にあった白雲木の種を拾い、「記念に満州に植えるように」と浩に手渡した。千葉市の「ゆかりの家・いなげ」の庭に今も咲く白雲木の種である。

一九三七年（昭和十二年）十月十二日、浩は両親、本庄繁夫妻らとともに東京駅から急行列車で神戸に向かう。神戸からは、これが処女航海となる豪華貨客船「鴨緑丸」に乗船し夫の待つ中国大陸に旅立つ。

溥傑は軍服姿で大連港まで出迎えていた。溥傑と浩の結婚式前後から、関東軍司令官と満州国政府の間では浩の国籍問題について協議が重ねられ「日本人婦女が満州国籍の男子と結婚したる場合は満州国籍を取得する」との合意が成立していた。浩は日本人ではなく、満州国人のひとりとして大連港に降り立ったのである。

その後、戦火は激しくなり、満蒙開拓農民ら内外の多くの命を呑み込んだ悲劇とともに日本は戦争に負ける。溥傑と浩は、この日から、満州国が消滅した後もなお続く数奇な人生への旅が始まったことをまだ知らない。

愛新覚羅溥傑・浩夫妻が束の間の新婚時代を過ごした屋敷（千葉市ゆかりの家・いなげ）には、毎年４月末なると白雲木の花が咲く（撮影：三島叡）

第一章
中国王朝最後の皇帝・溥儀

「蒼穹の昴」の世界

中国王朝最後の皇帝・愛新覚羅溥儀とはいったいどんな人物だったのか。

そして、溥儀を擁立してつくられた「満州国」とはいったいなんだったのか。

筆者がこれから書く物語の舞台と歴史時間は、作家・浅田次郎氏の大河小説『蒼穹の昴』シリーズのそれと重なる。

満州国は総面積一三〇万平方キロメートル（現在の日本の国土の三倍）の大地に、人口が四三〇〇万人（一九四〇年の国勢調査）、うち朝鮮人二一六万人、日本人一五五万人（以上、一九四五年時）、ソ連（ソビエト社会主義共和国連邦、現ロシア）から亡命した白系ロシア人などが住み、厳冬期には零下四〇度になる厳しい風土に鉄鉱石や石炭などの豊富な鉱物資源が眠っていた。そこは、当時の仮想敵国ソ連との防衛線であり、清朝の帝室、満州族の故郷でもあった。

筆者は、「新幹線の生みの親」十河信二《そごうしんじ》の生涯を描いた評伝『不屈の春雷』で、十河が満鉄（南満州鉄道株式会社）の理事時代に満州事変のシナリオを書いた石原莞爾《いしはらかんじ》と盟友関係を結び、一時は「五族協和、王道楽土」建国の理想に燃えたことを描いた。さらに、昭和恐慌以降、疲弊する農村救済のために満蒙への開拓移住に深く関わった農学者の加藤完治と「屯墾軍《とんこんぐん》」を発想した軍人・東《とう》宮鐵男《みやかねお》ふたりの交錯する人生と満蒙開拓団の悲劇を主題にしたノンフィクションを書いたことがある（『満蒙開拓、夢はるかなり』）。

これらの本の取材を通じて筆者が実感したのは、今の中国では「偽満州国」と呼ばれ歴史上存在しない「うそ・いつわりの国家」となった満州国は、それでも一三年五ヵ月の間、この地球上にたしかに存在した国だったということである。それは、筆者が戦地特派員で駐在した、ベトナム共和国（南ベトナム）がアメリカの傀儡国家と言われながら二〇年間（一九五五年～七五年）は存在したのと同じような肌触りをもっていた。いまとなっては、まぼろしのようなものかもしれないが、たしかに存在していたのだ。一国が亡び、新たな国が興ることは歴史上、そう珍しいことではない。

浅田氏の小説は、西太后や溥儀、張作霖《ちょうさくりん》とその息子・張学良など実在した人物に加えて、魅力的な架空のキャラクターを登場させることで歴史の空白を想像力で埋めた稀有壮大な人間群像ドラマだ。本書は、浅田氏がとった小説的手法ではなく、実在の人物、しかし、石原、十河、加藤、東宮という日本人の視点ではなく、満州国皇帝となった愛新覚羅溥儀という満州人とその弟の溥傑、溥傑と結婚して満州人となった浩と、ふたりの間に生まれた姉妹、慧生《えいせい》と嫮生《こせい》の人生を辿ることで、まぼろしの国「満州国」にアプローチする試みである。

ただし、このファクトベースの試みは困難を極める。この分野を長年にわたり研究の対象としている歴史家でも歴史学者でもない、元新聞記者の筆者の手に余るということもあるのだが、それよりも、清朝末期から満州国の建国、そして日本の敗戦、さらに第二次大戦後の混乱の中で、この物語の当事者である溥傑と浩たちが、大嵐に翻弄される小舟のように漂流し続けたことが大きい。

とくに溥儀と溥傑は、敗戦と同時に、ソ連軍に捕まって、ハバロフスクで抑留（この抑留中に溥儀は東京裁判で証言席に座る）、その後、中国の内戦で毛沢東《もうたくとう》の中国共産党が勝利すると、身柄は中国共産党に引き取られ、撫順の戦犯管理所で徹底的な思想改造、洗脳教育を施される。このときふたりが書いた「認罪書」がのちの自伝である溥儀の『わが半生』と、溥傑の『溥傑自伝』のベースとなっている。このことでもわかるように、罪から逃れるための〝ウソ〟も存在し、彼らが遺したものすべてがファクトなのかどうかは、疑わしい。そのほかの史料や文献と慎重に読み合わせることで「真実」を手繰り寄せる作業が不可欠である。これは溥儀のイギリス人家庭教師ジョンストンの『紫禁城の黄昏』を読みこむ場合でも同様である。つまり、ミステリー小説の登場人物のように、当事者たちはみな、ときに真実を語りときにウソを供述しているのだ。

小説家・浅田氏が、西太后《せいたいこう》に始まる清朝滅亡から満州国建国までの歴史を大河小説の素材に選んだのは、おそらくはそうした事情から、虚実ないまぜとなっている史料を土台にすれば、壮大なフィクションを組み上げることが可能だと構想したからではないだろうか。中国三大悪女といわれる西太后が、美丈夫の宦官《かんがん》と手を取り合い、毒殺や暗殺の謀略渦巻く紫禁城にいる「君側の奸臣」を蹴散らし、猛々しい外国列強と渡り合う男勝りの女傑として描かれているのは、その最たるものだろう。

ここからは、そうした史料の森に分け入った元新聞記者が、史料と史料をつきあわせて、真実と思われる糸を手繰り紡いでいったノンフィクション・ストーリーであると理解して読んでいただければ、筆者として望外の喜びである。

満州国建国の〝主役〟

アヘン戦争（一八四〇年～四二年）以降、中国大陸は、イギリスやロシア、フランス、ドイツなどの列強諸国の草刈り場となっていたが、三〇〇年近く続いた清王朝が崩壊する大きなきっかけとなったのが、一八九四年（明治二十七年）に始まった日清戦争である。朝鮮で専制政治に反対する大規模な農民の反乱（東学党の乱）が起きると、清国は、冊封《さくほう》国の朝鮮王朝政府の要請で、その鎮圧を理由に出兵する。日本の伊藤博文内閣は、これに対抗して居留民保護を理由に軍隊を派遣、同年八月、日本は清国に宣戦を布告した。日本は巨額の軍事予算を議会で議決、近代化に立ち遅れた清国軍に圧勝する。戦後両国が調印した下関条約で、清は国庫歳入の三倍もの賠償金を日本に支払うことを約定、イギリスなどの列強各国に多額の借款を負うことになった。

日清戦争から一〇年後の一九〇四年（明治三十七年）二月、日露戦争が勃発した。ロシアは清国内で起きた外国人排斥運動「義和団事件」に大軍を出動させるが、騒ぎが収まっても撤兵せず、満州の占領を続ける。撤兵しないロシアに対し日本政府は、満州を日本の権益範囲外とする代わりに、朝鮮に対する日本の軍事的、政治的支配権を認めさせようとしたが、ロシアとの交渉は成立せず、開戦に踏み切った。

翌一九〇五年（明治三十八年）五月には、ロシアのバルチック艦隊を日本海で打ち破るなど、戦局は日本に有利に展開した。しかし、経済的にも軍事的にも戦争継続は困難と判断した日本政府は、米国のセオドア・ルーズベルト大統領に仲介を頼み、同年九月、日露講和条約（ポーツマス条約）が結ばれる。

この条約で日本は朝鮮における日本の支配権を全面的に承認させただけでなく、遼東半島の旅順、大連の租借権と、ロシアが敷設した東清鉄道南部支線の南半分である長春―旅順間の譲渡などを約束させた。その鉄道の運営のために、翌一九〇六年（明治三十九年）に「南満州鉄道株式会社」（満鉄）を設立する。日本はこの地域を「関東州」と命名、政府機関として「関東都督府」を置いた。

この関東都督府から満鉄沿線の付属地の警備に当たる軍事部門を切り離して発足したのが、その後の満州国建国の〝主役〟を演じる「関東軍」である。

愛新覚羅の家系図

奇しくも満鉄が誕生した一九〇六年の二月七日、清朝最後の皇帝となる愛新覚羅溥儀は、北京の紫禁城（故宮）の北側にある醇親王府《じゅんしんのうふ》（醇親王の邸宅という意味）で生まれた。弟・溥傑の誕生は翌一九〇七年の四月十六日であり、兄・溥儀とは一年二ヵ月違いの年子《としご》である。

溥儀も溥傑も後に書いた「自伝」では、自分の一家の歴史を語るのに、父・二代目醇親王の愛新覚羅載灃《さいほう》ではなく祖父の初代醇親王・愛新覚羅奕譞《えきけん》から書き出している。奕譞が清朝末期の最大の実力者で、中国三大悪女のひとりといわれる、西太后（慈禧《じき》太后　一八三五年～一九〇八年）と切っても切れない縁があったからである（巻頭の家系図参照、以下同）。

奕譞は清朝八代目の皇帝・道光帝《どうこうてい》の第七子だが、十九歳のとき、西太后の命令によって彼女の妹（葉赫那拉《エホナラ》氏）と結婚して西太后の近親になり、その側近として取り立てられた。

西太后は十七歳のとき、見出されて第九代咸豊帝《かんぽうてい》（在位一八五〇年～六一年）の後宮に入った。才色兼備、勝気で奔放なところが咸豊帝の寵愛を受け、二十一歳のとき、皇太子・載淳《さいじゅん》を産んで貴妃（側室）となる。このころからわがままな振る舞いが目立つようになったという。

生来病弱な咸豊帝は、一八六一年、三十歳でこの世を去る。咸豊帝の後は西太后が産んだ載淳が継ぎ、第十代皇帝・同治帝《どうちてい》（在位一八六一年～七五年）となった。載淳は当時、わずか五歳。清朝のしきたりとして、皇帝が幼少ならしかるべき男子皇族を摂政に立てることになっていた。野心に燃える西太后は自ら摂政になることを企み、謀略を巡らせてその座に就いたのである。

当時、女性の政治関与は建前としては禁制となっていたので、西太后は幼帝に代わって政務をとる姿が臣下に見えないよう、後ろの簾に隠れて息子の同治帝を操った。西太后の「垂簾聴政《すいれんちょうせい》」と言われる。西太后の権力が強まる中で、彼女の命令に従順な溥儀・溥傑の祖父、奕譞への信任は厚くなり、彼の清朝内での権力は強まっていく。四十六歳になると海軍に関わる事務を総括し、沿岸海軍はすべて彼の指揮下に置かれた。そのうえ、禁衛隊を率いて皇居の警備にも当たった。

〈彼が権勢をふるおうとすれば、まったくやりたい放題にできたはずだった。しかし、奕譞にたいする慈禧（筆者注：西太后）の信任は、かえって彼を小心翼々、戦々兢々とした態度の人間に変えてしまった。奕譞が慈禧の身辺にいればいるほど、彼女の疑い深さ、気まぐれ、唯我独尊ぶりを知ることになったからである〉（『溥傑自伝』）。彼は〈自らの権勢に安んじていられなかったので、職務を辞したい〉と再三願い出たが許可を得られず、逆に西太后の隠居所として北京郊外に「頤和《いわ》園《えん》」を造ることを命じられた。

「頤和園」の建設には、清朝初の近代的海軍である北洋艦隊の軍艦の建造費が流用され、軍艦の新造はもちろん整備、補修もままならなかった。この結果、清国の海軍力は弱体化し、日清戦争で日本軍に敗北する大きな要因となったといわれる。西太后は奕譞に〝負い目〟を感じたのか、彼にしきりに恩典栄誉を与えようとした。しかし、彼はこうした恩典をすべて頑《かたく》なに固辞するものの、「世襲の親王」という恩典の固辞だけは許されず、これを受けて「初代醇親王」となった。

一八七五年一月十二日、同治帝は十九歳の若さで急死する。天然痘ウィルスに罹患《りかん》して亡くなったというのだが、溥儀はその死因について疑義を挟み、自伝の『わが半生』に概略、次のように記している。

＊　＊

同治帝の皇后が病気見舞いに行き、ベッドの前で「西太后にまたもやひどく叱られた」といって声を上げて泣いた。同治帝は「今は耐え忍べ。いつかはきっと良い日もあろう」と妻を慰めた。西太后はこの嫁がきらいで、いつも息子と嫁に監視の目を光らせていた。この日も皇后が同治帝を見舞うというので、みずから部屋の外で息子と嫁の話を盗み聞きしていた。西太后は怒髪天を衝く権幕で部屋に飛び込み、皇后の髪の毛をひっつかむと、手を振り上げてなぐりつけ宮中の者に命じてこん棒の用意をさせた。同治帝は恐怖のあまり昏倒した。これが彼の死因となったという。西太后は責任を皇后にかぶせ、皇后の飲食を制限するように命じた。二ヵ月後、皇后もいじめ殺された。

同治帝には子供がいなかったので、西太后は、かねてから目をつけていた醇親王・奕譞の次男、載湉《さいてん》を亡き咸豊帝の養子とし、強引に次の皇帝に推した。清朝十一代目の皇帝・光緒帝《こうしょてい》（在位一八七五年〜一九〇八年）である。わずか三歳の皇帝が即位した。奕譞はわが子が思ってもみなかった皇帝に指名されると、本来は吉報であるにもかかわらず、〈顔色を変え〉〈即座に「叩頭（頭を床にぶつける）して痛哭し、失神して地に伏し、掖《たす》くれども起つ能わざる」状態になった〉（『溥傑自伝』）のである。

醇親王・奕譞には西太后に操られる息子の惨めな姿が目に見えていたのだろう。

初代醇親王・奕譞が造営に当たった頤和園は一八九〇年に完成するが、それを待っていたかのように奕譞は病死する。西太后は七歳になったばかりの第五子、載灃に醇親王家を継ぐよう命じ、載灃は第二代醇親王となった。載灃は、光緒帝となった載湉の異母弟であり、溥儀や溥傑の父親である。

一八八三年生まれの載灃は、早くから政界入りしてその才能を発揮し、十八歳で閲兵大臣に就任する。「義和団事件」（一九〇〇年）が起きた一年後のことである。宗教的秘密結社「義和団」は、「滅洋（外国を滅ぼせ）」と叫んで外国人を襲い、中国に進出してきた欧米列強に宣戦を布告する。西太后はこの運動を支持した。米国、ドイツ、フランス、ロシアなど八ヵ国の連合軍は居留民保護のため北京に進軍、西太后は連合軍に追われ、貧しい庶民に変装して西安に逃亡した。北京が連合軍の手に落ちると、西太后は一転して義和団を反乱軍と決めつけ、義和団を支持していた大臣たちの首をはねた。

この「義和団事件」で北京駐在のドイツ公使、クレメンス・フォン・ケーテラーが義和団に殺害される。事件が収まると、ドイツ皇帝は清国政府に謝罪を要求してきた。清国政府はドイツに謝罪の特使団を送ることになり、西太后はこの特使に若き第二代醇親王・載灃を選んだのである。載灃は使節団を率いて香港、シンガポール、スリランカ、スイス経由でドイツに到着する。ドイツ側は載灃に、ドイツ皇帝に挨拶するとき中国式の跪拝《きはい》（膝を地につけ身をかがめて礼拝すること）を強要したが、彼はこれを断固、拒否し屈辱を免れた。ドイツ皇帝は載灃の毅然たる態度を高く評価し、手厚くもてなした。西太后はその役目を無事にこなして帰国した醇親王・載灃の功績を認め、一九〇八年、二十五歳で軍機大臣に任命する。

一方、光緒帝となった異母兄の載湉は、開明的な青年君主として成長する。日清戦争後の西欧列強の中国侵略に対して光緒帝は、康有為《こうゆうい》や梁啓超《りょうけいちょう》ら知識人の上申を受け入れ、日本の明治維新にならって憲法制定や議会政治などの政治改革を行おうとした。これが実現すれば、西太后や清朝貴族ら保守派の持つ多くの利権が奪われる。

光緒帝ら維新派の改革に反対する西太后は、天津《てんしん》に行幸して新軍を閲兵する機会に、クーデターを起こし、光緒帝を殺害する計画を立てる。実行を命じられたのは、義和団事件の講和会議で列強各国からの西太后への厳しい追及をかわし収束させる北洋大臣・栄禄《えいろく》だった。

この計画を知った光緒帝は、密かに維新派に連絡し対抗策を講じようとした。維新派は新軍を統括していた直隷按察使・袁世凱《えんせいがい》（一八五九年～一九一六年）に期待し、光緒帝に彼を味方に引き込むよう勧めた。光緒帝は紫禁城で袁世凱に引見し、彼を兵部侍郎（陸海軍次官）という破格の地位に引き上げ、西太后らが天津で閲兵式に臨んだとき、側近の栄禄を殺害し、西太后を軟禁する計画を打ち明けた。袁世凱は「栄禄を殺すぐらいは犬一匹殺すよりたやすいことです」と言ってこれを引き受ける。

ところが袁世凱は、その日のうちにこの計画を上司である栄禄に報告する。驚いた栄禄はまっしぐらに頤和園に駆け込み、西太后にこの動きを告げた。激怒した西太后は翌朝、兵を率いて馬車を走らせ紫禁城に入って光緒帝を捕らえ、城内の一隅に幽閉する。維新派の首謀者六人も殺され、康有為らは日本に亡命した。

「戊戌の政変《ぼじゅつせいへん》」と呼ばれるこの騒動は、西太后ら保守派の勝利で終わった。

西太后はその直後、皇族重臣会議を開いて再び「垂簾聴政」を宣言する。この事件で西太后の栄禄に対する信任と寵愛は一段と厚くなり、政府内の施策は大小に関係なく彼の一存で決まるようになっていく。

「戊戌の政変」に勝利し、光緒帝を幽閉した西太后にはもう一つ不安があった。ドイツへの謝罪使節の大役を果たし、ドイツ皇帝に手厚いもてなしを受け帰国した醇親王・載灃のことである。西太后は、外国人が光緒帝の弟・載灃を厚遇したことで彼の権力が増大するのではないか、との疑心にかられる。載灃が力を蓄えるのを阻止し、自分の目の届く所に置いておくために、彼女は名案を思いついた。栄禄の娘と結婚させ、栄禄と載灃を親戚にしてしまうことである。

一九〇一年十一月、ドイツから帰国した載灃に、西太后はその〝ご褒美〟として結婚の相手を告げたのである。載灃にはすでに婚約者がおり、こちらは破談にしなければならない。そのうえ、袁世凱が栄禄を通して光緒帝と維新派を裏切ったことを知る載灃は、栄禄に反感を抱いていた。しかし、彼は西太后の命令に逆らえなかった。翌年、載灃は栄禄の娘、瓜爾佳《グワルジャ》氏と結婚する。そしてふたりの間に一九〇六年に長男の溥儀が、翌年には溥傑が生まれた。その後九人の弟妹が生まれるが、瓜爾佳を母とするのは溥儀と溥傑とその下の女子だけで他は異母弟妹である。

溥儀の皇帝即位

「戊戌の政変」から一〇年が経った一九〇八年（明治四十一年）十一月、西太后は頤和園で七十三歳の誕生日を迎えたが、赤痢にかかって病床にあった。病臥して一〇日目の同月十三日、突如、醇親王・載灃を呼び出し君主に代わって政治を行う「摂政王」に任命し、長男・溥儀を宮中で養育して学問をさせ、溥儀が成長して学業が成れば、皇帝となって親政を行うよう命じたのである。載灃は再三、固辞したが許しはなく、溥儀を宮中に連れてくるよう命じられた。溥儀はまだ二歳と九ヵ月だった。

その翌日の十四日、幽閉されていた光緒帝が崩御する。その二時間後、西太后は再び載灃を枕頭に呼び、溥儀に皇帝の座を継がせ、軍務・政務はすべて西太后の裁断を受けるよう命じたのである。ところが翌日になると、今度は西太后が「私の病は重い。おそらく二度と起てないであろう。今後のことはすべて摂政王（載灃のこと）の裁定に従うこと」と申し渡し、息を引き取った。光緒帝と西太后の相次ぐ死の背後には何があったのか。その真相は不明のままだが、溥儀は自著『わが半生』で「李長安という老太監（宦官のトップ）から後に聞いた話」として要旨、次のように記している。

光緒帝は死ぬ前日までぴんぴんしていたが、薬を一服飲んだとたんに苦しみだし、死に至った。その薬は袁世凱が送らせたものだったという。李長安が内務府の関係者から聞いた話では、光緒帝がかかっていた病気はふつうの風邪にすぎなかった。彼はその処方や脈拍の記録も見たが、ごく平常であったという。光緒帝は死の前日、まったくの健康人のように部屋の中に立って話していたのを見た者もいる。光緒帝の病気が重いと聞いた宮廷内の関係者はみな不思議に思った。さらに奇怪なことに、病気が重いという知らせがあってから四時間と経たぬうちに、早くも「光緒帝崩御」の報を聞いた。李長安の話が確かだとすると、その〝薬〟を送った袁世凱らの陰謀だとする状況証拠になるだろう。

しかし、もう一つの説がある。それは西太后が自分の病気がもはや不治であることを知り、光緒帝より先に死ぬのが嫌で、毒殺したというのである。それもありうることだが、西太后が私（溥儀）を皇嗣にすると宣言した日には、まだ自分がもう二度と起てないとは考えていなかったということの方を信じている。光緒帝の死の二時間後、彼女は私の後見となる摂政王に「軍機・国政は今後すべて私の裁断を受けてから行うよう」命令している。彼女は自分がそんなに早く死ぬとは思っていなかったからに違いない。

彼女は血の繋がりのない光緒帝を皇帝にした際には、自分の息子である同治帝の養子とした。しかし、血の繋がらない溥儀が皇帝となれば「垂簾聴政」はできなくなる。だが、彼女と幼い新皇帝の間に、いつでも彼女の言うことを聞く摂政王を置けば、以前と同様に、自分の思うようにコントロールできるという目論みだったのではないか。

溥儀は西太后との初対面をぼんやりと思い出すことができる。〈それは強烈な刺激によって植えつけられた印象だった。（略）私の前に薄暗いとばりがあり、なかからおそろしく醜い痩せた顔がのぞいていた〉（『わが半生』）

それが西太后だった。溥儀はその顔を見るなり全身を震わせて大声で泣きわめいた。西太后はすっかりご機嫌ななめとなり、「ほんとにひねくれた子だ。あっちに連れていって遊ばせておやり」と言ったという。溥儀は同治帝と光緒帝のあとを継いで皇帝の座についたので、形式的には同治帝の妻と光緒帝の妻のふたりが母后となった。

溥儀が宮中に入って三日目に西太后は死去する。それから半月余り経った十二月二日、宮中の太和殿で「即位の大典」が挙行され、溥儀は「宣統帝」となった。儀式の最中も溥儀は泣き続け、〈まったく不体裁なものになってしまった〉と次のように述懐《じゅっかい》している。

〈大典の前には、型どおりにまず中和殿で侍衛内大臣たちの叩頭《こうとう》の礼（額を床にたたきつける礼）を受けたのち、今度は太和殿に行って文武百官の朝賀を受けるのである。私は彼らにさんざん引きまわされ、（略）太和殿にかつぎあげられ、高くて大きな玉座に乗せられたときには、もうとうに忍耐の限界を過ぎてしまっていた。私の父は片膝を立て、横むきになって玉座の下にひざまずき、私がむやみに動かないように両手で私を支えていたが、私はそれでももがきながら泣きわめいた。「こんなとこいやだ、おうちに帰る。こんなとこいやだ、おうちに帰る」父は気をもんで顔じゅう汗びっしょりになった。文武百官の三跪九叩《さんききゅうこう》（三度ひざまずき、九度叩頭する礼）はいつ果てるともなく、私の泣き声もますます高くなった。父は私をなだめすかすしかなかった。「泣くんじゃない、泣くんじゃない。もうじきおしまいだ、もうじきおしまいだよ」〉

儀式が終わったあと列席していた文武百官の間に「もうじきおしまいだ、とはどんな意味なんだ、不吉な前兆ではないのか」という囁きが広がった。このころ、清国内部では孫文らによって清朝を打倒し、共和制国家を建設しようという革命運動が各地で活発となっていた。溥儀の泣き叫ぶ声と「もうおしまいだよ」という溥儀の父、醇親王・載灃の声に清朝の文武百官たちは不吉な影を感じていたのだろう。

清朝滅亡と中華民国の五色旗

溥儀が二歳で皇帝の座に就いたころ、中国では清朝を打倒し、新しい共和政体を確立するという革命運動が吹き荒れていた。一九〇〇年の「義和団事件」で清の威信は失墜し、列強による中国の植民地化は顕著になり、知識人の間に危機感が広がった。その中心となったのが「興中会《こうちゅうかい》」の指導者、孫文《そんぶん》（一八六六年〜一九二五年）ら日本留学組である。孫文は一九〇五年夏、日本で興中会、華興会、光復会などの団体を団結させることに成功、八月二十日、東京で中国同盟会を組織し「民族・民権・民生」の三民主義を唱え、清朝を倒し「中華民国」を建設する革命運動を大衆運動へと拡大させていった。一八九五年から一九一一年にかけて中国同盟会が中国各地で武装蜂起したのは計一〇回に及ぶ。これらの武装蜂起はすべて短期間で失敗するが、革命思想を中国に普及させることにつながった。

一九一一年五月、清朝政府が財政難解消のため幹線鉄道を国有化し、それを担保に外国から借款をしようとしたことから各地で反対運動が起こる。四川では暴動となり反乱軍は成都を包囲した。清朝は湖北新軍にこの鎮圧を命じると、各地で激しい衝突が始まった。これをきっかけに同年十月十日、武昌の軍隊が反乱、決起し、革命の口火を切った。翌十一日には武昌全域が決起軍の支配下に置かれ、反乱はたちまち各省に広がる。四七日間に及ぶ戦闘で両軍に一万人を超す戦死者が出たが、革命軍は武昌を堅持し、中国一四省が次々と清朝からの独立を宣言する。

革命運動の高まりに清朝政府はなす術を知らず、収拾のメドもつかないまま右往左往するばかり。苦肉の策として、溥儀の父・醇親王載灃によって遠ざけられていた元北洋軍総督の袁世凱を起用した。十一月十三日、袁世凱は、中国の歴史上初めての内閣総理大臣に就任、さらには革命軍との和平交渉の全権を担う「欽差《きんさ》大臣」に任ぜられる。

袁世凱は、革命軍や各省代表に停戦を呼びかけ、その講和条件として、清朝政府の内諾のないまま、宣統帝・溥儀の退位と、自らの「大総統」就任の密約を提示する。袁世凱は和平交渉において〈清朝皇室にたいする曇りなき忠誠心を披瀝し〉（『わが半生』）ていたのだが、その裏で密かに皇帝・溥儀の退位と自らの大総統就任を求めていたのである。

十二月一日、袁世凱の提案を受け、革命勢力との間で「武漢地区停戦協定」が結ばれる。武昌に集結した革命派の一四省の代表は十二月二日、「臨時政府組織大綱」を決め、共和体制移行を確認、臨時大総統選挙を実施することが決まった。二十五日にアメリカ、ヨーロッパを回り在外の華僑と接触するなど外遊していた孫文がフランスのマルセイユから上海に帰国すると、二十九日には臨時大総統選挙が実施され、孫文が中華民国の初代臨時大総統に選出された。

年が明けた一九一二年一月一日、孫文は南京で「中華民国」建国を宣言する。同時に臨時大総統就任の宣誓を行い、「中華民国は国民主権の国家であり、五族共和による国家体制である」ことを強調した。中華民国は南京を臨時首都とし、五色旗を国旗と定め五族共和の象徴とした。五族とは、漢族、満州族、蒙古族、回族（ウイグル民族などイスラム系民族）、蔵族（チベット族）のことだが、国旗は一九一三年から青天白日旗に替わる。

孫文の中華民国は、二十日、袁世凱に対し改めて宣統帝（溥儀）の退位と「優待条件」（この後に詳述）を提示する。孫文は袁世凱が宣統帝退位や優待条件に賛成するのであれば、「自らは大総統職を辞任し、袁世凱に大総統就任を要請する」との声明を出した。

こうした清朝崩壊に至る辛亥革命の過程には〈一貫したイデオロギーや革命主体は存在していなかった。異なった多くの革命理念と革命主体がぶつかり合い、自分たちの正統性を主張する混成革命であった〉と横山宏章はその著『中華民国』（中公新書）で述べている。言い換えれば、各地に割拠する「私的な軍事集団」（軍閥）が互いに自らの正統性を主張し、さまざまな思惑を秘めながら〝共闘〟した革命だったのである。清朝政府の北洋軍を率いた袁世凱も実態はそうした軍閥のひとりだった。

地位が保証された袁世凱は、清朝に対する圧力を一段と強め、「時局の大勢はすでに決し、革命軍が北京に到達すれば、皇帝の生命の確保はおぼつかない。しかし退位すれば優待条件を受けることができる」と半ば脅迫しながら、溥儀皇帝の退位を勧めた。清朝政府は、主戦論を唱える隆裕太后（光緒帝の妻、西太后の姪）を中心に二ヵ月の間に六度の重臣会議を開き対応を協議する。

「優待条件」の主な項目は次のとおりだった。

第一款　清国皇帝辞位後も尊号は廃止せず、存続するものとする。

第二款　清国皇帝には辞位後、中華民国が年間四〇〇万両《テール》を支給する。

第三款　清国皇帝は辞位後も暫時、宮中に居住し、後日、頤和園に移住する。侍衛などは従来通り留用する。

第四款　清国皇帝辞位後もその宗廟・陵は永遠に奉祀する。中華民国は必要に応じて衛兵を置き、慎重にこれを保護する。

第五款　徳宗（光緒帝）陵の未完工事は予定どおり行う。その奉安の儀式も旧制のとおりとする。すべての所要経費は中華民国が支出する。

第六款　従来、宮中で用いていた各種の職員は、従来どおり留用しても差し支えない。ただし今後、太監（宦官）を採用することはできない。

第七款　皇帝辞位後も、従来から所有していた私有財産は、中華民国が特別に保護する。

第八款　従来の禁衛軍は中華民国陸軍部の編制下におかれる。定員、俸給は従来どおりとする。

示された「優待条件」によれば、皇帝は退位しても紫禁城での生活を続けることができ、年間四〇〇万両という大金が支給されることになる。皇帝や皇妃や女官たちが何一つ不自由なく生活し、その体面を保つのに要するカネをはるかに上回る額である。

重臣会議での主戦論を唱える声は小さくなった。溥儀の父、摂政王（醇親王・載灃）はこの会議の席で一言も発言しなかった。議論が続いている最中に、袁世凱の率いる北洋軍から「勅を下して共和制を確定することを中外に宣言しなければ、ただちに軍隊を率いて北京に入城する」との電報が届く。袁世凱の脅しだった。重臣会議で主戦論はすっかり消えた。

最後の重臣会議は二月十二日に開かれ、溥儀退位後の清朝皇室を遇する「優待条件」の受諾が決定される。ただちに皇帝・溥儀の退位の詔が発布された。列席した重臣たちは声の嗄《か》れるまで泣いた。清朝の太祖、ヌルハチが建国してから二九六年間続いた清朝はこの瞬間に滅亡、中国は三〇〇〇年の王朝の歴史に終止符を打ったのである。溥儀は〈わけがわからぬままに三年間皇帝をつとめ、またわけがわからぬままに退位した〉（『わが半生』）のである。その三日後、清朝を崩壊に追い込んだ袁世凱は孫文らと結んでいた密約によって、清国の内閣総理大臣から一転して今度は中華民国臨時大総統となった。

清朝は滅亡し、溥儀は皇帝の座を降りたが、「優待条件」によって、清朝時代の「贅沢三昧」の生活はそのまま維持されることになる。「暫時宮中に居住する」との条項には、具体的な期限は定めていない。紫禁城の中の三大殿（保和殿・中和殿・太和殿）は中華民国のものとなったが、ほかはすべて「宮中」の範囲に属した。このため溥儀はその後、一二年にわたって紫禁城でそれまでと同様の「帝王生活」を送ることになる。

父親の摂政王・載灃はその地位を解かれると、ただちに紫禁城城外の北側にあった醇親王府（北府）に帰った。載灃は自宅である北府に着くと嬉しそうに「今日から家に帰って子供を抱いてもいいようになったのだ」といって四歳になった溥傑を抱き上げた。妻の瓜爾佳氏（栄禄の娘）は彼のそんな態度に腹をたて泣き出したが、載灃は〈むしろ満足して心安らかに新しい生活に入った〉（『溥傑自伝』）のである。

袁世凱の野望

袁世凱の狙いは、自らが皇帝の座に座ることにあった。

中華民国臨時大総統となった袁世凱の政治姿勢は一貫して、「中央の元首が強権を振るうことによって、麻のように乱れた中国は一つにまとまる」ということにあった。これに対し孫文に代わって実質的な指導者となった宋教仁《そうきょうじん》（華興会のメンバーのひとり）は、最高権力者の権限を制限し、議院内閣制を採用することが必要であると主張した。当時としては斬新なこの考えは多くの国民の心を捉える。袁世凱は大きな力を持ち始めた宋教仁を警戒し、翌一九一三年三月、刺客を放って上海駅で彼を暗殺、「議会制民主主義」という宋教仁の新しい理想政治はつい え去った。

一九一五年に入ると、袁世凱は側近たちに皇帝即位運動を起こさせた。「袁世凱に皇帝即位を促す民意」を宣伝し、国体決定のための「国民代表大会」を開催させ、出席者の全員一致で「現大総統袁世凱を新たな中華帝国皇帝に推戴《すいたい》する」ことを決めた。袁世凱は形式的に二度、これを辞退した上で受諾する。あくまでも国民の強い要請を受けたという形を取ったのである。翌一九一六年元旦、袁世凱は皇帝に即位し、元号を「洪憲」と改め、国号を「中華帝国」とした。袁世凱はその野望を達成し、「中華帝国の洪憲皇帝」となり、帝政を復活させる。

しかし、帝政復活の動きには危機感の薄かった人々も袁世凱の豪華な「即位の大典」に驚き、各地で批判の声が上がり始めた。北京では学生たちのデモが繰り返され、地方の軍閥は次々と反旗を翻した。出身母体である北洋軍閥の首脳たちも公然と袁世凱を批判した。さらに当初は傍観していた日本政府も激しい批判を始めた。こうした内外に燃え広がる「反袁世凱」の動きに、三月二十二日、しぶしぶ帝政の取り消しを宣言、洪憲年号を廃止した。袁世凱の皇帝在位期間はわずか八三日間。しかし、失墜した権威は戻らず、一六年六月六日、失意のうちに病死した。五十六歳だった。

張勲による一二日間の「清朝復辟」

清が滅亡した直後から、清朝の遺臣たちを中心に、皇帝退位に反対し清帝室の復活を目指す「復《ふく》辟《へき》派」の動きが出始める。「復辟」とは紫禁城内の言葉では「祖業の回復」のことを言い、遺臣や旧臣たちの言葉で言えば、「清への大政奉還」を意味する。その先陣を切ったのが、袁世凱に暗殺された宋教仁を支持していた一派で、当時「宗社党」と呼ばれていた。運動の中心人物は甘粛省《かんしゅくしょう》総督の升允《しょういん》という人物だった。モンゴルに近い陝西省《せんせいしょう》から甘粛省にかけて勢力を保っており、蒙古系の満州人である。袁世凱は清朝に忠誠を尽くしてきた升允に強い警戒心を抱いていた。

袁世凱が臨時大総統になると升允は、袁世凱討伐を企てるが敗北し、モンゴルに逃走する。その後、哈爾浜《ハルビン》に入り東清鉄道・満鉄で大連に出た。大連で彼が出会ったのが、満蒙独立運動の先駆者、川島浪速《かわしまなにわ》らとともに活動していた佃信夫《つくだのぶお》である。

佃は日本での同志を募るため升允を日本に連れて来た。東京で彼が知り合ったのが工藤鉄三郎という人物である。工藤は中国に渡り革命運動に身を投じていた〝大陸浪人〟だった。工藤は升允に出会ってから復辟派となり、升允を支援する。日本にいた升允は袁世凱の死を知るとすぐに清朝復辟に向けて動き始めた。中国に戻るという升允を日本の同志たちは心配し、工藤鉄三郎が同行することになった。後述するが、工藤は後に満州国皇帝となった溥儀の側近となり、溥儀に「忠」という名前を授けられ「工藤忠」と改名する。

袁世凱が死去すると紫禁城内も明るい雰囲気に包まれていた。「袁などという輩を皇帝にするより、やはり昔の天子さまにすべてを帰したほうがよい」という声が高まり、紫禁城はまた以前のような活気を呈してきた。そんな雰囲気の中で張勲《ちょうくん》による復辟事件は起きたのである。

張勲はもともと袁世凱の北洋軍閥系の軍人で、清朝時代には江南提督を務めていたこともある。袁世凱政権下では安徽省《あんきしょう》方面で力を持ち安徽督軍となる。しかし、彼は袁世凱に一貫して批判的だった。彼の配下の兵士の多くは辮髪《べんぱつ》（満州人やモンゴル系の人々の伝統的なヘアスタイル）だったので「辮髪軍」と呼ばれ、張勲自身も〝辮髪将軍〟と呼ばれることを喜び、「三国志の張飛」を気取っていた。升允は一九一七年六月十一日、上海から北上して天津に入ると、張勲に手紙を送り復辟を勧めた。

復辟の意思を固めた張勲は七月一日、清朝への服従の印であった辮髪を下げた約三〇〇〇人の兵士を率いて北京の紫禁城に入った。袁世凱の死後、北京政府の大総統に就いた黎元洪《れいげんこう》に国会を解散させ、宣統帝・溥儀を再び皇帝の座につけた。十一歳になっていた溥儀は張勲の手によって再び、歴史の表舞台に引き出されたのである。

溥儀はこのとき〈私はこの突如としてやってきた喜びに目がくらむようだった。（略）どんなふうにしてこの「本物の皇帝」になったらよいのか、わからせてくれればいいのにと思っていた〉（『わが半生』）という。

その朝、北京の街には即席の黄龍旗（清朝の国旗）であふれ、古着屋には清朝の官服を買い戻そうとする元官吏が殺到したといわれる。しかし、張勲の〝辮髪軍〟の勢いはそこまでだった。黎元洪にとって代わった段祺瑞《だんきずい》が北京政府の国務総理となり再び勢力を盛り返していた。段祺瑞軍の反撃を受けて張勲の辮髪軍は敗北し、復辟は失敗に終わる。溥儀の在位はわずか一二日間。七月十二日には再び退位した。張勲は敗北するとオランダ大使館に逃げ込み、翌年、赦免されたが一九二三年九月、天津で死去した。

日本人・工藤鉄三郎はこの事件の際、青島《チンタオ》にいた升允の密命を帯びて隠密裏に二度にわたって北京入りして張勲に協力し、事件の成り行きを細かく升允に報告している。升允は溥儀の身を案じ、復辟活動を進める覚悟を手紙に認《したた》めて工藤に託した。工藤は、自分は〈日本人なので、格別、危険はあるまいと、出かけて行った。そして、紫禁城内において、初めて皇帝に会見した〉と自著『皇帝溥儀　私は日本を裏切ったか』に書いている。工藤はこのとき三十四歳、溥儀は十一歳だった。

溥儀は身を挺して升允の手紙を届けに来た工藤との出会いについて〈彼は清末には升允に従っていた人で、のち升允の復辟活動における、積極的な賛助者だった〉（『わが半生』）と、簡単に記しているだけだが、近代の中国・東北アジアの研究家、山田勝芳氏はこう見ている。

〈溥儀の後々までの升允に対する厚い信頼感から考えても、升允の「部下」「日本人顧問」として、工藤の印象が溥儀の脳裏に強く刻み込まれたものとみてよい〉（『溥儀の忠臣　工藤忠』）

工藤鉄三郎は一八八二年（明治十五年）、青森県北津軽郡生まれ。弘前市の東奥義塾（津軽藩の藩校の後身）に入学し、剣術に夢中となり「練達の技」を身に付けた。東奥義塾を中退して上京すると、錦城中学などを経て専修学校（現在の専修大学）に入った。このころから郷里の先輩で新聞「日本」を創刊した陸羯南《くがかつなん》の感化を受け、中国大陸への関心が高まり、専修学校を中退しサハリンに渡る。サハリンでは炭鉱夫などをしながら生活費を稼ぎ、一九〇八年には、ロシア沿海州を経由して中国に入り、上海で風船を売ったり、洗濯集配人をしたりしながら四年以上も中国各地を旅行し、実践的な中国語を身に付ける。身体強健、身長「五尺八寸」（約一八〇センチ）の大男であった。

溥儀と溥傑の初対面

辛亥革命が起きて、溥儀や溥傑が歴史の荒波に翻弄されているとき、世界が一変する事態が生じていた。一九一四年（大正三年）六月二十八日、バルカン半島のサラエボ（当時オーストリア領、現在はボスニア・ヘルツェゴビナの首都）に響いた一発の銃声から、未曽有の戦争が始まったのだ。第一次世界大戦である。戦火は瞬く間にヨーロッパ全土に及び、やがてアメリカや日本も参戦する。黒色火薬に替わるニトログリセリンを使った爆弾、機関銃、毒ガス、戦車、潜水艦など最先端科学が生んだ大量破壊兵器によって、一九一八年の戦争終結までに一七〇〇万人が命を落とした。

この大戦争によって、それまで君臨していた帝政の国々、ハプスブルグ家のオーストリア＝ハンガリー帝国、ドイツ帝国、オスマン帝国、帝政ロシアが瓦解し、十九世紀的な世界は、一気に二十世紀の新たな構造に組み変わっていく。清朝の滅亡はその前兆だったとみてもよい。

溥儀が清国皇帝となったのが一九〇八年（明治四十一年）。溥儀は二歳一〇ヵ月で、一年二ヵ月年下の溥傑はまだ物心もつかない一歳七ヵ月だった。溥儀が宮中に送り出されてからふたりが会うことはなく、溥傑は皇帝時代の溥儀をまったく知らない。溥儀と溥傑の〝初対面〟は、一九一六年四月、溥儀十歳、溥傑が九歳のときだった。「張勲の復辟事件」の一年前のことである。「優待条件」の四〇〇万両に縋《すが》る宮中で溥儀を養育していたのは、同治帝や光緒帝の元皇后や元側室たちだった。そのうちのひとりが、溥儀の歓心を買おうと、溥儀の祖母、母親と弟の溥傑、一番上の妹の韞媖《おんえい》の四人を宮中に迎えて溥儀に会わせることを思いつく。

『溥傑自伝』によると、宮中に出発の日、祖母と母は八人担ぎの輿に乗り、溥傑と妹はそれぞれおつきの女官と一緒に頭が痛くなるほど揺れる大きな輿に乗って続いた。

神武門に着くとその先は、輿はそのまま入れるが、随行の者はみな馬から降りなければならない。溥傑と妹はそこで宦官が担ぐ輿に乗り換えた。謁見は長春宮で行われた。待機所の西配殿で待つこと一〇分足らずで宦官は一行を庭に案内した。そこに溥傑と同じくらいの子供が大勢の宦官に取り囲まれて出てきた。溥儀だった。彼が祖母の前に進み、宦官が黄色の敷物を置くと跪《ひざまず》いて祖母と母に挨拶した。祖母や母にとっては七年ぶりの再会である。

〈祖母はいまにも声をあげて泣かんばかりだったが、母はただ茫然と立ったままであった。溥儀も堅苦しそうであった〉（『溥傑自伝』）

四人は数日間を宮中で過ごすことになるが、最初の対面がすむと、溥儀は溥傑に聞いた。「君たちは家で何をして遊ぶの」。「鬼ごっこです」。溥傑はうやうやしく答えた。「君たちも鬼ごっこか？　それは面白い」と溥儀。この日、溥儀が溥傑と妹の三人で遊んだ鬼ごっこについて『わが半生』から引用する。

〈私は太監（筆者注：宦官）と遊んだことはあったが、私より小さい子と遊んだことはなかったのだ。そこで私たちは養心殿で鬼ごっこを始めた。遊ぶにつれてだんだんおもしろくなり、二弟（同：溥傑）も妹（同：韞媖）も遠慮を忘れてしまった。私たちは最後にはとうとう外のカーテンを全部おろして、部屋を真暗にした。私より二つ年下の妹がおもしろがりながらもこわがるので、私と二弟が彼女をおどし、私たちはすっかり上機嫌になって笑ったり騒いだりした。鬼ごっこに遊び疲れると、私たちは炕《かん》（同：オンドル。冬の寒さの厳しい満州地方の暖房装置）に上がって息を切らしていた〉

〈私はまた彼らに何か目新しい遊びを考えろと言った。溥傑はしばらく考えていたが、何も言わず、ただ私を見つめてニヤニヤ笑っている。

「何を考えてるの」

彼はまだニヤニヤ笑っている。

「言ってごらんよ、言いなよ」

私はじりじりして彼を促した。彼がきっと目新しい遊びを考え出したのだと思ったのだ。ところが彼は言った。

「ぼくは、あ、いけない、溥傑は陸下はきっと特別な恰好をなさってるんだと思ってたんです。まるで芝居のなかみたいに、いつも長いひげをはやしていて……」

言いながら、彼は手でひげをしごくまねをした〉

ところがこの溥傑の動作が溥儀を怒らせることになる。溥傑の袖口に見えた色が溥儀には黄色に見えたのである。黄色は皇帝だけが使うことを許された色である。「あんず色でしょ」という溥傑に「デタラメ言うな。黄色じゃないか」と怒鳴りつける。妹はびっくりして溥傑の後ろに隠れ、今にも泣きだしそうな顔になった。「これは黄色だ。お前が使ってはいけないのだ」。
この場面について溥傑はこう記している。
〈彼に怒られると私もうろたえ、たちまち君臣の境界が復活してしまった。溥儀と私は、名は兄弟だったが、実際は君臣であり、私は彼を「皇上」と呼び（彼のいない所でもそう呼んだ）、彼は私を「溥傑」と呼んだ〉（『溥傑自伝』）
溥傑は生涯、兄・溥儀の忠実な君臣で通した。前述したように、溥傑がやっと「兄さん」と呼び、溥儀が彼を「弟」と呼ぶようになるのは、満州国崩壊後、撫順戦犯管理所で十年余にわたって中国共産党による「改造教育」を受けた後のことである。

イギリス人家庭教師・ジョンストン

溥儀に英語の学習を含めて西欧文化を学ばせるため外国人教師を付けようという話が本格化したのは、溥儀が十三歳となった一九一九年のことである。六歳から帝王学を学び始めた溥儀に英語教育の必要を説いたのは叔父の載濤《さいとう》で、彼が親しい李鴻章《りこうしょう》（下関条約の全権大使）の子息を通じて紹介されたイギリス人のレジナルド・ジョン・フレミング・ジョンストンをとりあえず自分の息子の教師として試験的に採用した。ジョンストンはイギリスのオクスフォード大学を卒業後、アジアに来てから二十年余りとなり、中国各省の名所旧跡をあまねく踏破したことが自慢で、中国の歴史にも通暁していた。彼はかつて香港の英国総督の秘書をしたこともあり、当時はイギリスの租借地、威海衛《いかいえい》の行政長官をしていた。

その後の溥儀と溥傑に重大な影響を及ぼすことになるジョンストンに、溥儀や父親の載灃たちが「引見」したのは一九一九年三月四日。この日、英国公使の推薦という形で、溥儀の教師として正式に採用された。引見が終わるとこの日から中国人教師の陪席のもとで溥儀への講義が始まった。

溥儀のジョンストンの第一印象は、「気持ちが悪い」だった。

〈私の父よりもふけて見えたが、動作は敏捷だった。（略）彼には八字ひげもなく、文明棒も持っていなかったし、（筆者注：挨拶の際）足も曲げられたが、それでも私にどこか硬い感じを与えた。特に彼のその青い目と白っぽい薄茶の髪は、見ているとどうも気持が悪かった〉（『わが半生』）

最初の数週間、ジョンストンは溥儀とふたりだけになるのを許されなかった。必ず宦官が一人付き添い、また中国人教師一人が立ち会った。宦官は扉の内側に無言のまま立っている。三〇分経つと宦官は別の宦官と交代する。彼らは監視役だったのである。宦官の同席がなくなったのは一年が過ぎてからである。

ジョンストンは溥儀に「伴読」（一緒に学ぶ学友）がいれば英語上達も早いのではないかと提案する。まず選ばれたのは溥儀の叔父、載濤の長男で、溥儀の従弟《いとこ》に当たる二歳年下の溥佳《ふか》である。

これに対し、父親の載灃は溥儀の弟・溥傑も伴読のひとりに入れてくれるよう願い出た。漢文の伴読には、すでに十四歳の毓崇《いくそう》という少年がいたが、一人増員することになり、溥傑は毓崇とともに漢文の伴読となることになった。溥傑は幼少時代から北府（醇親王府）で毎朝八時から正午まで、午後も一時から三時間、溥儀の漢文の師である陳宝琛《ちんほうちん》が紹介した趙世駿に就いて漢文を習っていた。江西出身の趙は、生涯官職につくことはなく、中華民国となってからは「国史館」での研究職に就いていた。四書五経、作詩、作文などもそのときに習い、とくに趙に習った書道は溥傑の字体に大きな影響を与えた。

伴読には「内廷行走、紫禁城内騎馬」などの特権が与えられる。「内廷行走」とはいかなるときでも自由に皇帝に面談できるという特権で、毎月銀八〇両の俸給が支給される。溥傑、溥佳、毓崇の三人にも「内廷行走」という名誉と特権が与えられたのである。溥傑は以後、毎朝、紫禁城内の毓慶宮《いくけいきゅう》へ赴いて溥儀の勉学のお相手をした。漢文の伴読である溥傑が一緒に勉強したのは、おもに四書五経で、それが終わると「御批通鑑輯覧」や「大学衍義《えんぎ》」などを読む。毓崇は漢文の前に満文（満州語）の勉強のお相手もした。

溥儀も三人の伴読もまだ若く、書斎の固い椅子にじっと座っていられず、しばらく勉強すると、溥儀についてあちこち散歩し、気晴らしをした。宮中は広いので、日ごろ行ったことのない場所もたくさんあった。

〈溥儀はあまり勉強に身が入る人ではない。公平にいって私の方が真面目だった。だが、これは家（筆者注：北府のこと）で身についたものだった〉（『溥傑自伝』）

溥儀の中に「ふたりの人間」

ジョンストンの教育は溥儀や溥傑に大きな影響を与える。

〈彼が教えたのは英語だけではなかった。言いかえれば、英語はさして重要でなく、彼がもっとも熱意を注いだのは、私を彼のいう英国紳士のような人間に教育することだった。私は十五歳の年に、まったく彼のとおりの服装をしようと決心し、太監（宦官）を町へやって、洋服をひとかかえ買ってこさせた。私はまるでからだに合わない、おそろしくだぶだぶの洋服を着、しかもネクタイを縄のようにカラーの外にかけた。私がこうして毓慶宮にはいっていき、彼に見せたとたん、彼は文字どおり身をふるわせて怒り、私にすぐ戻って着替えてこいと言った。翌日、彼は仕立屋を連れてきて私の寸法をとらせ、英国紳士の服を注文した〉(『わが半生』)

溥儀はジョンストンの恰好に倣って身に着ける懐中時計、時計の鎖、指輪、ネクタイピン、カフスボタン、ネクタイなどを大量に買い込む。そしてジョンストンに頼んで英語名までつけてもらったのである。溥儀は「ヘンリー」、溥傑は「ウイリアム」、そして後に結婚した婉容は「エリザベス」といった具合である。さらに、ジョンストンが「中国人の辮髪はブタのしっぽのようだ」とあざけったことを知り、彼は辮髪を切り落とした。紫禁城内はそれまで辮髪の世界だったが、溥儀が切り落とすと、数日のうちに辮髪がほとんどが消えた。溥傑も「御命令」を口実にして、家で髪を切ったのである。

ジョンストンは、溥儀との関係が深まると溥儀の性格に常に分裂した「二面性」のあることを見抜く。彼は自著『紫禁城の黄昏』で概略こう述べている。

溥儀は快活で理解も早かったが、その気質には真面目な面と軽薄な面とが見受けられた。最初のうちは、この軽薄さは若さの無責任からくるものと思い、成長するにつれて子供っぽい行動をとることはなくなるだろう、とあまり気に留めずにいた。しかし、その後、溥儀には二つの人格の存在を示唆するような、常に分裂したものがあることに気づいたのである。

溥儀が少年期を脱したころ、「あなたの中にはひとりでなくふたりの皇帝がいる。もし、ふたりの皇帝のうち、良い方の皇帝がもうひとりを永久に臣下として服従させない限り、皇帝にとっても先祖に対しても申し訳ないことになるだろう」とジョンストンは何度か溥儀に忠告した。

溥儀はそのたびに忍耐強くその苦言に耳を傾け、怒り出すこともなかった。しかしジョンストンの話を辛抱強く聞くこととそれを実行に移すというのはまったく別のことだった。ジョンストンはその欠点も再三、指摘し、溥儀も「自分でも悪いと反省したから今後は改める」と明言したこともあるが、実行に移されることはない。六歳のときからの漢文の師である陳宝琛もジョンストンと同じように見ていた。彼のこの性格が〈血統のせいなのか、少年が育てられた宮中のおそろしく不健全な環境のせいなのかをはっきりさせるのは困難である〉(『紫禁城の黄昏』)とジョンストンは書き残している。

「おそろしく不健全な環境」とは、二歳で紫禁城に入城しそこで暮らすことになった溥儀が性的に弄ばれたことをほのめかしている。

このころ撮影されたと見られる「分身像」と名付けられた溥儀のトリック写真が残されている。ふたりの溥儀が視線を合わせることなく、椅子に座った写真である。溥儀自身が撮影させたものだろう。溥儀はジョンストンが指摘したように、自分の心の中に「表の顔」と「裏の顔」という相反する「ふたりの人間」がいることを自覚していたのではないか。いまなら「軽度の異常性格(分裂気質)」などと診断されるのかもしれない。「分裂気質」はとりわけ他人に対して心的距離を長くとり、一見して何を考えているのか容易に窺い知れない、といわれる。心の中で思っていることと、口に出していう言葉が正反対なこともしばしば生じるのである。こうした溥儀の二つの性格は「満州国皇帝」となった後の関東軍や日本政府との交渉だけでなく、その生涯を通じて、いたるところでその顔を覗かせ、「彼の本心はどこにあるのか」と彼の発言の真意をめぐって、周囲は混乱することが多かった。

婉容と文繡

ジョンストンを迎えて溥儀の勉強が本格化していた一九二一年、溥儀が満十五歳になったころから宮廷内では結婚問題が持ち上がった。溥儀はジョンストンを通じて知った西欧文明の新鮮さに驚き、その虜《とりこ》になる一方で、自由とわがままを混同し、周囲の者たちに暴力を振るったり、当たり散らすなどの行動が目立つようになる。そうした少年をなだめるための手段として浮上したのが結婚である。盛大な婚姻の式典を通じて旧清朝の存在を誇示する狙いもあった。

溥儀のお妃選びの話が伝わると、自薦、他薦の写真が門前市を成すように持ち込まれた。一方、後宮にはまだ溥儀が母としての礼を尽くすべき光緒帝や同治帝の未亡人（太妃）たちも残っていて、自分に近い娘を皇后に推挙して、後宮での勢力を強めようとそれぞれが満州貴人の中から選りすぐった候補者を推薦し、陰湿な対立を強めていた。しかし、最終的に誰を選ぶかは当事者である溥儀に発言させ「欽定」してもらわねばならない。

同治帝や光緒帝の時代は候補の女性たちを一列に並ばせ、新郎となる皇帝が直接面接して、その場で印をつけていた。しかし、清朝時代はすでに終わっているのに、人の娘を一列に並ばせて選ぶのではさすがに穏当ではない、ということになった。そこで採用されたのが写真で選ぶという方法である。溥儀がよいと思った写真に鉛筆で印をつけることになったのである。溥儀の下には最終的に四枚の写真が届けられた。

〈四人とも同じようで、からだつきはみな、張り子の俑《よう》（筆者注：人形）のようであった。どの写真の顔も非常に小さくて、実際美しいも醜いも見分けがつかない。どうしても比べなければならないとしたら、旗袍《チーパオ》の模様を比べて、だれのが珍しい模様かを見ることしかできなかった。私は当時一生の大事だなどということにはまったく思いも及ばなかったし、何の基準もなかったので、たいして考えもせず、見た感じで割りによいと思った一枚の写真に、鉛筆で丸を一つ書いた〉（『わが半生』）

その女性の名は、端恭の娘、文繡《ぶんしゅう》で、溥儀より三歳年下の十二歳だった。彼女を推挙していたのは同治帝の側室（敬懿《けいい》太妃）である。一方、光緒帝の側室（端康《たんこう》太妃）は栄源の娘、婉容《えんよう》を強く推薦していた。ふたりとも満州人の娘である。端康太妃は溥儀に使いの者を寄こして婉容に選び直すように勧めた。その理由は「文繡は家柄が貧しく、美しくもない。婉容の方が金持ちだし美しい」ということだった。両太妃は互いに譲らず、にらみ合いの形となった。婉容は溥儀と同い年の十五歳だった。

溥儀は「なぜ早く言わなかったのだ」とは思ったが〈鉛筆で丸を書くのは、何も手数のかかることでもない、そこで私は婉容の写真にも丸をつけた〉（同）。こんな経過で婉容が正室と決まり、文繡は妃（側室）として迎えることになる。「祖先以来の制度に基づいて皇帝は必ず皇后と妃を持たねばならない」という周囲の声に逆らえなかった。お妃選びは一年がかりとなり、婚礼の時期は大幅に遅れ、式が行われたのは一九二二年十二月一日のことである。

新婚初日の夜は、伝統に従えば坤寧宮《こんねい》のわずか一〇メートル四方の新婚夫婦用の部屋で過ごすことになっている。この部屋の特色は何の飾りつけもなく、床を除いては、すべて赤く塗ってあることだった。溥儀はしばらく周りを見回したが、〈目の前が一面真赤なこと以外なにもわからなかった。(略)私は非常にぎこちない感じで、坐っても落ち着かず、立っても落ち着かない。私はやはり養心殿がいいやと思い、そこで戸をあけて帰ってしまった〉(同)。部屋には婉容一人が残された。溥儀はもともと女性に関心がなかったのである。溥儀は成婚後、婉容の部屋をごく稀にしか訪れず、やってきても朝起きると別れの挨拶もせずにさっさと帰ってしまった。

二歳で皇帝の座に就いた溥儀の周りにはいつも大勢の宦官や女官がいた。そうした宦官や女官との生活について「最後の宦官」といわれる孫耀庭は『最後の宦官秘聞――ラストエンペラー溥儀に仕えて』で次のように述懐している(要旨)。

溥儀に仕える宦官たちは、溥儀が夜、部屋から出るのを恐れ、また宦官たちも早く戻って休みたいので、常に女官を溥儀の床に押し付け、溥儀が部屋から出られないようにした。女官たちはみな溥儀より年上だった。溥儀はまだ子供で何もわからず、女官のなすままだった。あるときは一人でなく、二、三人が溥儀と一緒に寝て、彼に悪いことを教え、すっかり疲れて寝てしまうまでして、女官たちはようやく溥儀を寝かせた。自分の性的能力の喪失は、この荒淫によってなったと溥儀から聞いた者もいる。

溥儀は幼年のころ、大事なところを弄られ、正常な欲望の吐き出しどころがなく、恐ろしいことだが宦官の遊蕩の導くまま堕ちていった。宦官の中に「小王三」という名の見た目にも美しい若い宦官がいた。彼は小さいときから宮中で老宦官の玩具にされ、長じると今度は隠れて可愛い男の子を何人も弄んだ。そんな小王三が、交代で夜更けまで溥儀のそばに仕えるようになった。溥儀は眉目秀麗なこの宦官を寵愛するようになった。溥儀より何歳か年上で、気質も悪くないのである期間、溥儀と離れないようになった。

明らかにアブノーマルな生活の中で、夫婦仲も異常にならざるを得ない。「婉容様も馬鹿ではないから、陛下があの若さでどうしてこんな悪癖に染まったのか疑問に思われた。しかし、直接陛下に聞くわけにもいかず、じっと耐え忍ぶしかなかった」と孫耀庭はいう。婉容は〈たびたび激しい腹痛に襲われ、仕方なく阿片で痛みを止めるようになり、ついには阿片の泥沼にはまってしまった〉（『最後の宦官秘聞』）と孫耀庭は書き残している。

紫禁城脱出計画と関東大震災

少年から青年へと成長し妻妾を娶った溥儀が繰り返し考えていたのは、婉容と文繍との新生活のことではなく、〈もし革命がなかったら、私は親政を始めたはずなのだ……私は祖業を回復せねばならぬ！〉（『わが半生』）という思いだった。自我の覚醒というべきか、愛新覚羅家の皇帝という「自我」に目覚めたのだろう。

溥傑はジョンストンが来てから、溥儀の考えに大きな変化が起こったと見ていた。

〈洋服を着るようになり、弁髪を切り、腕時計をし、シェパードを飼い、英語を話すようになった。さらに重要な変化は、あの光り輝く広々とした世界に憧れるようになったことだった〉（『溥傑自伝』）

光り輝く世界とは、イギリス、まだ見たことがない西欧社会だった。

溥儀はジョンストンの祖国イギリスに行き、オクスフォード大学に入って勉強し自分の視野をひろめ、民国政府による「優待条件」を断り、「清朝復辟」という宿願を達成したい、と考えるようになる。溥儀の「学友」となった溥傑もまったく同じ考えだった。ふたりは協力して密かにイギリスへの脱出計画を練り始める。溥儀は溥傑についてこう述べている。

〈私と溥傑とは、当時それこそ兄たり難く弟たり難しで、私たちの心情と幻想とは私たちの顔よりもよく似ていた。弟も自分の家の壁を乗り越え、できるだけ遠いところへ行って自分の道をさがしたいと、そればかり考えており、自分のすべての欲望は外国へ行ったらすべて満たされると思っていた。（略）溥傑は私より一つ年下であったが、外の社会についての知識は私より豊富で、特に重要なことは、彼なら外で活動でき、宮中へ行くという口実で家の者をだますこともできることだった〉（『わが半生』）

ふたりが英国へ脱出するための第一の行動は資金を作ることだった。その方法としてふたりが選んだのが、宮中でいちばん値打ちのある書画や骨董を、溥儀が溥傑に下賜するという名目で外へ運び出し、彼らの父親・載灃を経由して天津のイギリス租界に叔父の載濤が建てた家に運んでおくということだった。溥傑は毎日午前中に溥儀と一緒に勉強し、勉強を終え帰宅するとき、必ず大風呂敷包みを一つ持ち帰った。「書聖」と呼ばれる王羲之《おうぎし》・王献之《けんし》父子の真筆の書や司馬光が筆で書いた「資治通鑑」の原稿、唐の王維の人物画など運び出したものはすべて粒よりの逸品ぞろいだった。そのころ内務府大臣などが書画の点検をやっており、溥儀は彼らが選んだ極上の品の中でいちばん良いものをとっておいたのである。

ふたりが企んだ〝下賜品持ち出し〟は、ほとんど一日の休みもなく半年以上続き、書画一〇〇〇点、骨董品二百数十点など全部で二〇〇〇点以上を運び出したという。これらの品は天津に移されてから数十点が売られた。溥傑は後に「私が美術品の鑑賞眼があると言われるのは、このときに養われたものだろう。当時はただ良いものを選んだだけで『鑑賞』など考えもつかなかった」と語っている。

資金の面で見通しがつけば、第二段階は秘密裡に紫禁城を抜け出すことである。溥儀と溥傑はその具体策の相談を始めた。行き先はジョンストンの祖国イギリスである。しかし、この計画はジョンストンも含めて紫禁城内部の誰にも噂一つ漏れてはならず、絶対の秘密保持が必要である。兄弟ふたりは相談してオランダのオウデンディーク首席公使に紫禁城を抜け出すのに密かに協力してもらおうと決めた。溥傑によると、張勲による復辟失敗後、このオランダ公使は人を使って溥儀たちを討伐軍の包囲から助け出してくれたのだという。オランダも君主国だから、転覆した清朝の皇帝兄弟も助けてくれるに違いないという「無邪気な考え」からオランダ公使に頼ろうとしたのである。

オランダ公使を訪ねて交渉することを引き受けたのが溥傑である。溥傑にはオランダ公使との面識はない。唐突に公使館を訪れ、脱出を援助しふたりのイギリス留学を支援してほしい、と単刀直入に打ち明けた。〈その結果はすべて満足すべきものであった〉（『わが半生』）と溥儀は言う。脱出用の車は直接、宮城内に乗り入れることはできないので、日時を決めて神武門で待っている、とオランダ公使は溥傑と約束したのである。その車にふたりが乗り込めば、車はオランダ公使館に走り込む。それ以降はイギリスへの渡航から立ち寄り先、イギリスで入学する学校まですべてオランダ公使が責任を持つという段取りだった。

ところがこの計画は事前にジョンストンに漏れてしまった。一九二三年二月二十四日、ジョンストンは民国大総統主催のレセプションに出席する。その席でオランダ公使夫人がジョンストンにこう漏らしたのである。

「三日前に溥傑が公使を訪ねて来て、溥儀、溥傑兄弟が紫禁城を脱出する決意を固めたが時間の余裕がない。オランダ公使館がふたりを受け入れ、直ちに天津に出発できるよう助力を求めてきた。公使はジョンストンに相談したのかと溥傑に訪ねたが、その答えはノーだった。しかし、公使はじっくり考えた末、若い皇帝が気の毒だから、ふたりを公使館で受け入れ天津まで付き添っていく決心をした」

この話を聞いたジョンストンはすぐにオランダ公使に手紙を書いた。

〈貴下の訪問者（筆者注：溥傑のこと）の計画は非常に杜撰《ずさん》なもので、もし実行されることになれば、われわれが共に心にかけている或る人物（同：溥儀のこと）にとって、たいへん不幸な結果になろうかと存じます。ましてその種の行為が、わが公使館や本国政府のつよい非難をまねくことを承知している私としましては、一味にくわわるなど問題外です。もしこの件について多大のご配慮をたまわった人物から相談があれば、私はこの申し出をお取り上げにならないよう忠告いたします〉

（『紫禁城の黄昏』）

ジョンストンはオランダ公使とやり取りした手紙を持って溥儀を訪ねた。ジョンストンに知られてしまったことを知った溥儀は、紫禁城脱出計画の一部始終を彼に話した。ジョンストンは「あなた方がオランダ大使館まで辿り着けたら、イギリス留学については力を貸そう」とだけ約束した。ジョンストンは溥儀溥傑が実際に脱出すればイギリスと中華民国の関係悪化が懸念されるので、兄弟の計画を積極的には支持できなかったのである。

溥儀・溥傑兄弟が脱出を計画した日は溥儀が婉容と結婚して三ヵ月も経たない一九二三年二月二十五日のことである。問題はいかにして神武門を抜け出すかということだった。溥儀の身辺にはいつも侍従の宦官たちがおり、各宮門にはそれぞれの宮門付きの宦官がいる。神武門の外側には護衛軍の歩哨が立っている。溥儀は各門の宦官たちの壁を越えれば外に出るのは容易だと考え、彼らに金をつかませた。金をもらった宦官たちは喜んで溥儀に感謝した。ところが計画は露呈する。脱出予定時間の一時間前に、金を受け取った宦官のひとりが、内務府に密告したといわれているがその真相は明らかでない。

内務府からの命令で各宮門は一斉に通行禁止となり、紫禁城全体が戒厳状態に入り、ふたりは神武門から出ることはできなくなった。ふたりの脱出計画は見事に失敗したのである。溥傑はこの脱出劇の共犯者と見なされ、北府の自宅に軟禁される。世界に出ていく夢は簡単に潰えたが、溥儀も溥傑もあきらめたわけではない。溥傑はこう思った。

〈イギリスへ行けなくなったら、他の道を考えよう。（中略）アメリカは中国に租界を持っていないし、九カ国条約で中国を分割から救ってくれた「堂々たる大国」でもある。それならアメリカでもいい。日本は陰険で狡猾だがやはり君主制国家であり、明治維新には憧れている。イギリスとは比較にならないにしても、どうにもならない時は日本も考えられないものでもない〉（『溥傑自伝』）

この年、一九二三年（大正十二年）九月一日、日本で「関東大震災」が起きる。溥儀は旧臣たちに勧められ、三〇万米ドル相当もの書画骨董を日本に贈った。この大部分は溥儀、溥傑が国外脱出を図るため紫禁城からせっせと持ち出した美術品である。日本の芳澤謙吉《よしざわけんきち》北京駐在公使は、この見舞品が散逸することを恐れて皇室の「御手元金《おてもときん》」で買い上げる措置を取り、東京国立博物館が受け入れた。日本政府はこの巨額の見舞品の謝礼に、国会議員代表団を北京に送り、芳澤公使とともに溥儀に感謝の意を伝えた。

このの ち溥儀、溥傑兄弟を助けることになる芳澤謙吉公使は当時五十歳。一八九九年（明治三十二年）、東京帝大を卒業して外務省に入り、欧米局長、亜細亜局長などを歴任した後、前年に駐中華民国全権公使として赴任してきたばかりで、意気軒高だった。芳澤の妻は、大物政治家、犬養《いぬかい》毅《つよし》の長女・操。芳澤は後に外務事務次官や駐米大使を務め、犬養毅内閣では外務大臣となった。だが、犬養は一九三二年（昭和七年）、首相官邸に押し掛けた陸海軍の青年将校に暗殺される。テロの時代の幕開けとなる五・一五事件である。ちなみに、戦後の一九九〇年代、国連難民高等弁務官として活躍する緒方貞子は、芳澤の孫にあたる。

紫禁城の宝物がとりもつ縁から、溥儀は日本との関係強化が清国の祖業回復に役立つかもしれない、と期待するようになっていく。

第二章

紫禁城追放と張作霖爆殺事件

張作霖の北京入城

袁世凱の死去後、その部下の段祺瑞が実権を握ったが、そのころから十年余りにわたって中国各地に大小の軍閥が割拠し、勢力争いを繰り返し、中央政府である「北京政府」は勝利した大軍閥が支配する。当時、南京には国民党が樹立した「中華民国政府」が存在したが、実質的に中国に君臨したのは大軍閥の「北京政府」だった。一九二〇年七月、直隷省（現在の河北省）を根城とする直隷派の呉佩孚《ごはいふ》と段祺瑞の安徽派という軍閥の対立が先鋭化する。直隷派には奉天軍閥の張作霖《ちょうさくりん》が万里の長城を越えて支援し、激しい戦闘となった。この安直戦争で段祺瑞は敗北し、北京は直隷と奉天両派の支配下に入った。

ところが今度は北京政府内で張作霖の奉天派と呉佩孚らの直隷派が対立、二年後の一九二二年には第一次奉直戦争に突入する。この戦いで張作霖軍は敗北し、奉天に逃げ帰った。張作霖は袁世凱の死後、軍閥たちによる〝跡目争い〟のすきを狙って中央政界進出を図ったが失敗したのである。北京政府は呉佩孚を中心とする直隷派によって押さえられた。

しかし、張作霖は敗戦後も自ら東三省保安総司令官兼奉天省長を名乗り、日本の関東軍の支持を取りつけて、相変わらず満州での実権を握っていた。北京での実権を握った直隷派は、呉佩孚が総司令となって張作霖討伐に乗り出す。一九二四年（大正十三年）九月、第二次奉直戦争が始まった。山海関《さんかいかん》、朝陽《ちょうよう》、熱河《ねっか》各方面で一進一退の攻防が続いた同年十月、万里の長城の東端・山海関の確保を命じられていた直隷派の第三軍総司令・馮玉祥《ふうぎょくしょう》が突然、張作霖の奉天軍に寝返り、北京に引き返してクーデターを起こした。直隷派はこの裏切りによって腹背をつかれ、張作霖の奉天軍が勝利する。〝クリスチャン将軍〟の馮玉祥は、呉佩孚麾下の北方における最も重要な司令官のひとりで、彼が寝返るとは誰ひとり予想していなかった。

馮玉祥は北京に入ると「国民軍」と称し、政府、議会などを押さえ、紫禁城の守衛兵の武装解除を行った。その背後には日本の関東軍の支援があり、関東軍の一部はこのクーデターを知っていたと言われるが、その確かな証拠はない。しかし、この裏切りによって張作霖は北京に入城し「自らが中華民国の主権者となる」と大元帥への就任を宣言、その勢力は一時、華北から華中に及ぶことになる。張作霖はこの軍事的勝利に得意になったが、その結果生じた膨大な軍事費を賄うことができず、張の地元、奉天省では地方通貨の「奉天票」を乱発してインフレを招き、満州の住民は張作霖を〝暴君〟と呼ぶようになった。

廃帝・溥儀をトップとする旧清朝一族は、なにごともなかったかのように紫禁城で暮らしていたが、北京に引き返してきた馮玉祥軍によって大混乱に陥る。

溥儀の師、ジョンストンが馮玉祥の裏切りを知ったのは十月二十三日のことである。彼の著『紫禁城の黄昏』によると、その日早朝、興奮しきった召使のひとりが飛び込んで来て、北京の北方で軍隊の反乱が起こったこと、私邸から数十ヤード北にある大きな城門は閉ざされ、兵士たちが守備に就いていること、電話はもう通じないこと、などを告げた。事件は当初、局地的な反乱ということであったが、まもなく、それは憶測にすぎないことが判明した。事実は馮玉祥の驚くばかりの巧妙なクーデターだったのである。馮玉祥は万里の長城を越え、奉天へ進軍すると見せかけて、途中、北京との中間点に留まっていた。北京の各所には内通者が多数残っており、馮玉祥軍が引き返して来ると、彼らは一斉に城門を開き、北京市内に導いた。

政局は急激に動き始める。馮玉祥は安直戦争で政権の座を追われた安徽派の段祺瑞を引っ張り出すと、十一月一日、馮玉祥は密かに通じていた孫文に、馮玉祥、段祺瑞、張作霖の連名で上京を求める電報を打つ。翌二日には張作霖の支持を得て、北京臨時政府を樹立し、その執政に段祺瑞を充て、直ちに国務院臨時会議を開いて溥儀らの紫禁城居住、皇帝の名称、年金の廃止などを柱とする皇室に対する「優待条件」の修正を決めた。紫禁城は馮玉祥とその同盟軍の占領下に置かれ、皇宮警備隊は武装解除され、内務府はその職務を停止する。紫禁城の呼び名も「故宮」と改められた。

その翌日の朝、内務府の大臣たちが慌てふためいて溥儀の下に飛び込んできた。内務府首席の紹《しょう》英《えい》の手には臨時政府が発した公文書が握られていた。「陛下、陛下、馮玉祥が軍隊をよこし、これを持ってきて、署名をしろと……」。溥儀はその公文書をひったくり、手にとった。それにはこう記されていた。

「清室優待条件修正案」

現在、大清皇帝は五族協和の精神を貫徹することを欲し、現行民国の各種制度に違反することを願わざるによって、とくに清室優待条件を左の如く修正する。

第一条、大清宣統帝は本日より永久に皇帝の尊号を廃し、法律上において中華民国国民と同等の一切の権利を有する。

第二条、本条件修正後、民国政府は毎年清室補助のため五〇万元を支出し、かつ、とくに二〇〇万元を支出して北京貧民工場を開設し、旗人出身の貧民を優先的に収容する。

第三条、清室は原優待条件第三条に基づき、即日宮城を出るべきこと。以後自由に住居を選択することを得るが、民国政府は従前どおり保護の責任を負うものとする。

第四条、清室の宗廟陵墓は永久に奉祀し、民国は衛兵を配置して十分な保護を加える。

第五条、清室の私産は完全に清室の享有に帰し、民国政府は特別の保護を加えるものとする。公共財産はすべて民国政府の所有に帰する。


溥儀にとってはこの修正案はあらかじめ予想していたほど激しいものではなかったが、驚愕したのは「今から三時間以内に荷物をまとめて紫禁城を離れよ」と伝えてきたことだった。突然の退去命令に紫禁城内は蜂の巣をつついたような大騒ぎになった。溥儀はすぐにジョンストンを呼ぼうとしたが電話線はすべて切られていた。彼はすぐに北府の父、載灃に使いを走らせる。父がやっと宮城に駆けつけたころ、紹英が難しい顔をしてこう告げた。

「あと、二、二〇分しか待てないと申しております。さもないと景山の上から大砲をぶっぱなすと……」

溥儀はすぐにも彼らの要求を聞くしかないと判断、とりあえず父・載灃の家である北府に避難することにした。

北京臨時政府はすでに紫禁城を出る溥儀たちを乗せる自動車を用意していた。その日午後四時十分、溥儀や妻の婉容、文繡らは位階勲等に従って五台の自動車に乗り込み、住み慣れた宮城を去った。辛亥革命によって清朝が滅亡して以来一三年間、「優待条件」によって紫禁城に別天地を作って君臨してきた溥儀は以後、紫禁城に戻ることはなかった。

北府に着いて溥儀が車を降りると、警備に当たっていた国民軍の指揮官がこう聞いた。

「溥儀さん、あなたはまた皇帝の座に就きたいと思いますか」

溥儀はこう答えたと『わが半生』に記している。

「私はもともとあの優待条件はいらないと思っていた。今度、それが廃止になったのは、私の考えに合致している」

しかし、この発言は彼の本心ではなかった。彼の本心は〈(優待条件の廃止は)暴力によって署名を強制させられたものだ〉(『わが半生』)と強く思っていたのである。それは「清朝の復辟」にこだわるその後の彼の行動が証明している。

北府は軍・警察の保護という名の監視の下に置かれ、溥儀一家は軟禁状態となった。父の書斎に落ち着くと溥儀は〈ここは王府ではない、虎口にはいったのだと思った。まずやらなければならないことは、私の地位がどれだけの危険にさらされているかをはっきりさせること〉(同前)だと思った。

日本公使館へ

この事件があってしばらくは北京の政局は小康状態を保ったが、世情は騒然とし民衆がいつ騒ぎ出すかわからず、溥儀も北府に長くとどまっているわけにはいかなかった。清朝の遺臣で溥儀側近の陳宝琛《ちんほうちん》、鄭孝胥《ていこうしょ》や羅振玉《らしんぎょく》がジョンストンと相談して溥儀の受け入れ先を探し始めた。しかし、北府からの脱出は監視に当たる軍・警察の目を欺かなければならず、身内である北府の者にも知られてはならない。その試みが実行に移されたのは十一月二十九日朝である。

溥儀が体調不良を理由にして「ドイツ人医師のいる病院に入院したい」とジョンストンに連絡する。彼はこの機会をとらえて、溥儀を中国の主権が及ばない東交民巷《とうこうみんこう》（外国公使館区域）へいったん避難させる計画だった。溥儀は側近の陳宝琛、鄭孝胥と一緒に、北府の門前で待ち構えていたジョンストンの車に密かに乗り込む。溥儀は身支度など一切せず、荷物も持たなかった。ただ真珠と若干の宝石を一包みにしてジョンストンに手渡し、彼はそれをオーバーの内ポケットに預かった。東交民巷は天安門の南東にあり、一帯は義和団事件当時から日本、アメリカ、イギリス、ドイツ、フランスなど各国公使館が立ち並ぶ一種の治外法権区域である。この区域なら馮玉祥軍も手を出せないだろう。

だがこの計画は、出発直前になって狂いが生じる。見慣れぬ西洋人に溥儀が連れ去られると思ったのか、北府の執事が溥儀たちの車に強引に乗り込んできた。この男をまずまかねばならない。ふたりはカメラや時計を扱うドイツ人の店に立ち寄って買い物をするふりをして時間を潰し、頃合いを見計らって裏口からドイツ病院に逃げ込んだ。ジョンストンは懇意の医師と看護婦に「誰もここに溥儀がいると言ってはならない」と厳重に口止めする。そして溥儀の受け入れを懇願するために、まず日本公使館に行った。「外国公使のうちでも唯一、日本公使は溥儀を受け入れ保護を与えてくれるだろう」と思ったからである。だが芳澤謙吉日本公使は昼食を取りに出かけ不在だった。

やむを得ずジョンストンはオランダ公使館に向かった。だが、運悪くオランダ公使も外出中だった。次に訪れた彼の母国、イギリス公使館にはマックレー公使がいたが「貴下が忠誠を尽くすのは溥儀皇帝ではなくイギリス王室のはずでは……。溥儀ではなく、貴下を英国公使館の賓客として迎えることはいつでもかまいませんが」などと皮肉まじりに断られる。ジョンストンは再び日本公使館に引き返した。だが芳澤公使はまだ戻っていなかった。彼が芳澤公使と会えたのは午後三時すぎのことである。

芳澤公使は「溥儀を日本公使館で温かく受け入れていただきたい」というジョンストンの懇願にしばらくは返事をしなかった。彼は考え込みながら、部屋の中を行きつ戻りつする。溥儀の受け入れが国際関係のどういう問題をもたらすか考えていたのである。やがて結論を出した。

「よろしい。お引き受けした。しかるべき宿泊施設を整えたいと思うので、いったん、ドイツ病院に戻って連絡を待つように」

と言い、芳澤公使は急遽、公使夫妻が寝室に使っていた部屋を溥儀が宿泊できるよう準備させたのである。喜んだジョンストンは、溥儀の待つドイツ病院に急いで戻るが、溥儀は姿を消しており、行き先はわからない。

溥儀はドイツ病院でジョンストンの帰りを待っていたが、あまりにも遅いので気を揉んで落ち着かない。溥儀に付き添っていた鄭孝胥は、紫禁城にいるときから顔見知りだった日本公使館の駐在武官、竹本多吉中佐に連絡を取ってみようと提案した。竹本中佐は、公使館守備隊長を務めていた。少しでも早くどこでもいいから逃げ込みたかった溥儀は、その案に飛びついた。鄭はすぐに竹本中佐に連絡を取った。竹本中佐は公使館に戻っていた芳澤公使に報告し午後五時すぎ、「すぐにおいでください」と鄭に連絡する。つまりジョンストンと溥儀たちは行き違いになっていたのである。

ドイツ病院の前には大勢の人がいたので馬車を裏門に回し、ドイツ人医師が先導して裏門を開け、溥儀一行は馬車に乗り込んだ。ドイツ病院から日本公使館までの距離は約六〇〇メートル。竹本中佐の家は日本公使館と同じ敷地内にあり、公使公邸とは別の門をくぐるが、隣り合わせである。門前には竹本中佐が出迎えていた。竹本中佐の案内で溥儀は日本公使館に迎えられた。当時の日本公使館には、公使館付き武官として板垣征四郎《いたがきせいしろう》や土肥原賢二《どいはらけんじ》ら後に「満州国建国」の立役者となる軍人が揃っていた。

「私は日本に行かなければならない」

その日以降、日本公使館は芳澤公使以下、公使館をあげて溥儀を歓待する。関東大震災の際、溥儀が多額の見舞品を贈ったとき、芳澤は日本の国会議員団に同行してお礼に参上し、溥儀も芳澤のことをよく覚えていた。その歓待ぶりを溥儀は後に〈私がここで受けた歓待は空前のもので、あるいは絶後かもしれなかった〉（『わが半生』）と書いているほどである。公使館に落ち着くと、溥儀は北府の妻の婉容と文繡に迎えを出した。しかし、北府を監視する警察はふたりが北府を出ることを禁じた。日本公使館は書記官を派遣して交渉したが交渉は難航する。最後には芳澤公使自らが北京政府（執政府）執政の段祺瑞と交渉してやっと婉容、文繡がお付きの女官を連れて日本公使館にやってくるのが許された。

溥儀たちが日本公使館の一室に落ち着くと、溥儀のもとには清朝時代の旧臣たちが集まり始め、それまでの三部屋では入りきれなくなり、二階建ての家を一棟空けて溥儀たちの専用にする。旧清朝の内務府大臣や数十人の侍従、宦官、女官、女中、コックなども集まって日本公使館の一角に「大清帝室」の詰め所が復活したのである。さらに芳澤公使は竹本中佐を北京政府に派遣して「執政府は前皇帝の自由意志を尊重し、可能な範囲内において、その生命財産および関係者の安全を保障する」との声明を取り付けた。

日本公使館の溥儀に対するもてなしや配慮を見て、旧清朝の遺臣たちも動き出す。彼らは北京政府の執政・段祺瑞宛に「優待条件の復活」を求める電報を各地から打った。わざわざ地方から北京に溥儀の「ご機嫌伺い」にやってくる者も増えた。彼らの多くが溥儀に寄付をした。日本公使館にはこうした人たちの出入りが日ごとに増えていき、さながら清朝復活の趣を呈するように様変わりしたのである。

溥儀が二十歳（数え歳）の誕生日を迎える直前の一九二五年（大正十四年）二月五日には盛大な誕生パーティが開かれる。公使館の大広間が開放され、床には黄色い絨毯が敷き詰められ、玉座となるひじ掛け椅子にも黄色い緞子《どんす》の座布団が置かれ、溥儀が座った。天津、上海などからの遺臣たちや東交民巷の各国公使館からの参加者も含め一〇〇人を超える賑わいだった。

溥儀は日本公使館に落ち着いてから、深夜に数人の侍従を連れて紫禁城の近くまで自転車で出かけた。溥儀は紫禁城の城壁を眺めながらこう思った。

〈私の玉座や（それを取り巻く）黄色のすべてを思い出し、復仇と復辟の欲望がどっと心中に沸きおこり、思わず胸が熱くなった。私の目には涙があふれ、心の中で硬く誓った。いつの日か、必ず勝利した君主の姿で、第一代の祖先のようにここにもう一度戻ってくるのだ、と。「また会おう！（再見）」と私はこの含蓄に富んだ二字をつぶやいて、自転車に飛び乗り、飛ぶようにかけた……（略）私は今のようにじっとしていてはだめだ、と感じた。私は未来のために準備をしなければならない。前からの考えがまたしても心中に浮かんだ――私は日本へ出て行かなければならない〉

（『わが半生』）

溥儀は芳澤公使に「東幸（日本への行幸）」を相談するが、芳澤は表立っては何も言わなかったという。ベテラン外交官の芳澤は、溥儀の日本行きには国際的な批判が起きることを当然、予測していたからである。しかし、芳澤公使に代わって三等書記官の池部政次が溥儀の日本行きに非常な熱意を示していた。池部書記官は溥儀の側近、羅振玉と親交を深めており、羅振玉は溥儀に「池部は人となりに風格があり、はっきりものを言う人物であり、誠意をもって交わりを結んでいる」としばしば伝えていた。池部は当時、四十七歳。北京の公使館に赴任してきて二年目だったが、公使館屈指の「中国語使い」として知られていた人物である。

羅振玉と池部書記官はある日、溥儀にこう持ち掛けた。

「公使館では何かと不便でしょう。私たちが準備を整えましたから、まず天津の日本租界に行かれてはいかがですか」

池部たちのこの発言は、もちろん芳澤公使の意を汲んだものだったのだろう。日本公使館をあたかも溥儀の宮廷のように思って出入りする大勢の旧臣たちの傍若無人な振る舞いに、公使館のほうも、さすがに辟易していたのだ。

芳澤公使は溥儀の日本行きについて密かに外務省に相談したが、幣原喜重郎《しではらきじゅうろう》外相は「民国政府との関係を考慮すれば、溥儀の日本亡命は国際問題を引き起こしかねず、日本に来るのは遠慮してもらいたい」という意向だった。池部と羅振玉は「外遊するにはとりあえず天津に行き、そこで日本行きの準備をするべきだ」と溥儀を口説いた。溥儀はもっともだと思い、天津という大都市を早く見たくなり、すぐに同意した。

溥儀はすぐに側近を天津の日本租界に派遣して帝室にふさわしい邸宅を探させた。その結果、元軍人が使っていた「張園」という物件が見つかった。溥儀はこのことを芳澤公使に伝えると、彼は即座に賛成し、段祺瑞にも通知させた。段も同意し護衛のために軍隊を派遣したい、と言ってきた。しかし、段の軍隊に溥儀を渡せばどんな事態が起こるかわからない。芳澤は段の申し出を丁重に断り、溥儀の護衛のために天津日本総領事館の警察署長と私服警官らを北京に呼び、溥儀らを護衛して天津に送り届けることにした。

〝中国通〟の外交官・吉田茂

溥儀一行は一九二五年(大正十四年)二月二十三日午後、芳澤公使夫妻に謝意を述べ、一緒に写真を撮った後、日本の私服警官に守られて公使館の裏門を出て、徒歩で北京の前門駅まで行き、車中の人となった。同行したのは公使館の池部書記官と羅振玉である。溥儀は万一に備えて学生服姿で変装し座席は三等車という念の入れようである。途中、列車が止まるたびに黒い私服姿の日本の警官が乗り込み、天津に着いたときは、座席のほとんどはこうした警備陣で埋まっていたという。二十三日夜半、溥儀一行は天津駅に降り立った。真っ暗なホームに天津総領事の吉田茂と天津駐屯軍の将兵数十名が出迎えていた。

戦後、首相となる吉田茂は外務省では芳澤公使の七年後輩、通算で約二〇年間、中国大陸に駐在した〝中国通〟の外交官だ。二度にわたる奉直戦争に直面、奉天派と直隷派との間にあって難しい判断を迫られたうえ、今また溥儀が日本の庇護を求めて天津にやってきたのである。溥儀一行はこの夜、日本租界宮島街にある「張園」に宿泊する予定だったが、準備が間に合わず、急遽、満鉄が経営する「ヤマトホテル」に一泊することになった。吉田総領事は溥儀に丁寧な挨拶を終えると、用意した車に同乗してホテルまで送った。

その翌日、妻・婉容は商人の娘の恰好をし、側室の文繡は百姓娘に身をやつして、池部書記官夫人とともに普通列車の三等車両に乗り込み、溥儀たちの後を追った。

溥儀たちが天津で住むことになった張園は、清朝時代の武昌駐屯第八鎮司令、張彪《ちょうひょう》が遊芸場として使っていたところで、贅を凝らした庭園と赤レンガ三階建ての楼閣があり、人目を引く洋館だった。持ち主の張彪は溥儀からは家賃をとらず、毎朝必ず箒をもって庭の掃除をした。彼は生涯、清朝に忠義を尽くしたつもりだったのだろう。一日遅れで到着した婉容と文繡も少し離れた部屋に落ち着いた。

広大な中国大陸にあって北京―天津間は指呼の間（約一五〇キロメートル）だ。弟の溥傑は父・載灃と一緒に北京の北府からしばしば天津の日本租界に溥儀を訪ね、一緒に生活することも多くなった。溥儀たちは後に「静園」に引っ越すまで、張園に四年半住むことになる。

天津に移って一月も経たない三月十二日、「革命いまだ成らず」という言葉を残して孫文が五十八歳の生涯を閉じた。孫文の遺志を引き継ぐように、この年の七月、全国統一を目指して広州で国民政府が成立、主席には汪兆銘《おうちょうめい》が就任、国民革命軍総司令には蔣介石《しょうかいせき》が就き、張作霖の奉天軍や、呉佩孚の直隷軍など軍閥が実権を握る北京政府、すなわち国民政府のいう「北洋軍閥」の討伐を開始する。孫文が遺言した「北伐」である。

一方、北京では、張作霖が宿敵だった直隷派の呉佩孚と手を握り、国民政府と呼応する馮玉祥を打ち負かす。馮玉祥は、ロシア革命後の一九二二年に成立していたソ連（ソビエト社会主義共和国連邦）に亡命、〝北洋軍閥の雄〟張作霖は奉天から北京に進出した。北伐は、事実上、張作霖と蔣介石との戦いとなる。

この年の六月のことである。北京から天津にやって来た張作霖が、使いを寄こして一〇万元の金を溥儀に贈り、彼が泊まっている宿舎で溥儀に会いたい、と伝えてきた。溥儀は「日本租界の外にいる張作霖に頭を下げに行くなどもってのほか。そんな危険を冒すことはできない」と拒絶した。周囲の者もみな反対した。ところが翌日も張作霖の使いがやってきて「ぜひ来てほしい」と懇願する。溥儀はかつて「張作霖が清朝に対して愛情を持っている」と聞いたことがあった。それを思い出した溥儀は、ほかの者には相談せず、ひとりで自動車に乗って、初めて日本租界を出て張作霖が指定した庭園を訪れた。

人に案内されて大広間に入ると、小さな八字ひげをはやした背の低い男が入って来た。溥儀はこの男が張作霖だとすぐにわかった。彼は溥儀の面前に来ると、レンガ敷きの床にひれ伏し「陛下にはご機嫌うるわしゅう？」と叩頭した。溥儀はその動作に感激する。〈この重要人物がどうやら昔を忘れていないらしい〉(『わが半生』)と思い、溥儀は皇帝時代に戻ったような錯覚に陥ったのである。丸テーブルに向かい合って座ると、張作霖は「私が兵を率いて北京に来たのに、あなたは日本公使館に逃げ込んだのはどういうわけですか？」と聞き、彼が溥儀を保護する力をも持っていることを強調する。そして彼はこう付け加えた。

「陛下、よろしかったら私の奉天においでになって、宮殿にお住み下さい。私がいる限り何でもできます」

溥儀は張作霖の言葉をそのまま信じたわけではない。その拠点を奉天から北京に移した張作霖は外国の外交官とも会う機会が増えたが、彼の評判は極めて悪かった。形式を重んじる外交官たちは張作霖を「礼儀知らずの野蛮人」と呼んでいた。しかし、そんな張作霖が溥儀の前にひれ伏し、こう続けた。

〈「以後何か足りないものがありましたら、私に御一報ください」

私に何が足りないのだろう？　足りないのは玉座だ。しかし、その晩私がそれを口に出して言うわけにいかないのは、明らかなことだった〉(『わが半生』)

溥儀は、清朝再興の思いを一段と募らせた。

張学良に憧れた溥傑

溥儀は天津での生活を始めてから、日本人が清朝復活の第一の援護勢力であることを日ましに実感するようになっていく。日本総領事の吉田茂は溥儀を日本人小学校の参観に招いた。その日、往復の路上の両脇には日本人小学生が小旗を持って並び、溥儀に向かって「ばんざい」を叫んだ。この光景に溥儀は感激して涙が止まらなかった。軍閥内戦の戦火が天津に迫ったとき、天津駐屯軍司令官の小泉六一《こいずみろくいち》中将はわざわざ張園にやってきて「宣統陛下、ご安心下さい。われわれは中国兵を一歩も租界に入れません」と誓った。

新年や溥儀の誕生日のたびに日本領事や日本軍の将官たちが必ずお祝いにやって来た。そして日本軍駐屯司令部から佐官級の参謀が交代でやって来て、溥儀に時事問題を講じた。時事問題の中心は中国全土の内戦の情勢である。こうした参謀の中のひとりが「満州国建国」後、溥儀の御用掛となる吉岡安直少佐（当時）だった。吉岡少佐たちは「中国の混乱の根本は皇帝がいなくなったことだ」として、明治維新の「王政復古」によって実権を握った「日本の天皇制」の優越性を説いた。溥傑も陪席して吉岡少佐の話をしばしば聞かされた。吉岡は溥儀をさそって張園内にあるテニスコートでテニスを楽しむようになる。溥儀はこれらの講義や日本軍を閲兵した印象が加わって、日本軍隊の強大さと日本軍人の溥儀に対する支持を硬く信じるようになった。

溥儀の弟、溥傑もまた清朝復辟の新しい道を求めようとしていた。二十歳になった一九二六年

（大正十五年）春、溥傑はある人物の紹介で北京の北京飯店のダンスホールで張作霖の長男・張学良と会った。

いつも大勢の人に取り巻かれ、人々の尊敬を集める彼の姿が溥傑にはうらやましかった。溥傑はこの青年将軍を敬慕し、彼の一挙一動すべてに注目した。そして「これぞまさに大丈夫（一人前の立派な男）のあるべき姿だ」という思いを抱き「清朝の過去の栄光を回復するには空想ではどうにもならない、やはり武力を握らなければ……。北洋軍閥が生殺与奪の権を持ち、すべて思いのままにできるのは武力をもっているからだ」と考えるようになった。溥傑は軍人に憧れる気持ちを張学良に何度も語った、と『溥傑自伝』に記している。

すると彼は戦跡見学に溥傑を招待してくれた。溥傑は戦線に出て軍を指揮する張学良に何度も手紙を書いた。溥傑の思いが通じたのか、張学良はある日「軍人になりたければ奉天の士官学校、講武堂の試験を受ければよい。私が責任をもっていれてあげますよ」と言って背広の内ポケットにつけてあるバッジを指した。張学良によれば、講武堂OB会「同沢倶楽部」のバッジを付けていれば、奉天では芝居や映画を見るのも全部無料《タダ》だという。この言葉に溥傑の軍人への憧れはさらにかきたてられた。

一九二七年（昭和二年）に入ると、長江一帯を平定した蔣介石の国民政府軍は「軍閥支配打倒」を掲げて、北京を目指していた。このとき、張学良は電話で「北京は危険だ。一家そろって天津の外国租界に一時避難するよう」溥傑に勧めた。溥傑には張学良が約束してくれた講武堂への入学がどうなるのかというほうが心配だと言った。学良は不機嫌そうにこう答えた。「天津のフランス租界にいる私の妾の谷端玉のところに行きなさい。機会があったら一緒に奉天にくればいい」。

溥傑は「天津に避難しないと危険だ」と父・載灃を口説いた。載灃も同意し、一家は列車で天津に向かう。溥傑は天津から谷端玉と一緒に奉天に行って講武堂に入るという夢を実現しようと思っていた。溥傑は天津に数日間滞在したのち父と張園にいる兄の溥儀に一通ずつ手紙を残し、奉天に帰る谷瑞玉に同行して日本の貨物船天潮丸に乗って大連に向かった。ところが大連港に着くと、四、五人の日本人警察官が通訳と一緒に乗船してきて臨検を始め、溥傑を見ると「天津から来られた溥儀前皇帝の弟さんですね」と念を押す。溥傑は隠すわけにはいかないので、肯くしかなかった。

溥傑は「ひとまず星が浦ヤマトホテルでお休みになってください」という警察官に従って、大連郊外にある星が浦ヤマトホテルに向かった。ホテルで警察官たちが溥傑に示したのは一通の電報である。「前皇帝の弟、溥傑が大連に着いたら、しかるべく監視してほしい。しばらく住居を手配して大連に住まわせておけば、迎えの者が行く」という内容だった。載灃と溥儀は溥傑の手紙を見て、天津総領事館から大連に電報を打ち、日本の水上警察署に天津からの迎えが行くまで身柄を押さえ〝軟禁〟するように頼んでいたのだった。

ヤマトホテルに十数日間滞在する間、中国語を話せる日本人警官が毎日監視にやってきた。迎えの者に連れられて天津に戻った溥傑は、溥儀の顔を見ると「自分が奉天に行って軍隊に入ろうと思ったのは清朝の祖業を回復するためだ」と訴えた。溥儀は言った。「軍人になりたいとしても、張学良の部下になることはない。日本の士官学校に入る道もある」。溥儀もまた紫禁城を追われ、国内を転々とするようになって、武力を持つ必要があることを痛感していたのである。彼は自分の身内で最も信頼できる溥傑を日本に派遣して、陸軍の技術を学ばせる決心をしていた。

奉天の講武堂には入れなかったことで、溥傑の日本留学への道が拓いたのである。

張作霖爆殺事件

一九二七年（昭和二年）四月、張作霖と親交の深い田中義一《たなかぎいち》が首相となる。二八年に入ると中国では若き将軍・蔣介石率いる国民政府軍の北伐は勢いを増す。三月には揚子江に達し、南京を占領した。田中内閣は在留邦人保護の名目で三回にわたって山東省に出兵、北伐の阻止を図るとともに満州地域での日本の権益の維持・拡大に努めた。

四月、蔣介石軍は七〇万の兵をもって第二次北伐を開始した。

五月三日には山東省・済南で日中両軍が衝突する。いわゆる「済南事件」で、日本軍が優勢となり蔣介石軍を牽制するうえで大きな効果をもたらす。北伐の足を止められた国民政府軍はその矛先を天津に向けた。その先には北京がある。

蔣介石の北伐軍が北京に迫ると、北京駐在の芳澤謙吉公使は張作霖に会い、奉天に帰還するよう要請する日本政府の方針を伝えた。田中義一首相は、奉天軍閥の張作霖と協力関係を結ぶことで日本の権益を拡張しようとしていた。最初は激怒した張だが、戦況の悪化を知って次第に軟化し、帰還の準備に入った。

一方、奉天周辺で満鉄路線の警備に当たっていた関東軍高級参謀の河本大作《こうもとだいさく》大佐とその部下の奉天独立守備隊中隊長・東宮鐵男《とうみやかねお》大尉たちはのっぴきならない事態に直面していた。張作霖の奉天軍閥は欧米資本を巻き込んで、満鉄路線と並行して走る新線を敷設する「満鉄包囲網」を計画、日に日に反日色を強め、満州人と在留邦人との対立が深まり、奉天軍と東宮の奉天独立守備隊との間では一触即発の状態が続いていた。

六月三日、張作霖は北京駅から京奉鉄道の特別列車で奉天に向けて出発する。溥傑が張学良の勧める奉天・講武堂に入学しようと彼の愛人・谷端玉に同行して大連まで行き、溥儀らが手配した警察官に連れ戻されてからからわずか一ヵ月後のことである。

列車が奉天駅に到着する直前に大爆発は起きた。その第一報を五日付「東京朝日新聞」夕刊はこう報じている。


〈奉天特派員四日発〉四日午前五時半頃、張作霖氏の乗った特別列車が満鉄奉天駅を距《へだた》る一キロの満鉄線の陸橋下の京奉線をばく進中、突如ごう然と爆弾が破裂し、満鉄の陸橋は爆破され、進行中の特別列車の貴賓車および客車三台破壊され、一台は火災を引き起こし焼滅し、陸橋も目下燃えつつあり、我守備隊および警官出動中である。


同紙は別稿として〈張作霖氏顔面に微傷、一時は人事不省に陥る〉〈恐るべき破壊力を有する強力な爆弾を埋設、南軍便衣隊の仕業か、怪しき支那人捕らわる〉などと報じた。

「微傷」と報じられた張作霖は、実際には重傷を負い、トラックで奉天城内の元帥府に運び込まれ応急処置が施されたが一時間後には絶命していた。奉天軍は彼の死を二週間余にわたって秘匿し、「元帥は漸次快方に向かいつつある」などと虚偽の発表を続けた。この事件の続報は日本でも伏せられ「満州某重大事件」と呼ばれる。事件後、奉天軍は「今日は少量の食べ物を口にした」「今日は上半身を起こした」「今日は庭を散歩した」など徐々に回復していく情報を流し続ける。壊れた眼鏡にかわる新しい老眼鏡も老舗の眼鏡店に発注され、街の話題になったという。

こうした情報は当時、張作霖の奉天軍参謀長だった臧式毅《ぞうしきき》の指示によるものだった。臧のねらいは事件発生時、大軍を率いて華北に遠征中だった長男の張学良を呼び戻すとともに、まだ北京、天津などに残る奉天軍兵士が奉天に逃げ帰る時間稼ぎだったのである。張作霖の死が公表されたのは事件発生から一七日後の六月二十一日である。臧式毅は、後に満州国の建国に協力し、民政部長（部長は大臣にあたる）や参議府議長などを務めることになる。張作霖爆殺事件から四日後には、蔣介石の国民政府軍は北京を占領、「北京」を「北平」と改めた（本書ではこのあとも「北京」と表記）。蔣介石の悲願である全国統一は張作霖が支配していた満州（東三省、東北地域）を残すだけとなった。

父親を殺害され、日本への憎しみを募らせる張学良が蔣介石と結びつくことはごく自然の成り行きだった。張学良はまず東三省全域に国民政府の「青天白日旗」を掲げ国民政府への服従を全国に宣言。旗幟鮮明にした学良は同年七月三日、蔣介石によって満州地域の総指揮官に任命される。さらに十二月二十九日には国民政府との政治的合流をはかり、東北地域を国民政府の地方政府として位置づけた。学良はそれまで掲げていた五色旗に替えて国民政府の青天白日旗を東北全域に掲げたことから「東北易幟《えきし》」といい、国民党側から見れば、このとき中国全土の統一を成し遂げたことになる。

父の張作霖は日本軍の力を背景にしたのに対して、息子の学良は蔣介石をバックにして東北地域を治める地方政府の責任者へと転換を遂げたのである。これをきっかけに満州の反日気運は日に日に高まった。

東宮日記の空白

まったく予期せぬ事件が出来した報告を受けた田中義一首相は白川義則陸相に真相究明を命じる。白川の報告は「関東軍の関与はない」というものだった。田中は「陸相の調査により事件に関東軍が関係しているという噂は根も葉もないということがわかりました」と昭和天皇に奏上、天皇は田中首相への強い不信感を漏らした。

現地から届く関東軍関与の情報は絶えず、民政党など野党は田中内閣を厳しく追及する姿勢を示した。田中内閣は陸軍省、外務省、関東庁合同の「調査委員会」を設置、本格調査に乗り出し、十月、関東庁は「事件の首謀者は河本大作大佐と奉天独立守備隊中隊長の東宮鐵男大尉にまちがいなし」と報告した。

田中首相は軍法会議を開き、犯人の処分と粛軍の決意をするが、陸軍中枢はこれに猛反発し、白川陸相に「行政処分」で済ますよう申し入れた。

一年後の一九二九年（昭和四年）七月一日、政府は「満州某重大事件」の責任者を処分する。関東軍司令官・村岡長太郎中将が「依願予備役」、関東軍高級参謀・河本大作は「停職」。また関東軍参謀長の斎藤《さいとう》恒《ひさし》中将と独立守備隊司令官水町竹三少将は「譴慎処分」。事件の内容については一切説明されなかった。翌日参内した田中首相は「その後の調査で事件の首謀者は日本軍の将校であることがわかりました」としてこの処分を奏上した。官邸に戻った田中は緊急閣議を開き、上奏の模様を説明し総辞職した。

封印された事件の全容が明らかになるのは、日本敗戦後の一九四六年（昭和二十一年）二月三日、極東軍事裁判（東京裁判）における国際検察局側の証人として出廷した田中隆吉《たなかりゅうきち》の証言である。田中は日米開戦前の昭和十五年には陸軍少将となり、憲兵の元締めである陸軍省軍務局長となったが、事件があった昭和三年には北京の特務機関におり、張作霖が奉天に出発するのを見送ったという。田中は国際検察局の尋問に「関東軍高級参謀の河本大作大佐が東宮鐵男大尉ら将校の何人かを引き連れて、奉天の西（筆者注：皇姑屯《こうことん》）の鉄道交差点に架かる橋に爆弾を仕掛け、張作霖を殺害した。爆弾は走っている列車の上に架けられた鉄橋に固定され、張作霖の乗った特別列車が鉄橋の下を通過した瞬間に爆弾に点火された」と証言したのである。

以上が、記録に残る張作霖爆殺事件のおおよその顚末だ。この事件を後世から振り返る、つまり時間を逆行すると関東軍が自作自演の鉄道線爆破事件を突破口に満州全域を制圧した、一九三一年九月の「満州事変」と瓜二つに見える。

昭和がはじまったばかりのころに起きた張作霖爆殺事件を政府が真相を究明せず、うやむやにしたことで軍部が暴走し、およそ三〇〇万人の命が失われた戦争へのトリガーとなったことは間違いない。軍規に背き破壊工作をはたらいた河本や東宮らを軍法会議で厳しく処断していれば……。「国民的憤慨を背景として一度、軍が立ち上つた時に、之を抑へることは容易な業ではない」と、昭和天皇が『独白録』冒頭で語った満州事変は起こらず、歴史は変わっていたかもしれない。もっとも、歴史に「ＩＦ」はないのだが。

ここで、あらためてこの事件を時間軸の流れに沿って見ていくと、関東軍が全軍挙げての組織的な作戦だった満州事変とは似ても似つかない様相を呈し、まだ多くの謎を残していることがわかる。張作霖爆殺が河本や東宮ら一部の〝犯行〟だとすると、彼らは張作霖ひとりを葬ることで奉天軍との軋轢や、満州人と入植した日本人の対立などがすべて解決すると考えたのだろうか。それが動機だとしたらあまりに短慮な行動ではないだろうか。しかも、田中義一首相はもちろん、現地の芳澤公使、あるいは北京や天津の軍関係者は張作霖と良好な関係だったうえ、北伐を掲げる国民政府軍とは日本軍も山東省で戦火を交えた（済南事件）ばかりだった。

いったいなぜ、河本や東宮が張作霖爆殺というテロに走ったのか。その真因はいまだに明らかではないが、その謎に迫る手掛かりはある。

東宮鐵男は、中学時代から一日も欠かさず「日記」をつけていた。その全文は、一九三九年（昭和十四年）に新京（満州国の首都、長春を改称）で編纂、刊行された『東宮鐵男傳』に収録されている。しかし、事件直前の一九二七年五月十七日から六月八日までの二三日分が〈都合により全文削除〉となっている。ここには東宮が張作霖爆殺の実行犯となった過程が詳細に記されているはずである。東宮はあえてこの部分を削除しているのである。この日記の空白の手掛かりは、東宮と深い関係にあった人物が『ある軍人の自伝』と題する自著に書き残していた。

浮かび上がる〝真犯人〟

その人物とは、事件の直前に起きた「済南事件」で蔣介石の北伐軍に同行していた北京の日本公使館付き駐在武官の佐々木到一《ささきとういち》中佐である。佐々木は、陸軍随一の中国通で、孫文と出会い、彼を敬愛した最後の日本軍人だったともいわれる。

一方、東宮は一九二三年（大正十二年）、三十歳の中尉時代、中国語を学ぶために広東に私費留学する。そのころ佐々木は広東駐在武官をしており、私生活にいたるまで東宮の面倒をみる。以来、東宮は佐々木に私淑し、深い交遊が続いていた。ちなみにこの広東留学中に、東宮は視察にやってきた北京公使館付き武官だった河本大作（当時中佐）に広東観光の案内役を頼まれている。おそらく佐々木が画策して、河本と東宮を引き合わせたのだろう。

蔣介石と親しかった佐々木は、多数の日本人居留民が殺害された済南事件の渦中で北伐軍と日本軍の間に立って停戦の努力をしていたが、負傷して北伐軍兵士に保護される。東宮は、佐々木負傷の事実を知ると、〈彼の安否を知ろうと済南各地を歩いた〉と日記に記している。

『ある軍人の自伝』によると、負傷した佐々木は、蔣介石の使者によって救出されて総司令部の一室に運ばれる。その部屋を蔣介石が見舞いに訪れ「まことに気の毒だ」と閑静な別室に移させたという。傷の癒えた佐々木は、日本に戻るが、日本では〝売国奴〟扱いされ、このころはふたたび駐在武官として南京にいた。佐々木は、張作霖爆殺事件の〝真因〟についてこう書いている。

〈予はむしろ（筆者注：張作霖が支配する）奉天王国を一度国民革命の怒濤の下に流し込み（傍点筆者）、しかる後において、わが国内としてのとるべき策があるべきものと判断した。この計画は一種捨て鉢の一六勝負（同：サイコロの目に一が出るか六が出るかを賭けて勝負を決めること。転じて冒険的な勝負に出ること）ではあるが、わが国大勢は、従前の惰性をもってしては満蒙におけるわが権益の保全も、三百に余る懸案の解決も、事実不可能であることを予察するが故であった。

そこで密かに関東軍高級参謀だった河本大作大佐に書を送り、近くまぬがれ難き会戦において奉軍の潰滅また免れ難きを予察し、この機会に一挙作霖を屠って、世を学良一派の似而非《えせ》新人的雷同分子にゆずらしめ、しかる後彼の腕をねじ上げて、一気呵成に満州問題を解決せんことを勧告した。これがため数回の密電が（特に作為した暗号による）旅順（同：関東軍司令部がある）と南京の間に飛んだ。

この事件の真相を活字に組むことは永久に不可能であるが、予の献策に基づいて河本大佐が画策し在北京歩兵隊副官下永憲次大尉が列車編制の詳細を密電し、在奉独立守備隊中隊長東宮鉄男大尉が（同：鉄路爆破の）電気点火器のキィをたたいたのである〉（『ある軍人の自伝』）

佐々木のこの記述から、事件の背後に蔣介石の存在が浮かび上がる。それは、蔣介石と佐々木の間になんらかの〝密約〟があったのではないか、あるいは、佐々木が、孫文の悲願を達成しようとしている蔣介石に教唆されていたのではないかという推測である。推測は推測でしかないのだが、張作霖爆殺事件後に起きたこと、つまり、蔣介石の北伐軍が手を下すことなく、張学良が蔣介石の指揮下に入り東北地方の三省に国民政府の青天白日旗が翻り、蔣介石が事実上、中国統一を達成したこと自体が、爆殺事件の真相を能弁に語っているのではないだろうか。

佐々木は満州国で敗戦を迎え、ソ連軍の捕虜となり、戦犯として抑留中に死去する。『ある軍人の自伝』は、佐々木が「余の支那生活を語る」として一九三九年に書き、それを佐々木家が所蔵していたものだという。

清朝陵墓の盗掘

三年前に張作霖に会い「足りないものがあったら何でも言ってください」と頭を下げられて以来、溥儀は、張作霖の奉天軍閥の将軍たちと公然と交際や往来を始めていた。張作霖麾下の軍人たちを復辟のために使おうとしていたのである。それだけに張作霖爆殺事件の衝撃は大きかった。

溥儀は、「のちに聞いた話」として張作霖爆殺事件の原因についてこう記している。

〈日本人が張を殺したのは、張が次第に言うことをきかなくなったからで、張が言うことをきかなくなったのは、若将軍（筆者注：張学良）の影響により、日本を捨てて、新たに米国とよしみを結ぼうとしたからだ、ということだった。このため日本人は彼を「恩を忘れ義にそむく者、友とするに足らず」と言った〉（『わが半生』）

溥儀の側近の中にも日本軍の裏切りを恐れ「この殷鑑（夏が殷に滅ぼされた戒め。失敗の前例）に注意するように」と言ってくる者もいた。役に立たないとなれば襤褸《らんる》のように捨てられる。溥儀はこうした言葉を無視した。彼は自分は張作霖とは違うと思っていたようだ。

〈張は兵をひきいている頭目であり、こういう人間は彼のほかにも別にさがすことができる。しかし私は皇帝であり、これは日本人が中国人のなかから二人目をさがし出すことはできないものである〉（同）

溥儀の側近たちの中には、「日本は蔣介石と張学良が手を結ぶのを阻止しようとしているが、満州の人びとは日本に対し恨み骨髄に達している。たとえ日本が満州を奪っても、自らの力では統治できない。皇上陛下（溥儀）に位（皇帝）についてもらわなければ動きがとれない」と考える者が多かった。溥儀もそうした旧臣の意見に同意し、「日本の力を借りるにはまず満州人民の心をつかまねばならない」と考えるようになったという。

時を経ずして、溥儀の心に衝撃をもたらすことが起きた。張作霖爆殺事件の直後に起きた「東陵盗掘事件」である。

東陵は河北省遵化《じゅんか》県にある清朝の歴代皇帝を祀る陵墓である。なかでも生前の生活を反映し最も豪奢といわれる乾隆帝（在位一七三五年～九五年、清王朝の最盛期の第六代皇帝）と西太后の陵墓が盗掘されたのである。

犯人は蔣介石の軍再編によって第四一軍の司令官となった孫殿英《そんでんえい》である。彼は軍事演習を行うと称して、この陵墓周辺に出動し、計画的な盗掘を始めた。孫は付近の交通を遮断し、その後で部下の工兵大隊長に命じて陵墓を掘らせ、三晩で乾隆帝と西太后の墳墓の副葬品をすべて盗んだ。ふたりの墳墓の副葬品は金貨、銀貨だけでなく宝石、翡翠、ダイヤなどのほか西太后の鳳冠《ほうかん》も埋葬されていた。西太后の鳳冠は大きな真珠を金の糸で編んで作ったものだという。

溥儀は「孫殿英が東陵を盗掘した」という知らせを聞くと、自分が紫禁城（故宮）を追い出された以上の衝撃を受ける。死者の陵墓は生者の宮城より重んじられ、永遠の住処である、と溥儀は教えられてきた。修正された「優待条件」にも「清帝室の宗廟、陵墓は永久に奉祀する」と記されていたではないか。溥儀のもとには事件を知った旧臣たちが続々と駆けつけ、蔣介石の軍隊を非難し、呪った。

張園には乾隆帝と西太后の位牌と祭壇が作られ、遺臣たちが毎日三回、拝礼、叩頭し涙を流した。各地に散る遺臣たちは陵墓修復の費用を送ってきた。溥儀や遺臣たちは、蔣介石に抗議の電報を送った。

当初、蔣介石の国民党政府は東陵に地理的に近い、山西省太原を拠点とする軍閥である閻錫山《えんしゃくざん》らに事件の調査を命じた。しかし、蔣介石政府は最終的にはなんの処分もしなかった。孫殿英は蔣介石夫人の宋美齢《そうびれい》に陵墓から盗掘した宝石などを贈り、西太后の鳳冠についていた宝珠が宋美齢の靴の飾りになった、などという情報が溥儀にも届いた。〈私の心には無限の恨みと怒りの炎が燃えあがった〉（同前）。

溥儀は薄暗い霊堂の前に行くと、顔中涙だらけにした皇族たちの前で空に向かって誓った。

「この怨みに報いなかったならば、私は愛新覚羅の子孫ではない！　大清はけっして滅亡することはありません！」

このとき、「復辟・復仇の思想は絶頂に達した」と溥儀は『わが半生』に記している。

「黒龍会」遠山猛雄と大倉喜七郎

このころから溥傑の日本留学問題が急ピッチで動き出す。前述したように、溥傑が張学良の勧めで奉天の士官学校「講武堂」に入ろうと奉天に向かったとき、溥儀は日本総領事の協力で溥傑を連れ戻した。溥傑は溥儀の顔を見ると「自分が奉天行きを決意したのは祖業を回復するためだった」と訴えた。溥儀は「東陵事件」のような侮辱をうけないためには自分の武力を持たねばならないことを痛感していた。溥儀は身内の中で最も信頼できる弟・溥傑を日本に留学させ、陸軍の軍事を学ばせようと決意したのである。

日本で軍事を学ぶには日本語ができないと困る。溥儀は天津総領事の吉田茂に相談する。吉田は溥傑に日本語を教える家庭教師として遠山猛雄《とおやまたけお》という人物を推薦した。遠山は溥傑の日本語教師になるだけでなく、溥傑の日本留学に強い関心を示した。彼は日本の右翼団体「黒龍会」のメンバーで、天津日本人学校で中国語を教えており、溥傑によれば「小柄で口髭をはやした典型的な日本人で、口を開けば『武士道』『大和魂』であった」という。溥傑と一緒に日本語を学ぶことになったのは婉容の弟で、溥儀・溥傑の三番目の妹の夫である潤麒《じゅんき》である。潤麒は溥傑に同行して日本にやってくることになる。

遠山は溥傑と潤麒を自宅に招き日本食を御馳走したり、ときには天津にある日本人学校の運動会に誘ったりした。半年後、遠山は溥儀の依頼を受けて日本に戻り、ふたりの日本留学について各方面に働きかけた。その結果、溥傑らがいきなり陸軍士官学校に入学するのは無理だとわかり、ひとまず華族の子弟が学ぶ学習院に入ることになった。当時、外国人が日本の陸軍士官学校を受験するには建前として「本国政府の推薦を必要とする」ということになっていた。溥傑を推薦した溥儀は、すでに政権の座にはなく単なる一個人である。溥傑の入学には敵対関係にある蔣介石の中華民国政府の推薦が必要だが、それは事実上不可能である。そのうえ日本に滞在するための経済的支援も求めなければならない。

天津・張園での溥儀一族の生活は次第に困窮するようになっていた。溥儀によれば、天津での物品の購入は北京時代を大幅に上回るようになり、しかも月々増えている。溥儀は紫禁城時代の贅沢が忘れられず、ピアノ、時計、蓄音機、洋服、革靴、眼鏡など次から次へと買い、散財しても気にも留めなかった。妻の婉容も、もともとは天津のお嬢さんだから金に飽かして「くだらないもの」を買った。婉容が何か買うと、文繡も競うように高価な品々を買い漁った。溥儀は彼女たちの買い物の上限を決めたが、その額は婉容の方が文繡より少し多くした。婉容、文繡の浪費だけでなく、二〇人以上もの親族を養いその教育費まで負担しており、溥儀一家の生活は苦しかった。

溥儀一族の困窮状態を知る遠山は、溥傑たちの日本での滞在費を大財閥の大倉喜七郎《おおくらきしちろう》に求めることを思いつき、人を介して大倉に溥傑らへの経済援助を頼みに行く。大倉喜七郎は「大倉財閥」創始者、喜八郎の跡を継いだ二代目総帥である。気さくで気前がよく、派手好みの彼は〝バロン・オークラ〟と呼ばれ、一九一七年の「張勲の復辟」の際も復辟派を支援したことを遠山は思い出していた。彼は「清朝の末裔が日本留学を志し、支援を求めている」と聞くと、二つ返事で承諾し、学資だけでなく生活費やさらに夏休みの帰国の費用まですべて大倉財閥が出すことも約束してくれた。

溥傑の東京到着後の生活などについては、前年の二八年（昭和三年）七月に外務次官となった吉田茂も関わっていた。吉田は前述したように溥儀を天津に迎え入れたときの天津総領事である。外務次官に就任して東京に戻った吉田は、遠山と大倉の間を取り持ったのである。溥傑と潤麒は金秉《へい》潘《ばん》、郭継英という偽名で同年三月二日、遠山猛雄に連れられ天津に近い塘沽《タンクー》港から人目を避けて「景山丸」に乗り込み、東京に向かった。東陵事件から八ヵ月後のことである。

日本での〝スポンサー〟を買って出た大倉喜七郎は、武田秀三という中国通をふたりの日本語教師兼後見役とする。ふたりは東京・杉並区天沼の武田宅に落ち着いた。彼の兄は後に師団長になった高級軍人、叔父も退役した陸軍軍人で、ふたりが陸軍士官学校を志望していると聞くと大歓迎。下宿していた他の留学生をすべて追い出し、二階にこぢんまりとした客室と寝室を用意した。調度品もみな新しくあつらえ、寝具も相当凝ったもので、絨毯まで新品だった。これらの費用もすべて大倉がポンと出したのである。

陸軍士官学校への入学資格がない溥傑たちはまず学習院に入る。学習院は当時、宮内省の管轄下にあり、日本の皇族、華族の子弟しか入れなかったが、これも大倉の斡旋で入学できた。ふたりはまず中等科で一年間、日本語を一生懸命に勉強して、翌一九三〇年（昭和五年）、高等科に進んだ。高等科は一般の高等学校と同じ三年課程で文科乙類（ドイツ語）を選んだ。溥傑は漢文には前から基礎があり、苦労はしなかったが、理数は皆に追いつくのに苦労した。

学習院での教育によって、溥傑は自分の身の上に「根本的な変化が起こった」という。学習院では「忠孝一致」の教育を行っていた。〈すなわち天皇は君主であると同時に家父長である。臣民は同じ先祖から伝わってきたのであり、天皇とは「義は君臣、情は父子」だというのである。このような思想教育をうけた国民は天皇のためなら命を惜しまなかった。これは中国の封建教育よりさらに一歩進んでいる〉と『溥傑自伝』で述懐する。溥傑によると、中国の封建社会では「忠」と「孝」を対立させ、臣として忠を尽くせば、孝は尽くせない。だから孝を尽くすために君主に忠を尽くせない者が出てくる。

〈歴史上の王朝交代の理由は多々あるが、忠と孝の対立のため、人びとが君主に無限に忠でありえなかったのも一つの原因だった〉と溥傑は分析する。「忠孝一致」という考えを受け入れるようになった溥傑は、日本という国に好感を抱くようになっていく。漢文教師、塩谷温（東京帝国大教授）は明治維新をたたえるばかりでなく、清朝の「康熙乾隆之治」も始終誉めたたえた。日本人は「狡猾、野蛮だ」と思っていた溥傑はそれまでの「恐日思想」から「親日、崇日」に変わっていく。

「満州で近い将来何かが起こる……」

溥傑たちを日本に送り出すと、溥儀一家は住み慣れた日本租界の張園から郊外の借家である「静園」に移った。張園の持ち主が死去し、彼の好意から無料だった家賃がその後継者によって要求されたためである。静園の家賃は張園より二〇〇元ほど安いだけだったが、この程度の差さえ節約しなければならないほど逼迫していた。この借家は「乾園」と言っていたが、溥儀は「静園」と名前を付け替えた。

静園に引っ越すころから婉容のアヘン吸引は一段と頻繁となり、その虜になりつつあった。溥儀は「静園」と名付けた理由を「静かであることを欲したからではなく、ここで変化を静観し、静かに（復辟の）時期を待つ、という意味からであった」というが、一家の複雑な状況や、困窮状態からも脱したいという意味もあったのだろう。

溥傑が学習院高等科二年になった一九三一年（昭和六年）六月、夏休みを前に一時帰国の準備をしていたある日、鹿児島から一通の手紙が届いた。鹿児島駐屯の歩兵第四五連隊の大隊長をしていた吉岡安直少佐からである。

吉岡が天津駐屯軍参謀のとき、しばしば張園に訪れ溥儀に時局について進講していたことは前述した。溥傑も陪席して何度か吉岡の話を聞いている。「一時帰国する前に、ぜひ鹿児島に来遊されたい」という招待状だった。溥傑はこの招待に応じて同じく学習院に留学中の潤麒を連れて鹿児島を訪れ、吉岡の家族の厚いもてなしを受けた。吉岡と一緒に数日間にわたって市内見物を楽しみ、西郷隆盛ゆかりの南洲神社の縁日に遊び、指宿《いぶすき》温泉の湯につかったり、高千穂峡近くの霧島神宮にも参拝した。

別れる際、吉岡はふたりだけになると声をひそめてささやいた。

「天津にお帰りになったら、ご令兄にお伝え下さい。現在、張学良は言語道断、やりたい放題の振る舞いをしており、満州では近い将来、何か事件が起こるかしれません。宣統帝には、どうかくれぐれも自重なされ、時機の来るのをお待ち下さるように……」

極めて意味深長な吉岡のこの話に、溥傑は当時の日中間の微妙な情勢を考え「時機到来」と認識する。溥傑は七月十日、天津に帰ると、すぐに溥儀にこの言葉を伝えた。溥傑は〈日本軍は満州地域を南京の国民党政府から独立させ、新しい「満蒙国家」ができるのではないか〉と直感した。

文繡との離婚

しかし、一方で溥儀は個人的に気の重くなる大きな難問を抱えていた。

静園に移ったころから、側室である文繡がたびたび自殺騒ぎを起こすようになっていた。彼女はけっして美人ではないが、十二歳で輿入れしてきたときから天真爛漫で文才もあり、分をわきまえた貴妃と見られていた。それが、アヘン吸引の虜となった皇后・婉容からの毎日の侮辱に耐え続け、ていたのである。彼女は溥儀の前で大きなはさみを腹に突き立て「死んでやる」と騒ぎ、「この家を出て自由になりたい」と泣き叫んだ。

満州事変の発端となる「柳条湖事件」が起きる二〇日ほど前の一九三一年八月二十五日、文繡は北京から訪ねてきた妹と一緒に外出し、そのまま帰らなかった。静園では手を尽くして捜したが、その行先はわからない。室内を調べてみたら彼女の衣類、装飾品などはすべて持ち出され、計画的な〝家出〟だとわかった。彼女は袁世凱の第七夫人の実家に匿《かくま》われていたのである。清帝室の歴史始まって以来の不祥事である。

その翌日、文繡は弁護人をたてて天津地方法院に訴訟を起こし、中華民国の民法に則って生活扶助料として五〇万元と別居生活を要求する。九月二日、地方法務院から溥儀に事情聴取の呼び出しが届いたが、法務院が指定した日時に溥儀は出席せず、一〇万元の罰金を払った。以後、双方が弁護人をたて和解交渉が続けられたが、双方とも一歩も譲らず、交渉は泥沼化する。溥儀には五〇万元という生活扶助料を払う財政的余裕もなかったのである。

そんな騒ぎの最中の九月十八日、「柳条湖事件」が起こる。事件発生を知った溥儀は側近に「文繡との交渉を即急に解決せよ」と指示した。溥儀には、積年の夢である清朝の復辟を、日本軍の手を借りて、ようやく実現するチャンスがやってきたのである。溥儀側は生活扶助料として五万元を提示するが、文繡側は八万元を主張、最終的な和解に達したのは十月二十二日のこと。その内容は、

①溥儀から文繡に対し五万五〇〇〇元を支払う

②文繡は永久に再婚しない

③双方は互いに名誉を傷つけない
④文繍は司法院への調停要求の訴状を撤回し、二度と訴訟を起こさない
　などだった。

　これによって溥儀と文繍の離婚は正式に成立した。溥儀は離婚を承諾したものの皇帝の権威を取り繕う必要から「大清帝国皇帝」の名で「これまでの封位号を取り消し、平民とする」との勅令を発した。平民に格下げされた文繍は自由の身となった。しかし、生活扶助料として得た五万五〇〇〇元は、弁護士や仲介者それに家族などの生活費に充てられ、いくらも残らず、自らは小学校の教師となって生計を立て、生涯、再婚はしなかった。

　溥儀は後に文繍との離婚について『わが半生』にこう述懐している。

〈私は私の家の異常な夫婦生活を思い出す。これは感情の問題というよりは、むしろ張園の生活の空虚さによるものといったほうがよかった。実際、かりに私が妻を一人しか持っていなかったとしても、その妻も何の楽しみも感ずることはできなかったにちがいない。（略）正直な話、私は何を愛情というのかわからなかった。他の人においては平等なものである夫婦というものが、私にとっては、主人と奴隷の関係であり、妻も妾も君主の奴隷であり道具であった〉

第三章

満州国の誕生

満州事変の謀略

いよいよ日中戦争の火蓋を切る人物たちが満州に吸い寄せられるように蝟集《いしゅう》する。

張作霖爆殺事件から四ヵ月後の一九二八年（昭和三年）十月、石原莞爾《いしはらかんじ》（当時中佐）が関東軍作戦主任参謀として満州に赴任する。山形県出身の石原はこのとき三十九歳。仙台陸軍幼年学校、陸軍士官学校を経て陸軍大学校を卒業、第一次世界大戦後ドイツに三年間留学し戦史や戦術論を学んだ。

翌一九二九年五月、張作霖爆殺事件を仕掛け、停職処分を受けた河本大作の後任の関東軍高級参謀として赴任してきたのが板垣征四郎（当時大佐）である。石原より二ヵ月前に関東軍参謀として着任していた花谷正《はなやただし》（当時少佐）は、石原と板垣というふたりの人物についてこう述べる。

〈石原という人は軍事学者としては一流の人で、若い時からフリードリッヒ大王、ナポレオン戦史を研究し、この頃にはすでに軍事学の立場に立った一つの世界観を持っていた（略）ただ彼の短所は、他人より十年先、二十年先のことを考えていたせいもあるが、云《い》い出すことがよく云えば天才的、悪く云えば奇矯、突飛に見えることがあり、現実ばなれしていると誤解されることがあった。しかし決して夢想的理想家ではなく、いったん綿密に計画を策定すると電光石火の如く、強力に実行して行く胆力を持っていた〉（「満州事変はこうして計画された」花谷正「別冊知性」一九五六年一二月号）

〈板垣という人は石原とは対照的な性格で秀才型の人ではなかったが、包容力に富み、粘り強い性格で親分肌の苦労人であった。板垣の実力と石原の綿密な計画力の結合によって満州事変は行われたといっても過言ではない〉（同）

板垣、石原、花谷の三人は、石原の提案で毎週一、二回、旅順偕行社《かいこうしゃ》（陸軍将校の社交・集会所）に集まって満蒙問題について研究するようになった。石原は事件直前に書いた「満蒙問題私見」にこう書く。三人の勉強会の結論と言ってもよいだろう。

〈満蒙問題の解決策は満蒙を我が領土とする以外絶対に途なきことを肝銘するを要す。而して此の解決策のためには次の二件を必要とす。（1）満蒙を我が領土となすことは正義なること（2）我が国は之を決行する実力を有すること。在満三千万民衆の共同の敵たる軍閥官僚を打倒するは、我が日本国民に与えられたる使命なり。又我が国の満蒙統治は支那本土の統一を招来すべく欧米諸国の支那に対する経済発展の為にも最も歓迎すべき所なり。然れども嫉妬心に強き欧米人は必ずや悪意を以て我を迎うべくまず米国、状況によりては露英の武力的反対を予期せざるべからず。支那問題、満蒙問題は対支問題に非ずして対米問題なり〉（同）

一九三一年（昭和六年）に入ると、張学良の排日運動は激化し、日本人小学生の通学も危険になってくる。二九年に起きた世界的な恐慌の波が波及して満州の穀物は大暴落し、張学良による「満鉄包囲網線」の開設（満鉄線と並行して鉄道網を敷設した）によって満鉄も赤字に転落する。

張作霖爆殺事件を教訓にして計画は綿密に練られた。張作霖事件では中央部との連絡もなく、隣接する朝鮮軍（京城に司令部を置く日本陸軍の軍）との打ち合わせもなく、張作霖ひとりを殺しただけでその後の行動はなかった。事件が起きたら電光石火、軍隊を出動させて一夜で奉天を占領し、列国の干渉が入らぬうちに迅速に予定地域を占領しなければならない。当時、奉天軍閥主力は張学良に率いられて関内（万里の長城以南）に展開しており、満州に残っていたのは留守部隊だけだった。

関東軍司令官として本庄繁（当時中将）が着任したのは事件直前の八月初めである。

〈本庄氏は支那関係者の大先輩で重厚な性格の人格者で、将器の名にふさわしい人だった。我々は細かいことは本庄さんに何も言わなかったが、いざというときには頼もしい存在になるに違いないと判断していた〉（花谷正、同）

三宅光治《みやけみつはる》参謀長はもちろんのこと幕僚の大部分には実行計画を明かさなかった。爆破工作の担当は四月に赴任してきた、石原の信頼が厚い今田新太郎（大尉）に割り振られた。しかし、爆破後ただちに兵を集め行動を開始する以上、在奉天部隊の中間幹部にはどうしても秘密をもらさねばならない。〈そこで一人一人に酒を飲ませて言いたいことを言わせ、これならと思った人物には計画をあかして同志を固めていった〉（同）という。

石原莞爾のいう「軍部主導の謀略」は実行に移された。満州・奉天郊外の柳条湖付近で事件が起きたのは一九三一年九月十八日午後十時三十分ごろのことである。事件翌朝の十九日付「東京朝日新聞」朝刊は最終版に「奉天十八日発至急電報」として第一報を突っ込んでいる。

「奉軍満鉄線を爆破　日支両軍戦端を開く　我鉄道守備隊応戦す
我軍北大営の兵営占領　奉天城へ砲撃を開始　駐在二十九連隊出動」

同紙は十九日午前七時発行の「号外」で事件を大々的に伝えた。「奉天軍の計画的犯行」「急行列車危うく爆破を免る　爆破は奉天鉄嶺間の柳条溝」（傍点は筆者）という見出しの二本の記事である。いずれも「奉天特派員十九日発至急報」というクレジットが記されている。

〈十八日午後十時半、奉天郊外北大営の西北側に暴戻《ぼうれい》なる支那軍が満鉄線を爆破し、我鉄道守備隊を襲撃したが、我軍はこれに応戦した。（略）この日北大営北側にて将校の指揮する三、四百名の支那兵が満鉄巡察隊と衝突した結果、ついに日支開戦を見るに至ったもので、明らかに支那側の計画的行動であることが明瞭となった〉

〈支那兵が爆破した満鉄線は奉天・鉄嶺間の柳条溝であるが、支那軍に爆破されたのは十八日午後四時半長春発大連行の急行列車が奉天に午後十時に到着した直後に行われたもので、右列車は危うく難を免れた〉

石原莞爾らの「綿密な謀略計画」には事件後のメディア対策も含まれていたのだろう。「朝日新聞」だけでなく、事件を報じた各紙とも、あくまでも張学良の奉天軍が満鉄線爆破を仕掛け、これをきっかけに日支両国の戦闘が拡大、関東軍の占領地域を満州全域に広げていく、という〝筋書き〟である。だが現場付近には「柳条湖」はあったが「柳条溝」は別の場所であり、事件現場にはない。事件を伝える各紙とも「柳条溝」となっており、戦後長い間、日本の歴史教科書でも「柳条溝事件」と呼ばれるようになる。

前述した花谷の「満州事変はこうして計画された」によると、謀略の全容は以下のとおりである。

〈この夜、川島中隊の河本末守中尉は鉄道線巡察の任務で部下数人を連れ、柳条湖に向かった。張学良の部隊が駐屯する北大営の兵営を横に見ながら八百メートルばかり南下した地点を選んで、河本はレールに騎兵用の小型爆弾を装置して点火した。午後十時すぎ、爆発音とともに切断されたレールと枕木が飛散した。爆破といっても張作霖爆殺のような大掛かりなものではない。満鉄線を走る列車に被害を与えないようにしなければならず、さらに翌日からの兵員輸送のため直ぐに復旧させねばならない。

河本中尉は部下の工兵に計算させて慎重に使用する爆弾量を決めた。爆破と同時に無線機で大隊本部と特務機関に報告、北大営北方四キロに待機した川島中隊長は直ちに兵を率いて南下、北大営に攻撃を開始した。この連絡は夜半近くに旅順ヤマトホテルに滞在していた関東軍参謀で通信、電信担当の片倉衷《ただし》（当時大尉）に届く。片倉は事件発生と日支両軍の衝突を知り、石原や各参謀に電話連絡し、急遽集合を要請した〉

電話連絡した片倉が戦後著した『回想の満洲国』によれば、軍司令部に集まった参謀の中で石原は軍服姿だったが、彼以外は私服だった。石原は登庁した本庄繁司令官に電報の内容を説明、関東軍出動を促したが本庄はすぐに決断しなかった。十九日午前零時二十八分、再度の奉天特務機関からの電報が届く。「北大営の支那軍は満鉄線を爆破した。その兵力は三、四中隊。関東軍の中隊はその一角を占領したが、敵は機関銃、歩兵砲を増加しつつあり、我が方は目下苦戦中」。

石原はこの電報を本庄司令官に示し、本庄もようやく出動を決断する。同日午前三時、本庄は歩兵三十連隊とともに旅順を出発、同十時すぎ、奉天に到着する。三宅参謀長は旅順に残り、石原、片倉らは本庄に同行する。奉天での戦闘は午前五時すぎにはほとんどが終了、北大営、南大営の張学良軍は大量の武器弾薬を残して撤退し、奉天の守備隊も壊滅していた。戦線は一挙に満州全域に拡大、関東軍は十九日中には満鉄沿線全域を制圧、わずか数ヵ月で満州のほぼ全域を占領した。

事件発生後、関東軍司令部が旅順から奉天に移ると、奉天―旅順・大連間の軍需物資の輸送需要は急拡大する。しかし、内田康哉《うちだこうさい》・満鉄総裁は幣原喜重郎外相から「日本政府は事件不拡大の方針である」との連絡を受け、関東軍に一切協力しない方針を決める。これに怒ったのが理事の十河信《そごうしん》二《じ》（戦後、国鉄総裁。東海道新幹線の生みの親）である。一年前に赴任してきて以来、石原莞爾と接触するうちに、彼の思想に共鳴していた十河は、その日の理事会で「関東軍に協力すべし」と主張する。しかし総裁以下他の理事はすべて反対だった。

十河は独断で奉天に向かい、奉天ヤマトホテルに陣取って「責任はオレがとる」と宣言。自ら指揮をとって兵員輸送や軍需品の運搬、臨時列車の運行など次々と現場に指示を出した。理事会は内部規律違反であると決議するが、十河はそれも無視した。十河の身体を張った協力がなければ、石原の計画は確実に齟齬をきたしていたに違いない。

関東軍が「満蒙領有論」に沿って動き始めると、十河は満鉄内に「満鉄経済調査会」を設立し、その委員長に就任する。調査会は、組織的には満鉄総裁直属の機関だが、実質的には翌一九三二年（昭和七年）に建国される「満州国」の経済建設計画を策定する組織である。十河は翌年六月には「満州国経済政策」をまとめ、その後の「満州国経済建設要綱」として引き継がれていく。一方、領有論を唱えていた事件の首謀者・石原も「独立国家建設」へと主張を変えるのである。その心境の変化の理由を石原は年が明けた三二年一月、こう明かしていた。

〈私はかねて清末以来の支那の内紛抗争を見て、支那人の政治的能力に疑いを懐《いだ》くようになり、近代的国家建設は不可能と考えた。したがって満蒙問題解決のための唯一の方策として、日本の満蒙占領により日本の存立を図り、支那人もこれによって幸福になるものと信じ、満蒙占領論を主張した。しかし満洲事変を遂行して行くうちに、昭和六年暮には、私は民族協和による満蒙独立論に完全に転向した。その第一の理由は、支那人にも政治的能力のあることを知ったこと、さらに満洲事変中、満洲人有力者の日本軍に対する積極的協力と、軍閥打倒の激しい意欲から出てきた献身的な努力、政治的才幹の発揮を見たからである〉（『満洲国史・総論』満洲国史編纂刊行会）

「ようやくチャンスがやってきた」

　廃帝となった溥儀が天津の静園で柳条湖事件の発生を知ったのは、九月十九日、日本人が発行する「天津日日新聞」の号外によってである。溥儀は事件を知ると矢もたてもたまらず満州に行きたがったという。側近の鄭孝胥《ていこうしょ》はあせる溥儀に「奉天での事態はまだ不明だから焦る必要はありません。早晩日本人は皇帝をお迎えにくるはずだから」と諫めた。

　鄭孝胥の予想どおり、九月三十日午後、天津駐屯軍の通訳官、吉田忠太郎が静園を訪れ、「重要なことを話したいから、随員は連れず司令部へおいで願いたい」との香椎浩平《かしいこうへい》司令官（中将）の伝言をもたらす。溥儀は期待に胸を膨らませながら指定された日本兵営に行った。

　香椎司令官は門前で待っていた。客間に通されるとふたりの人物が待機していた。ひとりは溥儀の側近の羅振玉、もうひとりは関東軍参謀、板垣征四郎大佐から派遣された通訳の上角《うえずみ》利一《りいち》と名乗った。上角の紹介がすむと香椎はすぐに部屋を出た。羅振玉は当時、吉林省主席に就任していた熙《き》洽《こう》からの「密書」を溥儀に手渡す。その密書には「二〇年間待ち望んでいた機会がついに到来した。

この機会を逃すことなく、ただちに〝祖先発祥の地〟においで願って大計めぐらせていただきたい。日本軍の支持のもと、まず満州を占拠し、それから関内を狙おう。（溥儀が）奉天に戻れば、吉林省は真っ先に復辟を宣言する」と書いてあった。

また上角は板垣征四郎大佐の伝言として「関東軍は心から溥儀の復辟を望んでおり、溥儀が腰を上げれば日本の軍艦が大連まで送り届ける」と述べた。溥儀は「ようやくチャンスがやってきた」と内心嬉しかったが、ふたりに向かっては「よく考えてみる」と返事を引き延ばした。

静園に戻って側近たちを集めこの話をすると慎重論が相次いだ。「羅振玉はいつもの軽さを発揮したものでどこまで信用してよいのか」「関東軍の板垣大佐の代理という上角利一を信用してよいのか」「満州に迎えるというが正式の要請はないではないか」「満州の情勢の変化や列強各国の真の態度、民心の動向などもう少し見極める必要がある」などといった意見である。溥儀は次第に不機嫌になりイライラしながら「熙洽の手紙には断じて嘘偽りはない」と怒鳴った。

司令部を奉天に移した関東軍は事件発生から四日後の九月二十二日から数日間にわたって奉天市の中心部に近い旅館「瀋陽館」の一室に三宅参謀長、参謀の板垣大佐、石原中佐、片倉衷大尉らに奉天特務機関長の土肥原賢二大佐らが加わり、その後の対応を協議する。その結果、新国家建設に向けて「満蒙問題解決策案」が作成された。この「解決策案」による「新国家」は、溥儀を担ぎ出し、国防、外交権は日本が握る「満蒙各民族による自治国家」であった。

関東軍の結論は、要するに満州を中国本土から切り離し、「清朝の最後の皇帝、宣統帝（溥儀）をトップに据えた親日的な満蒙新国家」を作るという計画である。しかし、「帝政」であるか「共和制」であるかは明確にしていない。この「満蒙問題解決策」に従って関東軍はすでに積極的に新政権樹立工作を開始していた。

溥儀たちが静園で議論を重ねていると、日本の天津総領事館の副領事が溥儀を訪ねてきた。副領事は溥儀と天津駐屯軍・香椎司令官の〝密会〟の事実を知っていた。副領事は「当面慎重にことを運ぶべきで、今、溥儀は天津を離れないほうがよい。総領事館としては保護の責任があるので忠告する」と溥儀の天津離脱に強硬に反対する。日本側も外務省が管轄する総領事館と、日本陸軍の天津駐屯軍との間で意見が対立していたのである。日本側の意見対立が明らかになると、溥儀周辺の意見も四分五裂した。

溥儀は溥傑の日本留学の際、日本側と折衝した遠山猛雄を日本に派遣し、若槻内閣の陸軍大臣に就任したばかりの南次郎大将に手紙を届けさせた。皇帝の印である黄絹に溥儀の親筆で、溥儀が帝位につく意思を明白に示した手紙である。南次郎は満州国建国後の一九三四年（昭和九年）から三年間、関東軍司令官となり、溥儀との関係を深めることになる。溥儀の手紙の内容は概略、以下のとおりだった。

この度の満州事変は民国政府の措置が当を失したため、友邦（日本）と戦火を交えることになり、民を塗炭の苦しみに陥れたのである。私は深くこれを憂えている。そこで皇室の家庭教師、遠山猛雄を日本に派遣し、陸軍大臣南大将に会見して私の意を伝えさせる。我が朝廷は万民の苦しみを見るに忍びず、政権を漢族に譲ったが、ますます乱世に陥ることはわが朝廷の初志とは違うのである。

今、東亜の強固を図ろうと欲するなら、中日両国の提携に頼るべきであり、さもなければ成功することはできない。

後述するが溥儀は終戦後、ソ連軍の捕虜となり極東軍事裁判（東京裁判）にソ連側の証人として出席し、彼が帝位に就いたのは「関東軍に脅かされた結果で自らの意思ではなかった」と証言する。これを聞いた南次郎は、自宅に秘蔵していたこの溥儀書簡を法廷に提出する。そのとき、溥儀は髪をふり乱しながら「裁判長、これは偽物だ」と叫び、手紙の真贋鑑定が行われることになる。

東方のロレンス

宣統帝溥儀を新国家のトップに据えることを決めた関東軍は一日でも早く溥儀を天津・静園から脱出させ、奉天に連れて来なければならない。奉天特務機関長の土肥原賢二大佐は「出馬説得兼護衛役」を旧知の大陸浪人、工藤鉄三郎に依頼する。工藤は土肥原に、

「陸軍というところは人を働かしておいて、われわれに報いるところは何もない。いつも二階にあげておいて下から梯子を外すような真似をする。この話は本当に腹を決めてやるのか」（『皇帝溥儀私は日本を裏切ったか』）

と念を押して引き受けた。

前述したように工藤は一九一七年の「張勲の復辟」の際、清朝の遺臣・升允の密命を帯びて紫禁城内の溥儀に会い、升允の手紙を届けて以来、「復辟活動家」として溥儀も良く知っていた。

千葉・成田の自宅で連絡を受けた工藤は柳条湖事件の四日後には奉天に向かった。まず彼が足を運んだのが満州北部に根拠地をおく軍閥の実力者、張海鵬《ちょうかいほう》だった。張海鵬と関東軍の間には「事変が起きれば関東軍に呼応する」との〝密約〟があったが、一向に動き出そうとしない。関東軍は今田新太郎大尉などを派遣していたが思わしくなく、「張勲の復辟」以来、張海鵬と旧知の工藤に説得を依頼することになった。工藤は「閣下は日本に領土的野心があると思っているのかもしれませんが、それは違う。満州に新国家を建設し王道楽土を出現させるでしょう。当然、溥儀皇帝にも御出馬を願うことになります」と真剣に説得した。すると、関東軍の諜報担当者には頑《かたく》なだった張海鵬が快く応じた。それほど復辟派内で工藤への信頼は厚かったのである。

しかし、溥儀を天津から極秘裏に脱出させるというのは生易しい工作ではない。当時、天津一帯は張学良軍の「便衣隊」（平服を着て後方攪乱をする部隊）の発砲やスパイの活動で物騒だった。たびたび暴動が起き、放火略奪も絶えず、治安は悪化するばかりである。天津駐屯軍が鎮圧に乗り出すと、騒ぎはいったん沈静化するが、すぐに再燃した。張学良の特務機関は溥儀を常に監視し、天津から一歩も出させない構えだった。

一方、北京の蔣介石は「現在のところ上海が最も安全である。有名無実になっている皇室費も必ず復活させるので上海に逃避してほしい」と言ってきた。溥儀という「玉」が日本の掌中に落ちると厄介なことになると見ていたのだろう。溥儀はこの申し出を断った。

土肥原大佐が奉天から天津に向かったのは十月二十七日のことである。同じ日、工藤は大連から天津に向かっている。ふたりは静園に近い旅館「大和館」で落ち合うと、まず工藤が溥儀の意向を打診することになった。工藤は十一月一日午前、静園を訪ねた。工藤は久々に溥儀と会うと「陛下は小国でもよい。王道楽土を建設してみたい、と（かつて）仰せられました。今もその気持ちはおありでしょうか」と切り出す。「ああ、覚えている」と溥儀。「陛下、日本は真剣に東北四省に新国家を建設しようとしています。陛下をその新しい太陽としてお迎えしようとしているのです」。工藤の説得に溥儀は頷いた。

土肥原が溥儀を訪ねたのは翌二日の夜である。土肥原は陸軍大学校卒業と同時に、参謀本部支那課付となり北京勤務、天津特務機関勤務など、このときすでに中国生活二〇年。西欧の記者たちは彼を「アラビアのロレンス」になぞらえ「東方のロレンス」と呼んでいた。この夜の土肥原の服装は、いつもの中国服ではなく背広姿である。溥儀は彼の第一印象を〈目のまわりの肉がたるんで、鼻下にはチョビひげをはやし、顔には終始温厚で、へりくだった笑みをたたえていた。その笑顔は、いかにも自分の言うことはすべて信用できるのだということを人に感じさせるものであった〉（『わが半生』）という。土肥原は挨拶がすむとすぐに本題に入った。

まず日本軍の行動について「張学良が満州人を塗炭の苦しみに陥れ、日本人の権益や生命財産をなんら保証しなくなったので、日本はやむなく出兵した」と釈明、「関東軍は誠心誠意、満州人民が自己の新国家を建設するのを援助する。この機会を逃すことなくすみやかに祖先発祥の地に戻り、親しく新国家の指導に当たられるように望んでいます」と頭を下げた。溥儀は、彼の名声や身分などからして土肥原の発言に疑う余地はないと思ったが、ただ一点、溥儀には土肥原に確かめたいことがあった。「その新国家はどのような国家になるのか」という点である。以下、溥儀の『わが半生』に記されたふたりのやり取りの概略である。

「さきほど申し上げましたように、独立自主の国で、宣統帝がすべてを決する国家であります」

「私が聞いたのはそのことではない。私が知りたいのは、その国家が共和制か、それとも帝政かどうかということだ」

「そういう問題は奉天に行けば解決しましょう」

溥儀はこの点に拘っていた。

「復辟ならば行きますが、そうでないなら私は行きません」

土肥原は言葉の調子を変えずに言った。「もちろん帝国です。それに問題はありません」

「帝国なら行きましょう」。溥儀は満足しながら言った。


溥儀は土肥原のいう「帝国」は「清朝の復辟」と理解し、満州行きを了承した。土肥原は「十六日までに満州に到着していただきたい」と述べ、「くれぐれもことは極秘に運ばねばならない」と注意を促した。土肥原が「十一月十六日」と期限を切ったのは、国際連盟の理事会がこの日までに日本軍の満州からの撤退を求める決議をしていたからである。日本外務省も国際世論の批判を警戒し、関東軍の動きにブレーキをかけようとしていた。

溥儀と土肥原の会見はすぐに漏れ、翌日の現地の新聞に掲載される。土肥原の訪問の目的まで掲載されていた。同四日、清朝の遺臣で蔣介石政府の監察院委員となった高友唐《こうゆうとう》が溥儀を訪ねて来た。高は国民政府から受け取った電報を見せた。それには「国民政府は廃帝溥儀に優待費を提供することを決めたので、希望金額を知りたい」とあった。「蔣介石たちは今になって私が国を捨てて満州に行くのを恐れ優待を思い付いたわけか」と問う溥儀に、高は「国民政府は皇帝の称号の回復、北平（北京）帰還についても好意的に考えている」と進言した。溥儀は「考えておく」と高を退出させたが、「蔣介石がくれるのはせいぜい皇帝の称号に過ぎない。土肥原が約束した皇帝の位とはくらべものにならない」と満州行きの決意をはっきりと固めた。

虎口からの脱出

天津ではすでに「非常事態」の準備が着々と進んでいた。土肥原大佐は天津駐屯軍の二人の参謀と工藤鉄三郎も加えて、天津市内で暴動を起こす計画を練った。暴動によって市内が大混乱に陥っているスキを突いて溥儀一行は英国租界の港に行き、事前に手配した船に乗り込み、大連に向かうという作戦である。作戦は十一月八日から始まった。

その日、溥儀の住む静園に果物籠が送られてきた。侍従がそれを開くと爆弾が二つ出てきた。天津駐屯軍に通報すると警官がやってきて爆弾を押収する。調べた結果、「爆弾は張学良の兵器工廠で製作されたものであることがわかった」との連絡があったが、その送り主は特定できなかった。張学良なのか、関東軍の自作自演なのか、蔣介石の国民軍の仕業か……事実が明らかになるのは戦後の一九六二年（昭和三十七年）のことである。

土肥原大佐らの計画はカネで雇った便衣隊約一〇〇〇人が天津市内で警察署を襲い、天津駐屯軍の指揮下にある部隊の一部が呼応して天津を混乱させる、というものだった。だが、この計画は日本租界に潜入していた国民党側の密偵が探知し、公安局に通報した。公安局は非常呼集を行い、午後二時には戒厳令が発令され交通は遮断される。午後十時ごろ、土肥原たちに雇われた便衣隊一〇〇人近くが次々と警察署を攻撃するが、準備を整えていた国民党軍に鎮圧された。

暴動計画は失敗したが、土肥原大佐は溥儀の脱出は当初からの予定日である十一月十日夜、決行すると決めた。計画が漏れやすいことはすでに実証されている。それに塘沽港から便乗する日本郵船の「淡路丸」は、長崎に向かう定期便であり、その予定はすでに世間に公示されており、延期や中止はかえって不審を招く原因になる、と判断したためである。

天津の街中で騒擾が続く十一月十日夜、溥儀は黒メガネ、濃い灰色の背広にソフト帽、黒色マント姿で服装を整えると、幌のついたふたり乗りスポーツカーのトランク・ルームに潜り込んだ。静園の正門近くに天津駐屯軍付通訳、吉田忠太郎が自動車に乗って待っていた。侍従が運転するスポーツカーの後ろに吉田の車が続く。その日、日本租界と中国管轄地域一帯には終日、戒厳令が敷かれていた。それが溥儀たちの出奔には好都合だった。辻々のバリケードの前では日本兵によって停車を命じられたが、後ろの車の吉田忠太郎の合図で、直ちに通行が許された。二台の車が指定されていた日本料理店に着くと、吉田はすぐにトランク・ルームの蓋を開け、溥儀を扶《たす》け出した。

その料理店で待っていた日本人大尉が、日本軍の外套と軍帽を取り出し溥儀を変装させ、吉田とふたりで溥儀に付き添い、待たせてあった天津軍司令部の軍用車に乗り込んだ。軍用車はまもなく白河埠頭に到着する。白河埠頭は北京の西を流れる永定河《えいていが》の下流にある埠頭である。そこには陸軍運輸部塘沽出張所所属のランチ「比治山丸」が無灯火で待っていた。船室に入ると先着していた鄭孝胥父子が、工藤鉄三郎や通訳の上角利一らと一緒に出迎えた。船には一〇名ほどの日本兵が機関銃を持って警備に当たっていた。船のデッキには土嚢が、船側には鉄板が貼られている。後でわかったことだが「このランチには揮発油を詰めた石油缶が積まれ、もし、計画が不成功に終わった場合は、この石油缶に火をつけて、船もろとも焼き払ってしまうことになっていた」と工藤は言う。

溥儀を送ってきた通訳の吉田忠太郎が下船すると、「比治山丸」は動き出した。同船の役割は溥儀一行を渤海湾の塘沽沖まで送ることだった。

明け方、渤海湾には商船「淡路丸」が待機していた。しかし、ここにも国民党側の監視の目が光っており、陸から見えなくなるほど沖合に出て、全員が揺れる縄梯子をよじ登って淡路丸に移乗した。船に慣れない溥儀らはすでに船酔いしていた。淡路丸は夜陰をついて渤海湾を北上し遼東湾奥の営口市の満鉄埠頭まで辿り着く。比治山丸に乗り込んでから約六〇時間。十一月十三日午前十時ごろ、関東軍の迎えが来たので淡路丸を下船する。

甘粕正彦と川島芳子

溥儀は淡路丸の中で、自分が下船するときの光景を思い描いていた。彼の想像では、民衆の大歓呼に迎えられるはずだった。かつて天津の日本人小学校を訪れた際、みんなが小旗を振って「皇帝、ばんざい」と叫んだあの光景。しかし、到着した営口の埠頭には群衆の姿も旗もない。上陸した溥儀一行を出迎えたのは「内藤雅夫」と名乗る小柄な男に率いられた数人の日本人だった。「内藤」は元憲兵大尉、甘粕正彦《あまかすまさひこ》の偽名である。甘粕は関東軍高級参謀の板垣征四郎から密かに溥儀一行の護衛役を命じられていた。

一九二三年（大正十二年）に起きた関東大震災の際、東京憲兵隊分隊長だった甘粕は、アナキスト大杉栄《おおすぎさかえ》・伊藤野枝《いとうのえ》と、ふたりが連れていた六歳の甥っ子を強制連行し、三人を殺害したいわゆる「甘粕事件」を引き起こしたことで有名である。事件後、一〇年の懲役刑を受けるが、わずか三年で釈放され、陸軍の予算でフランスに留学する。三〇年（昭和五年）に帰国すると満州に渡り、奉天の特務機関長、土肥原賢二大佐の指揮下で情報・謀略工作に当たっていた。後に満州映画協会理事長を務め、日本の敗戦直後、五十四歳で服毒自殺する。

甘粕は溥儀と鄭孝胥父子、工藤鉄三郎らを用意した馬車に乗せ、大連駅で汽車に乗り換え、奉天の手前にある鞍山《あんざん》で降りた。駅前から乗った馬車が着いたのは山間にある湯崗子《とうごうし》温泉の旅館「対翠閣《たいすいかく》」である。途中、甘粕は溥儀一行に何の説明もしなかった。対翠閣は「満鉄」が経営する日本旅館で、日本の将校、満鉄職員、中国の官僚だけしか泊まれない高級旅館である。その日、溥儀を訪ねて来たのが清朝時代からの腹心・羅振玉である。

羅は溥儀に「今、関東軍と復辟建国について協議中であり、協議がまとまるまでは皇帝がここに来たことが世間に漏れることはまずいと強く言われている」と報告した。静園から同行してきた通訳の上角利一も「新国家の問題はなお討論中だ」と溥儀に伝えた。溥儀は関東軍との協議はすぐにまとまり、奉天で復位の宣言ができるものと楽観していた。だが溥儀のそうした思いはすぐに打ち砕かれる。

翌朝、甘粕がやってきて本庄繁関東軍司令官からの見舞金三〇〇〇円を溥儀に手渡し「満州に来た以上、生命の安全を保証するが、今後は一切、関東軍の命によって動かねばならない。また関東軍の許可なくして何人とも会ってはならない」と告げたのである。甘粕の通告は溥儀一行が事実上、軟禁状態にあることを宣言していた。「未来の皇帝に対して述べられた言葉は丁重だったが、要するに関東軍の許可なくして何にもできないということだった」と工藤は憤る。

〈皇帝の顔色は、見るも気の毒なくらい憂いをふくんでいた。（略）私も、あいた口がふさがらなかった。軍の横暴がこれほどだとは思わなかった。私は今まで張りつめた力が、全身からぬけ出るような感じがした〉（『皇帝溥儀　私は日本を裏切ったか』）

一方、天津に置き去りにされた婉容はその後どうなったのか。

戒厳令の夜、溥儀が密かに静園を脱出したことを知った婉容の驚きは大きくただ茫然としていた。これまでも置き去りにされたことは幾度かあったが、今度はその気配さえ感じ取ることができず、溥儀はお付きの数人のみを連れて忽然と姿を消したのである。

そんな婉容のもとに、溥儀から「満州のある都市で日本軍の庇護を受け、即位の日を待っている」との連絡が入ったのは十二月も中旬を過ぎたころだった。だが、彼女は溥儀を追って満州に渡るつもりはなかった。暮れも押し詰まったころ、婉容を日本軍の軍服姿の将校が訪ねて来た。男装をした川島芳子である。

川島芳子は粛親王善耆《ぜんき》の一四番目の王女・愛新覚羅顯玗《あいしんかくらけんし》である。粛親王は清の太祖ヌルハチから数えて十代目の子孫にあたる。彼女は六歳のとき、粛親王と親交の深かった日本人で満蒙独立運動家の川島浪速《かわしまなにわ》の養女となって日本に渡った。日本で芳子と名付けられた彼女は思春期を長野県・松本で過ごし、ピストルで自殺未遂を起こした後、断髪して男装する。〝男装の麗人〟川島芳子は、〝東洋のマタ・ハリ〟とも呼ばれ、当時、関東軍の諜報活動に従事していた。ちなみに芳子は、第二章で述べた東京裁判に出廷し、張作霖爆殺事件の真相を暴露した田中隆吉の愛人でもあった。

婉容は数年前、溥儀を訪ねて来た川島芳子と会い、以来、顔見知りとなっていた。婉容連れ出しは関東軍の板垣征四郎が天津特務機関の土肥原賢二に相談し、土肥原は芳子に工作費を渡してこの任務を依頼した。

「あなたは自由を得るためにも、私と一緒に溥儀のもとに行くべきです」

あまり気乗りしない婉容を川島芳子は口説いた。最初は渋っていた婉容も静園での生活の困窮を考え、重い腰を上げた。婉容は粗末な服と化粧で身分を隠し、これまた粗末な男装をした芳子が雇ってきた子供の手を引いて、溥儀が辿ったように白河を下り渤海湾を大連に向けて船で渡った。大連に着いたのは十二月二十八日である。

大連港には甘粕正彦が迎えに来ていた。甘粕は用意していた自動車でふたりを大連郊外にあった清朝遺臣の邸に案内する。甘粕は翌日の案内は現地に詳しい芳子に任せた。ふたりは翌朝、再び変装して満鉄大連駅から旅順に向かった。そのころ、溥儀たちは人目の多い鞍山の「対翠閣」を出て、旅順にあった粛親王の別荘を借りて「行在所」（帝室の仮御殿）としていた。川島芳子にとっては生みの親の別荘である。しかし、婉容の仮住まいはここではなく、清朝遺臣が所有する別の別荘と決められ、溥儀とは〝別居生活〟をすることになる。

婉容の旅順入りを知った地元住民の間には「婉容を毒殺しようとする動きがある」という噂が流れていた。この噂を知った溥儀は、工藤鉄三郎に「すまぬが当分、皇后と一緒にいて、侍女のこしらえた食事を一緒に食べてもらいたい」と〝毒見役〟を頼んだ。溥儀は危険な〝毒見役〟をなぜ工藤に頼んだのか。この話には前段がある。

溥儀が旅順入りしたころから「溥儀毒殺」の噂が絶えず、溥儀は神経質なほど怯えていた。婉容が旅順入りする一ヵ月ほど前、溥儀に出されたお茶の色が変色していたことがあった。溥儀はお茶に毒が盛られていると怯え、人を呼んで調べさせようとした。側に控えていた工藤はそれを制し、そのお茶を躊躇することなく一口で飲み干した。この一件で溥儀は改めて工藤の忠誠心を確認する。工藤は、婉容の毒見役を引き受けた。

板垣征四郎の説得

明けて一九三二年二月。関東軍は、張作霖亡きあと、〝満州四巨頭〟と呼ばれていた張景恵《ちょうけいけい》、馬《ば》占山《せんざん》、臧式毅《ぞうしきき》、熙洽《きこう》などを奉天に集め「東北行政委員会」の設立にこぎつける。あくまでも新国家は、満州地域を実質的に支配していた実力者（軍閥）たちによって建設された、というかたちをとろうとしたのである。

黒龍江省長の張景恵はかつて張作霖と義兄弟の契りを結び、張作霖爆殺事件の際は同じ列車に乗っており重傷を負った人物。張景恵は、日本軍に抵抗していた黒龍江省ナンバー2の馬占山を説得して、東北行政委員会に引き入れた。吉林省の代表である熙洽は溥儀の縁戚で生粋の清朝復辟派。奉天省代表の臧式毅は、かつて張作霖軍の参謀長で、張作霖爆殺事件の際には彼の死を隠し、関東軍を翻弄し張学良への政権移譲を扶けた。彼は張学良との絶縁を宣言してこの委員会に参加した。

この四人に溥儀側近の鄭孝胥、羅振玉らを加えて、数日間にわたり新国家について激論が交わされる。そのお膳立てをしたのはもちろん関東軍だった。

委員会では吉林省長・熙洽、溥儀側近の鄭孝胥、羅振玉らは強硬に帝政実施を主張し、臧式毅や馬占山らは共和制を唱えて譲らず、どちらか一方に決めれば建国そのものが危ぶまれる状態に陥った。結局、本庄繁軍司令官の意見で、元首は執政とし、政体は民本主義ということで決着する。当初から帝政を実施すれば、清朝復辟と誤解され、かつ民族協和の国家として問題がある。とりあえず執政としてスタートし、国論が帝政を欲したとき、初めて溥儀は帝位に就く、との妥協案で決着したのである。政体が決まると東北行政委員会は国号、国旗、官制、首都などの建国準備を急いだ。

東北行政委員会が新満州国は溥儀を執政にした「共和制」にすると決めた、という情報が溥儀にも伝わると彼の怒りは大きく、「新国家は正統（正しい系統）でなくてはならない」と「清朝復辟」を主張する「十二条」を書き、腹心の鄭孝胥と羅振玉を奉天に向かわせ、関東軍高級参謀の板垣征四郎に手渡すよう命じた。鄭と羅は奉天の関東軍司令部で板垣征四郎大佐と会い、ひたすら「復辟」を主張し「溥儀皇帝はもしどうしても復辟がかなわないなら天津に帰還されるといっています」と口をそろえた。

ふたりの心中を察した板垣は「私が旅順に出向き、宣統帝に拝謁して事情を説明しましょう」と二月二十三日午前、鄭、羅と一緒に旅順に向かった。まず鄭と羅ふたりが溥儀に会い奉天での経緯を述べ、「この際、『執政』を受け入れるべきだ」と献言した。溥儀は足を踏み鳴らし「お前たちは役立たずだ」と怒鳴りつけた。

板垣が溥儀を訪ねたのはその日午後二時のことである。板垣は「関東軍司令官本庄繁の命を受け、満州新国家の問題について報告にきました」と切り出し、新国家について国名は「満州国」、首都は長春、新国家は五族が完全に平等であること、宣統帝は新国家の元首・執政に推戴《すいたい》することになっている、などと説明した。

溥儀は途中から胸が張り裂けそうになり手がぶるぶると震えた。そして「それはいったい、どういう国ですか？　それが大清帝国だというのですか」と聞き返した。溥儀の怒りが頂点に達したのは板垣の次の言葉を聞いたときだった。

「もちろん、これは大清帝国の復辟ではありません。一つの新しい国です。東北行政委員会が決議し、一致して閣下を新国家の元首、すなわち『執政』に推挙しております」

溥儀はそれまで日本人に「閣下」と呼ばれたことはなかった。「宣統帝」または「陛下」だったのである。溥儀は大声でこう叫んだ。

「満州の人心の向かうところは私個人ではなく、大清の皇帝なのです。もしこの呼称を取り消せば、満州の人心は必ず失われます。この問題を関東軍に再考慮してもらわねばなりません」

以下は『わが半生』に記されたふたりのやり取りの様子である。


「満州の人民は閣下を新国家の元首に推戴しております。それが人心の帰趨であり、また、関東軍の同意するところであります」

「だが日本も天皇制の帝国ではありませんか。なぜ関東軍は共和制の建設に同意するのですか」

「もし閣下が共和制が妥当でないとお考えでしたら、共和という文字は使いません。これは共和制ではなくて執政制なのです」

「私は貴国の熱誠なる援助に深く感謝しています。しかしほかのことはともかく、この執政制だけは受け入れるわけにいきません。皇帝の呼称は私の祖宗が残したものです。もし私がそれを取り消したならば、不忠不幸です」

「この執政と申しますのは、過渡的なものにすぎません。宣統帝が大清帝国の第十二代の皇帝陛下であられることは、明らかなことです。将来、議会が成立いたしましてから、必ず帝政回復の憲法を可決するものと信じます。あくまで現在の執政は、過渡期の便法にすぎません」


ふたりは三時間以上も言い争ったが一致した結論は得られなかった。板垣は話を打ち切り「閣下にはもう少しお考え願いたいと思います。明日またお話ししましょう」と別れを告げた。板垣は翌朝、鄭孝胥らに、関東軍に再考の余地はないことを通告する。東北行政委員会内での〝対立〟などもあり本庄繁司令官に、国号は「満州国」、元首は「執政」であると改めて念を押され、譲歩することはできなくなっていたのである。


通告を受けると鄭孝胥は溥儀に言った。

「関東軍は好意から陛下に元首になっていただきたいと言っておるのです。これは皇帝になるのも同じことです。私が陛下にこの数年間、お仕え申し上げたのもこの日のためではありませんか。もし、どうしてもおいやなのでしたら、私は布団を巻いて家に帰るしかありません」

羅振玉もこう進言した。

「こと、ここに至りましては悔いても及びません。暫定的に一年を期限として、もし期限が過ぎてもなお帝政を実行しなければ即時退位する、そういう条件を出して板垣の出方を見てみましょう」

溥儀はやむなく羅振玉のこの進言を受け入れ、鄭孝胥を板垣のところにやり「一年間の期限付き執政就任」を告げさせた。板垣はこの申し出を喜んで受け、その日の夕、奉天に戻って本庄司令官に報告した。

大礼服にロイド眼鏡

二月二十五日午後五時、東北行政委員会は新国家について正式に公表する。それによると、国号は「満州国」、国主は「執政」、政体は「民本主義による民主共和制」、国旗は「新五色旗」、年号は「大同」。「大同」は易経の「天下大同」に典拠し、五色は五族協和を表象すると意味付けされた。ちなみに満州国の五族とは、和（日本）、韓（朝鮮族）、満、蒙、漢で、中華民国の五族（漢・満・蒙・回・蔵）とは異なる。また、首都は長春（後に新京と改名）におく、などとなっている。

清朝の始祖、ヌルハチらが戦勝して王朝の基礎を固めたとされる三月一日、「三千万民衆の意向を以て中華民国と関係を脱離し、満州国を建国す」との「建国宣言」が発せられた。この建国宣言によって「満州国」は独立国家として出発し、中華民国から離脱した新しい「主権国家」となったのである。

続いて発表された主要人事では、国務総理に鄭孝胥、参議府議長に張景恵、軍政部総長・馬占山、民政部総長・臧式毅、財政部総長・熙洽など、〝満州四巨頭〟も重要ポストに就くことになる。以後、建国スケジュールは急ピッチで消化されていった。

三月六日午後一時前、溥儀らを乗せた特別列車が湯崗子温泉に到着すると、駅舎には日章旗と五色旗が交差して飾られ、対翠閣の支配人らが出迎えていた。溥儀は黒メガネに中折帽、草色のオーバー姿。駅から対翠閣までは一本道。溥儀はステッキを突きながら足早に歩いた。対翠閣で二泊した溥儀一行はその間に到着した妃の婉容、ふたりの妹、鄭孝胥、羅振玉たち旧臣とともに八日朝、対翠閣を出た。上空に朝日新聞社機が低く旋回しており、溥儀はご機嫌で、同機に手を振って応えた。午後三時、長春駅に到着する。駅周辺には五色の満州国旗と日章旗を手にした市民約一万人が押し掛け、溥儀の姿を見ると歓声を上げた。溥儀はその光景を目にして「思わず感激がこみあげてきた。営口の埠頭で望んで得られなかったことが、今日とうとう実現したのだ」と思った。

三月八日から三日間の日本の新聞は、「満州国建国」一色に塗りつぶされた。「東京朝日新聞」の八日付朝刊は一面で「青年元首溥儀氏、きょう晴の新都へ　要人らと湯崗子を出発」と伝え、別面では〈「満州国」の新五色旗はその理想と主義、思想を現すのみならず、またこの国旗の下に打ち集う各民族の和楽の表象でもある〉と解説し、また新しい首都となる長春（新京）について〈今日ではまだ人口十二、三万の中都市にすぎないが、国都の折紙がついた以上、やがては数十万、数百万の内外民衆を抱擁し、政治上軍事上はたまた経済上一大躍進を示し、内容外観ともに拡充されるであろう〉と述べている。

執政就任式は九日、長春の市政公署で開かれた。溥儀は侍従武官長に内定している張海鵬の先導で入場する。西洋式の大礼服にロイド眼鏡、ネクタイにはダイヤモンドのタイピンをきらめかせていた。関東軍からは司令官本庄繁（中将）、高級参謀・板垣征四郎（大佐）、独立守備隊司令官・森《もり》連《むらじ》（中将）らが、また満鉄総裁の内田康哉も参列した。

溥儀が定座につくと鄭孝胥たち一〇人の廷臣が前進して三拝し、溥儀は一礼で応じる。張景恵が国璽、臧式毅は玉璽を奉呈し、次いで鄭孝胥が執政宣言を代読する。その後、内田康哉満鉄総裁の祝辞があり、式は午後三時すぎに終了した。

「戸毎にはためく五色旗、本社機の祝賀飛行」「深夜まで爆竹と歓声　建国第一夜の賑わい」（三月十日付「東京朝日新聞」）……建国式当日の長春の街には「王道楽土」といったスローガンを大書した花電車やトラックが走り回り、街はお祝いムード一色に包まれた。日本の敗戦によってわずか一三年五ヵ月で消え去った「満州国」の誕生である。

溥儀の頭の中を駆け巡っていたのは、次のような思いだった。

〈長春駅頭の竜旗と軍楽、就任式のときの儀礼、それに外人客との会見のときのほめ言葉が、私に深い印象を残し、私は多少うきうきした気分にならざるをえなかった。（略）日本人をうまくあしらえば、あるいは私が皇帝の尊号を回復するのを支持してくれるかもしれない。（略）私はうまくいきそうな面ばかり考えたので、もう「執政」になるのを不満に思わなかったばかりでなく「執政」の地位を「皇帝の玉座」に通ずる階段とさえみなしたのだった。（略）どうやってこの「階段」をうまく利用し、順調に「玉座」に登るかということが、私がさらに思索を進めるうえでの中心問題となった〉（『わが半生』）

三月九日、政府組織法、諸官制、人権保護法など新国家組織に必要な基本法が公布された。公布された「満州国政府組織法」には次のような執政の地位が規定されている。

第一条　執政は満州国を統治す
第二条　執政は満州国を代表す

第三条　執政は全人民に対して責任を負ふ
第四条　執政は全人民之を推挙す

など全部で十三条からなり、「執政」には宣戦、講和、条約締結権が与えられ、陸海軍を統率するのも執政の権限であると明記されていた。この条文を見る限り、執政は明らかに元首であり、板垣征四郎が約束したように、「帝政移行」を前提としたものだ、と溥儀は判断したのである。

この日、溥儀は側に控えていた工藤鉄三郎に「お前の要求するものは何か」と尋ねた。工藤は答えた。〈何も欲しくはありません。建国早々、機構とととのわぬ中は、誰も彼も、名聞利達を望みます。その結果は、折角出来上った国家組織が、土台からくずれてくる。命がけでやった以上、生命はすでに亡きものです。（略）私は只、捨石となればいい、君側に侍して、聖上護衛の任に当ることが出来ればそれで満足です、またそれだけの力しかもたぬ私です、なにも欲求はございません〉（『皇帝溥儀　私は日本を裏切ったか』）。

溥儀は侍従武官長となった参議の張海鵬の下の「侍従武官二等」というポストを工藤に与えた。張海鵬は上将待遇であり、二等武官は中将待遇にあたる。工藤は復辟のために危険を顧みず、升允とともに二十年余も働いてきた人物であり、その功績は「一級」に値する。溥儀にとっては他の日本人とは別格の人物だった。

工藤が侍従武官・中将に任命されると、関東軍内部に強い反発が生まれる。陸軍士官学校、陸軍大学校というエリートコースを歩んだものこそが将官になるべきだ、という信念を持つ関東軍将校にとって、軍歴もない〝大陸浪人〟の工藤が中将になるのはあり得ないことである。また日本の侍従武官は天皇に近侍し、エリート軍人のみが就けるポストだった。

こうした関東軍内部の反発を知った溥儀は工藤に「忠」という名前を与えた。工藤と一緒に復辟のために戦った升允のおくり名は「文忠」だった。中国では君主が功績のある人物について、特別の恩顧をもって姓や名を与える賜姓や賜名が歴代かなりあった。溥儀は「忠」という賜名によって工藤がいかに自分に「忠」であるかを示したのである。この日の夜、溥儀の直筆の手紙が工藤に届いた。それには「閣下の心、忠侠義勇、天地に貫徹す。以て予の最も敬仰する所なり。将来必ず大いに用うるあらん。国のために自重し、しばらく一時屈せられんことを」とあった。以後、工藤は「鉄三郎」を改名し「忠」と名乗った。

高橋是清の激励

三月十四日、満州国の首都、長春は新京と改名される。

長春を国都とすることは、事前に計画され、関東軍は吉林省政府に、土地の高騰を防ぐため長春市街の「土地売買禁止令」を布告させ、官庁用ビルについても接収、補修計画を進めてきた。その準備が間に合わなかったので当初は市政公署に「執政府」が置かれたが、一ヵ月後には北門外東六馬道にあった建物の修理が終わり執政府はそこに移った。転居を終えると溥儀は一棟を住居用の「緝熙楼《しゅうきろう》」、一棟を執務用の「勤民楼」と名付けた。

溥儀はそれ以後、毎朝早く起き、勤民楼に入って執務し、夜にならなければ緝熙楼に戻らなかった。溥儀は初めて仕事をしている、という実感を味わっていた。しかしそれは〝幻想〟であり、満州国を事実上動かしているのは関東軍であることを溥儀はよく知っていた。

溥儀の執政就任式が行われた翌日の三月十日、関東軍司令官・本庄繁と満州国執政・溥儀、国務総理・鄭孝胥との間で次のような「秘密協定」が結ばれる。「本庄・溥儀協定」と呼ばれているものので、その存在が明らかになったのは戦後のことである。

（一）満州国は日本に国防および治安維持を委任し、その所要経費は満州国で負担する。
（二）日本軍が国防上必要とする既設の鉄道、港湾、水路、航空路等の管理並びに鉄路の敷設は、日本または日本指定の機関に委ねる。
（三）日本軍が必要とする各種施設に対して満州国は極力これを援助する。
（四）名望ある日本人数人を満州国参議府参議に任じ、またその他の中央および地方の各官署に日本人を任用し、その選任・解職は関東軍司令官の同意を必要とす。

この「秘密協定」によって「満州国」の国防（軍事権）は日本軍に委ねること、関東軍司令官が国務院各官署の日本人官吏の人事権を持つことなどを約束させたのである。

溥儀と本庄の間で合意した「秘密協定」だが、さすがの溥儀も満州国の「国体の基本」を決定づけるこの協定に、内心忸怩《じくじ》たるものを感じていたのだろう。『わが半生』では、この協定については、一九三二年八月十八日に初めて知ったことにしている。この日、国務総理となった鄭孝胥に「本庄司令官と取り決めた協定でございます。ご認可をお願いします」とこの協定案を見せられ、

「これはだれの命令で締結したのだ」と激怒したと記している。秘密協定締結の責任をすべて鄭に押し付けている。だが、これほど重大な協定を鄭が独断で結んだとは考えにくい。

「秘密協定」が結ばれた直後から日本国内では「満州国の中央、および地方各官庁に日本人官僚を送り込む」作業が活発化し始める。

関東軍は陸軍省を通じて大蔵省に「満州国の財政、金融、経済の確立を図るため有能な大蔵官僚の一団を派遣してほしい」と要請した。大蔵省は当時の蔵相、高橋是清《たかはしこれきよ》にも相談した上で、営繕管財局国有財産課長の星野直樹《ほしのなおき》を派遣団のトップに選び、星野にその選任を一任する。星野は満州国の財政部総務司長（司長は日本の官僚制度の次官に相当）の就任が決まっていた。星野は後に国務院総務長官となって、同国の内政を事実上牛耳ることになる。

星野は財政部理財司長に田中恭、総務庁主計処長（局長に相当）に松田令輔《まつだれいすけ》、財政部文書科長（課長に相当）に古海忠之《ふるみただゆき》を決めたのを皮切りに、田村敏雄《たむらとしお》（税務司国税科長）、永井哲夫《ながいてつお》（関税科長）、山梨武夫《やまなしたけお》（会計科長）、阪田純雄《さかたすみお》（浜江税務監督署副署長）など東京帝大出身のエリート官僚を送り込むことを、わずか三日間で決めた。指名された若手官僚は、全員即座に満州行きを快諾した。星野の〝参謀長格〟となり、全体のまとめ役を任されたのが古海忠之だった。メンバーはその後の新国家「満州国」の構造を官僚として実務的に作り上げた面々である。

大蔵省は高橋是清大臣をはじめ次官、局長など省をあげて激励し、声援を送った。高橋蔵相は出発前の全員を私邸に招き、こう激励した。

〈今、満洲が国を造っているのだ。君達はその仕事を引受けるために行くのだ。真に満洲のためを計ってやらなければいけない。日本の利益を計るごときは二の次のことである。君達は満洲国人の身になって満洲国人の真の幸福を計らねばいけない。（略）私は君達がうらやましいとさえ思う。もう二十歳若かったら、この仕事は私が引受けているであろう〉（『忘れ得ぬ満洲国』古海忠之）

関東軍の謀略による「柳条湖事件」から「満洲国建国」までわずか半年間。極めて短期間で新国家建国に漕ぎつけた。ことは順調に進んだように思えるが、かなりの軋轢も生じていた。その最大の要因は、それまで関東軍に抵抗していた馬占山（黒龍江省主席代理）を張景恵が仲介して帰順工作を仕掛け、東北行政委員会のメンバーに引き入れたことである。

張景恵はかつて張作霖の奉天派のナンバー2であり、馬占山はその配下の〝若頭〟であった。前述したように馬占山は東北行政委員会で、新国家を「共和制」にするように強く主張した。彼を懐柔する狙いもあったのだろう、発足した満州国は参議府議長に就任した張景恵の後任の黒龍江省長に任命、さらに新政府の軍政部総長という要職に就けたのである。

馬占山は溥儀が執政に就任し、新国家が動き出したわずか一ヵ月後の一九三二年四月二日、新政府に反旗を翻し、旧黒龍江省軍の再編成を命じ、黒龍江省仮政府の樹立を宣言。新政府に対してゲリラ戦を開始した。この馬占山の動きは北満だけでなく吉林省にも波及する。関東軍は新たに発足したばかりの満州国軍を訓練しながら統率して馬占山軍と戦い、馬占山は国境を越えてソ連領に逃げ込んだ。

馬占山が〝蜂起〟した理由はあきらかではないが、ソ連のコミンテルン（国際共産主義運動の指導組織）と内通していたとも言われる。馬占山は後に中国に戻り、盧溝橋事件の後に山西省で八路軍（中国共産党軍）に協力し、抗日戦に加わった。

「皇弟」溥傑の帰還

日本に留学し学習院に通っていた溥傑は、この年の七月、夏休みに入ると二度目の帰国をする。満州国は建国され、兄の溥儀は執政という最高のポストにあった。留学生活の保証人だった武田秀三は、溥傑の身分がバレると危険に晒される恐れがあると心配して、来日したときの溥傑の偽名・金秉潘を「清水次雄」と改めた。同時に溥傑に同行して留学してきた潤麒の偽名・郭継英も「清水武雄」と改めさせた。夏休みの帰国には学習院の友人ふたりが同行した。帰国先は来日以前に住んでいた北京や天津ではなく満州国の首都となった新京（長春）である。来日したときは隠れるように天津を離れたが、今度の帰国では行く先々で「皇弟」「殿下」と呼ばれ優遇された。

奉天に着くとすぐに関東軍の本庄繁司令官を訪問する。本庄の印象は〈小柄で顔に笑みを浮かべた、いかにも役人風の人〉（『溥傑自伝』）だった。挨拶を交わした後、本庄は副官に命じ、満州事変のきっかけとなった「柳条湖と北大営」の戦跡を案内させた。奉天に二、三日逗留してから「満州国」の首都、新京に着いた。駅から「執政府」までの沿道には発足したばかりの満州国軍の兵士が立ち並び、新任の高官や清朝時代からの遺臣が溥傑を迎えに出ていた。溥傑にとっては生まれて初めて受ける盛大な歓迎で、胸が詰まって思わず涙がこぼれそうになった。

執政府では溥儀が弟の到着を待ち構えていた。しかし溥儀の表情は暗かった。「執政となったが、執政はとりあえず一年間だと彼らと約束をしている」と溥儀は言った。溥傑には溥儀の気持ちがよくわかった。〈溥儀も私も、清朝の振興と帝政回復のために頑張ってきたのである。今皇帝にならず（略）何の意味があるだろう〉（同前）

溥傑は同行した学習院の友人ふたりと一緒に毎日のように新京の街を見学した。「執政府」に出入りするたびに警備に当たる軍人や護衛が一斉に敬礼する。「執政御厨」の御馳走が毎日、振る舞われた。「勤民楼」で執務する溥儀は、日本の将校が訪れるといつもすぐに笑顔で会っていた。ある日、日本の佐官級の軍人が友人を連れ、あらかじめ溥儀に連絡も、何の手続きもせず、溥儀の執務室にやってきた。溥儀はそうした「日本人客」にも心では怒っていたが口には出さず、丁重に応対していた。しかし、客が去った後、溥儀はやる方ない憤怒を侍従たちに向けさんざんあたり散らした。溥儀の性格をよく知る弟の溥傑は、そんな溥儀の気持ちがよくわかり「なんという生活だろう」と同情した。

植民地経営に精通したリットン調査団の面々

このころ、国際連盟の理事会では関東軍が起こした柳条湖事件の発生とその後の経緯を調査するため、調査団を満州に派遣する動きが本格化していた。

一九三一年十二月十日の理事会で調査団派遣が正式に決まった。調査団のメンバーは当時「列強」と呼ばれた英米仏独伊の五ヵ国から選出される。英国からはヴィクター・ブルワー＝リットン伯爵、米国からはフランク・ロス・マッコイ陸軍少将、フランスはアンリ・クローデル陸軍中将、ドイツはハインリッヒ・シュネー博士、イタリアからルイージ・アルドロバンディ伯爵の五名。互選によってリットン卿が委員長に選ばれた。インド総督代理だったリットン伯爵以下、みな植民地経営に精通した面々である。

翌三二年（昭和七年）二月三日、フランスのル・アーブルを出港した調査団一行が東京に到着したのは二月二十九日。その翌日の三月一日、満州国の建国が宣言された。関東軍にとっては調査団が満州入りする前になんとか既成事実を作っておきたかったのだろう。その意向はギリギリ遂げられたのである。一行はまず犬養毅首相や芳澤謙吉外相、荒木貞夫陸相などと会談する。その後、中国へ向かい上海から南京に着くと国民政府の軍事委員長・蔣介石らと会見、北京では張作霖の息子、張学良とも会っている。

一行が満州国の首都となった新京で執政・溥儀と会ったのは五月三日のことである。その十二日後の五月十五日、一行が哈爾浜《ハルビン》に入ったころ、日本では「五・一五事件」が発生、リットン卿たちが東京で会見した犬養首相は陸・海軍の青年将校たちに暗殺されている。

リットン調査団との会見に先立ち国務総理の鄭孝胥は溥儀に会見の意味を次のように説明した。溥儀は『わが半生』で、「この鄭孝胥の言ったことは大部分が正解だった」と後に述懐している。

「国民政府はリットン卿らに調査に来てもらって、日本に対抗するのを助けてもらうつもりですが、実は彼らも日本に対抗するつもりはありません。彼らが関心を持っているのは、一つは満州国の門戸開放・機会均等であり、もう一つは赤色ロシア（ソ連）に対抗することです。彼らが東京で日本の首相や外相と会談したのはこのことです。心配することはございません。そのときになったら適当になんとか言ってあしらえばいいのです。臣の見るところ国民党も調査団が何もできないことは、はっきりと知っております」

溥儀とリットン調査団一行との会見はわずか一五分程度で終わった。調査団が溥儀に質問したのは、彼がいかにして満州にやってきたか、「満州国」はいかにして樹立されたか、という二点だった。溥儀の頭にこのとき去来したのは、若きころの師、ジョンストンが「ロンドンの門はあなたのために開かれている」と言ったことだった。

〈もし私がいまリットンに向かって、私は土肥原にだまされ、また板垣に脅迫されて「満州国の元首」になったと言い、彼らに私をロンドンに連れて行ってくれ、と要求したら、彼らは承知するだろうか〉(『わが半生』)と思った。しかし、溥儀はそんな空想は一切、表には出さず、「私は満州民衆の推戴を受けたからこそ満州にきたのです。私の国家は完全に自発的意思による自主的な国家です」と答えたのだった。


リットン調査団はその後、報告書の起草に取り掛かり、委員全員が報告書にサインし国際連盟に送ったのは同年九月四日だった。ルアーブルを出港してから七ヵ月後のことである。「報告書」は「日中関係を一九三一年九月以前(注・柳条湖事件以前)の状態へと復帰させることは問題外だ。将来における満足すべき政権は、過激な変更をしなくても、現政権から進展させることが出来る」とし、「満足な解決法として準拠すべき一般的原則」として次のような項目を上げている。

一、日中両国の利益と両立すること。両国は(国際)連盟加盟国であるから、それぞれ、連盟から同一の考慮を払われることを要求する権利がある。両国が利益を獲得しないような解決は、平和のためにならない。

一、ソ連の利益に対する考慮。第三国の利益を考慮することなく両隣国間だけで平和を講じるのは、公正もしくは賢明ではなく、また平和に貢献するものではない。

一、満州における日本の利益の承認。満州における日本の権益は無視することのできない事実であるから、いかなる解決法もそのことを承認し、日本と満州の歴史的関係を考慮に入れないものは、満足なものとはいえない。

こうした結論は満州国における日本の立場を十分に考慮したものといえるだろう。しかし、後々まで問題となり、日本の国際連盟脱退のきっかけになったのが「満州地域における門戸開放・機会均等の維持」についてである。リットン報告書はこう述べていた。

〈満洲開発に対するすべての関係国の協力を得るためには門戸開放の原則が必要だ。それも単に法律的見地からだけではなく、貿易、工業、銀行業の実際的運用においても維持することである。日本人以外の外国実業家のなかには、日本の商会が現在の政治状況を利用して自由競争以外の方法によって利益を獲得するのではないかという危惧を懐く者がいる。もしその危惧どおりになるなら、外国側の利害関係者を失望させ、満洲住民がその損失をこうむるであろう。貿易、投資、財政上の自由競争によって表現される真実の門戸開放の維持は日本とシナ双方の利益となるであろう〉（『全文　リットン報告書』渡部昇一）

この報告書が満州国政府に届くと、国務総理の鄭孝胥は上機嫌で「非常に有望です」と溥儀に報告した。報告書は日本の権益を尊重することに触れたうえで「門戸開放・機会均等の維持」を主張している。リットン調査団は中国政府（国民党政府）の主張を容れて満州を「国際共同管理」とする案を打ち出し、これを日本が受け入れる必要があると述べているのである。言い換えれば満州の権益を日本だけに独占させるわけにはいかない、欧米各国にもその〝分け前〟をよこせ、ということである。鄭の希望はこうした「中国政府も含めた国際共同管理」だった。溥儀も一時は鄭が言うように「満州を国際共同管理に委ねることになったら、私の地位は日本の独占の状況下よりずっと良くなるかもしれない」と考えた。

しかし、すぐに「それは間違いだ」と考え直した。「国際共同管理国」に中国政府が加わることを恐れたからである。そうなれば溥儀自身は苦境に立たされる。たとえ中国政府が共同管理国から排除されたとしても、その他の共同管理国が溥儀を皇帝にするとは限らない。溥儀にとって想定外だったのは、リットン調査団が〝日本の横暴〟を強く非難しなかったことである。溥儀は〈今いちばんだいじなのは、やはり日本人にさからわないことだ。もう一度玉座にのぼろうと思ったら、やはり日本人に頼らなければだめだ〉（『わが半生』）と強く思った。

第四章

満州国の康徳帝と秩父宮

「日満議定書」の調印

「満州国」の建設が始まった五ヵ月後の一九三二年（昭和七年）八月八日、日本陸軍は大がかりな人事異動を実施した。

満州事変に関与した関東軍の本庄繁司令官をはじめ石原莞爾、片倉衷、和知鷹二《わちたかじ》、竹下義春ら満州国建国を主導した幕僚らの転出が決まる。三宅参謀長は一足先に転出しており、満州事変当時の参謀で満州国に残留するのは少将に進級して奉天特務機関長となった板垣征四郎ただひとりである。板垣は軍司令部付として執政顧問も兼務することになった。本庄司令官は軍事参議官となるが、翌年八月には大将に進級して侍従武官長に栄進。しかし石原は、同期のトップを切って大佐に進級するものの、ポストは陸軍兵器本廠付。事実上の左遷である。十月には国際連盟総会に出席する松岡《まつおか》洋右《ようすけ》全権代表の随員としてジュネーブに赴く。

石原は独断専行で満州事変を起こしたとき、軍中央から何らかの〝処分〟を覚悟しいったんは辞表を出した。しかし、満州事変の結果が一気に「満州国建国」まで進むと、国内世論は関東軍の卓抜した指揮、戦闘力を称賛し、昭和天皇から「御嘉賞《ごかしょう》」の言葉さえあった。陸軍中央は途中から関東軍の行動を追認して最高の功賞で報いる形を取り、内地に引き揚げさせるしかなかった。「中央は出先機関の処断せざる点のみ指示するようあるべし」（『片倉参謀の証言　叛乱と鎮圧』）とうそぶくほど満州事変の過程で醸成された下克上の風潮を刷新し、その統制力を回復することは陸軍中央の焦眉の急となっていたのである。

新しい顔ぶれは、軍司令官に武藤信義《むとうのぶよし》（大将）、参謀長・小磯国昭《こいそくにあき》（中将、特務部長兼務）、参謀副長・岡村寧次《おかむらやすじ》（少将）、高級参謀・斎藤弥平太《さいとうやへいた》（大佐）らである。本庄・板垣時代に比べて〝一格上〟の体制であり、関東軍司令官の武藤は、駐満州国大使、関東庁長官を兼務することになる。関東軍が軍だけでなく、行政、外交まで〝三位一体〟で満州国を管理監督する権限を持ち、対満政策の主導権を一手に握る体制作りだった。外務省は、軍司令官と駐満州国大使は別にすべきだと主張したが、陸軍に押し切られたのである。

武藤新司令官は新任早々の九月十五日、鄭孝胥との間で「日満議定書」に調印し、日本国は満州国を正式に承認した。「日満議定書」は前述の「本庄・溥儀秘密協定」を正式に再確認したもので、その前文に「日満両国間の善隣関係を永遠に強固にし、互いに領土権を尊重し、東洋の平和を確保する」という「目的」を掲げ、次の二か条だけの簡単なものであった。

（一）満州国は日本国または日本臣民の旧来の日支間の条約、協定その他の取り決めおよび公私の契約による一切の権利、利益を確認、尊重する。
（二）日満両国は締約国の一方の領土および治安に対する一切の脅威については、共同して国家の防衛に当たることを約する。このため所要の日本軍は満州国に駐屯する。

この議定書によって関東軍は満州国における国防、治安の維持に責任をもつことはもとより、日本国軍として自由に意のままに行動できる権限を有することになったのである。満州国駐在日本大使を兼務する武藤は、その後、溥儀と毎月三回、定例的に会見することになる。

満州国「行走」・林出賢次郎の「厳秘会見録」

「日満議定書」の調印式に武藤司令官兼在満大使の随員（通訳官）に選ばれたのが外務省のノンキャリ職員、林出賢次郎《はやしでけんじろう》である。林出は当時五十歳のベテラン通訳。彼が日満議定書の調印式で通訳に当たったとき、溥儀は流暢《りゅうちょう》な清朝の宮廷言葉を話す林出に注目する。その後も林出は武藤の通訳として溥儀との会見に同席した。林出はいつも笑顔を絶やさず、温厚篤実で謙虚な性格にもかかわらず、快活でユーモアに富んでおり、溥儀は彼の通訳に心の安らぎさえ感じるようになる。林出が通訳をするごとに溥儀の信頼感は強まり、林出を「リンチュン」と呼んで親愛の情を示すようになった。

溥儀は武藤軍司令官との会談中、林出を横において通訳の上手さをしばしば誉めた。

「林出は武藤大将着任の始めより、常に自分の通訳をしてくれているが、未だに一回として満足しなかったことはありません」

溥儀の厚い信頼感を知った日本側は、林出を新京に設けられた日本大使館の二等書記官に任命、さらに翌三三年（昭和八年）一月十八日には大使館兼務のまま満州国執政府「行走」となった。「行走」とは清朝の官名で「出向者」を意味し、宮中に自由に出入りできる身分の高い者に与えられる役職である。さらに二月には関東軍司令部嘱託にも任命される。林出は以後五年間、執政・溥儀の通訳者として、在満日本大使や関東軍首脳との会見に立ち会うことになる。

林出が満州国の行走に任命された直後、在満大使館で外務省の事務方の責任者である栗原正一《くりはらしょういち》一等書記官から本省の谷雅之《たにまさゆき》東亜局長宛てに極秘に、次のような上申があった。

〈溥儀執政と武藤司令官の会見談話の内容が外部に漏れることを、（ふたりは）極端に嫌忌し、室外に立つ侍衛武官等も悉《ことごと》く退《ひ》かし、執政府専属の通訳官も近付けず、林出行走のみが同席することが許されている。ふたりの会談は満州国の現勢および将来はもちろん帝政問題を始め対中問題の根幹に触れる重要問題に言及している。その内容は厳秘となっているが、今後なるべく漏れなく閣下宛てにご報告するので、外部はもちろん省内においても必要な限度においてご参考に供されたい〉

関東軍司令官が在満州国大使を兼務することになると、外務省には溥儀の発言情報が入らなくなり、外交政策まで関東軍に牛耳られるようになる。林出からもたらされる「会見」でのやり取りは、外務省にとって極めて重要な価値を持つ。しかしそれは溥儀の信頼に対する裏切り行為であり、〝情報漏洩〟の事実が関東軍に知られると林出の身にも危険が及ぶ。林出が通訳した会見の記録はその後、「厳秘会見録《げんぴかいけんろく》」として密かに外務省に送り届けられることになる。


林出は一八八二年（明治十五年）、和歌山県日高郡和田村に生まれた。十三歳のとき、御坊《ごぼう》の林出家に養子として入籍する。一九〇一年に和歌山県立第一中学（現・県立桐蔭高）を首席で卒業したが、両親の許可が得られず進学を断念。一時は小学校の代用教員になるが、勉学の夢は捨てきれず、和歌山県の県費留学生に選ばれて、〇二年に上海の東亜同文書院に入学、中国との関わりが始まった。

同文書院を卒業すると外務省に嘱託として採用され、ロシアと中国の国境地帯である新疆《しんきょう》省奥地の偵察と調査を命じられる。林出は辮髪《べんぱつ》、中国服姿となってラクダでゴビ砂漠を渡り、二年間をかけて天山山脈を越えシルクロードの奥地を旅し、危険で困難な任務を果たした。この調査行の後、林出は正式に清国駐在の通訳に採用される。以来、三十年余、「中国通」の外交官として北京、奉天、南京、上海、新京など各地の在外公館に勤務した。

林出から外務省に送られた「厳秘会見録」は、秘密保持のため焼却されたと見られ、外務省には残されていなかったが、林出はその写しを和歌山県の実家に密かに保存していた。その写しが昭和五十年代になって外務省外交史料館に寄贈され、貴重な歴史史料となったのである。

林出の「厳秘会見録」によると、武藤が大使兼司令官に就任して間もないころの定例会見で、溥儀は武藤に「満州国の国体問題」について執拗に質問している。溥儀は「執政の期間は一年に限る」という板垣との約束がある。関東軍は果たしてその約束を守ってくれるのか。溥儀が知りたいのはこの一点である。それを武藤に問い詰めたのである。武藤は「日本は今、満州国の国体の問題を研究中であり、時機が熟せば、この問題はおのずから解決するに違いありません」と明快に答えた。武藤の態度は「これまでに接した日本人の誰よりも敬虔さに溢れていた」と溥儀は高く評価する。

「執政期間は一年間」と約束している溥儀は、関東軍が一年経って「帝政」を実行しなければ辞職することができるはずである。しかし溥儀は、たとえ一年すぎて皇帝の座に就けなかったにしても、執政を辞めるつもりはなかった。〈私にはその度胸がなかったし、それにたとい、関東軍が私を辞職させてくれたとしても、私はどこに行くことができただろう〉(『わが半生』)。

武藤の「時機が熟せば」という言葉に、溥儀は「皇帝即位」への期待を膨らませた。

熱河侵攻と国際連盟脱退

しかしこのころ、日中間の戦闘はまだ完全に終結していなかった。

張学良は抗日義勇軍を編成し、満州国に隣接する熱河省《ねっかしょう》に侵入させ、激しい抗日運動を展開していた。熱河省は従来、地理的には内蒙古とされてきた地域で、日本軍にとっては隣接する華北進出の足掛かりともなる地域である。一九三三年（昭和八年）の元旦、満州と中国の国境線にある山海関付近（熱河省）で日中両軍が武力衝突した。二月二日、衆議院本会議場で荒木貞夫陸相は「熱河省侵攻」を謳いあげ、閣議でも「国際連盟にとどまっているから日本は思うとおりに軍事行動ができない。そういう場合、国際連盟の一員であることは、いろいろな拘束を受けるだけで、日本の利益になることはひとつもない。国際連盟を脱退すべきだ」と公言する。

国際連盟ではリットン調査団の報告書をめぐって日本の立場が日増しに悪化しているときである。日本軍が北から万里の長城を越えて中国北部に進出するような事態になっては、国際連盟がどんな制裁手段に出るかわからない。しかし日本国内では「いかなる外交的困難があろうとも、うるさく掣肘《せいちゅう》してくる国際連盟から脱退せよ」との声が高まる。朝日新聞など有力各紙の論調も「断乎、連盟脱退」の強硬発言を続け世論を煽っていた。

こうした雰囲気の中で、関東軍司令官・武藤信義は「熱河平定作戦」を決定、上奏する。

二月四日、昭和天皇は熱河作戦の上奏を「（長城線を越えて）関内（国民政府側）に進出しないこと、関内を爆撃しないこと」の二条件を付して裁可した。同時に日本政府は、国際連盟が「日本軍の満州からの撤退」を採択した場合には、連盟を脱退する方針を全閣僚一致で決定する。関東軍は二十三日、熱河省内の中国軍に撤退を要求したが、中国軍はこれを拒否。関東軍と満州国の張景恵を総司令とする連合部隊はただちに熱河省内に進撃を開始し三月十日には長城線一帯の総攻撃を行い、同二十四日、熱河城内に入城し、熱河省を占領した。

日本軍の熱河省進軍は「満州国」を承認するかどうかを決める国際連盟総会の場で大きな反発を生む。日本軍が熱河省に進軍した翌日、ジュネーブで開かれた国際連盟の臨時総会では熱河侵攻への非難が相次ぎ、「満州国の承認を一切排除する」という勧告案を採決する。四十二ヵ国が賛成し、反対は日本一ヵ国だけ。シャム（タイ）は棄権した。採択が終わると日本代表の松岡洋右は「日本はこの勧告案の受諾を断固拒否する」として連盟脱退を告げ、代表団に退席を促して会場を立ち去った。満州事変の仕掛け人、石原莞爾はこの場に立ち会っていた。日本代表団は三月二十七日、「国際連盟脱退通告文」を提出して、正式に国際連盟を脱退する。日本の世論はこの松岡の態度を熱狂的に支持した。

関東軍が熱河省を占領し、日本が国際連盟を脱退した後も中国側の軍政部長、何応欽《かおうきん》の指揮する部隊は反撃を繰り返す。何応欽が停戦協定に臨んできたのは同年五月二十五日のことである。三十一日、塘沽で関東軍参謀副長、岡村寧次少将と中国軍代表、軍事委員会北平分会総参議、熊斌《ゆうひん》中将の間で停戦協定が成立した。「長城以南に非武装地帯を設け、中国軍は以後この地帯への進出を禁止する。中国軍の撤退を確認の上、日本軍も撤退し非武装地帯の治安維持は中国警察が担当する」というもので「塘沽停戦協定」と呼ばれる。

この協定によって長城線の南部地域に広大な非武装地域が確保され日中間の戦闘は止み、「満州事変」はやっと終結した。中国政府は満州国を承認したわけではないが、実質的に満州国の成立が容認されたといえるだろう。

以後四年間、盧溝橋事件が発生するまで日中間の戦闘は行われていない。

関東軍司令官の急死

関東軍が熱河省を占領すると、満州国執政・溥儀の心の内には「皇帝の夢」が一段と膨らむ。溥儀は執政府で関東軍の功績を祝う大宴会を開き、武藤信義司令官をはじめ作戦に参加した幕僚たちを慰労し、彼らの「武運長久」と「一層の奮励努力」を祈った。

しかし、長城線の南部地域まで日本軍が進撃することを期待していた溥儀は内心では「塘沽停戦協定」に失望していた。国務総理の鄭孝胥は「日本軍が華北から華南を占領するのは時間の問題だ。当面の急務として満州の国体の問題（溥儀の皇帝即位問題）を片づけるべきだ。そのためには関東軍ではなく、東京の元老たちに側面から働きかけ、情報をさぐるべきだ」と強く進言する。

鄭孝胥は、「立憲君主国である日本が満州国に望む政体は共和制でも共産主義体制でもなく、満州国に必ず皇道主義を求めるだろう」と考えていた。鄭の進言を受けた溥儀は、日本政府周辺に側面から働きかけると同時に、日本の動きを探る任務を侍従武官の工藤忠に命じた。

日本人でありながら忠実な側近となった工藤を、溥儀は侍従武官から「警衛官」とし事実上の「侍衛処長」を兼任させていた。工藤の当時の役割は、溥儀周辺の若者たちの育成・保護を行うと同時に、溥儀が誰かに意向を伝える場合、その使者となることである。中国人、日本人に知己が多く、日・中両国語が堪能な工藤は、溥儀が独自の動きをしようとするときには絶対に欠かせない人材だった。

溥儀の〝密命〟を帯びて東京に出向いた工藤は、前陸軍大臣の南次郎大将を皮切りに、陸相の荒木貞夫、真崎甚三郎中将、永田鉄山少将ら陸軍中枢や、旧知の黒龍会関係者などに会い、日本国内の有力者の多くが早期の「帝政実現」に賛同していることを確認する。また陸軍少将に昇進し関東軍司令部兼満州国執政顧問となった板垣征四郎も「約束は絶対守る」と改めて断言する。工藤の報告を受けた溥儀は「皇帝の座に就く日が近い」ことを確信した。

こうした情報収集を行っている最中の一九三三年七月二十八日午前七時すぎ、溥儀が信頼を寄せていた関東軍司令官・武藤信義が急死する。武藤は業務で旅順を訪問していたが二十二日、新京に帰ってくるとそのまま病床に就いた。旅順で飲んだ水で下痢をし、黄疸になったと伝えられたが、容体が不審なので軍医学校から医師の派遣を求め、肝臓がんであることがわかった。六十五歳という高齢のうえ病状は進行し、すでに末期の状態だったという。二十九日、関東軍司令部で告別式が行われ溥儀も出席した。溥儀は弔辞を朗読することになっていたが、「悲痛の余り声がでず」大礼官に代読させた。溥儀は武藤に会うたびに「父親のような優しさ」を感じていたのである。

武藤の後任の関東軍司令官兼満州国駐在大使として菱刈隆《ひしかりたか》大将が選ばれ、八月二十二日、新京に着任する。菱刈大将もまた熱心な帝政論者だった。東京での工藤の情報収集が正しかったことが証明されたのは十月初めのことである。菱刈は溥儀との定例会見で「日本政府は溥儀が満州国皇帝に即位することを承認した」と内密に伝えた。日本政府が「帝政実施は一九三四年（昭和九年）三月一日」と正式に決めたのは年末の十二月二十二日である。

〈私はこの通知に接すると、まったく嬉しくて天にものぼる気持だった。私が最初に考えたことは龍袍《ロンパオ》を一着準備しなければならない、ということだった〉（『わが半生』）。「執政は一年間だけ」の約束だった溥儀にとって、一年遅れではあるが念願の「皇帝即位」に漕ぎつけたのである。全中国の統治者である「清帝国の復活」とはならなかったが、清朝発祥の地である満州国で「皇帝」に即位することは「全国統一の第一歩を踏み出すことでもある」と確信した。

満州帝国の「康徳帝」

皇帝即位式を前に溥儀と関東軍の間で一悶着が起きた。

溥儀は即位式には旧清朝皇帝の恒例であった龍袍《ロンパオ》を身に着けるものと思い、すぐに北京に使者を出して栄恵太妃（光緒帝の側室）が二一年間保管していた龍袍を取り寄せた。清朝の皇帝が祖宗の神霊に報告するときの礼服で、光緒帝も着用した歴史ある龍袍である。

「清朝再興の第一歩だ」

溥儀は届いた龍袍を抱きしめながらこう思った。ところが、日本が承認したのは「満州国皇帝」であって、「大清皇帝」ではない。関東軍は龍袍着用に反対し「満州国陸海軍大元帥の正装」の着用を強く要求したのである。

関東軍や日本政府にとっては、帝政採用での最大の課題は、「清朝復辟」という性格をいかに払拭するかにあった。他方、溥儀たちにとっては清朝の祖業回復をいかにして実現するかにある。その対立が即位式で着用する衣装の問題として表面化したのである。

「私は愛新覚羅の子孫だ。祖先の制度を守らないなどということが、どうしてできようか？　北京の愛新覚羅家一族すべてに来てもらうのに、私が洋服を着て即位したのを見せたらどういうことになる？」

溥儀は国務総理の鄭孝胥に交渉を命じた。鄭は龍袍の着用を頑固に主張したが、関東軍も譲らなかった。かつて溥儀の皇帝即位を約束した執政顧問の板垣征四郎も「満州国軍大元帥の正装」に拘った。両者の駆け引きが続く中で板垣が提案したのは、溥儀が龍袍を着て天壇に立ち「告天礼」を行い、その後に改めて大元帥正装に着かえて「即位の儀」を行うという妥協案だった。溥儀は龍袍が着られるということで満足した。皇帝即位を清朝復辟と理解した溥儀は、ほかのことは一切要求しなかった。


一九三四年（昭和九年）三月一日午前八時半、満州の首都・新京郊外の杏花《きょうか》村の順天広場に設けられた天壇に、龍袍を着て登った溥儀は古式にのっとり、天命を受けて皇帝に即位したことを報告する。この儀式が終わると直ちに執政府に戻り、大元帥の正装に着かえて即位式に臨んだ。即位式が行われたのは勤民楼の大広間。真紅の絨毯が敷かれ、北側の壁には絹の幕が張られ、それを後ろにして特別製の背の高い椅子が置かれた。椅子には蘭の花を図案化した「御紋章」が彫られている。

両側に立ち並んだ文武百官が、皇帝に対する臣下の最高の礼である三跪九叩頭（三度ひざまずき九回頭を地につける）の礼を捧げるのを待って、溥儀は玉座に座った。

式典後、「即位詔書」が発せられ、帝政実施とともに元号を「康徳」とし、国号を「満州帝国」とすることが宣旨された。こうして二歳のときに「宣統帝」として玉座に据えられ、一九一七年の「張勲の復辟」で束の間の皇帝の座に就いた溥儀は、満州帝国の「康徳帝」として改めて歴史の舞台に登場することになったのである。このときから執政府は「宮内府」と改称され、溥儀の住まいは日本の天皇の「皇宮」の呼称を避けるため「帝宮」と呼ばれるようになる。なかの建物は「同徳殿」が建て増しされたほかは修繕されただけで、建物の名も執政時代と同じだった。

溥儀は自分の身辺を守るため三〇〇人の兵士を集め護衛隊の制度を設けた。第一隊の一〇〇人は天津の張園や静園にいたころの衛兵で、武術に優れていた。第二隊は満州で招集した蒙古人でこれも精鋭精強だった。第三隊は清朝発足のころから愛新覚羅家を護衛し続けてきた満洲八旗《まんしゅうはっき》の子弟たちである。溥儀はこの三隊を「禁衛隊」と名付けた。禁衛隊は常時、溥儀の周辺に配置され、溥儀の護衛に当たった。

皇帝となった溥儀を最も陶酔させたのは「御臨幸《ごりんこう》」と「巡幸《じゅんこう》」と呼ばれる外出だった。「御臨幸」は、満州事変で戦死した日本軍の英霊を祀る「忠霊塔」と満州国軍の戦死者を慰霊する「建国忠霊廟」の二つの記念碑に参拝することで、年四回参拝することが義務付けられた。さらに日本の天皇の誕生日を祝う「天長節」に関東軍を必ず訪れた。これも「御臨幸」だった。地方のさまざまな行事に出かけることが「巡幸」である。

「御臨幸」の際は先頭は軍隊・警察の「先ぶれ」の車で、少し距離を置いて一台の赤いオープンカーが続く。オープンカーには小旗がはためき警察総監が乗っている。その後ろが溥儀の乗った赤色の「お召車」で、両側には警備のオートバイが並走する。お召車の後ろには随員と警護の車が続く。外出の前日には新京の軍隊、警察、憲兵があらかじめ口実を設けて「不穏分子」や目障りな人物を逮捕する。市民たちはそうした動きによって溥儀が翌日、外出することが判断できた。

当日になると、沿道には事前に軍隊、警察が配置されて外側に向いて立って通行を禁止し、両側の店舗、住宅への人の出入りを禁止し、窓から外を眺めることも禁じた。宮内府を出発する直前には「皇帝陛下は帝宮をご出発になります」と中国語と日本語でそれぞれ一回、放送した。その日の訪問先では車が到着すると、人々は体を九〇度曲げ、同時に楽隊が「国歌」を演奏する。日本の天皇行幸のやり方に倣ったものだと溥儀は説明を受けた。溥儀の写真は「御容」と呼ばれていたが、これも後に「御影」と改められた。

溥儀は日ごとに皇帝としての権威を誇示することを最優先するようになり、そのために利用できるものは見逃さないようになっていく。彼の頭の中では一段と「清朝復辟」の思いが強まっていた。後述するがこの年の八月、夏休みに入った溥傑が帰国し、北京に住む父、載灃たちの家族を新京に招いて、一族で皇帝即位を祝った。このとき溥儀は、満鉄付属地なので軍隊を派遣できないことになっている新京駅に禁衛隊の一隊を派遣し、載灃たちを迎えた。全権力を掌握した皇帝であることを示そうとしたのである。帝宮の門外で載灃を迎えた溥儀は、胸に満州帝国勲章のほか「大清帝国勲章」も佩用《はいよう》していた。大清帝国勲章は密かに侍臣を北京に派遣して作らせたもので、いずれ「満州国皇帝」から「大清帝国皇帝」になる日に備えてのものだった。

帝政実施によってそれまでの「満州国政府組織法」は「満州帝国組織法」として改正され、皇帝についての規定は大日本帝国憲法の「天皇の規定」に依拠して移し変えられることになった。新しい「満州帝国組織法」の第一章「皇帝」は第一条で「満州帝国は皇帝これを統治す　帝位の継承は別に定むる所に依る」、第二条は「皇帝の尊厳は侵さるることなし」、第三条「皇帝は国の元首にして統治権を総攬し、本法の条規に依りこれを行う」などとなっており、皇帝の地位は「尊厳不可侵で国務上も刑法上も責任を問われることのない立場」へと大きく転換したのである。しかしその実質とは大きな開きがあった。

　たとえば、「皇帝は陸海軍を統率す」（組織法十一条）となっており、大日本帝国憲法の「天皇は陸海軍を統率す」（十一条）と規定上はほぼ同じだった。だが満州帝国では「陸海軍条例」によって皇帝の統帥権は軍政部大臣（総長から大臣に改称）に委任され、皇帝は天皇のように自ら統帥する軍隊を持つことはなかった。さらに満州国軍には満州国の官制や法規には関係ない「軍政部顧問制」が敷かれる。軍政部顧問は身分上、関東軍司令部付の日本軍人であり、中でも「軍政部最高顧問」は軍政部大臣と同格である。

〈溥儀は尊厳不可侵の地位と引き換えに政治的決定権を実質的に失った。すなわち、「国務総理大臣は皇帝を輔弼《ほひつ》し、その責に任ず」（組織法、第4条）として政治的に無答責になった皇帝に代わり、国務総理大臣が輔弼責任を負うという形で行政上の総轄者となったのである。しかし、この国務総理大臣への権限の集中とは総務庁中心主義による日系官吏への権限集中に他ならなかった〉（『キメラ――満州国の肖像』山室信一）のである。

日本人官吏や関東軍に実質的に統治される満州国において、皇帝の権威と実力を如何にして保持していけばよいのか――溥儀は以後、絶えずこの問題と向き合い、苦悶することになる。

溥傑の陸軍士官学校入学

溥儀が満州国皇帝に即位する六ヵ月前の一九三三年（昭和八年）九月一日、弟の溥傑は日本陸軍士官学校に入学する。この年の三月、溥傑は同行してきた潤麒とともに四年間学んできた学習院を卒業していた。ふたりは陸軍士官学校入学を目指して日本に留学してきたのだが、溥傑の入学には中華民国の推薦を必要とし、入学後も中華民国学生隊に入らなければならなかった。

新たに建国された満州国を日本が「独立国家」として承認した瞬間から溥傑はやっと胸を張って満州国の推薦を受け、士官学校本科に入学することができたのである。すでに二十六歳になっていたが、軍隊教育を受けるのは初めてである。

中華民国の推薦を受けた中国人学生は、本国での予備訓練を終えて士官学校に入学すると、日本人学生との接触を避け、独立して二年間の教育を受けていた。軍隊経験のない溥傑が予科を飛び越えていきなり本科に入れたのは年齢の関係もあったが、なるべく早く満州国軍を整備し独立国としての体裁を整えるため将校の育成が急務になっていたからである。「満州国陸軍将校候補生」として溥傑と一緒に満州国の推薦を受けたのは潤麒のほか溥傑の従弟の溥佳、甥の毓峻《いくしゅん》ら計一一名。いずれも愛新覚羅家ゆかりの皇族か貴族の出である。全員が日本の士官候補生と寝食をともにして一緒に教育を受けることになった。

当時、陸軍士官学校は東京・牛込の市ヶ谷台にあった。日本人の士官候補生は軍人として基礎的な教育を受ける予科を卒業すると隊付きとなり、上等兵、伍長、軍曹と階級が進み、半年後に本科に入る。本科では一年一〇ヵ月間、初級士官に必要な学術を習得し、卒業すると原隊に戻って見習士官となり、二ヵ月後に少尉に任官する、というのが正規のコースである。清朝の皇族に生まれ、幼い時から大勢の召使にかしずかれて何一つ不自由ない生活を送り、日本に留学してきてからも、気楽な学習院生活を過ごしてきた溥傑は、そうした過程をすべて飛び越えて、いきなり士官学校本科の生活に飛び込むことになったのである。

〈小柄で他の人より年上である私にしても、きびしい訓練に耐えるのは大変なことであったが、兄溥儀を助けて一日も早く大清帝国の復活を実現するのだと思い直し「清朝復辟」という強い願望のため、歯をくいしばって毎日の訓練に進んで耐え、あらゆる努力をして本科の全課程をマスターしようとした。私は軍人になる、清朝復活の神聖な任務は軍人にしか完成できないのだ〉（『溥傑自伝』）

溥傑たち一一名の満州国将校候補生は「陸軍士官学校第四十七期生」として士官候補生となった。同期生は三六〇名で、二個中隊、中隊は六個区隊、一区隊は三〇名である。溥傑は満州貴族の裕哲と第二中隊第一区隊に編入された。三十歳を過ぎていた裕哲は本科の生活についていけず、三ヵ月後に退校し、間もなく病死する。しかし、入校式の後、区隊長の三林定一中尉は区隊全員に「溥傑候補生は満州国執政の弟にあたる方であり、日本を理解し、日本陸軍の優れた伝統を学ぶために入学した。起居はすべて諸氏と同様にする。全員、特別な配慮は無用にして、お互いに切磋琢磨してほしい」と溥傑を紹介した。

溥傑と同じ区隊に配属された船木繁《ふなきしげる》は陸軍少佐（中国派遣軍参謀）で終戦を迎え、戦後は山一証券に入社、同社取締役となった人物。一九七四年（昭和四十九年）に溥傑と浩が戦後初めて里帰りしたときから、同期生のひとりとしてふたりの世話役を引き受け、『皇弟溥傑の昭和史』（新潮社）を出版する。

船木は同書で溥傑の第一印象と彼の士官学校生活を〈真面目な人ということであった。むろん、彼が満州事変当時のいきさつや、溥儀かつぎだしの実情に通じているなどとは判らず、ましてその心底に「清朝の復辟」の大望を秘めていることなど窺い知り得なかった。陸軍士官学校という特殊な閉鎖的環境に育った者に比べ、溥傑はすでに社会情勢を知る大人だったのである。しかし彼は天国から地獄におちたようなきびしい環境の変化に耐えて、本科の教育をマスターしようと必死に努力した。愛新覚羅の者としての意地でもあった〉と記している。

「天の助けか、死なずにすんだ」

〈士官学校の生活は時間との競争なのである〉（同）と船木繁は言う。以下、同書と『溥傑自伝』をもとに士官学校での日々を記しておきたい。

溥傑にとって一番きつかったのは「起床と点呼」だった。午前五時半（冬は六時）起床ラッパが鳴るとベッドをはい出て、素早くズボンと靴下をはいて帽子をかぶり、上着を着ながら三階の屋上に駆け上がる。狭い中央階段がわれ先に突進する通路になった。屋上に着くと区隊ごとに整列する。どの区隊が早く整列を終えるかが問題だった。ひとりでも遅れる者がいれば、整列は終わらない。全員揃ったところで点呼をとって週番士官に報告、どの区隊が早かったか比べられる。整列競争は区隊間だけでなく中隊間でも競争だった。

もともと運動神経が悪く動作が緩慢だった溥傑は、その早いテンポについていけず、整列も一番ビリとなりいつも区隊に迷惑をかけた。初めは大目に見てもらえたが、いつまでも甘えてはいられない。みんなに迷惑をかけないためこっそり一〇分ほど早く起きて身支度を整え、起床ラッパが鳴るのを待ち構えて真っ先に屋上に駆け上がった。日本の候補生がこんなことをすれば、物笑いの種になるが、みんな大目に見てくれた。面子に拘る溥傑は大目に見てもらうのはイヤだったので、工夫して自分の速度を速めた。起床ラッパが鳴ると素早く飛び起きて、歯をくいしばって小柄な身体で階段を二つずつ駆け上がった。四ヵ月ほどすると他の候補生と同時に整列できるようになり、みんなの足を引っ張ることはなくなった。

朝の点呼が終わると寝室の整理をして午前六時半から中隊全員が食堂で朝食。朝食は麦飯に味噌汁、それに卵と少しだけの漬物。贅沢な中国料理に慣れている溥傑は、当初はさすがに喉を通らず食べ残した。やがて訓練が厳しくなり体力の消耗が大きくなると食べなければ空腹がひどくなる。臭いたくあんでも全部平らげるようになった。

「戦術学も兵器学も築城学も私にはチンプンカンプンであった」と溥傑はいう。最もつらかったのは教練だった。〈背嚢《はいのう》はいびつに背負うし、それに近眼だし、部隊行進訓練の時などは、きちんと歩けなかったり、転んだりだった。みなの行進を指揮したこともあったが、号令がかけられないので、どうしていいか迷わせてしまった。小隊長として部隊を率い敵陣に突撃したこともあった。部下の先頭に立って突っこむのだが、この部隊をどこへ向かわせるのか、どんな戦闘をするのかわからない。後ろにつづく者は、何が何だかわからなくなってしまった。（略）ただ一つ確かだったのは、私が真剣だったので、みな文句もいわずに妙な訓練についてきてくれたことだ〉（『溥傑自伝』）。

溥傑が一番苦労したのが体操だった。難度が高く危険な動作はとくに不得手で、その最たるものが「梁木《りょうぼく》」だった。高さ五メートルの二本の柱の間に、長さ二〇メートル、幅三〇センチの板を渡した木の上を、片側から両手を横に水平に伸ばし、前方を見ながら平衡を保ち一歩一歩進む。着地点には砂が敷いてあり、梁木の上から腕を前に伸ばして足をかがめながら飛び降りる。一般の候補生はすでに予科時代にやっているので要領はわかっているが、溥傑は初めてである。区隊の者は梁木の横に二列に並んでひとりずつ飛び降りるのを見ている。溥傑の番になった。三林区隊長は心配そうに「溥傑候補生、大丈夫か？」と聞いた。「ハイッ、やります」ときっぱり答えて台上に登った。

溥傑は、両手を横に伸ばして前に進んだ。一歩踏み出したとたん、近眼の溥傑はふらふらして転げ落ちそうになった。「危ない、気をつけろ！」。見ていた候補生の間から失笑が漏れる。溥傑は足がすくんで前にでない。それでも前に進もうとしたが、三林区隊長は溥傑を止めた。それでも足を運ぼうとする溥傑の真剣さに笑う者は誰もいなかった。しかし、溥傑は悔しかった。日本の候補生にできて自分にできないことはない。溥傑はこう自分に言い聞かせて練習を続け、半年後には梁木もそろそろとであるが渡れるようになった。「溥傑候補生、よくやったぞ」。区隊長も候補生もが溥傑にそう言った。

溥傑の身長は一六四センチ。三八式歩兵銃は一六九センチ、それに銃剣をつけるともっと長くなる。体重はわずか五〇キロ。完全武装の行軍訓練で食料も入った約一五キロの背嚢を背負い一気に二キロも走ると息も絶え絶えとなった。

雨合羽を着ての捜索演習では、雨が降りしきる上、近眼で道がよく見えず、肥溜めに転落した。幸い同僚が引き上げてくれて近くの池で洗ったが、その濡れた軍服を着たまま行進しなければならなかった。一番危険だったのは士官学校に入って半年後の夏、富士山麓で二方向から谷川沿いの一ヵ所に集まる大演習である。朝からの雨の中を完全武装のまま一気に四キロ走った。目的地に着いたときには全員が疲労で倒れ、八人が死亡した。溥傑も倒れたが「天の助けか死なずにすんだ」という。

溥傑が士官学校本科に入って半年後の一九三四年（昭和九年）三月一日、満州国では帝政が実施され兄溥儀は執政から康徳帝となった。数日後、溥傑の区隊の者が夕食後、酒保で買った袋菓子を肴にサイダーで乾杯し「帝政おめでとう。溥傑候補生がんばれ」とコップをあげた。溥傑は嬉しそうに「ありがとう。おかげで兄は皇帝になりました」と丁寧に頭を下げた。すかさず誰かが「溥傑候補生、いよいよ皇弟殿下だな」というと一斉に拍手がわいた。だが、溥傑の呼称は相変わらず「溥傑さん」だった。

八月の夏休みに入ると、溥傑たち満州国からの留学組は特別に許可されて新京に帰った。溥傑が新京に着いたころ、北京に住んでいた父・載灃の家族をはじめ愛新覚羅家の主だった者たちが新京に駆けつけ、盛大に溥儀の皇帝即位祝賀会が開かれた。宴たけなわになると、溥儀の振り付けに従って日本陸軍の士官候補生姿の溥傑が立って「皇帝陛下、万歳！　万歳！　万々歳」と三唱し、出席者一同が声を揃えて唱和した。載灃もその「万歳」に加わった。〈私はその叫び声を聞いて、酒の酔いならぬ自己陶酔に達した〉（『わが半生』）と溥儀は記している。

夏休みが終わって新学期が始まった九月、関東軍参謀だった吉岡安直（当時中佐）が陸軍士官学校本科の戦術教官として赴任してきた。吉岡と溥傑は久々の再会である。日本の地方出身の士官候補生たちは休日には故郷の縁故や東京出身の友人宅などに出かけ、くつろぎの場があった。溥傑にも「吉岡家」という休日の度に足を向ける居心地のよい家庭が東京に出来たのである。吉岡との交流は一段と深まった。

溥傑は日曜日ごとに「ただいま帰りました」と荻窪の夫婦仲睦まじい吉岡家を訪れ、初子夫人の手料理を楽しんだ。吉岡も「いらしたな」と相好を崩して茶の間に迎えた。食後、ふたりは流行歌を大声で歌い、その間、初子は溥傑の軍服の裏地を繕ったり、ボタンを付け替えたりした。吉岡はそんな日々、「日本女性こそ世界で最も理想的な妻である」と自慢した。やがて溥傑は「また次の日曜日にね」と言い残して上機嫌で士官学校の宿舎に帰って行く。

吉岡家に出入りするうちに溥傑は「結婚するなら日本女性」と考えるようになったのだろう。そんな思いは士官学校当局から宮内省の内大臣秘書官長（当時）の木戸幸一にも伝えられる。木戸は一九三四年九月二十八日の「木戸日記」に〈溥傑氏は其の配偶者を日本婦人中より得たしとの希望にて、其斡旋を依頼せらる。余は自己の立場上、表面に立つは好ましからずと考ふるも、裏面にて尽力することを諾す〉と記している。

このころから溥傑の日本女性との結婚問題が動き出したのである。

「吉岡は小柄ではあるが、がっしりとした体格で、頬骨がはって口髭をはやし、飄々《ひょうひょう》として朴訥《ぼくとつ》な口調で講義するさまは国士然として候補生たちのウケはよかった」と舩木はいう。彼の担当は「軍制学」だったが、満州事変での実戦談などを交えて講義した。吉岡教官は意識的に溥傑に質問して答えさせた。群馬県の高崎付近で行われた現地戦術の実習では、満州事変の戦術を現地に当てはめて教え、このときも溥傑に集中的に質問した。その日の講評で吉岡はとくに満州国軍の育成には関東軍の協力が必要であることを強調する。

同期生たちは、あの講評は溥傑に聞かせるものだったと囁き合った。

大韓帝国最後の皇太子

一九三五年（昭和十年）六月、溥傑は第四十七期生三三〇名とともに、士官学校本科を卒業した。溥傑と一緒に入学した満州国士官候補生一一名のうち卒業したのは八名だった。二人が中途退学、一人が死亡している。昭和天皇が臨席して行われた卒業式で溥傑は「成績優秀」につき陸軍大臣から銀時計を、満州国大使から軍刀を贈られた。

卒業式を終えると日本人学生は曹長の階級に進み、見習士官として士官学校入学前の原隊に戻るのだが、溥傑には戻るべき「原隊」はない。溥傑は宇都宮の歩兵第五九連隊に赴任することになる。連隊長は大佐に進級したばかりの李垠《りぎん》だった。李垠大佐は五百年余の歴史を持つ朝鮮半島の王朝

「李氏朝鮮」の王族に連なる大韓帝国最後の皇太子であり、彼の夫人は日本の皇族、梨本宮家《なしもとのみやけ》の長女、方子《まさこ》である。陸軍当局はあえて李垠が連隊長を務める宇都宮連隊に溥傑を赴任させたのだろう。

李垠大佐は東京・鳥居坂の自宅を初めて離れ、連隊近くの民家を借り、妻・方子、次男・玖《きゅう》（長男は二歳で病死）との三人の生活を楽しんでいた。

〈若い将校たちも気軽に遊びにきて、夕食をともにする賑やかな毎日――わが家は活気にあふれ、人生の喜びをしみじみと感じた。将校たちの訪問が殿下を慕ってのことと思うと、もてなしも苦にならなかった。

「最近ははりきって仕事にうちこめる。愉快だ」

殿下の言葉の端ばしにも、いままでにない快活さが感じられた〉

と妻、方子は自伝『歳月よ　王朝よ』に書いているほど、それまで苦難の人生を送ってきた李垠にとっては充実した時期だった。

溥傑もたびたび李垠の自宅を訪ね、楽しい夕食の席に連なった。溥傑自身は自伝で李垠について触れていないが、満州国皇弟となった溥傑にとって李垠家族との交流は、その後の彼の人生に大きな影響を与える。

陸士同期生の舩木繁は〈（李垠大佐は）溥傑が、自分も歩んできた日本陸軍の教育をうけて入隊したことに、特別の親しみとある種の感慨を覚えて迎えたことと思われる〉（『皇弟溥傑の昭和史』）と記している。この宇都宮連隊での李垠一家との交流によって溥傑の日本人女性との〝結婚願望〟は一段と強まったのだろう。三ヵ月の見習士官を終えて新京に帰り、満州国軍中尉に任官した溥傑は、「李垠夫妻の例もあることだし……」と溥儀に日本人女性との結婚話を持ち出し、溥儀をあわてさせている。

李垠の半生に簡単に触れておきたい。

「李氏朝鮮」が国号を「大韓帝国」に改めた一八九七年（明治三十年）、李垠は初代皇帝の高宗（李氏朝鮮第二十六代国王）の第七男子として生まれた。六歳のとき、日露戦争が勃発、勝利した日本は韓国を保護国とした。李垠が十歳になった一九〇七年、高宗が退位し、第二子が位を継いで第二十七代純宗となり、李垠は皇太子となった。初代韓国統監の伊藤博文は韓国宮廷の近代化のため、幼い李垠を日本に留学させ、日本で帝王教育を受けさせようと考え、李垠の留学を奏請する。しかし、李垠の生母、厳妃が「我が国の皇太子を人質にするつもりはありません」と強く反対し、その疑心は韓国内に広がった。

このとき、日韓両国の緊張緩和に一役買ったのが、後に大正天皇となる嘉仁《よしひと》皇太子である。韓国内の反発を和らげるため、伊藤統監は李垠の留学に先立って嘉仁皇太子に訪韓してもらい、日本の誠意を示そうとした。伊藤は躊躇する明治天皇を説得して一九〇七年（明治四十年）十月、皇室史上初の皇太子外遊が実現する。抗日気運が高まっている時である。伊藤は懸念を払拭するために、皇室からは有栖川宮、前首相で陸軍大将の桂太郎、日露戦争での日本海海戦の英雄、東郷平八郎を随員に加え、第一艦隊の軍艦数隻を随行させた。

嘉仁皇太子が五日間の韓国滞在中「最も愛着を感じたのが十歳にすぎなかった李垠だった」と原武史はその著『大正天皇』に書いている。有栖川宮ら日本の関係者に李垠も同行した、ある見学会のことである。嘉仁皇太子は記念のために写真を撮ろうと言い出し、有栖川宮の持っていたカメラを借りて李垠に見せ、レンズを関係者の方に向けながら「ここより覗き見られよ。彼らみな逆さまに見えるよ」と声をかけた。李垠がそのとおりカメラを覗くと、東郷平八郎も桂太郎もみな逆さまに見える。「ほらね」。ふたりの皇太子は明るく顔を見合わせて笑った、と当時の新聞は報道している。初対面でも和やかな雰囲気を作るのは、嘉仁皇太子の〝特技〟だったという。

韓国側は日本側の誠意を受け止め、同年十二月、李垠は日本に留学する。嘉仁皇太子と節子《さだこ》妃(後の貞明皇后)は李垠をしばしば招いて晩餐会を開き歓待した。嘉仁皇太子は李垠と直接話がしたかったのか朝鮮語の学習に熱意を見せるようになる。通訳官に「たびたび李垠に会うから、少し朝鮮語の稽古をしてみたいが何か本はあるまいか。あれば侍従まで届けてもらいたい」と漏らし、李垠に会うたびに「今日の話の文句をハングルで書いて、それに発音と訳文を付けて差し出すように」と頼むようになった。嘉仁皇太子は故国を離れて暮らす李垠の寂しさを感じ取っていたのだろう。家族ぐるみの親交はその後も頻繁に繰り返された。

翌年の二月二十四日には李垠を葉山の御用邸に招いて一緒に午餐を楽しみ、節子妃と共に海岸を散歩した。その日、節子妃はこんな歌を詠んだ。

へたてなく　たのしくかたり給うこそ　くにとくにとの　すかたなるらめ

一九〇九年(明治四十二年)十月二十六日、満州の哈爾浜《ハルビン》駅に降り立った伊藤博文を、三発の凶弾が襲い伊藤は死去した。取り押さえられた犯人は韓国人テロリスト、安重根《あんじゅうこん》。韓国に理解のあった伊藤の死によって、日本の統治政策は一気に武断色を強める。山県有朋らの主導で翌年、日韓併合条約が調印され、韓国は日本の一部となった。大韓帝国は消滅し李垠が皇帝となる道は完全に閉ざされたのである。

李垠は韓国皇太子の地位は失ったものの日本の皇族に準じる待遇を受け、一九一一年（明治四十四年）九月から陸軍将校としての正規の学校教育を受けることになり、中央幼年学校予科の二年に編入される。一三年七月、予科を卒業して本科に進んだ。前年の七月には明治天皇が崩御し、嘉仁皇太子が即位して大正天皇となり節子妃は貞明皇后となった。一五年（大正四年）本科を卒業して同年十二月、陸軍士官学校に入校する。在校中の待遇は、日本の皇族と変わらなかった。

士官学校を卒業した年の一九一七年（大正六年）十二月、李垠は陸軍少尉に任官し、近衛歩兵第二連隊付となる。満二十歳を迎え立派な陸軍将校に成長した李垠に結婚話が持ち上がったのはこのころである。相手を皇族から選ぶことを熱心に主張したのは、日韓併合後の初代朝鮮総督である当時の寺内正毅首相だった。寺内が元老山県有朋を動かして大正天皇の内意を得たうえで選ばれたのが梨本宮守正の第一王女、方子である。

突然の話に梨本宮家は驚き悩んだが「陛下の思し召し」の一言が決定的だった。それまで方子は後に昭和天皇となる裕仁親王の妃候補のひとりだった。方子の自伝『歳月よ　王朝よ』によれば、方子は自分が婚約したことを新聞報道で初めて知る。当事者同士の意思を無視した完全な〝政略結婚〟だった。貞明皇后は挨拶に皇居を訪れた方子に、

「このような変わった御縁組をよくぞ受け入れてくれました。慶事であるけれども、お気の毒に思

います。しかし、これもお国のためですから……」

と優しく言葉をかけた。

一九二〇年（大正九年）四月二十七日、李垠は陸軍中尉に進み翌二十八日、鳥居坂御殿で結婚の儀が行われる。方子は李垠の人柄について「寂しく育たれたことがしみじみと感じられた。しかし喜怒哀楽の表現に乏しいながらも、あたたかい心の持ち主であった」と言う。「日鮮の融和とか政治などどうでもよい。寂しい殿下を愛情をもっておなぐさみできる最も親しい友人となってさしあげよう」と方子は密かに心に期した。

ふたりの新婚生活は仲睦まじく、翌二一年八月には待望の男子が生まれた。大正天皇はとくに祝賀の詔勅を下し、各紙には日鮮融和のシンボルとして大きく報道された。李垠は最終的には陸軍中将へと順調に昇進した。この結婚から一七年後、満州国皇弟、溥傑が嵯峨侯爵家の令嬢、浩と日満一体の証として結婚することになる。

秩父宮の満州訪問

話を溥儀が皇帝に即位した直後の新京に戻す。

一九三四年（昭和九年）三月一日に満州国で帝政が実施され、溥儀が皇帝の座についた直後から関東軍内部ではすぐに皇帝の日本訪問が話題となり始める。武藤信義の後任となった菱刈隆・関東軍司令官が「皇帝もなるべく早く日本にお越しならんことを希望します」と伝えたのは即位一一日後のことである。溥儀はこのとき、訪日について明言しなかったが、日本の後押しによって玉座に就いたことを考えると、何らかの感謝の意を表する必要を感じていた。

溥儀は帝政実施を記念して、鄭孝胥国務総理を団長に、熙洽財政部大臣ら満州国の閣僚たちを随員にし、阪谷希一総務庁次長、星野直樹財政部総務司長ら日本人官僚も含めて総勢二一名の代表団を派遣する。一行は神戸港に上陸し、三月二十七日、鄭総理が国書を天皇に奉呈すると、日本政府は同日夕には首相、二十八日は外相、二十九日は陸相、三十一日は海相といった具合に、連日、関係大臣が晩餐会を主催して歓迎した。帰国した鄭団長は極めて上機嫌で「日満間の融和はさほど困難ならず」と溥儀に日本側の歓待の模様を報告した。

鄭特使ら一行の来日に応じて、日本側も返礼の特使を派遣しなければならない。それも溥儀の来日を促すような人物でなければならない。皇族以外あり得なかった。そこで昭和天皇の弟、秩父宮雍仁《やすひと》親王が特使として満州国に向かうことになった。

同年六月二日、秩父宮は東京を出発し、大連に上陸すると六日、特別列車で新京に向かった。随員は式部長官林権助《はやしごんすけ》、式部官武井守成《たけいもりしげ》のほか陸軍から植田謙吉《うえだけんきち》中将（後の関東軍司令官）、山下奉《やましたとも》文《ゆき》大佐、海軍から津田静枝《つだしずえ》少将、桑原重遠《くわばらしげとお》少佐、外務省から桑島主計《くわしまかずえ》亜細亜局長など計一九名。新京駅では溥儀と通訳の林出賢次郎が一行を出迎えた。「特使秩父宮殿下満州国御訪問一件」（外交史料館所蔵）によると、林出は「秩父宮殿下を迎え奉りて　林出謹記」として一週間にわたる溥儀と秩父宮との会見の模様を詳細に外務省に報告している。在満大使館二等書記官と満州国行走を兼務し、関東軍には秘して外務省に「厳秘会見録」を送り続けている林出にとっては、胸を張った「表向きの仕事」だったのだろう。以下は「林出謹記」の要約である。

六日夕刻、新京駅に到着した秩父宮はホームに出迎えた溥儀と固い握手を交わし、「本日、初めて皇帝陛下にお会いすることが出来まして誠に光栄に存じます」と挨拶すると、溥儀は「殿下にはご遠方のところお越し下さいましてお疲れで居られましょう」と返した。

翌七日午前、宮内府勤民楼では溥儀と並んで皇后婉容も玉座についた。秩父宮はまず皇帝、皇后に最敬礼をし、随員から手渡された昭和天皇からの親書を奉呈、首席随員の林権助が溥儀に大勲位菊花大綬章、皇后婉容には勲一等宝冠章を贈呈した。

それまで溥儀は外国の賓客との会見や儀式にアヘン中毒と噂される婉容をともなうことはなかった。溥儀が婉容と並んで玉座についたのはこの一回だけだといわれる。随員や関係者は「奇跡が起きた。彼女はこれまで人前に顔を出すことはなかった。満州国の要人でも彼女に会った者は少ない」と驚いた。この日の婉容は健康そのものに見えたという。婉容は十二日に開かれた秩父宮の送別宴にも出席した。溥儀の秩父宮に対する最大限の気配りだったのだろう。

儀式を終え秩父宮一行が滞在先の宿舎のヤマトホテルに戻ると、溥儀と婉容が連れ立って答礼の訪問をする。ここで初めてふたりの話が交わされた。溥儀が「今回、日本の天皇陛下には特別の深厚なる御思し召しをもって朕に御親書および菊花大綬章を贈られ、皇后に対しては勲一等宝冠章を贈られ感謝に堪えません」と述べると、秩父宮は婉容に視線を向けながら「承りますれば、皇后陛下には従来儀式等には余りご出席遊ばされぬ様子でありましたにも拘わらず、本日御出席遊ばされましたことは、皇帝、皇后両陛下が日満親善のためにいかに御心を用い給えるかを示すものでありまして、この点は帰国の上、天皇陛下にご報告申し上げるつもりであります」と答える。

儀礼的な挨拶が終わると午餐に移り、溥儀と秩父宮の話は、満州語から中国の古典や音楽、絵画などに及ぶ。溥儀は最後に「満州国の人民は教育普及せず、無知未開の者多く、将来、教育指導の力を用いねばなりません」と訴えた。

八日の懇談の席で秩父宮は東京から持参したお茶を林出に手渡し、「このお茶を入れて皇帝にお出ししてほしい」と頼んだ。林出が早速、用意させると、秩父宮は溥儀に「このお茶は皇居内の茶園で出来たもので、（貞明）皇太后から陛下にお飲みいただくよう預かってきたものです」と説明した。溥儀はお茶を味わいながら「誠に結構な茶だ」と感動した面持ちだった。

秩父宮の帰国を前にした六月十二日、勤民楼の屋外の東花園を散歩しながら秩父宮は「日本にお越しの際、御覧になりたい希望がありますれば」と訪日を話題にした。秩父宮には念押しの意味もあったのだろう。溥儀は「でき得れば日本訪問の祭、宮中の古楽器と新楽器との合奏の曲も聞きたいものです。今回、天皇陛下がとくに秩父宮殿下を当国に御差遣相成ました御厚意に対して、自分の深厚なる謝意を御伝達願いたく、いずれ明年渡日の際は親しく陛下にお礼申し上げます」と訪日の意思をはっきりと伝えた。

こうして溥儀の訪日が正式に決まったのである。

吉岡安直中佐、「帝室御用掛」に

溥儀の日本訪問の準備が本格化していた一九三四年（昭和九年）十二月十日、菱刈隆に代わって南次郎大将を「関東軍司令官兼駐満大使」とする人事が発令され、南は二十五日に着任する。一八七四年（明治七年）大分県生まれの南はこのとき、六十歳。陸軍士官学校六期生である。南は三一年（昭和六年）四月に第二次若槻内閣の陸軍大臣に就任、その直後に満州事変が勃発した。軍内派閥では田中義一、宇垣一成《うがきかずしげ》の直系であり、満州事変に際しては関東軍に追随して事件拡大を容認した。そんな南が建国間もない満州国に赴任してきたのである。

新関東軍司令官、南次郎は着任翌日の十二月二十六日、新京高等女学校で主だった日満官吏を集めて訓示した。その中身は、日本人官吏に対して①けっして満人に対して優越感をもって臨むべからず　②満人に対して親切であれ。寛容であれ　③満人の体面を重んじ、その職責を尊重せよ――などと日本人優位主義の風潮に警告したものだった。南は訓示好きで有名であり、いきなり官吏たちを集めて演説を始めることがあったという。南は満州国を独立国として発展させるためには「日系官吏の淘汰も必要」と考えており、満州国十三年余の歴史の中で、その転換期の軍司令官だったといえるだろう。

溥儀の訪日が目前に迫った一九三五年（昭和十年）三月初め、陸軍士官学校教官として溥傑らに軍政学を教えていた吉岡安直中佐に、関東軍司令部参謀の辞令が出た。関東軍は退任する満州国侍従武官、石丸志都磨《いしまるしとま》の後任として帝室と関東軍の連絡役を選ぼうとしており、溥儀や溥傑と親交の深い吉岡が選ばれたのである。

吉岡は念願だった皇帝溥儀の「帝室御用掛」に任命された。このとき四十五歳。吉岡が新京に赴任した背景には、日本の陸軍士官学校に在学中の皇弟溥傑の強い後押しがあった。吉岡は毎日曜日に溥傑を自宅に招いて家族ぐるみでもてなしていたことは前述した。そんなある日、「関東軍が自分を満州に呼んで軍と溥儀の連絡者にする意志を持っている」ことを溥傑に漏らした。溥傑は溥儀に手紙を書きそのことを知らせた。溥儀は弟に「そうなれば歓迎だ」と手紙を書いた。

吉岡は溥儀が歓迎の意を示していることを知ると「それは光栄だ。ただ関東軍高級参謀の身分を得ることが出来なければやる気はない。この仕事をした石丸志都磨が満州に足場をしっかり持てなかったのは、関東軍の中に根を下ろしていなかったからだ」と溥傑を通じて溥儀に伝えた。こうしたやり取りが溥儀から関東軍中枢に伝わったのだろう。吉岡の希望どおり関東軍は吉岡を高級参謀に任じ、「帝室御用掛」として溥儀との連絡役に専念させることを決める。吉岡は希望が達せられたことを溥儀に知らせるよう溥傑に頼み、同時に「もし御令兄が私の執務用の部屋を準備して下さったらいっそう光栄なのだが」と伝えてもらった。溥儀は〈私はそれを知ると、彼の「光栄」感を満足させてやった〉（『わが半生』）という。

吉岡安直は一八九〇年（明治二十三年）、大分県中津郡宇之島（現・豊前市）で農業を営む川内清作の五男として生まれた。大分県立中津中学校を経て一九一三年（大正二年）、陸軍士官学校（第二十五期）を卒業する。三年後の一六年（大正五年）、佐賀県の資産家で貿易商を営む吉岡又吉の一人娘である初子《はつこ》と結婚し、吉岡姓を継いだ。初子は幼くして両親に先立たれていたので、実家が残した莫大な遺産は吉岡夫妻が相続することになった。吉岡の骨董趣味や、美術への造詣が深く、溥儀とも親しく美術談義ができたのも、妻の実家の遺産に負うところが大きかったのである。

一九二五年（大正十四年）に陸軍大学校を卒業し、一年間を陸軍参謀本部付で過ごした吉岡は二九年（昭和四年）支那駐屯軍参謀として家族とともに天津に赴任し、二年間を過ごした。当時、溥儀は紫禁城を追われて天津に住んでいた。駐屯軍参謀たちは時局講演と称して廃帝溥儀のところに顔を出す習慣があった。吉岡と溥儀の出会いも清朝の遺臣、鄭孝胥らの要請を受け、中国の内戦問題や中国の将来について溥儀に進講したことに始まる。夏のある日、溥儀と吉岡は静園内のテニスコートで硬式テニスを始めた。溥儀も吉岡もラケットを握るのは初めてだった。炎天下、ふたりは上半身裸でコートを駆け回り下手なテニスを楽しんだ。

吉岡は陸士時代から古武士の風格を持ち、武骨者だがユーモアを解し、古典や美術を愛する軍人だった。安井曽太郎《やすいそうたろう》、松林桂月《まつばやしけいげつ》、小林古径《こばやしこけい》なども親交を結び、吉岡自身も南画《なんが》（江戸中期から盛んになった文人画）を得意としていた。天津時代の吉岡の何よりの楽しみは、テニス以上に溥儀と語る古代から現代に至る美術談義だった。初任地だった鹿児島との縁も深く、陸大卒業後には中隊長として、さらに三一年（昭和六年）には大隊長として歩兵四五連隊に三度目の勤務をする。このころになっても溥儀との交流は続き、溥儀からもしばしば手紙が届いた。学習院に留学してきた溥傑を鹿児島の自宅に招待したのは、この大隊長時代のことである。

第五章　天皇家との一体化の夢

七〇隻もの大艦隊が

新京を訪問し溥儀に訪日を強く要請した秩父宮が帰国すると、満州国と日本の関係機関の間で本格的な溥儀訪日の準備が始まる。日程の調整から溥儀の日本での訪問先や随行員の決定、歓迎行事や参加者、警備体制など問題は山積していた。満州国側の希望は一九三五年（昭和十年）四月上旬に新京を出発、横浜港に上陸後、約一ヵ月間滞在し、東京を皮切りに京都、奈良、大阪などの名所旧跡をめぐり神戸港から宮島を経由して帰国の途に就く、というものだった。

日本側はさっそく、接伴員連絡会議を発足させる。首席接伴員に枢密顧問官の林権助が就任、陸軍中将・橋本虎之助、外務省東亜局長・桑島主計、海軍少将・高須四郎《たかすしろう》、式部官・坊城俊良《ぼうじょうとしなが》など一四名が接伴員となり、陸軍省、海軍省、外務省、宮内省を中心に国を挙げての歓迎態勢をとることになった。

満州国側も溥儀に付き従う扈従員《こじゅういん》を発表する。外交部大臣・謝介石《しゃかいせき》、宮内府大臣・沈瑞麟《しんずいりん》、尚書府大臣・袁金鎧《えんきんがい》、侍従武官・張海鵬、宮内府侍衛官長・工藤忠ら総員八四名という大訪問団である。もちろん溥儀の信任の厚い林出賢次郎も扈従員に選ばれ、訪日期間中、常に溥儀に付き添い通訳を務めることになる。侍衛官長の〝忠臣〟工藤忠も溥儀の身辺警護や日本側との交渉に絶対に欠かせない人物だった。

日本国内では各方面で歓迎準備が急ピッチで進んだ。文部省は「満州国皇帝陛下奉迎歌」を作詞作曲、小学校の児童たちに歌わせ歓迎ムードを盛り上げる。歌詞の一番は「大陸の風もしづまり

時は春　空もうららか　われら今、ああ嬉しくも　迎えまつる満州国皇帝陛下」。文部省は溥儀来日をすべてニュース映画として記録に残すことになった。

外務省は外事課を中心に「特設私服隊」を編成する。「不良外国人」に眼を光らせるためで、とくに溥儀の東京駅到着時や沿道で外国人の動向を監視し、流言蜚語《ひご》を禁じ、不審者の身体検査を実施する体制をとった。内務省は各府県に対し「不逞な朝鮮人、中国人」が事件を引き起こす可能性があると注意を喚起した。接伴員連絡会議が連日のように開かれ、提灯行列の日程なども細かに決められた。

*　　*

溥儀一行の出発から帰国までの二五日間、通訳を務めた宮内府・行走の林出賢次郎はその一部始終を記録に残し、帰国後「扈従訪日恭記」と題して満州国国務院総務庁から出版する。溥儀が接した人物とのやり取りや溥儀が漏らした率直な感想が細かに記載されており、満州国の唯一の公式記録といってもよい。外交上、空前絶後と言ってもよいほどの日本側の大歓迎を受けた溥儀の心の内の変化が克明に記されている。

溥儀は〈私がついに最大の錯覚を起こし、みずから至高の権威を持ったと思うようになったのは、一九三五年四月、日本を訪問したことによってだった〉(『わが半生』)と述懐するように、天皇の威厳を目の当たりにして「清朝復辟」という長年の夢は一転して、「日本の天皇家との一体化」に向かって走り始めるのである。以下、林出の「扈従訪日恭記」を中心に溥儀の日本訪問二五日間を振り返ってみよう。

四月二日、溥儀一行は勤民楼前の車寄せから真紅の宮廷車で出発する。扈従員は朝五時半までに宮内府に参集し、溥儀の車に続いた。沿道には軍人、警官が整列し物々しい雰囲気の中、新京駅に向かう。新京駅のホーム西側には鄭国務総理以下満州国の文武官など三〇〇名が、東側には西尾関東軍参謀長以下関東軍、在満大使館、満鉄など日本側の関係者が全員礼装で並ぶ。溥儀一行はその中をお召し列車に乗り込み大連に向かった。

大連市内の沿道には日満市民が整然と並び、日の丸と五色旗が打ち振られ、大連駅には先着した南次郎関東軍司令官、田中稔旅順要塞司令官をはじめ大連の知名人多数が出迎えた。一行は車の隊列を組んで午後五時半、大連埠頭に到着する。礼装に身を包んだ溥儀は日本海軍が手配したお召し艦の戦艦「比叡」に乗り込む。艦長は、後に山本五十六、米内光政と並び海軍三羽ガラスと呼ばれる井上成美（当時大佐）である。溥儀は後方に設置された「御座所」に立ち、見送る人たちに手を振って応えた。午後六時、出航を告げる二一発の号砲が響き渡る中を出港する。「比叡」には儀礼艦「球磨」と第一二、第一五駆逐艦隊が二列に並んで並走する。

一夜が明けた四月三日、溥儀は次のような御製を詠んだ。

海平似鏡　万里遠航　両邦携手　永固東方

（海は平らかにして鏡に似たり、万里遠く航す　両邦手を携え、永く東方を固む）

「比叡」は瀬戸内海コースではなく、東シナ海を南下し、鹿児島沖から四国沿岸、紀伊半島沖を航海して横浜港に上陸するというコースをとった。乗艦三日目の四月四日は小雨が降り、波はかなり高かった。午前六時すぎ、九州西方で日本の連合艦隊の出迎えを受ける。高橋三吉《たかはしさんきち》・連合艦隊司令長官が率いる七〇隻もの大艦隊である。戦艦「山城」を先頭に第一艦隊、第二艦隊、第一、第二航空戦隊の順に速力一二ノット、延長三十数キロにわたって「比叡」の右舷側約八〇〇メートルを威風堂々と北上した。この間、約四〇分。各艦隊、戦隊は「比叡」とすれ違う際に凄まじい音の「皇礼砲」を発射する。溥儀はその都度、艦上から挙手の礼を返した。溥儀にとっては初めての「目のくらむような思いがけぬ丁重なもてなしを受けた」のである。

「私は日本が示した威力に深く驚異を感じたばかりでなく、それを私への真心からの尊敬、真心からの援助だとみなした」。午後になると波浪は大きくなり艦は揺れた。溥儀は船酔いのため吐きながら七言絶句を一首詠んだ。

万里雄航破飛濤　碧蒼一色天地交
此行豈僅覧山水　両国申盟日月昭

（波濤を蹴たてて万里のかなたに雄々しく航海を続けている。周囲は緑一色で水平線では青い空と緑の海とが接している。今度の旅行は決して物見遊山のためばかりではない。両国の盟約は日月のように明らかなのだ）

横浜港に入港する六日朝は晴天だった。溥儀は陸軍大元帥の正装をして上陸の準備をする。「比叡」が横浜港に近づくと、横須賀鎮守府管下の航空隊から一〇〇機が飛来、九一式飛行艇を先頭に大空に陣を布《し》きながら「比叡」の上空で矢継ぎ早に編隊降下、艦橋に向け空砲を掃射、煙幕を展開するなど高等飛行を繰り返した。外国の元首を迎えるにあたって、これだけ大掛かりな歓迎飛行は日本の歴史上初めてと言ってもよい。お召し艦は皇礼砲が轟く中を横浜港に接岸する。港内には儀礼艦「那智」、「厳島」、「那珂」三隻と海上警備船五五隻が並び、港内に浮かぶ商船も満船飾《まんせんしょく》、軍艦も満艦飾《まんかんしょく》である。

お召し艦「比叡」が着岸すると、裕仁天皇の名代で出迎えた秩父宮が乗艦した。

「海上波高しとの情報に天皇、皇后両陛下はご心配しておられましたが、お疲れではございませんか」

「本日、両陛下および皇族方に親しくお会いできる嬉しさに疲労等一切忘れて元気一杯です」

一年ぶりに再会したふたりは挨拶を交わした。通訳は林出である。午前十時半、溥儀一行は将兵が整列する中を横浜港に上陸し、日本訪問の第一歩を踏み出した。

横浜駅からは、秩父宮と一緒にお召し列車の最後部の展望車に乗り込んだ。展望車から見える沿線には人垣ができ、多くの小学生が展望車に向かって満州国旗と日の丸の旗を打ち振っていた。溥儀は左右の奉迎者に手を振って応え続けた。工場の前などを通過する際には工員が整列して並び、お召し列車に向かって一斉に敬礼する。溥儀はいちいち会釈を返した。

お召し列車は午前十一時半、東京駅に着く。プラットホームには裕仁天皇が出迎えていた。秩父宮が溥儀を天皇に紹介し、ふたりは固い握手を交わす。ホームには各皇族をはじめ岡田啓介首相ら一二〇名余の政府関係者が整列しており、天皇は皇族一人ひとりを溥儀に紹介した。溥儀は各皇族方に敬礼し握手する。この後、溥儀と天皇は一緒に並んで東京駅正面の車寄せまで歩いた。天皇が見送る中を溥儀は、秩父宮とふたりで四頭立ての儀装馬車に乗りこみ宿舎の赤坂離宮（現・迎賓館赤坂離宮）に向かった。高官たちは六台の馬車で溥儀の馬車に従いその他の随行員は一三台の自動車に分乗して馬車の列に続いた。桜満開の東京は紅白の日章旗と五色の満州国旗で埋め尽くされていた。この行列を林出は「絵巻物のような」と表現している。

この日午後六時半、溥儀は満州国陸軍大元帥の正装に、扈従員も全員が大礼服に着替え、溥儀の乗る四頭立て馬車を先頭に、再び隊列を組んで二重橋正門から皇居を訪れた。裕仁天皇は車寄せまで出迎えており「牡丹の間」に案内する。ここで先着していた香淳皇后や各親王、同妃を紹介した。紹介が終わると天皇は一行を「豊明殿」に案内した。

豊明殿では中央の玉座に裕仁天皇が、その左右に秩父宮、高松宮両妃、天皇の前の椅子には香淳皇后、その両脇に溥儀と秩父宮が着席しその他の各宮様、宮妃も勢ぞろいする。李垠・方子夫妻も皇族の一員として加わった。政府関係者、陸海軍関係者など一六〇人も参列して華やかな宴が始まった。宴の半ばに裕仁天皇が立ち上がり歓迎の辞を述べると、溥儀は「天皇陛下と日本国民の歓迎の誠意は永久に忘れない」と挨拶する。この夜は正殿で歓迎の雅楽、舞楽が華やかに演奏された。

〝母后〟貞明皇太后の心配り

翌四月七日午前九時半、溥儀は明治神宮を参拝した後、午前十一時には赤坂御用地にある大宮御所を訪れ、貞明皇太后に会い、来訪の挨拶をする。皇太后は「皇帝は明治神宮に参拝しましたが、その明治天皇から賜ったこの薩摩焼の象をさしあげます」と見事な薩摩焼の象の置物を手渡した。林出によると、感激した溥儀は、帰国後もこの置物を「身辺より離されず、御居室におられる時も、御寝室に入られる折りにもお手元に持参せしめた」と言う。

貞明皇太后は、一八八四年（明治十七年）、五摂家のひとつ、公爵九条家の四女・節子《さだこ》として生まれ、十五歳で嘉仁《よしひと》親王（後の大正天皇）と結婚。迪宮《みちのみや》（後の裕仁天皇）、淳宮《あつのみや》（後の秩父宮雍仁親王）、光宮《てるのみや》（後の高松宮宣仁《のぶひと》親王）、澄宮《すみのみや》（後の三笠宮崇仁《たかひと》親王）の四人の皇男子の母后となり、病弱だった大正天皇と、若くして摂政となった裕仁皇太子を扶けて宮中を取り仕切った。大正天皇は在位一四年、四十七歳で崩御する。その後も終生の事業として養蚕の奨励事業やハンセン病の予防や救らい事業などに熱心に取り組んだ。敬神の念も篤く、筧克彦《かけいかつひこ》東京帝大教授の説く「惟神道」（神ながらの道）に傾倒、筧教授をしばしば御所に呼び、御進講を受けた。

七日夕、溥儀は前夜の返礼として赤坂離宮に裕仁天皇・香淳皇后をはじめ二九人の皇族方を招待、盛大な宴会を開いた。宮内省楽部の管弦楽吹奏で始まる春爛漫の一夜となり各皇族も打ち解けて宴会を楽しんだ。天皇は臨席の溥儀に演奏される曲目を一曲ごとに丁寧に説明した。席上、溥儀は秩父宮に「なにぶん、時間が少ないので各皇族方とも十分話が出来ないのが残念です。本日、大宮御所に皇太后陛下をお尋ねした際にも、もっともっとお話し申し上げたいと思いましたが、時間の都合上、後ろ髪を引かれる思いでお暇《いとま》申し上げた次第です」と打ち明けた。この言葉を忘れなかった秩父宮は、十三日に自ら案内して溥儀と皇太后が再会する機会を作るのである。

八日午後、溥儀は秩父宮の招きで赤坂離宮から、歩いて庭続きにある秩父宮邸に向かう。赤坂離宮は広大な赤坂御用地内にあり、秩父宮邸もその一角にあった。現在、毎年春と秋に行われる園遊会が行われている赤坂御苑はその中央に位置している。秩父宮邸には溥儀に最も近い身内の溥傑と潤麒、潤麒の妻（三格格。三番目の妹の意）も招かれて先着していた。秩父宮夫妻も加わって車座になって話が弾んだ。この席の通訳も林出が務める。その席にお菓子が三つずつ入った小さな器が一人ひとりに運ばれてきた。
秩父宮は「このお菓子は皇太后陛下からとくに溥儀皇帝に贈られたものです」と紹介する。お菓子には一つひとつ名前が綺麗な色紙に記されていた。溥儀はそのお菓子を「おいしい」と声を上げながら食べた。赤坂離宮までの帰り道、秩父宮が歩いて溥儀を見送った。途中に広がる茶畑の前を通ると秩父宮は「昨年、新京を訪れた時、お土産にした茶の葉はあの茶畑から皇太后がお摘みになり、お手造りされたものです」と一年前を懐かしそうに振り返った。

九日には代々木練兵場での近衛師団一万人の観兵式に裕仁天皇とともに出席する。ふたりは陸軍様式の正装で、二頭立て儀装馬車に並んで座り、その後には秩父宮をはじめ各皇族、両国の侍従武官長らが乗馬で続いた。十日は歌舞伎座での観劇、十一日には原宿駅からお召し列車に乗車し、東浅川駅から大正天皇が眠る多摩御陵を参拝する。多摩御陵から赤坂離宮に戻ると間もなく、貞明皇太后の使者が花の咲きかかった桜の枝を届け、こう伝言した。「これは今日参拝された大正天皇が京都御所の紫宸殿の左近桜の実を持ち帰り、この離宮の庭に蒔いた実が育った桜の木の一枝です」。その桜には皇太后が詠んだ歌が短冊に認《したた》めてあった。

ひと枝のこのさくらこそ西の京　南殿のまへの花のたねなれ

溥儀は大変に喜び、その枝を居室の花瓶にさし、東京出発の際にはすでに葉桜になっていたが、

「これを満州に持ち帰るように」と随行者に命じた。

十三日午前中は牛込区戸山町にある陸軍第一衛戍《えいじゅ》病院に入院している一二〇人の戦傷者を見舞った後、溥儀は赤坂離宮から大宮御所裏にある洗心亭に再び貞明皇太后を訪ねた。案内役は秩父宮である。通訳として林出も同行する。洗心亭ではすでに皇太后が待っていた。秩父宮も同席して午後のお茶を飲みながら親しみのこもった話が続く。

その後、皇太后と溥儀は連れ立って庭園を散歩した。五十歳の皇太后は二十九歳の溥儀に、自分の息子のように接したのである。皇太后は、幼くして日本に留学してきた李垠を迎え、皇太子だった夫の大正天皇と一緒に毎日のように過ごした日々を懐かしく思い出していたのかもしれない。このときの様子を林出はこう記している。

〈お二方御揃いで坂を御上りになり、または坂道を御下りになる時に皇帝陛下には、皇太后陛下の御手を取られ、お援け申し上げて居られました。これは新京の宮内府内におかせられましても、御父君の醇親王が御出での折に僅か五、六段の石段を御上りになる時でも皇帝陛下は直ぐ御父君の御手を取られて、お援け申されるのでありますが、それと全く同じ御態度でありました〉

別れのとき、皇太后は「皇帝陛下が満州に御帰りの後は毎日、日の西に没するのを見る毎に陛下の御ことを考えます」と述べ、溥儀は「毎朝、朝日の上るのを見る毎に東天に向かい、両陛下および皇太后陛下を憶い起します」と応えた。ふたりはともに涙を流しながら別れを惜しみ、

〈側近の者も一人として感泣せぬ者はいなかった〉

と林出は記す。後に溥儀は「そのときの心の中は言葉で言いつくすことができないものだった」と林出に漏らした。

この場に随行していた工藤忠も『皇帝溥儀　私は日本を裏切ったか』でこのふたりの散歩の場面をこう記している。

〈このときの皇帝の喜びは、まことに、格別のものであった。まるで、母后にあわれたような気もちで、庭の坂道などでは、皇太后の手を引かれてさきに立たれた。このありさまを見て、私どもは、有難さのあまり、泣いてしまった。皇帝は、いままでにこんなにも和やかで、楽しくうれしいことはない、とそのあとで言われた。生母はすでに亡くなったので、特に感じがふかかったのであろう。（略）皇帝は日本を訪問されてから、別人のように明朗となった。満洲において、日本の軍人から受けていた名状しがたい圧迫感が、これで一掃され、温かい慈愛の精神につつまれて、はじめて落着きを得られた心境だった。そばにいた私どもは、この変化に驚きもし、よろこびもした〉

溥儀一行は四月十五日に東京を離れて京都に向かい、京都御所、二条城、金閣寺などを訪れた後、奈良の正倉院、東大寺、春日神社参拝を済ませて大阪を経由して二十三日、神戸港から再びお召し艦「比叡」に乗り込み、瀬戸内海を航海、宮島の厳島神社に参拝、二十四日に大連に向け出港するスケジュールが組まれていた。東京を離れる前日の十四日、皇居を訪れ天皇、皇后をはじめ秩父宮夫妻、高松宮夫妻などにお別れの挨拶を済ませた。午後二時すぎ、天皇皇后に見送られて宿舎の赤坂離宮に戻ると間もなく秩父宮が溥儀を訪ねてきた。

秩父宮は帰路に就く溥儀への貞明皇太后からの土産品を預かっていた。抽斗《ひきだし》のついた高蒔絵《たかまきえ》の小箱と高蒔絵の三つ重ね重箱に、それぞれ幾種類かのお菓子が入ったものだった。秩父宮は「これらのお菓子は私や高松宮が子供のころの遠足に、いつも皇太后から頂いたものだ」と説明する。さらに溥儀一行が、神戸港からの乗艦を前に神戸・須磨の武庫離宮に滞在していた二十二日、皇太后の特使が皇太后からの伝言と土産品の特製のタバコセットを届けに訪れた。このとき、特使は皇太后が溥儀との会見の際に詠んだ御歌二首を書いた色紙も手渡した。

若松の一本そへる心地して　末たのもしき春の庭かな
我をしも御母の如くおほしつる　その御心にしたしまれつつ

皇太后の思いがこもったこの二首に感動しながら、林出は溥儀に通訳した。歌に詠まれた皇太后の心情が溥儀にも伝わったのだろう。眼を潤ませながら「東京においてこうむった日本皇室の御優待に対しては感謝の言葉もなく、赤坂離宮の洗心亭における皇太后陛下との御会見の際のお話は永遠に忘れぬこと、また本日、わざわざ特使を以ってお心尽くしの品々をお届け下さって感謝に耐えないことを皇太后陛下にお伝え下さい」と使者に伝言を頼んだ。工藤忠によると、溥儀は帰国後「皇太后から贈られたタバコセットは二階に上がるにも、下へ降りるにも、行くところに自ら持っていって、絶えず身辺から離さなかった」という。

溥儀は大連に向けて出港する前日の二十四日、厳島神社への参拝を終えると、日本側の接伴員一同を集め、茶菓を振舞いながら、約二〇分間にわたって概略、次のように述べている。
「自分は天皇陛下に親しくお会いしたいという年来の念願を果たした。天皇陛下のご信念は自分の日ごろ思っていることと同一であるということを知り得た。また日本国民は悉く陛下の大御心を奉体していることを知り得て感動した。日満両国は緊密なる関係を保たねばならないから両国民は各々両皇室を中心として相提携すべきである。今回の訪問はその基礎となり手本となるものを示した。自分は帰国後、詔書を渙発して将来、満州国国民の向かうところを知らしめるとともに、政府に命じてその徹底を図らしめる考えである」

溥儀の胸中には、帰国後に国民に向けて発表する「回鑾訓民詔書《かいらんくんみんしょうしょ》」（訪日から帰国して国民に教える書）の構想がすでに固まっていた。溥儀は後に『わが半生』でこう述懐している。

〈日本皇室のこのもてなしによって私はますます熱にうかされ、皇帝になってからは空気さえ変わったように感じた。私の頭には一つの論理が出現した。天皇と私とは平等だ、天皇の日本における地位は、私の満州国における地位と同じだ、日本人は私にたいして、天皇にたいするのと同じようにすべきだ〉

接伴員らが下船すると、「比叡」は大連に向け出港する。夕闇の迫る対岸から漕ぎ出した百余隻の小舟が比叡の北方海面二キロにわたって一列縦隊を作り、灯籠流しを始めた。赤、青、黄、色とりどりの灯籠が波間に浮かび、その数二万八千余、海面は二キロ平方にわたり火の海と化した。その真ん中から打ち上げられる花火に、溥儀は比叡の展望所からその都度、挙手の礼をした。「万歳を唱える人々の影は見えないし、自分の答礼も先方にはわからないだろうが、自分は精神をもって先方の誠意に応えているのだ」と溥儀は林出に漏らした。

四月二十六日、穏やかな航海を経て午後九時半、大連港外に投錨。翌二十七日午前六時すぎ、南次郎関東軍司令官などが溥儀の居室を訪れ、皇礼砲と万歳の中、溥儀一行は退艦した。お召し列車は大連駅から春の満州の野を北上し、午後一時前、満州国軍の一〇一発の皇礼砲が轟く中、奉天駅に到着、新京駅に着いたのは午後五時三十分だった。

溥儀の二五日間にわたる初の日本訪問は、溥儀の心から「清朝復辟の夢」が消え、「日本の皇室との一体化の夢」を強く目覚めさせて終わったのである。

「回鑾訓民詔書」の渙発

訪日中の四月十七日、京都の都ホテルに滞在していた溥儀は、正式の扈従員ではないが皇帝の訪日に合わせて一時帰国していた御用掛の吉岡安直中佐を呼び出し、「帰国後速やかに満州国民に対し、日満不可分の関係をさらにいっそう徹底実現せしむるため、勅語を下賜する意思がある」ことを伝え、鄭孝胥国務総理に詔書渙発の準備をするよう正式に指示している。また帰国翌日の二十八日午前、関東軍司令官で駐満大使を兼務する南次郎を呼び、訪日の感想を伝えた。

「日本天皇陛下は御兄上の如く、皇太后殿下は御母上の如く、秩父宮、高松宮両殿下は兄弟の如く、まったく他人とは思わざる感を深くした。国民の熱誠なる歓迎は日本が真に君民一体にして、自分に対して歓迎することは、すなわち天皇陛下に対して最も忠だという見地から出たものだと感じた」

そして五月二日、吉岡を通じて鄭総理に準備させていた「回鑾訓民詔書」を渙発する。「回鑾」とは「天子の帰還」という意味で「訪日から帰って国民に伝える書」の意である。原文は漢文である。当時、満州国国務院総務庁弘報処長だった武藤富男《むとうとみお》が書いた『私と満州国』(文藝春秋)からその訳文を引く。

朕は皇帝の位についてよりこのかた、すみやかに、みずから日本皇室を訪《とぶら》い、親睦を修め、歓喜をつらね、積もる慕情を述べたいと思ってきた。この度、東に渡り、宿願を遂げることができた。日本の皇室は懇切に待遇し、尊敬をつくして下さったし、その臣民も熱誠に迎送し、また礼敬をささげて余すところがなかった。これを心に刻みつけて、殊に忘れることができない。深く思うに、わが国は建国より今に至るまで友邦の仗議尽力に頼り、丕基《ひき》（帝王の基）を奠《さだ》めたのであった。この度、さいわいに誠心誠意をもって観察したところ、其の政治の根本の立つところは仁愛にあり、教育の根本の重んずるところは忠孝にあり、民心が君主を尊び、これを親しむことは天の如く、地の如くで、何事でも必ず忠勇をもって公に奉じ、誠意をもって国のために尽くさざるはないのである。この故によく内を安んじ、外を攘《はら》い、信を講じ、隣りを恤《あわ》れみ、もって万世一系の皇統を維持することを知っている。

朕は今みずからその上下に接し、みな至誠をもって相結び、気同じく、道合し、互に依頼するところが変らないことを知った。

朕は日本天皇陛下と精神一体の如くである。なんじ衆庶よ、更に仰いでこの意を体し、友邦と一徳一心、以て両国永久の基礎を奠定《てんてい》し、東方道徳の真義を発揚せよ。そうすれば、大局の和平、人類の福祉は必ず致しうる。凡てのわが臣民、努めて朕が旨に遵い、以て万世にこれを伝えよ。これを欽《つつし》め。御名御璽　康徳二年五月二日しかし、この詔書の文言が出来上がるまでに、皇帝溥儀と国務総理の鄭孝胥との間で確執が生じ、鄭の辞任にまで発展するのである。問題はどこにあったのか。

溥儀と鄭の間に立ってこの問題処理に当たったのが、御用掛の吉岡安直である。吉岡は詔書が公表された五月二日付で「詔書の真義」と題した秘密文書を、関東軍司令部、陸軍省、参謀本部に各一通、さらに首相、宮内大臣、外務大臣に各一通ずつ送付している。外務省外交史料館にはその一通が保存されていた。

吉岡の報告によると、この詔書の原案を起草したのは中国古典文学について当時の第一人者である佐藤胆斎《さとうたんさい》（国務院総務庁嘱託、勅任官待遇）で、それまでも満州国建国宣言をはじめ皇帝即位詔書など重要文献を起草した人物である。佐藤は「回鑾訓民詔書（の原案）は私が練りに練って書いた文章だ」と自信を持った文章に練り上げた。ところがこの原案を鄭孝胥国務総理が修正し「第二案」を作成して溥儀に提出した。鄭は原案にあった「日本皇室を徳とし百世にわたって交流を続けたい」などといった日本の皇室を持ち上げた文言などを一切削除、省略し単なる「外交辞令文書」としたのである。これを読んだ溥儀は「本案は客気《かっき》を含み、朕の真意を表さないものが多い」として自ら手を加え修正した。溥儀が手を加え修正した点は要約すると以下の点である。

まず「三千年の皇統」となっていた鄭孝胥の「第二案」を「万世一系の皇統」と修正し、その後に「朕は今みずからその上下に接し、みな至誠をもって相結び、気同じく、道合し、互に依頼するところが変らないことを知った。朕は日本天皇陛下と精神一体の如くである」という部分を加筆する。そしてこう説明した。

〈「三千年の皇統」とあるは、日本皇室に対し敬意不十分であり「万世一系の皇統」と直せ。朕が日本の上下と至誠相通じ、日本を永久に信頼する考えを深くした。日満議定書にあるように、国防、外交、財政などを日本に依頼しているのみならず、その他に精神的に日本に依頼している。詔書では依存という字を当ててみたが、これは意味不明瞭となる恐れがあるから、依頼という字を使用した〉

〈「朕は日本の天皇陛下とは精神一体の如くである」については、朕は天皇陛下を兄弟とし、皇太后陛下を母君として慕い、他の皇族殿下とは親類の関係にあると思っている。日本皇室とは全く一家であると考えている。天皇陛下のお話を伺いそのお考えに朕の考えも一致し、心身ともに融合することができた。そこで「精神一体」という字を使用した〉

〈「日満不可分の関係」との字句は如何にも日満両国の関係を律したる文字としては、他人気を含み、その意味不十分にして薄弱という感じを抱くから一徳一心という字を使用した。これは天皇陛下と朕との関係は一心一体であるから、日本国と満州国との関係も一心一体でなければならぬ。しかも永久に一心一体でなければならぬから一徳一心という字を使用した〉（吉岡安直「詔書の真義」）

さらに溥儀はこう付け加え、鄭孝胥・国務総理に対する不信感を露わにしたのである。

〈鄭総理大臣の提出した詔書案は、日満永久一体の不変の真諦に触れておらず、ことに天皇陛下に対し、朕は兄弟として心身ともに依頼しているのに、その真情に触れておらぬ。朕は客気形容に満ち、真意真誠なき文字は嫌いである〉（同）

皇帝にここまで不信感を露わにされると国務総理大臣としての鄭の立場はない。後述するが、溥儀によって大幅に修正された「回鑾訓民詔書」の公布とともに、満州国に変革期が訪れ、鄭孝胥の更迭という政変が起きるのである。武藤富男は『私と満州国』でこの「回鑾訓民詔書」についてこう解説している。

〈溥儀は日本訪問とこの詔書公布を契機として、建国前後に抱いていた清朝復辟の執念を捨て去ったのである。関東軍にしてみれば板垣征四郎の政略が図にあたったわけである。皇帝は日本皇室の心温まるもてなしにあずかり、とくに皇太后殿下の御愛情にふれ、政略的なものを超えて日本皇室と結ばれようとする心持を朕、日本天皇と精神一体の如しという挿入文によって示そうとしたのかも知れない。

しかし、溥儀の日本における全行程の言動や宣言などは、彼一流の明哲保身の術から出たもので、真実なものではないという意見もある。溥儀という人物を少しは知っている私は、彼にはその遭遇する機会に応じて、真心をもって対処する聡明さがあり、その折りは折りで、真摯な態度で振舞ったとみている〉

溥儀の性格をよく知る武藤のこの解説は正鵠を射ているのではないだろうか。

鄭孝胥の失望

「回鑾訓民詔書」作成過程で溥儀の不興を買った国務総理の鄭孝胥に対する不満は、満州国首脳や関東軍内でも次第に大きくなっていた。鄭はこれまでも述べてきたように、溥儀を担ぎ出して清朝を復活しようと熱望する復辟派の代表でもある。

一八六〇年福建省生まれの鄭はこのとき、七十五歳の老宰相だった。科挙の試験に合格し、外交官となった鄭は神戸兼大阪領事を務め、辛亥革命後は退位して紫禁城に留まっていた溥儀に仕え、溥儀の復活を夢見て紫禁城脱出から天津租界での生活、さらに満州事変後、溥儀の満州入りに同行して彼の〝守り役〟として労苦を共にし、満州国建国後は国務総理として関東軍との折衝役を果たしてきた。

鄭はまたすぐれた学者、詩人でもあり、建国直後に生まれた「満州国国歌」の作詩は彼によるものである。鄭孝胥たち古くからの廷臣にしてみれば満州国建国は清朝復活の第一歩であったはずである。溥儀自身も、国民党軍に先祖の墓を荒らされ「私のいる限り大清は滅亡しない」と涙ながらに復辟・復仇を誓っていた。

ところが日本訪問をきっかけに「清朝復辟の夢」を忘れ「日本の天皇家との一体化」を目指し始めたのである。鄭がこうした溥儀にやり切れぬ失望感を感じ始めたとしても不思議ではない。鄭は溥儀の前でも関東軍や日本政府の対満政策にしばしば不満を口に出すようになっていた。このころ、鄭は自ら主宰する「王道書院」の聴講者に向かってこう話しかけた。

「満州国は抱かれたる小児の如し。いま手より離して、これを歩行せしめんと欲す。しかも手を離るるや直ちに倒る。未だ立つ能わず。いずくんぞ、その足をあげてよく独り歩きを欲せんとするに於いてをや。

然るに児を抱く者、若《も》し徒《いたずら》に長くこれを手に抱かんか、児ついに自立の日なし。

必ず地上に下ろして先ず両手にて扶《たす》け立たしめ、やや立ちて後、隻手にてこれを扶け、然る後、半牽半扶、よく歩をあげて歩むに至らしむ。これ即ち独り立ちを助くるの法なり。

ここに至りて我が満州国の未だよく立つ能わざるの状、日本政府またあえて手を離して立たしめざるの状況、これ今日自明の所ならん」（『満州帝国　Ⅱ』児島襄）

日本政府や関東軍に対する痛烈な批判である。鄭のこの講話の内容は、現地の新聞でも報道され、すぐに溥儀や関東軍にも伝わった。溥儀は、王道書院でのこの鄭の発言が関東軍や日本政府を怒らせ〈ひと足で蹴とばされてしまった〉（『わが半生』）と述べ、鄭の国務総理解任は日本側の怒りによるものだとその責任を回避しているが、鄭総理解任を南次郎に提言したのは溥儀自身だった。鄭は「回鑾訓民詔書」の作成に当たって、佐藤胆斎が溥儀の意向に沿って書いた「日本の天皇家との一体感」を強調する原案を、極めて事務的な文書に書き改めた。直接的にはこの行為が溥儀の激しい怒りを買ったのである。

南次郎駐満大使（関東軍司令官）が急遽、宮中に呼び出されたのは五月十八日のことである。林出の「厳秘会見録」によると溥儀はこう述べている。

「この際、きわめて内々の話として一国の元首、一国の大使というごとき立場を離れ、全然同一の立場において国事を相談する意味で思うところを打ち明けて話そう。鄭総理は、十数年来自分の側近にあって、その人物は充分承知しておる次第なるが、同人は超然としておって、三年来国務会議においていまだ一言も発せず、黙々としてしかも自ら高きにおって、日本に対し『満州国』を永く子ども扱いにしてはならぬと言うごとき、一種不満の意を漏らしたごときは、はなはだ不都合であって、もし関東軍または日本の対満政策について意に満たない点があれば、正々堂々と正面から関東軍または日本政府当局に相談し、あるいは主張し、その意を尽くすべきが当然であって、発言すべき場所で発言せず、しかも新聞紙上に心中の不満を漏らすごときは総理大臣としてははなはだ不謹慎である。同人は自分に対する忠誠の念は終始変わらないと認めらるるも、総理としての手腕態度において欠くるところあるを免れない。ゆえに、この際一時退職、休養させることを可と信ずる」

溥儀は「日本側が鄭孝胥に不満なことは前からうすうす聞いて、彼を追い出す機会を探していたところだった」（『わが半生』）という。溥儀は南大使に鄭総理更迭の意向を伝えると同時に、後任の総理候補について「大した人物はいないが、やや頭がしっかりしているのは臧（式毅）一人かと思われる」と元奉天省長で民政部大臣の臧式毅《ぞうしきき》を推薦したのである。溥儀は「私の『日満親善論』を聞いていた南次郎は必ず私のいうことに従うにちがいない、と思っていた」（同）。しかし、二日後の二十日、南大使からもたらされた返答は、溥儀の要望を無視したものだった。

「鄭総理は老体であり、多少疲労の色も見えるのでこの際、辞職に賛成する。後任については、①統制力を有するもの　②人格の正しきもの　③国家に勲労あるもの——の三条件が必要である。この三条件を満たす者はまず熙洽、臧式毅、張景恵の三人と思われる。しかし、臧式毅と熙洽は対立している二勢力の首領のように見ているので、その一方を総理にするのは不穏当である。そこで熙洽を宮内府大臣とし、臧式毅を参議府議長とし、残る（参議府議長の）張景恵を総理として組閣させれば如何か」

「南は私のいうことに従うに違いない」と思っていた溥儀には南大使の返答は「意外だった」が、鄭孝胥を追い出すことができれば、後任はどちらでもよかった。溥儀は南に反論はせず、鄭孝胥の退任と張景恵の国務総理就任が決まったのである。張景恵は五月二十一日、新総理に就任する。以後、日本の敗戦によって満州国が崩壊するまでの十年余にわたって国務総理を務めることになる。

張景恵はこのとき六十四歳。貧しい漢民族の農家に生まれて馬賊となり、前述したように、かつて張作霖と義兄弟の契りを結んで行動を共にした。辛亥革命後は革命勢力を弾圧、奉天省内で実力を養い、一九二〇年代には張作霖とともに北京に進出、軍閥戦争を指揮した。しかし蔣介石の北伐が進む中で敗戦を重ね、関東軍による張作霖爆殺事件が起きたときには、張作霖と同じ列車に同乗しており、重傷を負ったが命は助かった。

満州事変が勃発すると関東軍に協力して黒龍江省の省長に就任、満州国建国の功労者となり、建国後は参議府議長、国務院軍政部総長となった。長い間、権謀術数の世界を生き抜いてきた張は、世知にたけており、何事においても関東軍の意向に逆らうことは極力避ける生き方を貫いたといわれる。

一方、国務総理を解任された鄭孝胥はその後も憲兵隊の監視下に置かれ、家に閉じこもって周囲との交際を断ち、三年後には失意のうちに死去した。七十八歳だった。

溥儀の側室選び

日本の陸軍士官学校を卒業し、宇都宮の歩兵第五九連隊で見習士官期間を終えた溥傑は、一九三五年（昭和十年）十月、満州国歩兵中尉に任官すると、新京禁衛歩兵連隊に配属され小隊長に就任する。溥儀の日本訪問から半年後のことである。この連隊の任務は皇帝溥儀の身辺を護衛することにあった。溥傑は兄、溥儀の護衛として毎日のように顔を合わせる関係となったのである。

年が明けた三六年（昭和十一年）一月十三日午前、宮中の溥儀の居室を南次郎大使（関東軍司令官）が訪れた。新年初めての会見であり、新年の挨拶が終わると、南は「陛下に申し上げたいことが二つほどあるのですが、声が室外に漏れるようなことはありませんか」と声を落とし、人払いを願った。「大丈夫、室外には絶対に漏れません」。室内は溥儀と南、そして通訳の林出三人だけとなった。林出の「厳秘会見録」によって、ふたりの会見の内容を再現する。

南「日本の天皇、皇后両陛下、皇太后陛下は御健勝で皇太子様方も御元気である、と本庄繁侍従武官長からの連絡がありました。日本の皇室は誠に賑やかであるのに対し、満州国の皇室はお寂しいような気がします。それはお世継ぎの皇子がまだいないからでしょう。陛下は本年、三十一歳の春を迎えましたが、皇后との間に皇太子が一日も早く生まれることが何よりも望ましい。それが当面見込みなしとすれば、何か方法を設けて一日も早く皇子を御産みになった後、皇后さまとの間に皇子が生まれることになれば何よりも望ましいことです。陛下はこの点について何かお考えがあるでしょうか」

溥儀「このようなことに大使が配慮してくれていることに感謝します。昨年来すでに側室の選定を進めさせており、遠からず仮選定した女性が来満することになっています」

南「あまり広範囲の人の中からでは選定も難しいと思います。遠慮なく申し上げれば血統の正しいことと体格の健全な人ですね。その選定はどんな人に命じているのですか」

溥儀「叔父の載濤などに命じていましたが、昨年さらに大格格（皇后婉容の生母の姉）にも依頼して探してもらっています。写真を見ただけではわからないので、初めは女官に採用するということで呼び寄せて宮中に入れ、妹たちと共に起居させ、その人物などを十分に見定めたうえで、妃とするかどうか決めたいと思います」

溥儀は十六歳のとき、婉容と結婚、同時に側室として文繡を迎え入れた。前述したように文繡とは離婚し、このころは婉容との関係も冷え切っていた。後述するがその最大の原因は婉容の不倫にあった。帝政を敷いた満州国だが、いまだ帝位継承についての法律が制定されておらず、溥儀の血を引く男子の誕生が、溥儀にとっても満州国にとっても切実な問題となっており、南大使は溥儀と婉容の間に皇子が生まれることはないと判断、早く新たな側室を迎えるよう進言したのである。

南はこの後、溥傑の結婚問題を切り出した。溥傑は十七歳のときに光緒帝の皇后亡き後、後宮の実力者となった端康妃《たんこう》（光緒帝の側室）の姪である唐怡瑩《とういえい》と結婚したが、夫婦仲は円満にいかず、溥傑の日本留学によって事実上、その関係は断たれていた。溥傑側は一方的に離婚手続きを取ろうとしたが妻とその家族は強硬に抵抗した。当初、宮内府の職員が交渉に当たったが、本人の所在もわからず、溥儀は南大使に相談した結果、関東軍参謀でもある吉岡安直を北京に派遣して交渉を続け、唐の兄弟を代理人として正式に離婚が成立したばかりだった。

「溥傑さんは前の夫婦関係をはっきり断絶したのですから、一日も早く結婚なさったほうがよろしいと思います。一度家庭を持った方が孤独になると、実に寂しいものですから同情に堪えません。早く温かい家庭を作られることがよろしいと思います。これについて陛下のお考えはありましょうか。古来、政略結婚が行われてきましたが、これに注意し、溥傑さんの幸福を第一に考えねばなりませぬ」

この南の話に溥儀は大きくうなずくと、次のように持論をぶった。

「日満国交上を考えて、日本の皇族と良縁があって、本人も満足すれば両国のため幸福この上なく、両国民に真の親善の範を示すことになり、誠に好いことです。溥傑は前に苦い経験を味わっており、次に娶るには人物良好にして、親切なる人が第一条件であると言っており、本人同士が互いに諒解して幸福なる家庭を作ることです。人選の上から見て、日本人は教育上また家庭の人としての仕込みは申し分はありませんが、今の溥傑としては日本人と交際する機会も少なく、この方面は望めません。溥傑は陸大または歩兵学校入学を希望しており、将来これが実現すれば日本婦人と交際する機会もあると思いますが、それも何時の事かわからず、自分も常にこの問題を念頭においています」

溥儀の話に耳を傾けていた南大使は「今日の話は一切口外しません」と約束して退席した。溥儀は、溥傑の結婚相手として日本の皇族との結婚を希望しており、溥傑を日本の陸軍大学校か陸軍歩兵学校に再び留学させて、箔を付けさせたいと思っていることを十分に感じ取ったはずである。

この日の会見は日本にも極秘に伝えられる。一九三六年二月十八日の「木戸幸一日記」には〈満州国溥傑に日本皇族又は華族の中より配偶を得たしとの皇帝御希望にて、南（次郎）司令官より本庄武官長に手紙にて申越せし由話あり。考究することとす。実現には幾多の支障あるを思ふ〉と記している。

当時、宮内省の秘書官長だった木戸は、皇族や華族の子息の結婚の相談を受ける立場にあり、皇室典範には皇女と外国人との結婚を認める規約がないことを知っている。華族の子女の中から選ぶにもそう易しいことではない。それが「実現には幾多の支障があると思う」という表現になったのだろう。しかし前述したように木戸は溥傑の陸軍士官学校在学中から日本婦人との結婚願望を持っていることを伝えられ「裏面にて尽力する」ことを約していた。いずれにしても溥傑と日本人女性との結婚問題が本格的に動き出したのである。

「二・二六事件」と「ハイラル事件」の衝撃

しかし、その直後に日本と満州国双方に起きた二つの大事件によってこうした動きは一時、中断される。

一九三六年（昭和十一年）二月二十六日未明、日本陸軍の青年将校ら一千四百余名によって昭和史上最大の反乱事件である「二・二六事件」が勃発した。天皇に仕える本庄繁侍従武官長もその渦中の人となった。「二・二六事件」の一報を翌二十七日午前十一時すぎには南次郎が急遽、宮中の溥儀を訪ね、詳細に報告している。

「今回、事を起こしましたのは維新部隊と称するもので、警視庁、参謀本部、陸軍省、首相官邸を包囲し、重臣大官を襲ってこれを殺傷しました。只今まで判明しているのは斎藤内府即死、岡田首相即死、渡辺教育総監即死、高橋蔵相負傷、鈴木侍従長重傷、牧野前内府不明等です。目下東京では第一師団に警備令が下りまして、維新部隊を包囲している地区以外は東京全市平静で、日本全国もまた人心安定しております。満州国日系官吏には流言飛語に惑わないよう幹部職員を招き、一切の事情を打ち明け、日系官吏に伝えるよう処置しました」

事件が鎮圧された三日後の三月三日、南は溥儀にこう報告している。

「東京における不祥事件は二十九日午後二時をもって完全に鎮圧され、国民はきわめて平静であります。流血の惨事がなかったことは不幸中の幸いでした。即死と伝えられた岡田首相は無事でした。事を起こした将校一七名は衛戍刑務所に収容しました。（略）自分は陸軍現役の最古参であり、長老である関係上その責任の重さを感じ、天皇陛下に謝罪の電報を呈しました」

三月七日、南次郎は緊急の会見を溥儀に申し入れた。南は事件後の粛軍人事の煽りを受け、関東軍司令官から参謀本部付け予備役となり現役を退くことになった。かつて南は満州事変当時の陸軍大臣として関東軍に追随し、事件拡大を容認した。自らが間接的にその建国に関わった満州国の実質的なトップともいえる関東軍司令官兼駐在大使のポストをわずか一年四ヵ月で退くことになったのである。後任には朝鮮軍司令官から軍事参議官となっていた植田謙吉《うえだけんきち》大将が就任する。南次郎は二十九日に新京を出発、帰国した。

南が新京を去って一三日後の四月十二日、溥儀にとって衝撃的な事件が御用掛、吉岡安直によってもたらされた。満州国興安北省長の凌陞《りょうしょう》に「反満抗日」の犯罪行為があり、逮捕されたというのである。

凌陞は清朝末期の蒙古都統《もうこととう》（蒙古軍政官）で蒙古族の代表として満州国の参議府参議を務めた貴福の息子である。満州国建国前夜、蒙古の王侯たちは溥儀を擁立して満蒙新国家実現を目指し、凌陞は蒙古地域代表のひとりとして三顧の礼で溥儀を迎えた。その後も満州建国に尽力し、興安北省長の任にあたる。溥儀も凌陞を忠実な臣下として信頼していた。

溥儀は吉岡から報告を聞いた。

凌陞は興安北省のハイラルで開かれた省長合同会議で「旅順にいたころ、板垣征四郎が『日本は満州国は独立国であることを承認する』と言ったのをこの耳で聞いた。だがその後、実際にはいたるところで関東軍の干渉を受けている。興安北省でも自分には何の権限もなく、すべて日本人がやっている」と不満を漏らした。彼はこの会議が終わり、興安北省に戻るとすぐに関東軍に連行された。凌陞の嫌疑は、二月の満州里会議で外蒙古代表に日本軍の機密を漏洩したことだという。

溥儀は四番目の妹を凌陞の息子と婚約させたばかりだった。吉岡の報告を聞いて不安になった溥儀は、関東軍に善処を頼みにいったものかどうか迷っていた二十一日、赴任してきたばかりの関東軍司令官兼大使の植田謙吉が溥儀を訪ねてきた。植田はこう切り出した。

「数日前に事件が一つ発覚しました。犯人は皇帝陛下もご存知の興安北省長、凌陞です。彼は外国と結んで反乱を起こし日本に反対することを企みました。軍法会議は審理の結果、彼の反満抗日の犯罪行為が事実であることを認め、すでに死刑を宣告しました」

「死刑？」

愕然とする溥儀に植田は「死刑です」と肯き、

「陛下、一人を殺して一〇〇人への見せしめにすることは必要なことです」

と言った。植田が帰ると吉岡安直は「凌陞の息子と妹君の婚約は直ちに破談にするべきです」と進言する。溥儀は恐怖に慄きながら、吉岡のいうとおりに妹の婚約を破談にした。

一〇日後の溥儀との定例会見で、植田は事件の概要を次のように説明している。

「凌陞の犯罪事実は日満の軍事機密をソ連、外蒙古に売ったことです。凌陞らは蒙古民族の団結独立を企てたのですが、それには二つの方法があります。一つは外蒙古の蒙古民族と連絡して彼らを満州国側に引き入れる方法。もう一つは満州国内の蒙古族を率いて外蒙古側に就くことです。凌陞が選んだのは二つ目の外蒙古に従うことでした。彼は満州国建国以来、中央政府に忠誠な態度を示し、他方では蒙古民族に対し政治上の注意を払っていたようです。今回のような行為が暴露されると、従来の態度の忠誠にはあらず、腹黒き策略であったというしかありません」

会見三日後の四月二十四日、新京南嶺の刑場で凌陞をはじめ弟の福齢ら一族四名に対しスパイ罪で斬首刑が執行された。逮捕から刑の執行まで一五日間という異例の速さだった。凌陞は満州国の高官で処刑された最初の人物となった。満州国皇帝に即位して有頂天になって我を忘れていた溥儀は〈私が幻滅を感じはじめたのはやはり凌陞事件が起こってからのことだった〉と『わが半生』に記している。

屈辱的な〝秘密文書〟

話を溥儀の後継者問題に戻そう。序章で記したように、東京で溥傑と嵯峨浩の見合いが行われたのは一九三七年（昭和十二年）一月十八日のことである。溥儀と南の会見で溥傑の結婚問題が持ち出されてから一年がすぎていた。二十五日の定例会見で、植田は溥傑の婚約がやっと整ったと溥儀に報告している。

「元関東軍司令官本庄繁大将ら各方面の尽力により、多くの候補者の中から本年二十四歳で学習院出身の嵯峨浩嬢と溥傑氏は日本式に見合いをしましたが、先方はこの結婚に同意する旨、申しており、溥傑氏もご満足の様子です。陛下に同意を賜ればこの問題は成立することになっています」

植田は嵯峨侯爵家の家系図と浩と両親の和服姿の写真などを見せ、嵯峨家は五摂家に次ぐ公卿の名門であることなどを説明した。

溥儀は「溥傑本人が満足しているなら」と同意したが、本音をいえば反対だった。溥儀が望んでいたのは「日本の皇族との結婚」である。嵯峨侯爵家は公卿の名門とはいっても皇族ではない。溥儀は「これは陰謀に違いない。日本人は溥傑を籠絡し、日本人の血を引いた子供を産ませ、必要な場合、私にとって代わらせようとしているのだ」と考え、溥傑には「私がきっといい奥さんを探してやるから日本の女のことなど考えてはいけない」と忠告し、北京に人を派遣し、溥傑の嫁探しを始めていたのである。「ところが吉岡が突然、日満親善のため、本庄大将が自ら仲人を務めるといっており、溥傑に北京の縁談は断るように迫り、結局溥傑は関東軍に服従するようになった」と溥儀はいう。しかし、当のふたりは序章で述べたように「関東軍への服従」ではなく、互いに〝ひとめぼれ〟して一気に結婚に漕ぎつけたのだった。

溥傑と浩の結婚式を一ヵ月半後に控えた二月十七日、溥儀と植田関東軍司令官の会見が溥儀の書斎で行われた。「厳秘会見録」によるとこの日はまず溥儀が口火を切った。

「宮内府大臣を長とする帝室大典起草委員会から、帝室大典の草案が昨日上奏された。これは以前に見た草案と別に異なるところはないので、大使さえよければ、国務総理と宮内府大臣に正式に奏上させ参議府で決定したい」

植田は草案に目を通して溥儀に返上し「帝室大典の中で最も大切な帝位継承の問題がこれで決定し慶賀にたえません」と述べた。「帝室大典」とそれに含まれる「帝位継承法」について溥儀と植田の間ではすでに合意済みであり、ふたりはそれを再確認したわけである。

三月一日に公布される「帝室大典」での「帝位継承法」は、前文と十か条から成り立っているが、その根幹になるのは次の第一条から第五条までである。

第一条　満州帝国帝位は康徳皇帝の男系子孫たる男子永世之を継承す
第二条　帝位は帝長子に伝ふ
第三条　帝長子在らざるときは帝長孫に伝ふ　帝長子及其の子孫皆在らざるときは帝次子及其の子孫に伝ふ　以下皆之に例す
第四条　帝子孫の帝位を継承するは嫡出を先にす　帝庶子孫の帝位を継承するは帝嫡子孫皆在らざるときに限る
第五条　帝子孫皆在らざるときは帝兄弟及其の子孫に伝ふ

この条文のひな形は日本の「皇室典範」である。この「帝位継承法」が公布されれば、溥儀に子孫がいなければ、第五条の「帝兄弟及びその子孫」が継承できることにはなっているが、この時点では嵯峨浩と結婚する皇弟、溥傑は帝族とは認められていない。第五条の「帝兄弟」を指すのは溥儀の次世代の皇帝からとなるのである。

溥儀の後継者を溥傑と浩の間に生まれる男子とするには〝別の仕掛け〟が必要だった。

「帝室大典」について溥儀と植田の間での再確認が終わると、林出は吉岡安直に依頼され、携えて来た「覚書」を溥儀に署名してもらおうと、その文書が入った紙包みを開こうとした。だが溥儀は「それは後にせよ」と押し止める。林出は慌てて紙包みを机の上に置いた。溥儀は「覚書」について吉岡からすでに説明を受けていた。それは「日本と満州国の皇室が一家をなし、両者の絆を不動のものにしよう」というものではあったが、すぐに署名できないほど、溥儀にとっては屈辱的な内容でもあった。

溥儀は新たに迎える側室のことに話を移し、しばらく時間を稼いでから不承不承、覚書四枚に署名し、林出に捺印させた。これらの文書に御璽《ぎょじ》を押印するのは、本来は宮内府文書科の役目だが、このときは「極秘」であるため、林出が代行したのである。そのうち一通を溥儀が所持し、残る一通を植田に手渡した。「厳秘会見録」にはその写しが綴じ込まれている。「満州国皇帝　溥儀」の署名と捺印のある「覚書」と「節略」の二枚綴り一組となっている。この調印が行われたのは満州国の「帝位継承法」が公布される一二日前のことであり、帝位継承法を骨抜きにする〝秘密文書〟と言ってもよい。

「覚書」
康徳皇帝に帝男子無き場合に於ける皇位の継承に関しては関東軍司令官の同意を得て左の如く之を定む
一、康徳皇帝と帝后との間に帝男子無きこと確実となりたる時は帝位継承は一に天皇の叡慮に依りて之を決定するものとす
一、康徳皇帝に帝男子なき場合帝位の継承を決定せる時は天皇の叡慮に依り帝位を継承せしむる旨

皇帝より之を宣するものとす
一、歴代皇帝も亦此規定に拠るものとす

「節略」
一、皇帝に帝男子無きこと確実となりたる時は関東軍司令官の同意を得て侍奉を入廷せしむること
を得
一、帝男子の教育係は日満両国の人格者を以て之に充つ
一、帝男子は適当なる期間日本に留学せしめ学習院に在つて学習せしむるものとす
一、帝男子は必ず軍人たらしめ帝女子は必ず軍人に降嫁せしめるものとす。帝男子にして軍人たる
能わず、帝女子にして軍人に降嫁せしめ能わざる特別の事情ある場合には、関東軍司令官の同
意を得て之を決定す
一、侍奉は帝族に非ず
一、歴代の皇帝亦此規定に拠るものとす

この「覚書」と「節略」には「満州国皇帝　溥儀」の署名はあるが、日本側の当事者である植田関東軍司令官兼大使の署名はない。この二つの〝秘密協定〟によって、溥儀皇帝の後継者は天皇の名の下に、関東軍司令官の思うように後継者を決めることができることになった。帝室御用掛でこの秘密協定を推し進めた吉岡安直らは、溥儀と皇后婉容の間に子供が生まれる可能性はゼロに近いことを知っていた。このため「節略」では新たな「侍奉」（側室）の入廷を可能にしている。皇后

との間に世継ぎが生まれる可能性は少なくても、溥儀の子孫に帝位をつなぐ期待をしていることを強調して見せることは、前任の南次郎の時代からのテーマであった。この密約によって、結婚が決まっている溥傑と浩に男子が誕生すれば、溥儀皇帝の後継者となる道を開いたのである。

こうした綿密な〝お膳だて〟をしたにもかかわらず、溥儀は子宝に恵まれず、溥傑と浩の間に生まれたふたりの子供も女の子であり、「帝位継承」をめぐる〝密約〟は一度も表に出ることはなく、「満州国」は崩壊するのである。

皇后婉容の不倫

溥儀の後継者問題が進展するなか、アヘン吸引によって皇后婉容の行状はますます荒《すさ》み、溥儀にまったく顧みられなくなった彼女は不倫に走った。溥儀は婉容との関係について率直にこう述べている。

〈彼女が文繡を追い出してから、私は彼女に反感を持ち、ほとんど彼女と話もしなかったし、彼女のことをあまり気にもとめなかった。したがって彼女の口から、彼女自身の心情、苦しみ、願いなど聞いたこともなかった。私が知っているのは彼女がのちに吸毒（アヘン吸飲）の習慣に染まったこと、許しえない行為があったこと、だけである〉（『わが半生』）

「婉容の許しえない行為」とは何だったのか。溥儀は具体的には触れていないが、それは不倫行為による出産だった。

溥儀は、婉容が側室（妃）の文繡を追い出したというが、もともと溥儀は文繡に愛情があったわけではなく、離婚訴訟まで起こされて皇帝の威信が傷つけられ、多額の慰謝料を払わされたことが忌々しく、その原因は婉容にあると考えていたのである。婉容も溥儀との愛情のない生活に耐えられず、彼との結婚生活を解消したいと何度も考えたが、溥儀がそれを許さなかった。それは溥儀に愛情があったわけではなく、皇帝の尊厳や体面を保とうとするための反対であった。

愛情もなく自由もない生活に耐えかねた婉容は、一九三五年（昭和十年）の溥儀の日本訪問前後から密かに侍従の若者と通じ合うようになる。相手は溥儀にも婉容にも仕えていた祚継忠《そけいちゅう》だったといわれる。溥儀の後継者をめぐって「帝位継承法」問題が本格化しているころ婉容の妊娠が発覚したのである。

〈婉容は妊娠の事実が分かったとき、（略）自分の地位や身分がどうなっても、腹の子を産みたいと願った。そして長い迷いの末、彼女は溥儀に、その子を産ましてくれるよう頼んだ。彼女はその子が溥儀の子であると主張した。夫婦の関係がほとんどなかったとはいえ、時に気紛れのように、溥儀が婉容の寝室を訪ねる夜がなかったわけではないから、彼女は皇帝の子を妊ったのだといったのだが、溥儀は自分に子が産まれるはずはないと確信していた〉（『ラストエンペラー夫人　婉容』池内昭一、孫憲治）

妊娠の事実を告げられた溥儀の怒りはすさまじかった。

〈彼女の不義を責め、しつようにその相手を問いただしたが、婉容は固く口を閉ざして黙秘した。そしてただ離別してほしいと懇願した〉（同）

溥儀はその願いを許さなかった。これが公になれば皇帝の威信はもちろん満州国にも傷がつく。あくまでも秘密のうちに処理しなければならない。工藤忠にも調査を命じた。工藤は「皇后の部屋の前にスリッパの脱いであるのを見た」と報告する。その結果、相手は皇后の部屋に近づくことのできる祚継忠に違いないとされたのだという。祚のほかにもうひとり、宮内府に勤めていた李国維も疑われる。祚も李もその理由は表に出ることなく宮中を追われた。

婉容は溥儀の前に何度も叩頭し、出産を認めてくれるよう懇願する。溥儀は自分の子供だとは認めなかったが、最後にはようやく、生まれた子供は宮廷外に出して婉容の兄弟に渡し、育てることを認めた。生まれてきた赤ん坊は婆やによって宮廷外に連れ出されると、三〇分後、溥儀に命じられた宦官のひとりが婆やの腕から赤ん坊を引きはがし、ボイラーの燃え盛る炎の中に投げ入れたという。「ボイラーに投げ込まれた」というのは確認された事実ではなく、噂として流布したものだが、〈その赤ん坊が、宮廷外に連れ出された直後に死んだのは事実である〉(『禁城の虜』加藤康男)という。この事件があってからふたりの夫婦関係はますます冷え、婉容の行動は極限まで制限され幽閉同然の身となり、〈婉容はそれまでとは別人のようになった〉(同)。

関東軍は溥儀と婉容の夫婦関係が破綻していることを知っていたからこそ、溥儀に対し、一日も早く世継ぎの皇子をもうけるため側室選びを急がせたのである。溥儀は前任の南次郎司令官に、「昨年来、その選定に入っている」と明言した。南の後任として関東軍司令官兼大使となった植田謙吉は一九三七年(昭和十二年)一月三十一日の会見で「大切なる陛下の側室問題が今だに決定していません。なるべく早くお決め頂きたいものです」と切り出した。溥儀はこれに対し、「今、宮中で満州旗人の娘ふたり(十四歳と十七歳)を勉強させており、このふたりの中から採用するかどうか検討中である」と答えた。

しばらくして溥儀は、このふたりのうちから十七歳になる娘を宮中に入れると植田大使に伝えた。新しい側室の名は譚玉齢《たんぎょくれい》。満州の貴族出身である他他拉《タタラ》氏の一族で、まだ北京の中学校の生徒だった。いきなり「妃《ひ》」とせず、「貴人《きじん》」として入廷させることになる。清朝の后妃の制度は皇后、皇貴妃、貴妃、妃、嬪、貴人、常在、答応の八階級あった。譚玉齢はこのうち六番目の「貴人」に位置付けられ「祥貴人」と称されることになる。植田は溥儀が譚玉齢を貴人として迎える気持ちになっていることを知ると、吉岡安直を北京に派遣して身元を調査させ、ふたりの結婚に同意した。

新たな貴人を迎える儀式は一九三七年四月三日に行われた。この日は東京で弟溥傑と嵯峨浩の結婚式が行われた日でもある。

「私は婉容に対する懲罰の意味を示すためと、必要不可欠な飾りを持つために、もう一人の犠牲――譚玉齢を選んだ。彼女も名ばかりの妻だった。私は鳥でも飼うように一九四二年に死ぬまで彼女を帝宮で養った」と溥儀はいう。

宮中に入った譚玉齢のために溥儀は居室になっている緝熙楼の一階の数室を彼女の住まいとした。それは同じ緝熙楼の東側にある婉容の居室とそう離れていなかった。溥儀が玉齢を側室に迎えた目的の一つは「婉容に対する懲罰」だった。このため溥儀は婉容にわかるようにことさら譚玉齢を寵愛した。明るくて快活、開放的な十七歳の譚玉齢は、溥儀に対しても無邪気とも見えるほど元気に振舞った。溥儀は女学生のまま嫁入りをしたような譚玉齢をことのほか気に入って、周囲にはふたりは愛し合っているように感じられた。溥儀は譚玉齢の部屋をしばしば訪れたが、譚玉齢は親しい友人に「私は生涯、お産することはできない」とこぼしていたという。

譚玉齢は溥儀の側室となって五年後、病に倒れ帝宮内の自室で治療中に急死する。二十二歳という若さだった。後述するが、日本の敗戦後、ソ連軍の捕虜となりハバロフスクに抑留されていた溥儀は、ソ連の証人として東京で開かれた極東軍事裁判の法廷に立った。その席で溥儀は突如、「吉岡が譚玉齢を殺した」と狂気のように叫んだのである。

第六章

満州国に天照大神を

浩と溥儀夫妻の初対面

一九三七年（昭和十二年）十月十二日、先に満州に戻った夫の溥傑を追いかけて、浩が大連に向けて旅立った。神戸から乗船した「鴨緑丸」が大連の港につくと、溥傑が迎えに来ていた。特急「あじあ号」で首都・新京に到着したのは十月十六日の午後のことである。

駅頭には関東軍や宮内府の関係者が大勢出迎え、中には国防婦人会の割烹着を着て白襷をかけた東條英機（当時関東軍参謀長）夫人や張景恵首相夫人らの顔もあった。駅の貴賓室に案内された溥傑・浩夫妻に対して歓迎の挨拶が延々と続いた。

十月半ばとはいえ、満州はすでに真冬のような寒さである。すっかり疲れ果てた浩は溥傑に耳打ちして一足先にその日の宿泊先である軍人会館に向かった。

〈天井からは隙間風が流れ込んでくるのです。私は思いがけない寒さに震えながら、新京での第一夜を過ごしました〉（『流転の王妃の昭和史』）

翌朝、溥傑と浩は新京市西万寿大街に準備された新居に移った。〈地名をきくといかにも賑やかな繁華街のようですが、新京の旧城外に首都を建設しようと、元蒙古王の牧場であった荒野を切り拓いて区画した土地の一軒家〉（同）でまだ庭も木もない殺風景な新居だった。家の周りには雑草が生い茂り、ウサギやノロ（鹿に似た動物）がピョンピョン飛びはねていた。浩たちの新居は急ごしらえの五間きりの官舎で、先に着いていた女中たちの住む部屋はまだ壁も乾いておらず、そのうえ塀も電話もない。あわてて関東軍に電話して塀と電話をつけてもらった。日本から送った荷物は乱暴に扱われ桐のタンスなども傷だらけ。東京での〝お姫様育ち〟の浩はのっけから〈これから始まる満州の新生活が胸に描いていたようなものではないことをはからずも思い知らされた〉（同）のである。

溥傑・浩夫妻は十月十八日朝、挨拶のため宮廷の皇帝溥儀を訪ねた。浩は溥儀の前で溥傑と並んで初めて「三跪九叩《さんききゅうこう》」の礼をした。皇帝に対する臣下の最高の礼である。浩は溥傑とともに日本に留学していた潤麒の妻・三格格（溥傑の妹で醇親王の三女、韞穎《おんえい》）にこの挨拶のやり方を習っていた。三格格もこの日、浩たちと同席した。浩によると、〈初めてお会いする溥儀皇帝は、六尺（筆者注：約一八〇センチ）ゆたかな長身の方〉（『流転の王妃の昭和史』）で、溥儀は浩にダイヤ、サファイア、エメラルドをちりばめた時計を、溥傑には金の懐中時計を下賜した。浩と親族との初対面を済ませた後、皇后婉容に挨拶する。婉容は〈お年は三十を少し出られたくらい、五尺六寸（同：一六〇センチ）もある立派なお体格で、そのうえハイヒールをはいておられるとあって、見上げるばかりの上背でした。髪には花や宝石がちりばめられ、お目の大きいのが印象的で、気品のある美しさを備えて〉（同）いた。

挨拶を終えると両陛下と親族揃って洋食の晩餐となった。婉容は病気がちなので、両陛下が揃っての晩餐は極めて珍しいことだ、と浩は後で聞かされる。席上、溥儀は「皇后の目が大きいと思っていたが、浩の目も負けずに大きいね。それに中国服がよく似合うので、だれが見ても中国人としか思えない」と冗談のように言って笑った。浩はその言葉に緊張がほぐれるのを感じた。婉容は浩の右隣りに座っていたが、七面鳥の皿に何度も何度も手を伸ばし、その〝健啖ぶり〟に浩は驚いた。

後でわかったことだが、アヘン中毒の婉容は意識が定かでないことが多く、そんなときにはいくら食べてもわからないのだという。宮廷を辞してから浩は、皇后の様子を思い返して胸が痛んだという。

この日の拝謁の模様は、溥儀と植田関東軍司令官の会見でも話題となった。林出賢次郎は二十一日の「厳秘会見録」にふたりのやり取りをこう記載している。

溥儀「一昨日、溥傑夫妻が来て一堂に会し食事をともにし、種々話をしましたが、実に愉快でした。浩は誠に閑雅なよき婦人です。溥傑と三格格の通訳で随分種々話を致しました。自分には日本語が話せぬが三格格の日本語がなかなか上手らしく全く日本人が話しておるように思われました」

植田「私は東京におりますときに三格格にお目にかかりました。御服装が満州服でありましたが、まったく日本婦人のようでありました。また日本婦人として私共が模範としている性格は、腹が定まり聡明でありながら、これを容易に表に出さず、しかも要所要所を押さえて失わぬというのが私共の理想とする日本婦人でありますが、三格格はその私共の理想とする模範的な御性格を完全に備えられておらるることを感じた次第であります」

溥儀は浩のことを「誠に閑雅なよき婦人です」と一言ですませ、妹の三格格をふたりで持ち上げている。溥傑と浩の結婚を快く思っていないことを知る植田は溥儀に話を合わせたのだろう。溥儀はこのころの心境を『わが半生』でこう述べている。ちなみに浩は妊娠六ヵ月に入っていた。

〈溥傑が彼の妻といっしょに東北（筆者注：満州）へ帰ってきてからは、私はある考えを決めた。

溥傑の前では心に思っていることを何も口に出さぬこと、溥傑の妻が私に贈ってくれた食物はひと口も食べぬこと、というのである。もし溥傑が私といっしょに食事をし、食卓には妻の作った料理が並んでいたら、私はかならず彼が先に箸をつけてから少し食べることにした。やがて、溥傑がまもなく父となるというころ、私はびくびくしながら自分の前途を占い、また、弟のことまで心配した。（略）関東軍が必要としているのは、日本の血を引いた皇帝なのだ、だからわれわれ兄弟は二人とも犠牲になるかもしれない。のちに彼が授かったのが女の子だと聞いて、私はやっとホッと息をついたのだった〉

溥儀は、浩を関東軍が送り込んできた特務（スパイ）だと思い込み、毒殺される危険さえ本気で心配していたのである。溥儀と植田の会見があったこの日、新京の軍人会館でふたりの結婚披露宴が盛大に行われた。媒酌人の本庄繁の挨拶で披露宴は始まり、式場には張景恵総理以下、満州国の閣僚はすべて出席したが、日本側は植田謙吉関東軍司令官兼大使の姿が見られなかった。「軍司令官は満州における天皇の名代だから、出席できないというのだろうか。私はなにか気負い立って胸の中に育ててきた日満親善の理想が、ガラガラ音を立てて崩れるのを感じた」と浩は言う。帝位継承法の〝密約〟を知る植田は、溥儀の不安な思いを読み取っていたのだろう。

盧溝橋事件――東條英機の満州国

溥傑と浩が結婚した一九三七年（昭和十二年）は、関東軍にとっても、日本陸軍にとっても、大きな転機を迎えた年である。

同年三月、陸軍は大幅な人事異動を実施した。陸相杉山元《すぎやまげん》と陸軍次官梅津美治郎《うめづよしじろう》が中心になって行ったもので、それまで一年半にわたって関東憲兵隊司令官だった東條英機（当時中将）が関東軍参謀長に任命された。参謀長という職務は司令官を補佐するのが本来の職務だが、実際は関東軍の権限の一切に関わりを持つ要職である。しかも司令官は温和な性格で知られる植田謙吉であり、直情的な東條とは対照的で、東條の赴任が決まると関東軍内部にも敬遠気味の空気が広がった。

東條は赴任直後の三月三日に帝宮に溥儀を訪ね、就任の挨拶をする。林出の「厳秘会見録」によると、溥儀が「参謀長とは定期会見はありませんが随時宮中に来られて何事も遠慮なく話してください」とリップサービスすると東條はこう述べている。

「東條は元来、性質素朴で言葉を飾ることを知りませぬ。お言葉どおり今後は思いつき次第言上します。その代り陛下には、水で火事を消さねばならぬようなことがあるかも知れませぬ。私は参謀長の重責を負いましたが、幸いこの地で憲兵隊司令官を務めたこともあり、満州に関する知識は多少あります。今、満州国は官民一致して努力し、治安は良好ですが、なお努力すべき点は多々あります。また外部を見れば、露国の態度や中華民国の態度に大いに注意をする必要があります」

東條は関東憲兵隊司令官時代に得た情報を握っていることを臭わせ、溥儀に対しても遠慮しない態度を宣言したのである。

東條は参謀長に就任してから一ヵ月間、満州国の要人や日本人官吏を参謀長室に招き、建国六年目を迎えた満州国の実態を熱心に学んだ。この時期、前年に立案された「満州国産業開発五カ年計画」の円滑な実施が日系、満系を問わず満州国官吏の主要な職務になっていた。

東條の態度について、ノンフィクション作家の保阪正康はこう述べている。

〈そのことは、建国当時の石原莞爾、板垣征四郎らが企画した独立国家の野望を捨て、この計画を実現して満州国を日本の植民地、後方基地に変質させるという国策を採用したことを意味した〉（『東條英機と天皇の時代』）

東條は満州国の重工業化促進のために本土資本の導入を推し進める。満州国総務長官となった星野直樹や産業部次長の岸信介《きしのぶすけ》らの時代が始まっていた。

〈（東條は）実務掌握が深まるたびに、これまでの参謀長は、与えられている大きな権限を放置していたのではないかと忿懣《ふんまん》をもつに至った〉（同）

東條の言う「大きな権限」とは関東軍に与えられている「内面指導権」である。東條以前の歴代参謀長は植民地支配の切り札であるこの権限を使おうとせず、出来得る限り「満州国の自治」に任せようとしてきた。東條にはそれが不満だった。東條はこの「内面指導」という権限を最大限に使った法案を星野や岸に作らせ、内面指導を強化することによって、満州国支配を行おうとしたのである。

東條の参謀長就任四ヵ月後の一九三七年七月七日、中国の北京郊外の盧溝橋《ろこうきょう》で日中両軍が衝突する。同日午後十時四十分ごろ、天津軍（支那駐屯軍）の歩兵第一連隊が北京郊外の永定河《えいていが》（海河の支流）に架かる盧溝橋の西北約一キロメートルの地点で夜間演習を行っていた。この天津軍に向けて対岸から数発の銃弾が撃ち込まれる。報告を受けた第一連隊長の牟田口廉也《むたぐちれんや》大佐は中国軍の発砲だと判断、反撃を命じ一斉攻撃を開始した。

日本政府は七月十一日、「事件は全く支那側の計画的武力抗日なること最早疑いの余地なし。政府は本日の閣議に於いて重大決意をなし、北支出兵に関し、政府として執るべき所要の措置をなすことに決せり」との声明を出し、三個師団の増派を決めた。

七月二十八日ごろから北京、天津一帯で日本軍による中国軍掃討作戦が始まり、日本軍は北京と天津を占領、この地方の中国軍を南方に追いやった。これに対し、中国側は国民党が開いた「盧山《ろざん》会議」に共産党の周恩来《しゅうおんらい》も出席、蔣介石は「最後の関頭《かんとう》に至ればあらゆる犠牲を払って徹底的に抗戦する」と宣言する。共産党も八路軍を編成し、日本と対決すべく国共合作が着々と進んでいた。

八月には上海でも戦闘が開始され、日本軍は台湾、九州、済州島の各基地からの「渡洋爆撃」で上海、杭州、南昌などを攻撃する。さらに十一月末には新たに日本軍一〇万人が杭州湾に上陸、中国軍は首都・南京に向かって退却を始め、日本軍はこれを追撃した。宣戦布告のない中国との全面戦争の始まりである。翌年一月十六日、近衛内閣は「国民政府を相手にせず」との声明を内外に出した。和平交渉を打ち切り事実上の国交断絶を宣言したのである。

植田関東軍司令官が皇帝溥儀に対し「盧溝橋事件」の勃発を最初に報告したのは事件発生五日後の七月十二日である。植田は「日本軍の演習は今に始まったものではなく、従来から行ってきたもので、これを誹謗するのは中国側の悪宣伝です。日本側は事件の拡大を願わず、和平解決を期し交渉を重ねましたが中国側はこれに応じず、不法射撃を繰り返したのです」などと、事件の経過を細かく報告している。「厳秘会見録」によると、溥儀は植田の一方的な報告に黙って耳を傾け、ただ相槌を打つばかりで言葉も少なく、最後に日本語で「ありがとう、ありがとう」と繰り返したという。この「ありがとう」には、どんな思いが込められていたのだろうか。

盧溝橋事件とそれをきっかけにした日中双方の全面衝突によって、満州国軍も日本軍に協力して参戦しなければならなくなった。中国国内で中国人同士が相戦うという構図である。溥儀には大きな衝撃だったに違いない。溥儀は盧溝橋事件について『わが半生』には〈七・七事変（筆者注：盧溝橋事件のこと）が勃発し、日本軍が北京を占領すると、北京の王公・遺臣のある者は、勇躍して意欲を燃やし、昔の栄光を回復しようと期待していた。しかし私はこのときには、それが決してありえないことだということを、もうはっきりと知っていた。私がこのころただ一つ考えていたことは、いかにして日本人の面前で安全を保つか（略）ということだった〉と言葉少なに記している。

犬猿の仲

盧溝橋事件の第一報が、東京の陸軍参謀本部に入ったとき、石原莞爾は事件拡大を防止するためただちに「これ以上の兵力行使を避け、極力、現地解決に努力するよう」天津軍に電報を打った。石原はこの年の三月に参謀本部の作戦部長になっていた。

石原の不拡大の理由は極めて明確だった。陸軍幼年学校から陸士、陸大で石原と同期の横山臣平は『秘録・石原莞爾』で、石原の考えをこう述べている。

〈もし戦争状態に入れば長期戦となり、短期間に蔣介石政権が崩壊するなどという判断は誤りである。（略）中国は土地広大、かつ交通状態は近代装備をもってする行動には適せず、各地方で自給自足が可能であり、持久戦に有利である。とくに警戒を要するのは、ソ連の極東兵備の充実である。（略）日本は今は隠忍自重して支那とは即時和平し、来るべき欧米（主としてソ連）との戦争に備え

るべきである。支那がもしも徹底抗戦を続ければ戦線は支那全土に拡大し、全面戦争になることは必至である〉

しかし、参謀本部内で石原に同調するものは少数だった。多くの幕僚が「この際、中国に一撃を加えるべきだ」と主張する。出先機関である天津軍などの軍首脳はことごとく拡大論者で、最も強硬だったのが関東軍参謀長の東條英機と同参謀次長の今村均《いまむらひとし》だった。ふたりの中国観は石原とは根本的に違っており、反中感情を煽った「暴支膺懲《ようちょう》論」（支那を懲らしめるの意）を振りかざし、作戦は短期間に片づくものと判断し、今村がわざわざ上京して陸軍中央に拡大意見を具申した。東條らは軍事的一撃を加えることで蔣介石を委縮させ、華北分離を決定的にしようと狙っていた。不拡大を主張する石原は次第に軍内部で孤立し、四面楚歌の状況に追い込まれていく。

一方、満州では関東軍参謀長の東條英機が自ら「東條軍団」を編成、軍中央の許可なく、華北の察哈爾《チャハル》に侵攻する。東條には初めての実戦指揮だった。これが国内の強硬論者の後押しとなった。一九三七年（昭和十二年）九月、石原は参謀本部作戦部長の職を解かれ「関東軍参謀副長」への転出が決まる。東條が内蒙古に進撃している最中のことだった。東條と石原は軍部内では有名になるほどの〝犬猿の仲〟だった。東條の下での参謀副長というのは、ふたりの関係がうまくいかないことを見越した〝意地悪人事〟であり、誰がみても左遷人事だった。

九月十三日、石原莞爾は五年ぶりの満州の土を踏んだ。石原を迎えて開かれた関東軍部課長会議で東條はこう宣言した。

「この際、参謀長と参謀副長との職務権限を明確にしておくが、石原参謀副長には作戦、兵站《へいたん》関係業務の参謀長の補佐役に専念してもらう。満州国関係の業務は参謀長の専権事項として、私が自ら処理することにしたい」

東條は石原に対し「満州国内部への干渉を許さない、内面指導権は参謀長のものだ」と石原の動きを封じたのである。石原は東條の下で強化されていく「満州国への内面指導」は「満州国の建国の理想に反している」と強く反発し、東條の方針にことごとく反対した。東條と石原の確執が続く中で、中国本土では石原が心配したように日中の戦闘は泥沼化していった。

石原莞爾が着任挨拶のために溥儀を訪問したのは同十月十三日のことである。溥儀は「満州国建国時に関東軍参謀として苦労した石原が再び関東軍参謀副長として復帰し、この時局多難の際、日満国防上また満州国治安維持上の責任を負うことになったことは誠に喜ばしい。いつでも直言してほしい」と歓迎の辞を述べた。以下はふたりのやり取りの要約だが、溥儀は石原と東條の対立の状況を十分に知っており、石原への期待は大きかったと思われる。

石原「今の日本国民は太平の世に慣れ、直言の臣が少なくなったように存じます。陛下から石原に対し、時々来りて直言せよ、とのお言葉を拝したことは、石原一人の光栄であるばかりでなく、満州国の幸福でもあります」

溥儀「実をいうと直言の臣を未だ見出していない。直言の臣は忘身奉公の士でなければならぬ。一身を顧みて栄達を念願しているようでは直言はできぬ。自分は元来、率直な性格で即言う所に対して率直にこれを評することがあるが、その代わり自分の非を認むれば率直に表明し、決して我を張らぬところである。満州国官吏は日満一体、一徳一心の義を体得して、これを行いの上に表すようにせねばならぬ。また、日系官吏とか満州官吏とかの系統をもって区別すれば、おのずから相対立することになるゆえ、かかる区別を無くすることが大切である」

この日の会見の最後に、溥儀は通訳として同席していた宮内府行走の林出賢次郎を手放しで誉めちぎった。極めて異例のことである。溥儀は東條らの周辺が林出に不信感を抱き、溥儀の〝専任通訳〟の座から外そうとする動きがあることを知って、このことを婉曲に石原に伝えようとしたのだろう。

「厳秘会見録」にはこう記録されている。

〈石原参謀副長が今後宮中に来る場合にはこの林出を通訳させることにする。一昨年の訪日の際にも随行を命じ、今日に及んでいる。同人の通訳には私見が絶対に混入しておらぬ。また少しの私心をも持っておらぬ。極めて忠実に通訳し、人間もきわめて忠実であって、その上、同人を通じて話したことは絶対に外部に漏れる恐れはなく、五年間自分の通訳をしてもらっているが、いまだ一度も話が外部に漏れたということを聞かぬ。ゆえに石原参謀副長が今後宮中に来る場合には、この林出を通訳としたい〉

溥儀は林出に気を遣って「この通訳は少し困るかも知れぬが、そのまま通訳せよ」とわざわざ命じた。林出は五年間、溥儀と関東軍司令官との定例会見を「厳秘会見録」として外務省に送り続けてきた。林出はどんな思いでこの溥儀の言葉を石原に通訳したのであろうか。参謀長の東條英機はかつて関東憲兵隊司令官を務め、溥儀周辺の機密情報も彼の耳に入っていたのだろう。その中に関東軍司令官と溥儀の通訳を務めてきた林出賢次郎からの「厳秘会見録」が密かに外務省に送られているとの情報も入っていたと見て間違いない。

東條参謀長と石原参謀副長との対立が激化したこの年の十二月、関東軍は組織替えを行い、第三課から満州国の「内面指導」を中心とする任務を分離独立させ第四課を新設、新課長に片倉衷《かたくらただし》（当時少佐）を抜擢した。「内面指導の強化」がそのねらいだった。片倉は満州事変のときには関東軍参謀として石原莞爾らとともに満州国建国を実現した功労者のひとりである。陸士三一期の片倉は三月に陸軍省軍務局から再び関東軍参謀に復帰したばかりだった。

この人事で溥儀の御用掛を務めている吉岡安直中佐はこの四課付参謀として片倉の下で皇帝付を兼務することになる。吉岡は陸士二五期で片倉の大先輩。この〝逆転人事〟を片倉はいったんは固辞したが、東條参謀長らに「部内の統制など心配するな」と言われて引き受けた。士官学校教官から関東軍に転じて四年目になる吉岡は他部門への転出の話もあったが、溥儀のたっての希望で現職に留まったという。吉岡は片倉に「余計なことに気をつかわなくてもよい」と言い肩書には淡泊であった。

東條による林出排除

溥儀の通訳、林出賢次郎「排除」の動きが表面化したのは一九三八年（昭和十三年）一月六日のことである。東條参謀長は駐満大使館の沢田廉三《さわだれんぞう》参事官を訪れ、「今後、関東軍司令官が満州国大使として参内する時のみ林出を通訳として同行する。しかし軍司令官の資格で参内する場合には軍の通訳官を帯同する」と通告した。前述したように関東軍司令官は駐満州国全権大使を兼務している。沢田は外務省のホープと言われた外交官で、後に駐仏大使や外務次官を務め、戦後は初代国連大使となった人物。皇帝と関東軍司令官との会談を通訳した林出の会談記録を「厳重機密事項」として外務省に送り続けている当事者である。外務省側にしてみれば、関東軍司令官が駐満大使を兼務するという制度上の〝盲点〟をついて、独自の情報収集を行ってきたのである。

しかし、溥儀と関東軍司令官の会見記録が外務省側に筒抜けになっていたことを感じないほど東條は鈍感ではなかった。以後、溥儀と関東軍司令官との会見での林出の通訳としての出番は、自動的になくなっていった。

満州重工業総裁に就任した鮎川義介《あゆかわよしすけ》が一月十二日に溥儀に謁見した際も、林出の通訳がなかったため話は進まず、鮎川はただ拝謁しただけで、言葉は交わすことができなかった。溥儀はこの日、侍衛処長の工藤忠に「林出は参内していないのか。林出が宮内府にくるのを邪魔するものがいるのではないか」と声をかけたという。溥儀には東條が行った〝林出追放〟の事実を知らされていなかったのである。

一月十八日、林出賢次郎に満州国宮内府大臣から沢田参事官を経由して正式に「宮内府行走兼務を取り消す」との辞令が伝えられた。宮内府出向を意味する「行走」が取り消されれば、林出は駐満日本大使館の「一等書記官」(当時)の職に戻るということであり、事実上、溥儀の専任通訳の仕事から外されたことを意味する。林出は外務省を退職して、改めて満州国宮内府の専従職員になることを希望して総務長官、星野直樹にも相談した。林出の意向は星野から東條参謀長にも伝えられたが、東條は無視した。

林出は帝室御用掛の吉岡安直にも相談した。しかし、宮内府行走として溥儀に仕えた五年間の間に日系官吏の間では林出に対する誤解や嫉妬、思惑が渦巻いていた。林出の依頼を受けた吉岡は「林出が宮内府入りを希望していることを陛下から関東軍司令官に伝えてもらう」という対応を考えた。しかし、林出は「陛下から司令官に宮内府入りを希望しているとのお言葉があれば、実現可能だろうが、事情を知らない人がこれを聞けば、林出は袞竜《こんりょう》の袖（天子の威徳）に縋《すが》り、猟官運動をしたとの疑いを抱き、ひいては御聖徳を汚すことになる」と断った。林出はすでに「一時休暇の願いを出して故郷に引き揚げ、日本でその後の身の振り方を考える」決意を固めていた。吉岡も林出の決意を諒解した。

四月六日、三年前の溥儀の日本訪問を記念して、関東軍司令官邸で盛大な祝賀行事が開かれた。林出はこのとき、溥儀に拝謁する。これが溥儀と会う最後となった。林出の「満州国駐在日本大使館一等書記官」としての仕事はすべて終わったのである。以後、外務省には駐満大使（関東軍司令官）と溥儀の会見内容は、関東軍が取捨選択した情報だけしか伝わらなくなった。

林出は四月九日、家族とともに新京を発ち、いったん、故郷の和歌山県御坊《ごぼう》市の実家に落ち着いた。外務省外交史料館に残る「厳秘会見録」は、このとき、密かに持ち帰ったその写しがこの実家で保管されてきたのである。林出は三〇年に及ぶ外交官生活に終止符を打ち、上海の母校・東亜同文書院の学生監などを務め、戦中、戦後を通じ「世界紅万字会日本総会会長」となる。一九七〇年（昭和四十五年）十一月、郷里・和歌山で逝去した。八十八歳だった。

東條参謀長と対立していた参謀副長、石原莞爾は一九三八年（昭和十三年）八月、「関東軍司令官の満州国内面指導権撤回について」との意見書を提出する。意見書は「軍部横暴の声天下に満つ。軍部はその本然の任務に復帰すべき時来れりと信ず。世に先んじて兵を進めし関東軍は此際世に先んじて鉾《ほこ》を収るべきなり。即ち軍は周到なる計画の下に成るべく速《すみやか》に満州国の内面指導を撤回し、満州国の独立を完成するを要す」と述べている。この直前、東條は陸軍省次官に就任していた。意見書を提出した石原は、植田関東軍司令官に「予備役仰付願」を提出、同月十四日、任地を離れ東京に戻った。

満州をめぐり対立したふたりのうち東條は陸軍のトップに登りつめ、石原は一線から退く。こののち日本は、破滅へと戦火を拡大していくことになる。

溥傑夫妻の長女・慧生の誕生

東條による林出解任の動きが本格化していた一九三八年二月二十六日午前五時、浩は新京市立病院で女児を出産する。

女児誕生が報じられると各方面から祝電が殺到し、大勢の人がお祝いに来た。溥儀も女児であったことに安堵したのか大変に喜び、浩に毎日、違った味の栄養のある中華風のスープを届けた。ふたりの結婚を取り仕切った帝室御用掛の吉岡安直の祝いの品は、白い毛皮のコートで、二つのリボンを用意し、男の子なら水色の、女の子ならピンク色のリボンを付けることにしていた。吉岡は生まれたのが女児だと知ると、ピンクのリボンのついた祝いの品を投げるように置いて去ったという。帝位継承法の〝密約〟を進めた吉岡にしてみれば男子が生まれれば、溥傑が皇帝の座を継ぐ可能性が高まり、いずれは日本人の血を引いた皇帝が誕生することになる。吉岡の失望は大きかったが、父親となった溥傑は女児誕生を喜んだ。〈こうなれば、溥儀が心配せず、現在に安んじていられるからである〉（『溥傑自伝』）。とは言っても、溥傑の気持ちは複雑であった。

お七夜がすぎ、溥傑は生まれた女児を「慧生《えいせい》」と命名した。「知慧深い」という意味である。溥傑はそれまで朝七時に宮内府の隣にある禁衛隊に出勤、夕方帰宅してひとくつろぎすると、宮内府から迎えの車がきて溥儀の居室に向かい、彼の相手をして午後十一時近くに引き揚げてくるという毎日だった。浩は夕食をひとりで取ることが多かったが、慧生が生まれてからは、溥傑は慧生のそばを離れたがらず、溥儀からは〝恨み節〟が聞かれるほどの傾倒ぶりだった。溥儀も慧生をたいそう可愛がり、浩に対する警戒心も少しずつ和らいでいった。貞明皇太后からも、早く写真を送るようにと催促の手紙が来た。

浩によると、慧生は小さいころから物分かりが良く、おとなしく、優しい子供だった。浩が読み聞かせる絵本に夢中になったり、子猫や鴨の雛を可愛がったりする。部屋の中で飼っていた鴨の雛が、イタチに襲われて食い殺されたときには、オイオイ泣きながら、お墓を作っていた。溥儀もそんな慧生を可愛がった。二、三歳になり、溥傑夫妻が慧生を連れて宮中を訪れ、食事時になると、溥儀はいつも溥傑と自分の間に慧生を座らせ、一緒に楽しそうに食事をした。妹たちの子供たちが宮中にきてもこんな待遇は受けられず、別の大部屋でしか食事はできなかった。食事がすむと溥儀は慧生と歌を歌ったり、手を繋いで遊んだりした。「こんなに小さいのに、礼儀正しくて、人懐こく聡明な子供はいないね」と溥儀はわが子のように自慢した。

溥儀は音楽が好きでピアノが弾けた。慧生が四歳になると溥儀はピアノを買ってくれた。これをきっかけに慧生はピアノ教師についてレッスンを受けることになる。上達は早かった。そのうちバイオリンも弾けるようになった。慧生は宮廷に伺い、溥儀のピアノ伴奏で「キラキラ星」などを弾いたこともあった。慧生は父親の溥傑が大好きで「アーマ（清朝の王族用語で父）とエコちゃん（慧生のこと）」などの歌を自分で作り、即興で節をつけて溥傑と一緒に歌った。〈父娘ふたりで麗しい歌声に浸っていると、私はこの世でもっとも幸せな人間だと思えた〉（『溥傑自伝』）時間だった。


一九三九年（昭和十四年）四月、溥傑は駐日満州国大使館の駐在武官となって浩、慧生を連れて東京に赴任する。浩にとっては二年ぶりの帰国である。牛込若松町の仮寓で家族三人揃った生活が始まった。溥傑は毎朝、桜田町（現・港区元麻布三丁目）の満州国大使館に出勤し、夜は外交関係の宴会やレセプションに明け暮れた。浩もときにはそんな会合に駆り出された。日曜日になると、毎週のように満州国からの留学生が押し掛け、浩は接待に大忙しだった。そんなある日、大宮御所の貞明皇太后から慧生を連れて来るように、とのお誘いがあった。皇太后は慧生を自ら膝の上に抱き上げ、布でできたデンデン太鼓を手に握らせ、女官たちも「ものおじしないお姫さんだ」と代わる代わる抱き上げ可愛がった。別れの際に皇太后は慧生に美しい反物や人形の土産品を持たせた。

同年の十月、溥傑は奉天にある歩兵将校軍官学校の教官となり、東京を去ることになる。浩はそのころ二子目を身籠っていた。溥傑の勧めで浩はそのまま東京に残り、出産を終えて帰国することにする。翌四〇年（昭和十五年）三月十三日、順天堂病院で出産した。溥傑は今度は男児だろうと期待していたが、またしても女児だったことにがっかりした。しかし、溥儀は喜んだ。皇帝の座が揺るぐことはますます遠のいたのである。次女の名を溥傑は「美しい娘に育つように」と「嫮生《こせい》」と名付けた。慧生は自分の妹が珍しくてならず、枕許に立っては覗き込み、産湯に入れてやりたいとまで言い出し浩を困らせた。翌年の六月末、浩は慧生、嫮生ふたりの娘を連れて新京に戻った。

四二年（昭和十七年）三月、慧生が四歳のとき、ちょうど「満州国」は建国一〇年を迎え、日本から高松宮が祝典参列のため新京を訪ねた。高松宮の満州訪問を記念して、慧生は「高松宮奉迎歌」を歌いレコードに吹き込んだ。溥傑によれば「澄んだきれいな声だった」という。中国語と日本語の二ヵ国語で歌ったこのレコードを浩は終戦直後の流転生活で失くしてしまったが、溥傑はその一枚を終生手放すことはなかった。このレコードが後に静岡県・天城山中で学習院大学の同級生と心中した慧生の唯一の遺品となった。

満州国に天照大神を

一九三八年（昭和十三年）夏ごろから、宮内府では皇帝溥儀に対する「御進講」が始まった。これを指導したのは関東軍第四課長となった片倉衷である。御進講の内容はすべてあらかじめ原稿が宮内府内務処に届けられ、ここで翻訳して溥儀に事前に届けられた。満州国の宮内府秘書官だった岡本武徳《たけのり》の『青い焰の記憶　満洲帝国終戦秘録』によると、御進講の第一回が「西洋史」、第二回が「東洋史」、第三回が「日本史」、そして最後が筧克彦《かけいかつひこ》博士の「惟神道（神ながらの道）」であった。各回はそれぞれ数週間ずつ、御進講は一年半以上続いた。

東京帝大で憲法学を講義していた筧克彦の説く「惟神道」は、溥儀が実の母のように慕うようになった貞明皇太后が、夫である大正天皇の病状が悪化した大正末期、八回にわたって進講を受け、その道を追求しようと誓った宗教（神道）である。筧博士によれば「古神道には二種類の神があり、一つ目が天之御中主神《あめのみなかぬしのかみ》で、宇宙一切の真の大生命であり、二つ目の神である八百万神（無数の神々）は、唯一神である天之御中主神の表現者で、互いに相対立しながら天之御中主神に帰一する神々である」と幾多の図式によって説明し、「天之御中主神は天照大神とその延長としての天皇を顕現している」と説いたのである。

長期間にわたる溥儀への進講のカリキュラムでわかるように、関東軍第四課・片倉は、満州国が「建国の神」を持ち、これが国民の崇敬を得て、精神的なよりどころとなる必要があると考えていた。しかし、最大の問題は「祭神」であった。この進講と並行して第四課は「建国神廟《しんびょう》創建案」を国務院に提案する。課長の片倉は祭神を「天之御中主神」とすべきだという主張をもっており、「この神は古事記によれば全世界の創造者であるから日本帝国に偏することなく、あまねく諸民族にその徳化を及ぼし得る。僕は日本人の神である天照大神を祀るより、全世界的な神をまつるべきだ」と総務庁弘報処長の武藤富男に何度か話した。

一方、日本の皇祖神である天照大神を祭神として提唱し、これを強力に主張したのは溥儀の御用掛、吉岡安直である。吉岡の主張はその背後にいた皇帝溥儀の願いでもあった。第一回の訪日で

「日本天皇と精神一体」と感じるようになった溥儀は「天皇家の祖神である天照大神を満州国帝室の祖神として奉祀する」との強い願いを胸奥に秘めていた。そのことによってのみ「日満両国は全くの一家として永遠にその関係を不変のものとすることが出来る」のである。吉岡はこうした溥儀の願いを実現したい、と強く思っていた。

一九四〇年（昭和十五年）の日本は、紀元二千六百年（神武天皇が即位したとされる年から数える皇紀）の記念式典で沸き立ち、天皇に祝意を表するため溥儀が二回目の日本訪問をする準備が進められていた。この訪問での溥儀の目的は「天照大神を満州国の祭神にする」との思いを実現することにあった。四〇年一月十三日、東京で両国関係者による一回目の打ち合わせ会が開かれた。出席者は山県武夫式部職次長、以下式部官など一三名、満州国側は関東軍参謀を兼務する御用掛の吉岡と鹿児島虎雄宮内府次長等七名。外務省関係者がひとりも出席していないことは、この打ち合わせが建国神廟の祭神問題に集中していたことを示している。

『満州帝国』（児島襄）によると、最終的な根回しも兼ねて吉岡安直と鹿児島虎雄は、三月中旬、再び東京を訪れ、正式に皇帝溥儀の希望を伝えた。満州国側の希望は「天照大神を満州国の『元神』としたいこと、御神体（御霊代《みたましろ》）を鏡として皇室から奉納してほしいこと、奉祀者として日本人神官を招きたいこと」などであった。

しかし、当時の米内光政首相も宮内省当局も一致してこれに反対した。その理由は「満州国は漢民族や満州族などを主体とする外国である。その外国が天照大神を祀ることは不合理である。日本では官幣大社などの創立の祭、皇室から御神体として神鏡が奉納されるが、外国にその種の慣例は適用しがたい」ということである。昭和天皇も「中国には古来、祭天の信仰があるから天を祀るのが妥当ではないか」と首をかしげたという。

吉岡は交渉を繰り返したが最終的には「満州国がどのような神を祀ろうと自由である。しかし、そのことに日本の皇室は関与しない」との結論となった。吉岡は侍従長百武三郎《ひゃくたけさぶろう》に改めて確認した。

「溥儀皇帝が自らの発意で天照大神を祀るのは宜しいのでしょうな」（同）

百武は「問題は満州国の御霊代を宮中から奉納することであって、天照大神の御神徳が海を超えて広がることは喜ばしいことである」と答えた。要するに満州国が天照大神を祀るのは満州国の自由であって、天皇が直接関わったという形を避けたいという意向だったのである。

吉岡はさらに続けて「御神体である鏡を満州国側で調達し、溥儀訪日の際に伊勢神宮に持参してお祓いを受けることはできるか」と質問した。百武侍従長は内務省神社局に確認した後「それは問題ない」と答えた。吉岡はその足で京都の鏡師、山東真一《さんとうしんいち》を訪ね、神鏡二面の製作を依頼して新京に戻り、溥儀に経過を説明した。


五月中旬、溥儀訪日の下準備の東京出張を命じられた前述の宮内府秘書官、岡本武徳は、事前に所要事項を打ち合わせておく必要があり、関東軍四課参謀を兼務する吉岡安直を訪ねた。吉岡は強い口調でこう言った。

「満州国帝室は日本皇室と結びついてこそ、初めてその地位がご安泰だと言える。そのことは皇帝ご自身よくご承知である。今回の訪日で天皇陛下のお許しを得て、皇大神宮の御霊を満州国に請じて奉祀することになっている。それについて日本政府はとやかく言うかもしれないが、これは天皇陛下と皇帝との直接の話し合いで決まることで、かつまた、関東軍は満州国の治安維持のうえからその必要を認めている。これは政務ではなく軍令で、天皇の統帥権に属することだから、日本政府から横槍が出ても知らぬ、存ぜぬ、で通したらよろしい。天皇陛下からは別に御宝刀もいただく予定になっているから、その点も含んでいてもらいたい」（『青い焰の記憶　満洲帝国終戦秘録』）。

　岡本が満州国政府のほうにも顔を出したら、総務庁内には既に「建国神廟創建籌備処《ちゅうびしょ》」という部署が設けられ、そこで建国神廟造営の準備が密かに進められていた。宮内府の同徳殿のすぐ東隣りに接する外側にささやかな神社風の建物を建設中だったが、一般職員にはそこに祀られる〝御神体〟の正体を知る者はいなかった。籌備処の職員たちは、祭祀の方法を日本式の神社風にするのか、中国式を加味するのか、服装はどうするのか、細々としたことに頭を悩ましており、岡本は東京でいろいろ聞いてきてくれるよう頼まれた。

溥儀が見た「三種の神器」

　満州国に天照大神を勧請《かんじょう》しようとしていた一年前の一九三九年八月、ヨーロッパではドイツがソ連と突如、不可侵条約を結び、全世界を驚かせた。このころ、日本は日独伊三国防共協定を結んでソ連に対抗し、ソ満国境で張鼓峰事件《ちょうこほうじけん》（一九三八年）、満州・外蒙古の国境でノモンハン事件（一九三九年）などソ連との軍事衝突が相次いでいた。独ソ不可侵条約に大きな衝撃を受けた平沼騏一郎《ひらぬまきいちろう》内閣はその方向性を見失い「欧州の天地は複雑怪奇」という〝迷文句〟を残して退陣する。

　ドイツはソ連との不可侵条約の付属秘密議定書で東ヨーロッパの勢力分割を取り決めていた。一九三九年九月、ドイツはポーランド侵攻を開始した。これに対しポーランドと同盟を結んでいたイギリス、フランスは九月三日、ドイツに宣戦布告し、ヨーロッパを戦場とした第二次世界大戦が始まった。翌一九四〇年、ドイツの進撃は続き、ベルギー、オランダを次々と降伏させ、イギリス軍をダンケルクの海岸線に追い詰め、フランスのパリは陥落する。

ヨーロッパが戦火に包まれた四〇年（昭和十五年）の六月二十二日、溥儀は新京を出発し、大連港からお召し艦の戦艦「日向《ひゅうが》」に乗艦して同日午後七時、日本に向かった。第二次世界大戦のまっ最中で、ソ連とドイツの不可解な動きの影響がいつ何時《なんどき》、ソ連と国境を接する満州に及んでくるかもしれないという不穏な状況の中にあった。「日向」に随走したのは駆逐艦一隻のみ。九州南端を回って二十六日朝、横浜港に入港する。横浜港では艦船六五隻が満艦飾を施して迎え、儀礼艦「沖ノ島」が皇礼砲を発射した。溥儀を出迎えたのは高松宮である。溥儀が親しみを抱いていた秩父宮は風邪気味のため高松宮が代行した。埠頭から横浜駅までの沿道には約二万人が日満両国旗を打ち振りながら歓迎した。

午前十一時半、東京駅に到着する。ホームには裕仁天皇と各皇族が出迎えており、天皇は溥儀の手を握りしめた。五年ぶりの再会である。満州国国歌が演奏される中、ホームに整列していた近衛儀仗兵を閲兵し、松平慶民《まつだいらよしたみ》式部長官の先導で車寄せに向かい、高松宮、本庄繁首席接伴員とともに乗車し、宿舎の赤坂離宮に向かう。沿道には約二〇万人の市民が日満両国旗を持って並んでいた。

六月二十六日午後二時、着替えを済ませた溥儀は皇居に出向き、改めて天皇と会見した。溥儀はこの席で「今回の訪問の機会に伊勢の皇大神宮などを参拝する予定で、天照大神を奉し、建国神廟を創建したき念願であります」と建国神廟創建を自ら天皇に伝えている。天皇は「今回の御来訪は非常時局の際でありますから、以前の如き賑やかな催しをすることは差し控えましたが、衷心誠意を以て歓迎します」と応えたが「建国神廟」には何ら言及しなかった。

日本政府はこの問題への対応について、裕仁天皇への「御進講」をすでに終えていた。天皇・溥儀会見二日前の同月二十四日午前、宮内次官の白根松介《しらねまつすけ》が木戸幸一秘書官長を訪ね、溥儀が会見で持ち出すであろう「建国神廟問題」について、米内首相らの「政府としての（反対）方針」を伝える。これを受けた木戸は「万一、皇帝とご対面の折、この問題が出たる時お困りにならないよう」（「木戸日記」）すでに言上済みだったのである。

この日午後六時から宮中豊明殿で天皇主催の歓迎晩餐会が開かれた。天皇が「両国の完全なる協力が東亜の平和に貢献しつつあることは御同慶の至りであり、再度の来訪で両国の親善関係がさらに緊密になることを信じている」と歓迎の辞を述べると、溥儀は「天皇が神武天皇の八紘一宇《はっこういちう》の精神に基づいて東洋の和平と人類の幸福のために努力している」ことを讃えた。

溥儀は『わが半生』で〈つづいて裕仁天皇は立ち上がり、テーブルの上の三つのもの、すなわち剣・銅鏡・勾玉、いわゆる天照大神を代表する三種の神器をさして、私に説明した〉とあたかも天皇から「三種の神器が贈られた」かのように記している。この記述は本当なのか。前述したように、宮内省も日本政府も、満州国が天照大神を祖神とすることに、極めて消極的であり、事前交渉に当たった吉岡安直は、御神体（御霊代）とする鏡は京都の鏡師に製作を依頼して帰国している。

溥儀はさらに三種の神器を見た感想を〈私は心のなかで思った。北京の瑠璃廠（骨董屋・古本屋などの多い町）へ行けばこんなものはいくらでもあると聞いている。太監が紫禁城から盗み出したこまごましたものをどれ一つとっても、これよりは値うちがある。これが神聖不可侵の大神なのだろうか。これが祖宗なのだろうか。帰りの車のなかで、私は泣けてくるのを押えられなかった〉と記すのである。

しかし、事実はこの宮中晩餐会の最後に侍従長百武三郎が「土産品」として「太刀一振りと屛風一双を贈る」との目録を読み上げただけである。天皇が溥儀にお土産として贈った太刀も「剣」ではない。剣は両刃、太刀は片刃であり、天皇が溥儀に贈ったのは太刀である。この太刀を「神剣」とするかどうかは「溥儀の随意にする」ということが、事前に来日した吉岡安直との間で合意されていた。

前述したように『わが半生』は戦後、撫順戦犯管理所で徹底的な「思想改造教育」を受ける中で書いた「自己批判書」である。「建国神廟」の創建について溥儀は「自らの意思ではなかった」ことを強調するために、事実を歪曲して記したのだろう。彼が切望していた「御霊代」の拝受には、天皇も否定的であることを吉岡に聞かされ、溥儀はそれに代わるものの拝受を切望し、それが「太刀一振りと屛風一双」となったのである。

溥儀は翌二十七日午前、大宮御所に貞明皇太后を訪ねた。このときも溥儀はまず「日満両国一徳一心の趣旨により、満州に天照大神を奉じ、建国神廟を建立いたしたく念願しております」と切り出している。溥儀は「お別れするとき、ぜひ再び拝顔したいと申し上げましたが、それが今日実現して欣喜の至りです」と再会を喜び、五年前の訪日の際の想い出を数時間にわたって語り合った。筧克彦博士の「惟神道《かんながらのみち》」を信奉する皇太后も溥儀の建国神廟建設の意向には、一切コメントしていない。

溥儀は二十九日昼過ぎ、赤坂離宮と庭続きの秩父宮邸に風邪気味という秩父宮を見舞った後、秩父宮妃勢津子を同伴し、再び大宮御所を訪問した。貞明皇太后が溥儀のために午餐会を開いたのである。高松宮夫妻、三笠宮夫妻も先着していた。献立は純日本式だったが、溥儀には楽しい食事となった。食卓を囲んだ楽しい団欒が終わると溥儀は第一回の訪問時を思い出すように、皇太后を散歩に誘った。部屋から庭に降り立つとき、秩父宮妃が溥儀の帽子を、高松宮妃が手袋をとって溥儀に手渡した。溥儀は皇太后の腕をとり、坂道にかかると歩をゆるめ気を配った。

庭内の衆芳亭では川合玉堂《かわいぎょくどう》画伯が、赤毛氈《もうせん》の上に画仙紙をのべ溥儀の前で絵筆を振るった。川合画伯はまず川沿いの水田に田植えの風景を描いて見せた。豊葦原瑞穂国《とよあしはらのみずほのくに》を象徴する絵である。溥儀はそこに富士山を書き込んでもらった。皇太后は両国の皇族の交流の証として、すでに帝室林野局が満州国でも育つようなエゾ松、トド松などの苗木約二〇〇本を選びだし、小樽経由で新京へ送り出していた。苗木の大部分は新宮殿造営の予定地に移植されることになっていた。別れの時間がきて、車寄せから車に乗ろうとしたとき、溥儀はドアの前に立ち尽くし、高松宮に促されてようやく車に乗り込んだ。見送る皇太后に黙礼する溥儀の目はうるんでいた。

三月に次女嫮生を出産したばかりの溥傑の妻・浩は、溥儀の来日を日本で迎えようと帰国の予定を延ばし、「東京でお目にかかって帰国したいと思います」と事前に溥儀には手紙で知らせてあった。指定された時間は二十七日朝だった。浩は指定された時間に慧生を連れて赤坂離宮に行く。しかし、なぜかその予定はキャンセルされ、浩は溥儀に会うことはできなかった。溥儀も浩たちと会うのを楽しみにしていた。しかし翌日の新聞には「皇弟溥傑浩夫人は陛下の特別の思召しで謁を賜った」との記事が掲載されたのである。

不審に思った溥儀は侍従に浩たちは来たかどうかを確かめた。侍従は「確かに控えの間でお見掛けしました。（吉岡）御用掛が御断りになったのではないでしょうか」と遠慮がちに言った。浩は〈（溥儀に）おつきしてきた関東軍のY大佐（筆者注：吉岡大佐）の横槍が入って、皇帝へお目にかかることすらできなかったのである〉（『流転の王妃』）と記している。吉岡の真意は定かではないが、この一件はその後の浩の吉岡に対する不信感を増幅させることになる。吉岡はふたり目こそ男児が生まれて欲しいと強く願っていた。しかしふたり目も女の子だった。その失望感がこうした行動になったのだろうか。

帰国後、溥儀は浩に会うと「誠に不可解なことだ。内々でも血をわけた姪たちに合わせて欲しいと頼んであったのに、（浩の）お訪ねがありませんと言って会わせてくれなかった。会えるつもりでお土産まで用意していったのに……」と残念そうに言い、日本に持参した土産品を浩に手渡した。〈見事な翡翠をくりぬいた、何百年も清朝に伝わったという因縁ある指輪や、玉の飾りものを下さったのだった〉（同）。

七月二日、東京を出発した溥儀一行は京都に向かった。京都に一泊した溥儀らは三日午前九時半、宇治山田に向かって出発し、同駅に着くと直ちに皇大神宮に向かった。皇大神宮参拝は二回目の訪日の中で最も重要な行事であり、溥儀の拝礼は鄭重を極め、神楽を奉納した。拝殿には別行動で来日していた韋煥章《いかんしょう》外務局長官が先着し、京都の鏡職人が製作した「神鏡」を持参していた。三月に事前打ち合わせに来日した吉岡安直が宮内省などに下賜を断られ、京都の鏡師、山東真一に製作を依頼していたもので、新築の建国神廟に納められることになる神鏡である。『満洲国史・総論』によると、神鏡は「直径一〇寸（約三〇センチ）の白銅の円鏡」だった。神楽殿で祝詞の上奏がありお祓いの儀式が行われた。

七月四日には溥儀一行は神武天皇陵の畝傍《うねび》山東北陵に拝礼、続いて官幣大社橿原神宮《かしはらじんぐう》に参拝する。七日、神戸港からお召し艦「日向」に乗り込み、帰国の途についた。出港前、見送りの接伴員を前にして「天皇陛下の大御心と平素、私が抱いている精神とは完全に一致する。貴国一億の国民の精神と満州国四千万の民の精神とも完全に一致する」と述べ「日満は一徳一心だという信念に基づいて接伴してくれた」と感謝の辞を述べた。「日向」は十日朝、大連港に入港し、溥儀一行がお召し列車で新京に着いたのは同日夕のことである。

建国神廟の建立

溥儀が新京に戻った翌十一日、臨時国務院会議が開催され、「建国神廟創建案」が上程された。国務院会議には張景恵総理以下各大臣が出席した。創建案は次のような内容である。

（一）天照大神を皇帝が奉祀する
（二）そのため建国神廟を建立する
（三）国本奠定詔書《こくほんてんていしょうしょ》を渙発する

（四）摂廟として建国忠霊廟を創建し建国に殉じた忠霊を祀る
（五）組織法（筆者注：憲法）を改正し、皇帝の祭祀に関する条文を加える
（六）祭祀府を設け官制を定める

張景恵総理はこの議案を低い声で読み上げ、決然たる口調でこう言い切った。
「これは皇上の御発議である。皇上の御発議に対して反対する者はあるまい」
各大臣は黙ってうなずいた。建国神廟の創建を謳う国本奠定詔書とこれに伴う諸議題は国務院会議を通過し、翌十二日の参議府会議も異議なく通過して確定した。

新たに設けられた祭祀府の総裁には参議府副議長の橋本虎之助が、副総裁には沈瑞麟が就任する。橋本は陸士一四期生。日露戦争では乃木希典大将の騎兵衛兵長だった。一九三三年（昭和八年）、陸軍中将となり関東憲兵隊司令官、関東軍参謀長、陸軍次官などを歴任した軍人だが、近衛師団長を務めているとき二・二六事件が起き、その責任をとって予備役に編入され、その後、満州国参議府副議長となった。

天照大神を祀る建国神廟鎮座祭は同十五日午前一時五十分から執り行われた。真夜中の式典である。神廟は帝宮の内庭に南向きに建てられ、白木造りの社殿の前に拝殿があった。拝殿の前には政府高官、関東軍参謀長以下高級参謀、満鉄や満州国協和会の幹部などの席が設けられていた。出席者は沐浴したうえで日満それぞれの礼装に身を固め、玉砂利を踏みながら廟内に入った。続いて日本の神官が着る冠や衣に、満州的な要素を取り入れた神官姿の橋本虎之助祭祀府総裁、沈瑞麟副総

裁が入場する。

午前二時三十分、梅津美治郎関東軍司令官が上段に着席すると、帝宮と境を接している扉が開かれ、陸軍軍装に身を固めた皇帝溥儀が姿を見せ梅津司令官と並んだ。一五〇名を超える参列者は一斉に頭を下げた。橋本総裁の先導で溥儀は神廟の外門まで進んでお祓いを受けた後、告文を読んだ。読み終わった瞬間、神殿内外の灯りは一斉に消され、一瞬の暗黒があった。この瞬間に「天照大神の神霊が鎮座した」というのである。

溥儀は鎮座祭が終了した直後に、神廟の敷地の拡大と鳥居の建設を命じた。敷地は当初の約一〇〇〇坪から一万坪に拡張され、鳥居は帝宮から見えるように、という溥儀の意向に沿って神廟と不釣り合いなほど巨大なものが建立された。この鎮座祭に列席していた国務院総務庁弘報処長の武藤富男は〈日本古来の宗教が異国に入って変容して行く有様を目のあたりに見た〉（『私と満州国』）という。

武藤は自分の職責もあり、国民の反応を調べてみた。「日系人の大部分は驚きをもってこれを迎え、ある者は意識の混迷を感じたようである。天照大神は日本国民の先祖であり、異民族に祀られるのは筋違いではないかと考える者もあり、また天照大神は日本人だけのものではなく、異民族にも入って行き、尊ばれる方ではないかと受け取る者もあった」というのがその結果だった。

建国神廟鎮座祭の準備と並行して溥儀が国民に発表する「国本奠定詔書」の準備も進んでいた。その原案を書いたのは、五年前の第一回の日本訪問後に発表された「回鑾訓民詔書《かいらんくんみんしょうしょ》」の下書きをした漢文学者の佐藤胆斎である。「回鑾訓民詔書」では、「そこまで日本に媚びるのか」と反発した当時の国務総理鄭孝胥は溥儀の反感を買い、辞任に追い込まれている。「国本奠定詔書」は「回鑾訓民詔書」と表裏一体をなすものであり、溥儀の日本皇室に対する思いが率直に表現されている。これも武藤富男の『私と満州国』から読み下し文を引用する。

朕はここに謹んで建国神廟を立て、国の本《もとい》を永遠に奠《さだ》め、国の綱を無窮に張るがため、汝ら国民たちに詔《みことのり》して言う。わが国は建国以来国家の基礎は固く、国運ますます興り、蒸々（進歩、向上の意）として日に隆治に向かって登り来たった。その淵源を仰ぎこの大いなる実践（丕績）を思うと、これは皆天照大神の神庥《しんきゅう》、天皇陛下の保佑に頼らないものはない。それ故に朕はさきにみずから日本皇室を訪い、真心をつくして感謝申しあげ、ありがたくおし頂く思い（感載）はいよいよ重く、汝ら皆の者に対しみことのりして一徳一心の義をもってした。その意味は深い。この度、恭々しく東に渡り、紀元二千六百年の慶典を祝し、親しく皇大神宮を拝し、回鑾の吉日、謹んで建国神廟を立て、天照大神を奉祀し、これに崇敬を尽くし、身をもって国民の福祉を祈り、式して永典とし、朕が子孫をして万世謹み承け、無窮に誡あらしめることにする。（以下略）

原案を書いた佐藤胆斎は「この詔書の神髄は『天照大神の神庥、天皇陛下の保佑に頼らないものはない』という部分にある」と武藤に説明した。武藤が「神庥の庥はどういう意味ですか」と問うと、佐藤は「これは人が木の陰に休んでいる姿を示す文字ですよ。日本語で言えば『おかげ』という意味です。天照大神のおかげ、天皇陛下のお助けというわけで、佑の字は『てんゆう』の佑です」と説明した。わかり易く言えば「満州国が隆盛の一途をたどるのはすべて天照大神のおかげ、天皇のたすけによる」ということである。溥儀はこの部分だけを残して、後はすべて書き換えた。

武藤はこの日の午後七時、新京放送局から全満州国と日本に向かって「国本奠定詔書」の要旨を解説し、この詔書は「溥儀皇帝の本願から出ている」と放送し、こう締めくくった。「皇帝は肉体によれば愛新覚羅の子孫ではあるが、精神においては万世一系の皇統につながるものであり、この度のことにより、皇帝は日本の皇室の養子となったものと言いうる」。

溥儀は以後、毎月一日と十五日の二回、関東軍司令官や官吏たちとともに必ず神廟に参拝した。神廟の前を通り過ぎるとき、人々は九〇度のお辞儀をするようになった。当時の在満日本人は約一二〇万人。各地に建てられた神社は一五四社に達した。これらの神社の祭神はほとんどが天照大神だったという。満州国軍も「建軍の本義」を神道に求めることになり、部隊などにも拝礼殿を設け、日本式に礼拝させた。各種の祭礼では日本式の捧《ささ》げ銃《つつ》やラッパ吹奏のほかに必ず祝詞が朗読される。


溥傑の妻・浩が、二歳になった長女慧生と生まれたばかりの次女嫮生を連れて新京に戻ったのは「建国神廟」を巡る騒ぎが始まったばかりの六月末のことである。溥傑は奉天の軍官学校の教官をしており、新京の自宅に帰宅するのは土曜と日曜だけで、浩はふたりの娘の世話に明け暮れていた。

ある日、帰宅した溥傑は「建国神廟」に対して極めて批判的な言葉を浩に漏らした。

「〝かけまくもかしこきあまてらすおおかみ〟から始まる祝詞は、日本に留学し、日本語を知っている自分ですら難解だ。まして風俗や信仰もちがう満州国軍の日本人以外の兵隊には、チンプンカンプンで何のことやらさっぱりわからない。それを覚えないからといって、日本人の下級幹部がなぐったりけったりする。日本軍の兵隊でも〝軍人勅諭〟を覚えるのに非常に苦労する。まして満軍の兵隊に、祝詞を覚えさせようとするなど、はじめから無理な話なんだ」

浩は溥傑以上に否定的だった。

「溥儀皇帝が日本の皇室を尊敬するのは有難い話ですが、だからといって皇室と満州国帝室が同じ天照大神から出ているというのは余りにもこじつけではありませんか。日本人は神道を尚《たっと》ぶから、外地に落ち着くと神社や神宮を作って敬うことが多いが、満州国はその上にさらに建国神廟を創建したのです。在満居留民は喜ぶかもしれませんが、他の民族はどう思うでしょうか」

浩はさらに溥傑に言った。

「私は愛新覚羅家に嫁入りして、今は満州国人です。たとえ日本人であっても、愛新覚羅家が天照大神を祀ることには反対です」

それを聞くと溥傑はあわてて「浩さん、そんなことを絶対に人前で言ってはいけないよ」と厳しい口調でたしなめた。


溥儀はなぜここまで天照大神を祀る「建国神廟」にのめり込んでいったのか。この年の五月、国務院経済部次長となった日系官吏の古海忠之は「皇帝溥儀のこの純粋な気持ちの裏には隠された狙い、考え方があった」とこう分析している。

〈(溥儀は)日本皇室を巧みに利用することにより、もし皇帝が天皇陛下と精神一体であると認められるならば、自分の前に立ち塞がる邪魔者と思われる関東軍および日系官吏どもも何事も言い得ず、自分に従い、皇帝の地位は安泰となるという思惑があったことは否み得ない事実であった。建国神廟の創建は、以上の考え方の仕上げというべきものであった。(略)元来、建国神廟の創造を提唱し、その実現を図ったのは関東軍であった。そして溥儀を利用した積りで、利用されたのも関東軍であった。（略）誠に困った問題だと考えても反対することはできなかった〉（『忘れえぬ満洲国』）

古海が指摘するように、溥儀の行動の裏には「強靱なしたたかさ」があったのである。

ひとときの平安

溥儀が建国神廟を創建し、日本の天皇家との「究極の一体化」という〝幻想〟を抱くようになった要因の一つに、当時の国際情勢が大きな影響を与えていたと思われる。満州国皇帝と日本の天皇の運命は共通の基盤の上にあったのである。

一九四〇年（昭和十五年）七月、ドイツとの提携と南進政策に消極的だった米内光政内閣が陸軍の圧力で倒れ、第二次近衛文麿内閣が成立する。近衛内閣の打ち出した「大東亜新秩序の建設」は中国大陸だけでなく、米英蘭の植民地である南方（東南アジア）も日本の支配下に入れ米英との戦争も辞さないという政策であった。

同年十月、近衛を総裁とする「大政翼賛会」が発足、複数政党制は解消し、議会はすっかり無力となった。四一年になると学校教育も小学校が国民学校と改められるなど軍国主義の色彩が一段と濃厚になっていく。満州国での建国神廟の創設をはじめとするこの前後の一連の動きは、こうした日本の新体制へ連動していたとみてもよい。

第二次近衛内閣で外相に就任した松岡洋右《まつおかようすけ》は、ドイツ、イタリアと交渉を進め九月二十七日、日独伊三国同盟を締結した。東アジアにおける日本、ヨーロッパにおけるドイツ、イタリアの指導的地位を互いに認め合い、日中戦争とヨーロッパの戦争に加わっていない国から同盟国が攻撃を受けた場合、政治的、経済的、軍事的に援助し合うという同盟である。もちろん、独ソ不可侵条約を結んでいるソ連は除かれる。アジアとヨーロッパに新しい国際秩序を建設することをめざす三国の結束は一段と強化された。

日独伊三国同盟を結んだ松岡外相が「親善訪問」という名目でヨーロッパに旅立ったのは一九四一年（昭和十六年）三月十二日である。ローマでムッソリーニ首相と会談し、ベルリンではヒトラー総統から大歓迎を受けた。帰路、モスクワに立ち寄って松岡はここでも大歓迎を受ける。そして四月十三日、松岡は日本に向けてシベリア鉄道に乗り込む時間を一時間延ばしてスターリン書記長に会った。スターリンは松岡に世界をあっと驚かす「日ソ中立条約」を提案し、一挙に調印にこぎつけたのである。スターリンは帰国の途に就く松岡を駅頭で見送り、松岡の肩を抱きしめた。

「日ソ中立条約」はドイツとの戦争に備えてソ満国境を安穏にしておこうというスターリンのしたたかな計算によるもので、〝スターリンの謀略〟ともいってよい。松岡はソ連側の戦略的意図にどこまで気づいていたのか。六月二十二日、ドイツ軍は一五〇個師団という大軍団を動員、不可侵条約を結んでいたソ連領内に雪崩込《なだれこ》む。ドイツ軍は一気にモスクワに迫る勢いで、世界の耳目は独ソ戦に向けられた。ソ満国境に配備されていたソ連軍兵士の多くがヨーロッパ戦線に移動する。満州国に対するソ連の北方からの脅威は極めて小さくなったのである。

日本国内ではこれを機に、満州国の関東軍を増強し、ソ連に侵攻すべきだという声と同時に「南進論」に火がついた。このチャンスに南方に進出して蘭印（オランダ領東インド・現インドネシア）の石油を確保すべきだ、という声である。七月二日、「南方進出の歩を進め、また情勢の推移に応じて北方問題を解決する」ことを骨子とする「情勢の推移に伴う帝国国策要綱」が御前会議で決定する。

ただちに「関東軍特殊演習（関特演）」という名目でソ連との国境に近い北満州に約七〇万人の大軍を動員するとともに、七月二十八日には南部仏印（南部ベトナム）進駐を始めた。南方の石油、ゴム、鉄などの資源を確保するため「南方に歩を進めた」のである。米国はこれに対抗し、在米日本資産の凍結、対日石油輸出の禁止を断行し、イギリス、中国、オランダと協力し、対日経済封鎖を強めた。

米国との緊張が高まり、一方で独ソ戦が激化しソ満国境でのソ連の脅威が減少すると、関東軍は満州全土には「静謐保持《せいひつほじ》」を命じる。ソ満国境でソ連軍への刺激をできる限り避け、南方に兵力を注力しようとしたのである。緊迫する世界情勢をよそに満州には束の間の平穏な時間が流れた。

こんなとき、北京の溥傑の父、醇親王・載灃から長女慧生を連れてぜひ遊びに来て欲しい、との連絡があった。溥傑・浩夫妻は同年八月、溥傑の夏休みを利用して北京を訪れる。溥傑と浩はこの春、載灃の六十歳の誕生祝いに北京を訪ねており、浩にとっては二度目の北京訪問だったが、今回は慧生を連れて遊びに行く、ということで気軽な旅となった。

溥傑・浩夫妻はまだ一歳の次女嫮生を新京の自宅に残し、三歳半になる慧生とたまたま日本から来ていた浩の妹・幹子を伴い、北京に旅立った。溥傑は家族を連れて里帰りするのは初めてとあって親戚一同にお土産を用意した。載灃の自宅は北京の北にあり北府と呼ばれており、溥儀・溥傑兄弟が生まれた家でもある。溥傑たちが白大理石の唐獅子がある第一の門に入ると、一〇〇人を超す召使が土下座して迎え、一斉に三跪九叩の挨拶をする。〈それは壮観なもので、衰えたりとはいえども清朝宮廷の名残をしのばせるに充分な光景〉(『流転の王妃の昭和史』)だった。

溥傑家族はこの邸で載灃に挨拶した。赤い毛氈を敷いた御前に歩み出ると、浩はひざまずいて一跪三叩の礼をする。慧生も浩を見習って中国語で「おじいさま」と呼び掛け、左足を折って右膝の上に両手を揃え、母と同じように挨拶した。幼いながら慧生も緊張気味だった。「エコちゃん、固くならずにお笑いなさい」と浩が声をかけると、慧生は子供らしくニッコリと笑った。「なんと可愛い子だろう」。載灃は目を細め慧生を抱き上げた。彼にとっては初めての内孫だったが、一家は北京と新京に分かれて暮らしており、なかなか肉親に会えない。慧生に会ってひときわ感慨深げだった。

慧生は請われるままに中国語で歌をうたった。「日本語で歌ってお聞かせなさいよ」と浩が言うと、同じ歌を今度は日本語で歌った。載灃はうれしそうにまた慧生を抱き上げた。溥傑は北京滞在中、毎朝、食事が終わると父・載灃と散歩した。その度に溥傑は「いつになったら昔のような静かな生活に戻れるのだろうか」と思った。溥傑は浩と慧生を連れ紫禁城(故宮)に遊びに行った。慧生は壮大な宮殿に魅せられ、とくに許されて、かつて西太后が座っていた椅子に座って写真を撮ってもらった。

溥傑は浩、慧生と三人で紫禁城を歩きながら、〈故宮で勉強していた頃の生活、外国へ脱出を図ったこと、文物を運びだしたことなどを思い出していた。歳月は無情で、数年が経ち、私たちは二人とも紫禁城を離れた。溥儀は皇帝になり、私も「満州国」の将校になったが、日本の庇護の下にあり、清朝復興の夢はいつ実現できるのだろうか。こう思うと心が重苦しくなった〉（『溥傑自伝』）という。

溥傑一家にとっては心安らぐ夏休みとなったが、北京市内のあちこちに立つ日本の歩哨兵の姿を見ながら、溥傑はひしひしと押し寄せる時代の暗黒を感じ取っていた。

第七章

原爆、ソ連侵攻そして天子蒙塵

日米開戦と李香蘭

一九四一年（昭和十六年）七月十八日、第三次内閣を組閣した近衛文麿首相は九月六日の御前会議に「米英に対して戦争準備をし、これと並行して日米交渉を進める」との議案を提出、和戦両睨《にら》みで日米交渉を進めようとした。しかし交渉はすぐに行き詰まって退陣する。近衛に代わって十月十八日に組閣したのが近衛内閣の陸軍大臣、東條英機だった。日本の南進政策に不信感を抱く米国は国務長官のコーデル・ハルが十一月二十六日、日本の駐米大使・野村吉三郎を呼び、一〇項目からなる「ノート」（通告）を手渡した。

内容は、それまで日米間で積み上げてきた交渉をすべてご破算にし、新たに「日独伊三国同盟を破棄し、中国およびインドシナから即刻一切の兵力、警察力を撤収せよ」と一方的な要求を書き連ねてあった。日本の政策を全面的に否定し、日本側の拒否を見越した内容である。翌二十七日、宮中で開かれていた「大本営政府連絡会議」に「ハル・ノート」が届くと出席者から「これは宣戦布告だ」との声が一斉に上がった。国民総生産は日本の一二倍、自動車保有台数は一六〇倍、石油は七二一倍の国を相手にした戦争が始まる。ちなみに、大本営政府連絡会議とは、日中戦争の火蓋を切った盧溝橋事件の後、政府と大本営（陸海軍の最高統帥機関）が意思の疎通、統一をはかるため一九三七年十一月に設置された協議機関である。

十二月八日未明（日本時間）、日本海軍の空母六隻から飛び立った一八三機の艦載機がハワイ・オアフ島の真珠湾を攻撃、南方軍の第二五軍（山下奉文《ともゆき》司令官）が英領マレーのコタバルに上陸したのは同日午前一時三十分。真珠湾攻撃より二時間近く早かった。日米（ならびに英蘭）は戦争に突入した。二五軍はタイ領内のシンゴラ、パタニにも相次いで上陸した。南方軍の狙いは、マレー半島を南下し、英国の最大のアジア軍事拠点であるシンガポールを背後から攻略することにあった。シンガポールを奪取すれば蘭印（現インドネシア）の石油をはじめとする資源が日本の手に入る。

満州国国務院の弘報処長、武藤富男が非常電話で呼び起こされたのは八日未明である。国務院地下室の無線傍受掛が「日本海軍は本日未明、ハワイ真珠湾のアメリカ太平洋艦隊を襲撃した。アメリカ側の損害は大きい」との無線を傍受していた。武藤は国務院庁舎に駆けつける。すぐに日系、満系を問わず次々と幹部職員が集まってきた。溥儀はこの朝、帝宮の敷地内にある建国神廟で祭祀府総裁の橋本虎之助を筆頭に、国務総理張景恵、総務庁長官武《たけ》部《べ》六蔵《ろくぞう》、帝室御用掛の吉岡安直らとともに日本の戦勝祈願の参拝をする。

午後には「御前会議」が開かれ、溥儀は「大東亜戦争に関する詔書」を読み上げた。

「盟邦大日本帝国天皇陛下、茲《ここ》に本日をもって米英両国に戦いを宣せらる。明詔煌々として懸りて天日にあり。朕は日本天皇陛下と、精神一体の如し。爾衆庶も亦其の臣民とともにみな一徳の心あり、夙《つと》に分離すべからざる関係を持し、固《もと》より共同防衛の義を結ぶ。死生存亡、断じて携を分かたず。爾衆庶みな宜しく克《よ》く朕が意を体し、官民一心、万方一志、国人を挙げて奉公の誠を尽くし、国力を挙げて盟邦の戦いを援け、もって東亜戡定《かんてい》の功を輔《たす》け、世界の平和に貢献すべし」

以後、溥儀は訪ねてくる日本の要人たちに会うと「日本と満州国は一体不可分の関係、死生存亡の関係にあります。私はかならず国力をあげて大東亜戦争の最後の勝利のため、日本を盟主とする大東亜共栄圏のため、あくまでも奮闘します」となめらかな口調で話すようになる。

十二月八日、マレー半島のコタバルに上陸した日本軍（第二五軍）は、歩兵の大部分に自転車を配備した〝銀輪部隊〟によって英国軍を追撃しつつ南下し、年が明け一九四二年（昭和十七年）一月三十一日にはシンガポール対岸のジョホールバルに到達する。二月八日にはシンガポールに上陸、二月十五日にシンガポールを占領しイギリス極東軍を降伏させた。シンガポール陥落の報道で溥儀は興奮に酔った。

〝マレーの虎〟とも呼ばれた山下奉文司令官は開戦直前の四一年（昭和十六年）七月に新京に新設された「関東防衛軍」司令官となり満州国の治安確保に当たり、同年十一月にその隷下に第五師団、一八師団、近衛師団を持つ二五軍司令官に就任したばかりだった。関東防衛軍司令官時代はわずか四ヵ月間と短かったが、皇帝溥儀にしばしば進講し、ふたりは将来の世界観で意気投合していた。その山下将軍がシンガポール攻略で英国軍司令官、パーシバル中将に「イエスか、ノーか」と無条件降伏を迫ったという情報は溥儀にもすぐに伝えられ、溥儀を恍惚とさせるのに十分だった。溥儀はすぐに山下に祝電を打った。


溥儀は御用掛の吉岡を毎晩のように電話で呼び出し、その興奮を伝えた。吉岡はそのころ少将に昇進、関東軍参謀副長と満州国大使館付き武官、関東防衛軍参謀長を兼務していた。吉岡の住む官舎は、彼のざっくばらんな性格もあっていつも来客で賑わっていた。

吉岡は溥儀からの呼び出しがあると、来客中でも「宮仕えはつらいのう」とまんざらでもなさそうに迎えの車に乗り込んで、溥儀のもとに参上した。溥儀の興奮は吉岡の興奮でもあった。吉岡はそうした溥儀との交流を気さくに誰彼となく語った。吉岡の妻、初子は戦後、往時のことを振り返りこう語っている。
「何かの用事で休んだり、病気で休んだりしたときは、必ず皇帝から電話があったものです。皇帝じきじきのお電話のために、電話口に出た女中をたいへん恐懼させたものでございます。武骨な主人など、もっと軍人らしい仕事につきたいなどと申したほどでございますが、皇帝が吉岡、吉岡といわれるので、一生懸命になっていたようでございます」（「週刊新潮」一九六一年十月九日号）

このころ、吉岡は「李香蘭《りこうらん》を守るファンクラブ」の後援会長を務めていた。李香蘭こと山口淑子《やまぐちよしこ》は、一九二〇年に奉天で生まれた、国策映画会社「満映」（満州映画協会）の専属女優だ。類まれな美貌と透き通った歌声で〝中国人女優〟として絶大の人気を誇った。戦争が終わると、中国で、漢奸《かん》裁判（日本に協力した売国奴を裁き処刑する）にかけられたものの辛くも逃れ、帰国。戦後は山口淑子として女優、政治家として活躍し、その半生は「劇団四季」でミュージカルになったが、二〇一四年に波乱の生涯を閉じた。

李香蘭は、日本や中国各地の公演旅行などから新京に帰るたびによく吉岡邸に泊まり、〈家族の一員のような生活を送り、中将（筆者注：当時は少将）の人間的な側面をかいまみたものである〉（『李香蘭　私の半生』）という。李香蘭によると、吉岡家で開かれるパーティには溥傑・浩夫妻だけではなく溥儀・溥傑の妹たちや張景恵総理夫妻などもよく集まった。こうしたとき、李香蘭も吉岡夫人・初子と一緒に台所に立ち、夫人の料理を手伝った。吉岡家の料理には〝海燕《うみつばめ》の巣〟だけは途切れたことがなかった。海燕の巣はもともと中国南方の特産物で、当時は宮廷でもなかなか手に入りにくくなっていた。

吉岡家に貴重な海燕の巣を送ってきていたのは、シンガポールに進駐した山下奉文だった。山下は新京での溥儀皇帝や吉岡との思い出を忘れられず、現地から軍務託送便として海燕の巣を送ってきた。〈いつも米俵二つ分がドーンと届いて、一つは溥儀皇帝宛の宮中への進物、もう一つが、吉岡中将宛だった〉（同）。吉岡は溥儀から電話で呼び出しがあると、パーティの最中でも絹の中国服に着がえてぶらりとでかけた。その服は溥儀が「夜分の参内はこのほうが楽だから」と下賜したものだった。

吉岡は宮廷から戻ると「いや、実は陛下が詩吟を所望されたので、ひとうなりお聞かせしてきたんじゃ。ひとつやってみせようか」と李香蘭たちの前で蛮声を張り上げた。吉岡が好んで歌うのは「男なら」だった。豪傑肌の吉岡が、ひどくしんみりして彼女に言ったことがある。「皇帝陛下は立派なかたじゃ。皇后さまがアヘンのため気がふれておられるのがお気の毒でのう。陛下はおさびしいのじゃよ」。初子夫人にも「陛下はお気の毒だ」としばしば漏らし、夜ひとりで深いため息をついていることもあった。いずれにしても「シンガポール陥落の夜」は溥儀も吉岡も、日ごろの憂さを吹き飛ばし、手を取り合って喜びを分かち合う一夜だったのである。

李香蘭は〈吉岡中将は、実際に溥儀皇帝と弟の溥傑さん一家のことを心から心配していたと思う。もちろん、そうは言っても中将は関東軍参謀を兼務していたので、あくまで軍の方針の範囲を越えることはできなかったと思うが、それだけに軍の意向と皇帝一家の板ばさみにあって悩むことも多かったらしい〉（同）と吉岡の立場を振り返っている。

〝馬賊の英雄〟張景恵

この年、満州国は建国一〇周年を迎えていた。一九四二年三月三日、溥儀は国務総理、張景恵を「特別大使」として裕仁天皇への親書をもたせ日本に派遣することにした。張総理には交通部大臣・阮振鐸《げんしんたく》ら満系四名、国務院総務庁次長・松木俠《まつきたもつ》ら日系四名が随員として同行することになった。日系官吏の末席に総務庁弘報処長の武藤富男も選ばれた。一行は三月十日、新京を出発、大連出港の日満連絡船で神戸に向かう。

武藤は、張景恵総理とは公式の席での交流はあったが、個人的な場での張という人物に興味があった。張景恵は満州北部の貧しい農家に生まれ、日露戦争前後の群雄割拠の時代に張作霖と並ぶ馬賊の英雄と言われた人物である。国務総理に就任したころ、彼は文字も読めないのではないか、との噂もあったくらいである。武藤は船の食堂で食事をする際の彼のマナーに注目していた。〈驚いたことに、彼のナイフ、フォークのさばきは、純英国式で、一点の隙もないものであり、スープの取り方、ナプキンの使い方に至るまで、優雅〉（『私と満州国』）で、武藤の張総理に対する敬意は一段と高まった。

三月十五日午前、日本の国賓として神戸港に上陸した張特使団一行は、沿道で神戸市民が日満両国旗を振って迎える中を神戸発の寝台列車で一夜を明かし、翌朝八時すぎ、東京駅に着いた。駅頭に出迎えたのは東條英機首相以下の閣僚全員。さらに杉山元参謀総長をはじめとする陸海軍の首脳や貴族院、衆議院の議長、枢軸諸国の外交官、駐日満州国大使以下大使館員らがプラットホームを埋めていた。張総理は東條首相らと固い握手を交わした。宿舎の帝国ホテルに向かう沿道にも約二万人の市民が日満両国旗を振って一行を迎えた。

三月十七日午前十時、宮中からの使者が六台の宮廷車で特使団を迎えに来た。張総理は使者とともに乗車、随員たちは五台に分乗して二重橋を渡って皇居に入った。皇室の賓客として迎えられた張総理は満州協和会の礼装姿（協和会は建国時、自治指導部として発足したが、このころは国家総動員体制をになう官民一体の組織となり、溥儀が名誉総裁だった）で、すでに拝受している旭日桐花大綬章を佩用《はいよう》して天皇に拝謁し、溥儀皇帝の親書を手渡した。裕仁天皇は海軍礼装だった。天皇、皇后が主催する午餐会には随員全員、同席を許された。午餐会が終わると天皇は張総理と並んで「牡丹の間」に入る。張総理はここで天皇の御下問に応えた。

張総理は天皇との会見を終え、別室で随行員たちにその内容を説明した。以下はその要約である。

天皇「貴国では日系官吏の数が増加しつつあると聞くが満系官吏との折り合いはどうか」

張総理「どこの分野でも両者は仲良く互いに協力して働いています。現在、官吏養成の学校として建国大学、大同学院などがあり、ここで日満の若者が教育を受けて送り出され、官吏として採用されますので、学生時代の同志が官庁にあって同胞として働いています。将来が楽しみです」

天皇「民族協和という言葉を聞いているが、満州の人々との協和はどうであるか」

張総理「民族協和は国是です。協和会の活動により、諸民族が団結し、兄弟として睦み合う国家を作ろうと努力しています。すでに日本語の中に満語が混入し、満語の中に日本語が入り込み、満州国独自の言語が出来つつあります。民族協和は一層進歩すると思います」

天皇「日本から入植した開拓民の数はどのくらいか。開拓民と現地の農民との関係は旨くいっているか」

張総理「開拓農家は四万八千戸、開拓民は一一万人を超えています。建国直後にはいろいろと揉め事がありましたが、現在は中央の機構も整備され、原住民と日本人移民との関係はたいへん良くなり、互いに仕事を助け合うところもあるようです」

張景恵総理は「天皇は私の回答に満足の御様子だった」と随行員に説明した。武藤は「天皇の御下問（の内容についての説明）はあらかじめ外務省や宮内省からなかったにもかかわらず、ポイントを逃さない答弁だった」と張総理の勉強ぶりに改めて感心した。張特使団の日本滞在は二週間だった。

話は変わる。特別大使として日本に向かう張景恵総理の随行員ではないが、その日本訪問に便乗して日本に帰国したのが、溥儀側近の工藤忠である。工藤はこの年満六十歳。前年一月一日付で侍衛処長の職を定年で退職し、宮内府顧問官という閑職に移っていた。この張景恵総理の日本訪問を機に、「一時賜暇」という形で妻とともに日本に引き揚げることにしたのである。新京を離れる二日前、溥儀に挨拶に行った。「戦争はいつ終わるかわからないが、きっとまた帰ってきてくれるであろうな」。溥儀は工藤のために別れの宴を催した。陪席したのは張景恵、外交部大臣兼参議の謝介石、侍従武官長の張海鵬らだった。

宴が終わって工藤が退出しようとすると、溥儀は工藤を呼び止め「工藤よ、これは朕がもっとも愛用したものである。記念としてこれを与える」といって、金ぐさりのついたスイス製の高級懐中時計を差し出した。「終生、肌身離さず、これを陛下だと思い、一生忠節を尽くします」。工藤は思わず目頭《めがしら》があつくなった。

工藤は帰国後は「溥儀の理想」を背後から支援するために日本で「署名運動」を起こそうという思いがあった。満州と中国北部を統一するには溥儀を北京の紫禁城に移さねばならない、ということである。そのためにはまず南京の蔣介石政権と和議を結ぶ必要がある。帰国した工藤はその第一歩として「支那問題解決に関する建白書」への署名活動を秘密裏に進めた。「蔣介石政権との和平交渉」を訴えるこの建白書には同年四月末までに頭山満を筆頭に当時の政界、学界、言論界、軍人など五〇名が署名している。

日本でも満州でも「勝った、勝った」と大騒ぎが続いていた四月十八日、米軍による初めての東京空襲が行われた。航空母艦から飛び立ったドーリットル中佐の指揮するB25陸軍爆撃機一三機が東京を中心に川崎、横須賀などを爆撃し日本側には死者約九〇人、家屋約三〇〇戸が被害を受けた。爆撃機は攻撃の後、中国大陸まで飛んで、浙江省の蔣介石の飛行場に着陸するという破天荒な東京空襲だった。

六月五日にはミッドウェー海戦で、日本の空母四隻が米軍の急降下爆撃機による捨て身の攻撃を受け、日本の空母は全滅する。当時、日本には六隻の正規空母があったが、そのうち四隻が海の底に沈んでしまったのである。しかし、軍はこの敗戦の事実をひた隠しにした。

一方、南方戦線では、日本本土防衛のためにサイパン島、テニアン島などのマリアナ諸島や南太平洋の島々に基地を築き、さらに遠く離れたガダルカナル島に上陸して航空基地を築こうとした。ガダルカナル島に日本軍基地が出来れば米国はオーストラリアとの輸送路が遮断される。米軍は七月二日にはガダルカナル島奪回作戦を開始し、八月七日には同島に上陸、あっという間に日本軍は追い払われ、同島は米軍の一大基地となった。

日本軍はその後、五ヵ月間にわたってガダルカナル島奪還に全力を挙げて取り組むが、制空権は完全に米軍にあり、十二月三十一日、「転進」という名目で完全撤退を決める。この攻防戦で日本海軍は艦艇二四隻を失い、八九三機が撃墜され、戦死者は約八二〇〇人、戦病死約一万一〇〇〇人に達したのである。戦病死の大部分は餓死だった。ガダルカナル島奪取を皮切りに、米軍は南太平洋の島伝いに本格的な日本への反攻を始めた。

譚玉齢の死の真相

南太平洋で米軍の反攻が始まり、ガダルカナル島の奪還作戦が始まったころ、満州では日本の勝利を確信して、平穏な時間が流れていた。そんな中で一九四二年（昭和十七年）八月十三日、新京の帝室では病気療養中だった溥儀の側室、譚玉齢が死亡する。十七歳で溥儀の側室となった譚玉齢はまだ二十二歳という若さだった。

第五章で触れたように溥儀は日本の降伏後、ソ連の捕虜となる。そして一九四六年八月、東京裁判にソ連側の証人として証言台に立つと、「譚玉齢は御用掛の吉岡安直に毒殺された」と狂ったように叫んだのである。溥儀は『わが半生』で譚玉齢の死因について次のように書いている。

〈彼女の死因は、私にとって今だに謎である。彼女の病気は、漢方医の診断によれば、腸チフスだということだったが、絶望的な症状と認められたわけではなかった。のちに、私の医師の黄子生《ホワンツーション》が市立医院の日本の医師を紹介して診療によこした。吉岡はこのとき「世話」をすると称して、異例にも宮内府の勤民楼に移ってきた。こうして、吉岡の監督下に、日本の医師が譚玉齢の治療を進めたのだが、なんと治療した翌日になると、彼女は突然死んでしまったのである〉

〈私はどうしても不思議に思うのだが、日本の医師は治療を始めたときには、非常に熱心に見え、彼女の身辺で看護し、注射をうったり、看護婦に輸血をさせたり、一刻も休まず走りまわっていた。ところが吉岡が彼をほかの部屋へ呼び、ドアを閉めきって長いこと何か話してからは、もうあまり熱心でなくなり、忙しく注射だの輸血だのをすることもせず、黙ってじっとしているようになってしまった〉

溥儀は譚玉齢の死は、吉岡が日本人医師に毒殺を命じたものではないか、との強い思いを抱くようになっていたのである。翌朝、溥儀が彼女の訃報を聞いたばかりのところへ、吉岡が関東軍司令官の代理として花輪を持ってきたことも溥儀の疑いを強めた。

「彼らはどうしてこんなに早く花輪を準備していたのか」

しかし、溥儀はそうした疑いを持っていることを吉岡らに漏らすことはなかった。

吉岡に毒殺を命じられたと溥儀が言う日本人医師とは誰なのか。

『溥儀　清朝最後の皇帝』などの著書がある作家・入江曜子は、宮内府秘書官・岡本武徳が書いた『青い焰の記憶　満洲帝国終戦秘録』に〈新京特別市民病院の橋本先生〉と記されていることを手掛かりに、その医師、橋本元文（当時・新京医科大学教授、新京市立病院内科医長）に直接に取材し、『貴妃は毒殺されたか』（新潮社）を出版した。以下は橋本が語った「譚玉齢死の直前の治療」の部分の要約である。溥儀が後に「吉岡が譚玉齢を毒殺した」と叫ぶ要因はどこにも見当たらない。

最初に吉岡が溥儀に推薦した日本人医師は、当時まだ九州大学教授で、翌年、市立病院長に就任する予定の小野寺直助である。小野寺は病院長就任を前に挨拶方々、新京を訪問中だった。小野寺の名前を聞き知っていた吉岡は溥儀に相談され、この小野寺ともうひとり、日本人医師を紹介した。

小野寺ともうひとりの医師は譚玉齢の病室の前まで行ったが病室の中には入ることが許されず、容体を聞くのもすべて侍女を通さねばならない。吉岡は溥儀を説き伏せ、小野寺らふたりの医師に通訳をつけ譚玉齢の病室に入ることが許された。診断の結果は肺結核が進行していた。いずれにしてもすでに手遅れの状態だった。

その結果は宮内府から溥儀にも報告された。吉岡や小野寺らふたりの日本人医師は午後八時すぎには帝宮から引き揚げた。小野寺ら日本人医師の診断結果に漢方医を中心にした侍医たちは納得できなかった。彼らの見立ては腸チフスであり、その診断にしたがって投薬を続けてきたのである。小野寺らの診断が正しければ彼らの誤診となる。

その夜九時すぎ、溥儀の侍医のひとり、黄子正は車で突然、新京医科大学教授・橋本元文の自宅を訪れ、手短にこれまでの経緯を話した。突然ではあったが、橋本はすぐに決断し、往診鞄を抱え、黄の車に乗り込んだ。帝宮に着き、取次を待っていると、そこに吉岡安直も駆けつけてきた。吉岡は小野寺医師を宿舎のヤマトホテルに送り届け帰宅した直後に、（侍医団が）別の日本人医師を迎えに行った、という連絡を受けたのである。吉岡と橋本は初対面だった。吉岡は若い橋本に「よろしくお願いします」と頭を下げた。溥儀のためにも譚玉齢をなんとか回復させたいという強い思いがあった。

橋本は診断の結果、即座に「結核性脳脊髄膜炎の疑い濃厚」と判断した。侍医団の診断結果は「腸チフス」である。橋本はその検査にレントゲンによる胸部撮影や採血による血液検査の必要性を侍医団に強調した。しかしその検査方法を告げられた侍医団は承知しなかった。貴人の背中に針を刺して採血し、宮廷にレントゲン機械を持ち込むことにも反対した。困惑した橋本は診断結果を待って待機していた吉岡に思いがけない困難な状況を報告した。それを聞いた吉岡は「しかし、何とかして救けてやってくれ。日本医学の名誉にかけても……」と懇願した。その朴訥で熱い言葉に橋本は「できるだけのことはやります」と応えた。

翌朝八時、黄子正の仲介によって漢方医たちの了解をとり、リンゲル注射などを行う。午後いったん帰宅したが、夕方からは宮廷に留まり、リンゲル注射や強心剤を打つが、すでに手遅れだった。橋本は譚玉齢の心臓が弱り、危篤状態にあることを黄を通じて溥儀に告げた。このとき、溥儀は初めて病室に姿を現し、生色を失った玉齢の姿を見て動転する。「もう輸血しかありません。輸血しても病気そのものは治りませんが、いくらか生命をのばすことはできるでしょう」という橋本に溥儀は、「それでもいい。すぐに輸血をやってほしい」と承諾した。

橋本はすぐに市立病院に電話し、付属看護学校の中国人生徒五人を帝宮に呼び出して、譚玉齢の血液型と合致したひとりを選び出し、直ちに輸血にとりかかった。一〇〇cc注射器で採血し、それをゆっくりと一〇分以上かけて玉齢に輸血する。これを二度繰り返した。玉齢の唇に血の色が戻ってきた。溥儀は「ありがとう、ありがとう」と言いながら、橋本の手を両手で握りしめた。「医師としてなすべき措置はすべて施した」橋本は、後事を侍医の黄子正に任せて帰宅した。その翌朝八月十三日午前六時ごろ、橋本の自宅に譚玉齢の死を知らせる電話があった。

橋本医師らは全力をあげて治療に当たったのである。「吉岡が毒殺した」と溥儀が疑うような事実はまったくない。溥儀の頭のなかにそんな〝妄想〟がどうして膨らんだのだろうか。

譚玉齢は死後、側室の身分としては破格の「明賢貴妃」の諡《おくりな》を受け、その遺体は帝宮内でラマ僧の一団を招いて盛大な供養を受けた後、長大な葬列に守られて、新京中心部に近い護国般若寺に送られた。遺骸は清朝歴代の妃がそうであったように三年間、地上で法要を受けた後、護国般若寺の一隅に小さな祠が建てられた。

荒れる溥儀

譚玉齢の葬儀がすんだ直後の一九四二年九月、建国一〇周年を迎えた満州国は日満議定書調印の記念日である九月十五日を中心にさまざまな慶祝記念行事が予定されていた。この国家的大事業に溥儀が果たす役割は大きい。新京神社の大祭前夜には神輿《みこし》が新京の目抜き通り、大同大街を練り歩き、日本人には特別配給の日本酒が配られお祭り気分を盛り上げる。昼は旗行列、夜は提灯行列の波に日本からも見物客が押し掛けた。溥儀は九月十二日の建国忠霊廟第二回合祀祭、十五日午後には建国十周年観兵式と記念式典、十六日は祝賀会、二十三日には大同公園で開催中の大東亜建設博覧会の見学、などと公式行事への出席が続いた。

こうした一連の行事が終わったころから、溥儀が私生活を送る「内廷」での行動は次第に常軌を逸した〝暴君〟となった。前述の岡本武徳はこう書き残している。〈他他拉《たたら》貴人（筆者注：譚玉齢のこと）のご他界によって生じた氷のような淋しさも原因したであろう。（略）内廷の使用人たちは、大げさに言えば、ことごとく生色を失っていた。（筆者注：溥儀の）制裁もきびしく、幾日間か床下に幽閉されていたという者がいたり、自ら自分の顔が腫れ上がるほど、自分の両手で叩かせられたという者がいたりした。無論そんなことは秘中の秘で、外部に漏れるはずはないのだが、どこからか、ささやきのように、私どもの耳には届いた。（略）私などは、無理もない、もしくはやむを得ないことだと考えていた〉（『青い焰の記憶　満洲帝国終戦秘録』）

溥儀にとって唯一の慰めは、夜になって自分の身の周りに集めた「宮廷学生」と呼ばれる親族の若者と歓談することだった。夜が更けると内廷には電灯が煌々と輝き、車がしきりに宮内府の門を出入りした。〈内廷は昼は陰惨で、夜は賑やかだった〉（同）。「学生」は全員が溥儀の親族で同世代の者（名に溥がつく。溥倹、溥偀のふたり）と次の世代の者（毓の名がつく。毓嵣《いくとう》、毓嶦《いくせん》、毓喦《いくがん》ら六人）の八名がいた。表向きは溥儀が彼らを教育して育てるということだったが、毎日の主な活動は、勉強と言うより溥儀の〝お相手〟を務めることだった。「宮廷学生」たちは戦後、『素顔の皇帝・溥儀大奥からの証言　第一巻』を著しているが、その中で溥儀の甥である毓嵣はこう記している。〈その時間になると溥儀のほうから私たちにお呼びがかかって、食事のおつきあいをさせられ、彼が食べ終わるのが午後二時にもなり、教師には今日は勉強を休むと伝えるしかなく、教師を自動車

で送り出して、これで勉強の〝任務〟は完了したことになった〉

〈（溥儀は）とにかくよく人を叩く。ただし、みずから手を上げることは少なく、いつも私たちに命令して叩かせた。つまり、お互いに叩き合いをさせるのである〉

〈溥儀は先天性近視であった。また後天性の男性生理の欠陥があった。更にひどかったのは〝猜疑病〟で、いつも誰かに危害を加えられるのではないか、と心配していた〉

また溥儀は〝薬マニア〟で、宮廷南側中央に漢方薬局と西洋医学の薬局を設け、漢方薬はことごとく揃え、常時、ドイツのバイエル社製のホルモン剤を注射していた。毓嶦と毓嵒が注射を打つ役を命じられており、旅行にもふたりを同行させ、注射だけは毎日欠かさなかった。ふたりにはとても勉強の時間などなかったという。

譚玉齢の死後、常軌を逸した行動が目立ち始めた溥儀を見て、御用掛の吉岡安直は、新たに側室となるべき女性を探そうと宮内府などに事前に相談せず、独断で溥儀の内意を聞いた。岡本武徳が密かに調べたところ溥儀が出した条件は、①健康で体格がよいこと　②多少は新しい学問を身に付けていること　③年齢は十七、八歳以下で再教育の余地があること　④身分は問わない——ということだった（『青い焔の記憶　満洲帝国終戦秘録』）。

吉岡は溥儀の意向をとりあえず関東軍司令官・梅津美治郎にだけ打ち明け、この線に沿って密かに新京を中心に満系の女子中学校などに手を回し、「帝宮で教育する」との名目で推薦してもらうよう手配した。

一ヵ月もすると、溥儀の出した条件を満たした女学生の写真数十枚が吉岡の手元に集まった。その品定めには溥儀、吉岡のほかに親族の宮廷学生たちも加わった。最終的に選ばれたのは二枚の写真だった。選ばれた女学生の家に宮内府の車が走り、内廷に連れてきて皇帝に奉仕するよう説得したが、ふたりは恐怖に震え、泣き叫び、その日のうちに送り返した。

溥儀は選択の条件を変更し、「自分の言うことを素直に聞き、自分の躾を受け入れる幼い少女」を付け加えた。吉岡は選択の対象を新京に新たに開校したばかりの「新京南嶺女子国民優級学校」に絞ることにした。女子優級学校の入学資格は、「国民学校卒業ないし同等の学力を有する者」とあり年齢についての規定はなかった。義務教育制度のなかった満州国では、学年と年齢が一致しておらず、十四、五歳になって初めて小学校に入る生徒も多かった。

一九四三年（昭和十八年）に入ると、南嶺女子国民優級学校では日本人校長と女性教師が各クラスを回り、一組三、四名を選び出した。条件は勉強が良く出来て容姿が美しいことである。選ばれた者は教師に連れられて、日本人の経営する写真館に行き、ひとりずつ写真を撮った。写真を撮った生徒は全部で一一〇人ばかり。しかし、何のための写真撮影か説明はなく、みんな不安に駆り立てられた。女生徒たちは「前線へ送られるのではないか」と不安そうに囁きあった。

それから二、三週間が過ぎたころである。溥儀の側室に選ばれることになる李玉琴《りぎょくきん》の書いた『素顔の皇帝・溥儀　第二巻』によると、突然自宅に優級学校の教師が訪ねてきてこう言った。

「よかった、本当によかった。皇帝があなたをお選びになって、帝宮に行って勉強することになったのよ」

玉琴は聞いた。

「学費はいらないのですか？　大学を卒業するまで勉強できるのですか？」

「学費はいらないし、大学卒業まで勉強できるのよ。本当にすばらしいことよ」

李玉琴はこの年の三月、同校に入学したばかりで十五歳だった。彼女の父親は山東省の農家出身。家が貧乏だったため、十歳くらいで新京の食堂に働きに出て、当時は独立して小さな食堂を経営していた。教師たちは玉琴と一緒に父親が経営する食堂に行った。説明を受けた父親は「娘はまだ小さすぎるし、別の人を探した方が……」と言ったが、教師たちは強引に玉琴を吉岡安直の自宅に連れて行った。

玉琴が彼に向かってお辞儀をすると、吉岡は一言、「よし！」と言ってすぐに立ち上がり、玉琴たちを車に乗せた。車はまっすぐに彼女の自宅に向かった。吉岡は両親や兄弟を前にしてやおら口を開きこう言った。〈皇帝陛下の御命令により、立派な学生を選抜して宮廷で勉強させる。皇帝陛下は勉強が出来る者を好まれる。その中からお妃さまをお選びになる〉（同）。玉琴の家族の驚きは大きかった。有無を言わせず李玉琴の宮廷入りが決まった。


数日後、李玉琴は溥儀の二番目の妹、二格格（韞和《おんわ》）に連れられて宮廷に行き、初めて溥儀と会った。玉琴はこれから勉強が始まるものと信じていた。「どうして私ひとりしかいないのですか」。すると溥儀は笑いながら言った。「私はあまり多いのは好きじゃない。多くなると感情が散ってしまってうまくいかない」。玉琴は勉強相手のことを尋ねたのだが、溥儀は側室の人数について答えたのであった。

翌日、溥儀は夜七時ごろ玉琴の部屋にやってきた。彼女は溥儀の顔を見るなり「いつから勉強は始まるのですか」と尋ねた。一瞬、間をおいて彼は言った。「あとで勉強させるから慌てないで。

私には君ひとりのほうがいいんだ。私が君を選んだのは宮廷にきて私に仕えてもらうためだ。後日、いい日を選んで冊封の儀を執り行ってあげる」。溥儀は毎日、夕方になるとやって来て、しばらく玉琴と時間を過ごして帰っていった。溥儀はおもちゃをたくさん彼女に与えた。玉琴はその中の一つ、西洋人形が特別のお気に入りとなった。夜は横に寝かせ、誰にも言えないことがあると、この人形に泣いて訴えた。

李玉琴が宮廷に入って一ヵ月余りたった四月末、関東軍司令官兼駐満大使・梅津美治郎に紹介するという形で承諾を得た後、新京在住の妹たちの立ち合いで彼女を妃に取り立てる「冊封の儀式」を行った。溥儀は「君はとても福々しい様子だから〝福貴人〟と呼ぶことにしよう。今後何か縁起のよくないことがあっても、君の〝福〟でそれを克服することができるように」と言った。冊封の儀式の日、溥儀がとくに指定した黄金色のビロードの旗袍を着た。この日、溥儀は宮廷で祝賀を受けた後、盛大な祝宴が開かれたが、玉琴は気分がすぐれず出席しなかった。

儀式の数日前、溥儀は彼自身が書いた二十一か条の「誓約書」を書き写すように命じた。それには「絶対的に溥儀に服従すること、心の底から服従することで、彼に反対することは絶対にしない、自分の家族のために金銭を求めず、家に帰ることは許さない」などと書いてあった。

〈要するに私には一かけらの自由もなく、あらゆることに彼の許可を得なければならないということであった〉(同)

玉琴はそれを読んで一字とて写し取ることはできず、「死」という一文字を書いた。それを見た溥儀は烈火の如く怒った。玉琴にはもう帰る場所はない。溥儀に謝ると、彼は急に優しくなった。

秘密にされた関東軍の南方転用

新京の宮廷で新たな側室として李玉琴を迎える騒ぎが続いていた一九四三年（昭和十八年）、日本軍はガダルカナル島から全面撤退を始め、南太平洋方面から米軍の反攻が始まっていた。同じころスターリングラード（現ボルゴグラード）のドイツ軍がソ連軍に全面降伏し、これを境にヨーロッパ戦線でのドイツ軍の後退が始まった。九月、大本営は「絶対国防圏」を策定する。南方での戦線を縮小して戦力を集中、防御に徹して反撃に移るという構想で、千島列島、マリアナ諸島、西ニューギニア、ビルマ（現ミャンマー）を囲むラインが「絶対国防圏」とされた。

このころから翌四四年（昭和十九年）一月にかけて、関東軍作戦参謀の総入れ替えが始まる。新陣容は作戦副長松村知勝《まつむらともかつ》大佐、作戦班長草地貞吾《くさちていご》中佐、作戦主任竹田宮恒徳《たけだのみやつねよし》少佐（皇族のため宮田参謀と仮称）らである。その狙いは「関東軍の役割を攻勢一点張りから防御に移行するため」だった。総入れ替えで新しく満州に赴任する作戦参謀には「今後、南方戦局の切迫に伴い、関東軍から兵力を抽出することがあるやもしれぬ。その場合、もし異論が出たとしても、それを押し切って中央の要求に応じてもらいたい」と懇々と言い含められたという。

四四年に入ると米軍は南の島伝いに北上を始めた。これに伴って大本営は関東軍の有力な戦闘部隊を次々と抽出し、南方の島々に転用し始めた。二月にはその先陣を切って斉斉哈爾《チチハル》に駐屯していた第一四師団がパラオ島へ、遼陽駐屯の第二九師団がグアム島へ密かに移動する。さらに同年六月には第九師団が牡丹江から沖縄を経て台湾へ、第二八師団が哈爾浜《ハルビン》から宮古島へ。第六八師団が公《こう》主嶺《しゅれい》からレイテ島へ。続いて七月には第一師団が孫呉《そんご》から、第八師団も綏陽《すいよう》からレイラ島へ移動する。佳木斯《チャムス》の第一〇師団や勃利《ぼつり》の戦車第二師団もルソン島に送られる。林口《りんこう》の第二四師団は沖縄に転用になった。

一九四四年七月までに抽出転用されたのは合わせて一〇個師団（うち戦車一個師団）で、関東軍の兵力は八個師団となり、ピーク時から半減してしまった。兵員だけではない。大口径砲、各種の予備兵器、弾薬、燃料などもほとんどが南方に送り出される。南方の島々に転用された関東軍を待っていたのは〝玉砕〟という名の全滅だった。

この年の初め、「転用企図秘匿要領」という文書が在満の各兵団に示達された。文字どおり関東軍の南方転用は厳重の秘密とせよ、という内容である。

〈ソ連にわかっては都合の悪いことはいうまでもないが、在満の日本人に知られても不安を増すであろうし、また満鮮人にわかれば、重慶（筆者注：蔣介石政権）を通して筒抜けに敵の知る所となる。敵に知られれば間接の影響はまぬがれないが、それよりも、直接にその転用兵団を海上で撃沈される危険が濃厚となる（現にその何割かは米軍の潜水艦と飛行機のために海没の厄に遭った）。（略）関東軍はこの一ヵ年を兵力転用の苦心に明け暮れたのであった〉（伊藤正徳『帝国陸軍の最後』）

一九四四年六月十五日、米軍がサイパン島に上陸、七月七日、守備隊三万人が玉砕する。サイパンを陥落させた米軍はグアム、テニアンなどマリアナ諸島を占領し、B29による日本本土爆撃が可能となった。サイパン玉砕の報を受けて二年九ヵ月続いた東條内閣は総辞職し、変わって朝鮮総督の小磯国昭《こいそくにあき》大将が組閣し、戦争継続を決める。こうした事態に大本営は九月十八日、「関東軍総司令官は満州国および関東州の防衛に任ずるとともに、北方情勢の推移に応じるため所要の対ソ作戦を実施すべし」という命令を発した。

「所要の対ソ作戦」とは「従来、一貫して継承されてきた攻勢一点張りだった対ソ作戦を、持久守勢の方向に転換する準備をせよ」ということである。同時に満蒙開拓などの「北辺振興計画」も一切停止された。日本政府はこの時点では「ソ連は特別の事態が発生しない限り、自ら求めて対日参戦はしない」と判断していた。これによって同年後半から翌四五年（昭和二十年）にかけて関東軍の部隊転用に一段と拍車がかかった。〈相次ぐ部隊抽出により、関東軍の戦力は枯渇し、あたかも南方の戦況に殉じ、不利な退却作戦を演じたような観を呈するに至った〉（防衛庁防衛研修所戦史室『戦史叢書・関東軍（2）』）のである。

溥傑、陸軍大学校へ

日本軍が南太平洋で敗走を重ね、米軍の日本本土への空襲が始まっていた一九四三年（昭和十八年）十二月、溥傑は義弟の潤麒とともに、日本陸軍の最高学府、陸軍大学校の特別聴講生として幕僚勤務を学ぶことになる。溥傑は浩、次女の嫮生とともに東京に移り、麻布狸穴《まみあな》に探した仮寓に落ち着いた。長女、慧生は学習院の幼稚園に通わせるため一年ほど前から浩の生家、嵯峨家に預けていた。嵯峨家はそのころ都心の赤坂永川町から東横線の日吉に引っ越しており、慧生はそのまま日吉から通園させることにした。

嵯峨家の両親は慧生をたいへんに可愛がっていたが、そのころの日本は衣類や食料も配給制になっていて、嵯峨家の生活も苦しかった。久しぶりに会った慧生が着ていたのは、質素なモンペだったが、以前と変わらず元気で活発な女の子だった。幼稚園の給食は戦時のわりには恵まれていて、当時なかなかありつけない天ぷらもでたという。慧生は幼稚園に通うかたわら週二回、世田谷・用賀に住む音楽家・鈴木鎮一《しんいち》（スズキ・メソッドの創始者）にバイオリンのレッスンを受けに通っていた。

一九四四年（昭和十九年）に入ると、戦局はますます悪化し、日本国内の物資も乏しくなった。〈私は（筆者注：東京での）生活が以前よりひどくなったのをはっきりと感じた。食事はソバ粉で作った団子か混合麺（さまざまな雑穀を混ぜて粉にしたもの）しかなかった〉（『溥傑自伝』）

溥儀は溥傑一家の生活を心配して満州からチーズや料理した肉類、お菓子などを送ってくれた。溥傑は寒い冬の夜、裏に毛皮のついた中国式の外套をはおって、足を火鉢の上にのせ、深夜まで勉強を続けた。

陸大の教育は、高等用兵に関する学術を習得させ、将官クラスの高級将校を養成することが目的だったが、満州事変、日中戦争、太平洋戦争と戦争が続くと兵団の数も増え、米英相手の消耗戦が続くと幕僚が不足したため、当面の参謀教育に重点が置かれるようになっていた。教育期間はもと三年間だったが溥傑が入学する一年前から一年八ヵ月となり、さらに溥傑が入校した四三年（昭和十八年）の五九期生は一年三ヵ月の予定だった。戦局の悪化とともに、即戦力の養成が急がれていたのである。戦術教育も従来は満州での対ソ作戦一辺倒だったが、そのころは南方での対米島嶼作戦が中心となり、本土決戦も作戦教育の対象となっていた。

溥傑にとっては、米軍がもし、本土に上陸してきた場合、満州国境のソ連軍がどう出てくるかが問題であった。「関東軍の兵力をだいぶ南方に転送したとは聞いているが、精強を誇っている関東軍がそうやすやすとソ連軍の侵入を許すことはあるまい。そのときは満州国軍として断乎闘うのみだ」。そう自分に言い聞かせながら勉学に励んだ。

当初、一年三ヵ月の予定だった溥傑の陸大生活は一年間で繰り上げ卒業となる。溥傑一家は再び新京へ引き上げることになった。四四年十二月。荷物をまとめ、帰国準備が終わった矢先、東京は米軍の本格的な大空襲にさらされる。溥傑一家の住む狸穴付近は焼夷弾で火の海と化した。

〈家の中で慧生、嫮生の二人の子供を抱いたときの心細かったこと。高射砲、そして爆弾の炸裂音。（略）恐怖の時間が去って、ホッと一息つく間もなく四方から上る火の手。隣りの人が駈けつけてきて、（略）至急退避して呉れ、という。そう言われて、逃げたいのはヤマヤマだが、四方を煙に取り囲まれて道が見えないのだ。私は観念して、慧生と嫮生の体を抱きしめ、ただお題目を唱え続けた〉（『流転の王妃』）

年が明けた四五年（昭和二十年）二月初め、溥傑・浩夫妻は次女嫮生を連れて羽田空港から軍用機で新京に向け飛び立つ。長女・慧生は、学校のこともあるので、浩の実家である日吉の嵯峨家に預かってもらうことにした。慧生は嵯峨家の家族と一緒に早朝、羽田空港まで見送りに来た。〈その日は天気がよく、慧生が私たちに微笑んで手を振っているのが（筆者注：空の上から）はっきり見えた。私も手を振ったが、心中は複雑であった。この憎らしい戦争はいつ終わるのか。慧生の顔がだんだん遠くなり、消えた。ああ！　これが慧生との永遠の別れとなるとは誰が予想できたろうか〉（『溥傑自伝』）

軍用機は途中、大阪で不時着し、予定より大幅に遅れて新京飛行場に着いたのは夜の八時を過ぎていた。新京は平和で、どこに戦争があるのか、というような長閑《のどか》さで、東京の大空襲が嘘のようだった。新京の自宅の庭には穏やかな陽光を浴びて、新婚時代に夫婦で移植した杏の木がたくさんのつぼみをつけていた。「慧生もつれて帰ったほうが良かったのかもしれない。満州はこんなに平和なんだもの」。ふたりは東京の激しい空襲を思い出していた。嫮生は「お姉さんを飛行機で迎えに行ったらいいのに……」と両親にせがんだ。

陸大を卒業して帰国した溥傑は中佐となり、満州国軍の軍事部参謀局の第四科勤務となる。溥傑は溥儀と満州国の未来についてよく話し合った。しかし、

〈気持ちは晴れなかった。清朝復活の夢は消えてはいなかったが、当時はいかにして日本帝国主義が束縛している植民地の奴隷状態から脱するかの方が、もっと直接さし迫った問題だった。しかし、私たちはそれに、何の手だてももっていなかった〉（同）

溥傑が帰国してしばらく経ったころ、「蒙古連合自治政府」の主席である徳王《とくおう》が宮廷に溥儀を訪ねてきた。溥傑も同席した。徳王は蒙古の衣服を着、長い辮髪で血色もよく、強健なモンゴル男だった。徳王は溥儀に挨拶した後、こう言った。

「われわれ蒙古族は、表向きは自治ですが、実際には何の権利もありません。あなた方清朝の子孫はどうしてこんなに弱いのでしょうか。われわれモンゴル族は溥儀皇帝をわれわれの王として尊敬してきました。あなた方が清朝の直系であるからです。ところが、あなた方は天照大神を自分の先

祖として迎えました。これはどう理解すべきでしょう。満州は日本の植民地になってしまったのに、皇帝は手をこまねいて見ているだけです。これでは、日本の傀儡ではありませんか。今後いったいどうするおつもりでしょうか」

溥儀は徳王の言葉を聞いて声もでなかった。溥傑はそれを聞いて顔がかっと熱くなり心中激しい怒りが沸き上がったという。表情を改めて溥傑は言った。「徳王さん、ご安心ください。あなたの言葉に答えられる日が近い将来くると信じています」。しかし、溥傑には自分の言葉が何を意味しているのか、彼自身にもわからなかった。ただ「このままではいけない」というのが精いっぱいだったのである。溥儀にも溥傑にも現状から抜け出す良策はなかった。徳王はこの謎めいた言葉を聞いて「わかりました。永遠に皇帝陛下を尊敬します」と恭《うやうや》しく言って退出した。

すでにこのころ、米英側から見れば日本の敗戦は時間の問題だった。徳王にはそんな情報が入っていたのかもしれない。関東軍の後ろ盾で蒙古連合自治政府を作った徳王は、終戦になると自ら重慶に赴き蔣介石と和解し、国共内戦では国民政府側に協力した。共産党政権が成立すると、戦犯として収容されるが、後に釈放され、内蒙人民委員会参議に推された。

〝張り子の虎〟

一九四五年（昭和二十年）一月十七日、関東軍は新たな作戦計画を大本営に提出する。その内容は「あらかじめ兵力・資材を南満・北鮮に配置する。主な抵抗はソ満国境地帯で行い、このため兵力の重点はなるべく前方に置き、これらの部隊はその地域内で玉砕させる。爾後、満州の広域と地形を利用してソ連軍の攻勢を阻止し、やむを得なくなっても南満・北鮮にわたる山地を確保して抗戦し、日本全般の戦争指導を有利にする」というものであった。ソ連国境沿いの部隊は玉砕させ、その他の部隊は南満・北鮮の山地で抗戦するというこの作戦が、ソ連侵攻時に大きな悲劇を生むことになる。

ヨーロッパ戦線ではすでにイタリアは降伏し（一九四三年九月）、四五年に入るとドイツ軍は総崩れとなる。ソ連軍は、いつかはわからないがいずれ満州に侵攻してくるだろう。

四月三十日にヒトラーが自殺し、五月七日にドイツが降伏すると、大本営は関東軍から提出されていた満州居留邦人の「根こそぎ動員計画」を許可した。主力部隊を次々と南方に転用された関東軍は全師団の七割近くが引き抜かれ、その穴埋めには在留邦人の「根こそぎ動員」しかなかった。ソ連との国境沿いの未墾地に入植していた開拓団も含めて、軍隊経験のまったくない在留邦人を次々と召集して、その穴を埋める。

南方に転用する師団には完全装備を施して送り出した。しかしこの北の大地で新たに召集した兵力は、訓練する時間も武器もない員数あわせの〝素人軍団〟である。この「根こそぎ動員」によって、兵員数だけは維持するという〝張り子の虎〟の軍隊が生まれる。『戦史叢書・関東軍（２）』（防衛研修所戦史室）によると、満州で新たに編制された大半の師団、旅団の実戦力は、在来の代表的師団である第一二師団と比較すると、一五パーセント程度にしかならなかった。〈特定の少数部隊を除けば編制も装備も極めて劣弱、訓練も半数は零に近く、残る半数も極めて不十分。戦力は物心両面とも極めて低位だった〉（同）という。

日本の大都市は米軍の空襲に晒され、必要な食糧も事欠く状態。それに比べて満州は、空襲もなく、戦争の気配もない。不気味な静寂が満州各地を覆っていた。「泣く子も黙る」と言われた関東軍の実態が空洞化していることを、溥儀も溥傑も、ましてや満州国民や在留邦人は知る由もない。日本軍は「作戦要務令」によって「作戦意図の秘匿」が定められており、軍隊の移動やその内容の漏洩は重大な犯罪である。厳しい箝口令《かんこうれい》が敷かれていた。

とくに「兵力の抽出と補塡」は直接的に「関東軍の実態をソ連軍に印象付ける」ことになり、絶対的な秘匿が要求されていた。

ソ連軍の満州侵攻

四五年二月初め、米国のルーズベルト大統領、英国のチャーチル首相、ソ連のスターリン首相はクリミア半島のヤルタに集まり、ドイツ降伏を前提としてヨーロッパの戦後処理とソ連の対日参戦について協議する。この会談で三首脳は「ドイツが降伏し欧州での戦争が終結した二ヵ月または三ヵ月後にソ連は対日戦争に参加する」という「ヤルタ秘密協定」に調印する。対日参戦を約束したソ連としては翌年四月に五年間の期限切れとなる「日ソ中立条約」を延長するわけにはいかない。

ソ連は四月五日、突如、日ソ中立条約を満了後延長しない、と日本に通告してきた。通告を受けた日本側は日ソ中立条約をあと一年間は維持できると楽観的に受け取った。しかし、時期はともかくとして、ソ連の対日参戦は必至となったのである。関東軍は密かにこれに対応する作戦計画を練った。七月五日に最終的な「対ソ作戦計画」を決定、大本営に報告するとともに、指揮下にある全軍団に訓令した。その概要は次のとおりだった。

一、関東軍は満州、朝鮮の広さと地形を利用し、敵の侵入を阻止、妨害して持久を策するとともに、広く遊撃戦を展開する。

二、関東軍主力は、適宜、連京線（大連―新京）以東、京図線（新京―図們《ともん》）以南の山地に集約し、敵の進攻を誘致破砕する。やむを得ざるも通化《つうか》・臨江《りんこう》周辺の要域を確保してあくまで長期持久を策する。

三、関東軍総司令部は新京において全般作戦を指導した後、適時通化に移動する。満州国首脳並びに政府機関も機を失せず、臨江地帯に転移せしめる。

新京と大連、新京と図們、図們と大連を結んだ三角地帯の中心が通化と臨江である。朝鮮国境に近い長白山《ちょうはくざん》（朝鮮名：白頭山）の麓の街であり、ここに関東軍総司令部だけでなく、満州国の政府機関も移転し、ゲリラ戦を行い、北満州など満州国の三分の二の領土は放棄するという作戦である。だが、「関東軍総司令部の早急の移転は防諜上だけでなく、政治上、士気にも関わるその他諸般の好ましからざる状況も予測されるので、隠密に通化付近で準備するに留め、ソ連との開戦後も努めて新京に位置せしめる如く考慮する」ことになった。こうした方針によって、この計画はあくまでも隠密に進められ、溥儀をはじめ満州国の要人や官吏に知らされることはなかったのである。

一九四五年五月七日、ドイツが降伏すると、ソ連軍最高司令部は、ただちに独ソ戦線から大兵力を引き揚げて極東に移動し、三つの方面軍を編制することを決める。ザバイカル方面軍と第一、第二極東方面軍である。新しく極東に送り込まれたのはドイツ戦線で戦った師団が中心。彼らは勝利を待ちわびた故郷の家族に会う間もなく極東に移送された。

ソ連軍の大移動は日ソ中立条約の無延長通告前後から始まり、ドイツ降伏後の六、七月にピークに達する。日ソ開戦直前の八月に入ると満州との国境沿いに配備されたソ連軍は兵員約一五〇万人、戦車および自動走行砲約五五〇〇台、戦闘機三五〇〇機に達していた。こうした動きを牽制するように米国は八月六日朝、マリアナ諸島のテニアン基地を飛び立ったB29爆撃機「エノラ・ゲイ」号が広島に原子爆弾を投下し、一瞬のうちに街を焼き尽くした。

その三日後の八月九日午前零時、ワシレフスキー元帥の命令によって、満州との国境沿いに展開していたソ連軍はザバイカル方面軍、第一極東方面軍、第三極東方面軍の三方面軍に分かれ、それぞれ東方の外蒙古の山々、南の黒龍江、西方のウスリー川を越えて満州への侵入を始めた。その二時間後、米軍のテニアン基地からB29が発進、午前十一時二分、長崎に二発目の原爆を投下した。「戦争終結を早める」というのが表向きの理由だったが、二発の核爆弾の使用は、終戦後の世界の主導権をめぐる米ソの冷戦のスタートでもあった。

関東軍総司令部は第一線からの報告でソ連軍の全面攻撃開始を知り、八月九日午前三時に対ソ作戦準備を命令、「敵撃破命令」を出したのは午前五時だった。総司令官、山田乙三《やまだおとぞう》（大将）は大連に出張中で、新京の総司令部に帰着したのは同日午後二時をすぎていた。大本営は山田司令官に七月五日に決定していた「対ソ作戦計画」の発動を命じた。前述したように、この作戦計画は、関東軍総司令部を朝鮮国境に近い通化に、満州国の国家機関をさらにその東に位置する臨江に移し、朝鮮国境沿いの山岳地帯でゲリラ戦を展開するというものである。各地で関東軍の後退が始まった。関東軍総司令部は二日後の十一日には予定どおり通化に移動する。

「宮田さま」からの電話

八月九日午前二時、深い眠りに陥っていた新京市民は、突如、不気味な空襲警報のサイレンに叩き起こされた。ハッと目を覚ました溥傑はただちに軍服に身を固め、何が起こったか確かめようとした。そのとき、耳も聾《ろう》せんばかりの爆発音とともに窓の外に火の手があがり、宮内府の南方に火柱が立ち上った。以下は『溥傑自伝』と『流転の王妃』にもとづく溥傑家のこの日の状況である。

溥傑は急いでラジオのスイッチを入れた。アナウンサーはいつもの冷静な口調だった。「午前二時、哈爾浜《ハルビン》方向より来襲した敵機は帝宮付近に爆弾を投下、吉林方向に向けて侵攻中なり……」。溥傑にはソ連軍の爆撃だとすぐにわかった。アメリカの飛行機だったら大連方向から来るはずだ。溥傑は浩に「気をつけろ、嫮生を連れて早く防空壕に避難しろ」と叫ぶと、すぐに自宅を飛び出し宮内府に駆けつける。途中の街はパニック状態の住民でいっぱいだった。浩は防空服に着替え、嫮生を連れて庭の防空壕に駆け込んだ。

溥傑は宮中で溥儀の安全を確認すると、「私は軍人だ。今こそ水火に身を投じるときだ」と自分に言い聞かせながら軍官学校に駆けつける。中隊長、区隊長を集めるとこう訓話した。

「ソ連は信頼に背き、突然侵攻してきた。この新たなる敵を撃滅することこそ満軍の任務である。

われわれは皇帝に忠を尽くし、日満一徳一心の実をあげて、最後のひとりになるまで闘うのだ。われわれの背後には一〇〇万の勇敢な関東軍がいる。勝利はわれわれのものである」

その後、中隊長らと校内の情勢を分析した。「日本人は問題ないが、満州人の生徒には流言飛語の影響を受けないよう十分な工作をする必要がある」——こう判断すると、予科の士官候補生を全員集めて訓示した。

溥傑はその日夕、再び宮中へ溥儀の様子を見に行った。ソ連機が爆撃してきたとき、彼は侍従と同徳殿近くの地下防空室でイギリス製のビスケットを食べ、フランス産のワインを飲んでいたという。溥儀は「宮廷前の監獄に直撃弾が落ち、囚人が何人か死んだ。空襲のときに側近の者は逃げてしまい、側に残ったのは恭親王の子孫の毓嶦ら二、三人だけだった」と話し、こう続けた。「他人はあてにならない。いざとなると、人間はわが身第一、やはり身内が頼りになる。毓嶦はまだ若いが、彼はすぐに見舞いにくるのを忘れていなかった。彼は偉い」。溥儀は溥傑が危険を冒して二度も訪ねてきたことにも感動して「同族はありがたい」との思いを強めたようだった。


この朝、溥傑の出勤後、突然、浩の自宅に「宮田さま」から電話がかかってきた。「宮田さま」というのは関東軍参謀で作戦主任を務め、七月に第一総軍参謀として内地に転勤したばかりの竹田宮恒徳（当時中佐）夫人である。竹田宮の母は明治天皇の第六皇女。陸軍参謀としての秘匿名は「宮田参謀」だった。新京では溥傑一家や溥儀とも親交が深かった。ちなみに竹田宮の後任として赴任してきたのが瀬島龍三《せじまりゅうぞう》中佐である。

竹田宮が第一軍参謀として急遽《きゅうきょ》、日本に帰国した後、夫人は引っ越し作業のため、まだ新京に残っていた。

「宮田さま」は「私は今すぐ飛行機で東京へ出発しますが、なんなら一緒にいらっしゃいませんか。できなければ貴重品だけでもお預かりしてまいります」と浩を誘った。その切迫した声に浩は初めて事の重大さを直感したが、溥儀や溥傑を見捨てて帰国することはできない。古いと言われようと愛新覚羅家に嫁いだ身である。「御親切なお言葉、有難うございます。でも、私はこっちに残りますからご心配なく」と言って電話を切った。その瞬間、「頭の中の血が退くような目くるめきを覚えた」と浩は言う。

この日午後二時、御用掛の吉岡安直中将から電話があり溥傑と浩に来てくれと言ってきた。急ぎ彼の官舎に行くと吉岡は、日ごろとはうって変わって意気消沈した様子でふたりに告げた。「ソ連が宣戦を布告してきた。すでに数千輛の戦車部隊が新京めがけて進攻しており、明日にも新京近くに突入してくる。関東軍は皇帝を擁し通化の山に立て籠もって、最後の決戦を考えているらしいが、二ヵ月前後しかもたないだろう。従って自決の用意をして、軍とともに通化に行ってほしい」。溥傑は愕然とした。

〈常々「数十万の関東軍精鋭、健在なり」と大言壮語し、堅く満州を守ると公言していた関東軍が、かくももろく何ひとつ抵抗もせず、どうぞとばかり新京をソ連軍に明け渡すとは〉（『溥傑自伝』）

溥傑は激しい憤怒を覚えた。「日本人に強制されて遠く離れた通化まで行って自決を迫られるより、今自分で……」と溥傑の手は反射的に拳銃ケースにかかった。浩は夢中で溥傑に飛びつき、手を押さえた。

「おやめ下さい。死ぬことはいつでもできます。これまで皇帝とふたりでご苦労されてきたのに、皇帝を残して先に死ぬおつもりですか！　死ぬのはまだ早すぎます。生きる道はまだあります」

浩の必死の言葉に溥傑は心打たれた。「そうだ、死ぬのはまだ早すぎる。何とか生き延びなければ」。浩の言葉が溥傑の力を増し、厳しい環境の中で生きる力を与えた。溥傑は「こうなった以上、すべてをお任せします」と吉岡に言った。

吉岡の両眼にも涙が光っていた。

「吉岡は最後まで運命をともにいたします」

吉岡は宮内府にも着流しで行き、そのまま皇帝の御前にも伺候するような傍若無人な振る舞いで、宮廷内でも権威を振るい、日満の官吏には不満を訴える者も多かった。浩も新京にやって来て以来、吉岡の傲慢さを毛嫌いしていたひとりだったが、吉岡の〈短いその一言は、不思議にお互いの蟠《わだかま》りを瞬間のうちに解消させた。一切の障壁が打ち破られ、三人を結びつけた〉（『流転の王妃』）のだった。

愛新覚羅家発祥の地へ

八月十一日、関東軍と宮内府は移転のため大混乱となった。

溥傑は浩や使用人たちを集め「関東軍は、朝鮮国境で最後の抵抗を試みるものと思われるが、私の見るところ一ヵ月ももたぬ。家族一同死ぬものだと覚悟せよ。従って余計なものは持参しないように。使用人たちにこの家をやるからここに住むがよい」と言い渡し、身の回りの品々を使用人たちに分け与え、貴重品だけは秘密な場所を選んで穴を掘って埋めて、いったん宮内府に向かった。

使用人たちは「いつまでもお帰りをお待ちしています。表札だけかけ替えておきますから」と涙ぐむばかり。臨江には嫮生と女中三人が同行することになった。持参する荷物の準備がどうにかできたころ、帰宅した溥傑はそれを見て「死にに行くのにそんな多い荷物がいるものか」と叱りつけ、浩はまた荷物を作り直した。

宮内府では登庁してきた職員に新京に居残るか、随行するか、希望調査した。満系職員は残留希望が多く、日系職員のほとんどは随行希望だった。集計すると、随行希望の職員家族は合計二百数十名。岡本武徳によると、宮内府手持ちの預金はすべて現金化し、職員の給料は向こう一年分を先払いした。問題は現地での共同炊事に必要な必需品の購入である。鍋、釜、茶碗、炭から自給自足に必要な食料品をかき集めた。内廷の荷物はトラック二台分となった。

臨江に向けての宮廷列車の出発は同十二日深夜、新京駅発と決まった。溥傑はこの朝、「部下たちに別れの挨拶をしてくる」と言い残して先に自宅を出た。浩はモンペ姿で嫮生の手を引き、集合場所に指定された新京神社に向かった。一歩外に出ると新京市内では〝俄《にわ》か召集〟を受けた邦人市民が市街戦に備えて主要道路に戦車壕を掘り、バリケードを築くため、兵隊から怒鳴られながら作業を続けていた。軍に見捨てられた一般邦人の家族たちは大きな荷物を背負い、炎暑の中を新京駅へと殺到して行く。群衆の怒声。絶叫。街はパニック状態である。

溥儀は出発前に同行する愛新覚羅家の関係者や満州国の高官たちを連れ、清朝歴代の先祖の位牌を持って新京神社に集合し無事を祈った。神前では巫女たちが日本刀を研ぎ、ソ連兵が来たら集団自決をしようと準備していた。境内には日の丸の鉢巻をきりりと締め、竹槍を手に持った白装束姿の中学生たちが集まっていた。祈禱が済むと浩は嫮生の手を引いて、随行する約二〇〇人と一緒に、折りから降り始めた豪雨の中、歩いて新京駅に向かう。駅内外は黒山のような避難民とその荷物で埋められ、構内は通路さえ見えない有り様。殺気だった群衆のひとりが、「列車はいつ出るんだ、見殺しにするのか」と駅員に詰め寄り、生き地獄さながらの新京駅だった。

溥儀とその家族は、万一の場合に備えて一駅先にある貨物駅・東新京駅から宮廷列車に乗り込むことになっていた。十日付で侍従武官となった溥傑も同行する。新京駅では「もう二日も待っているんです。お願いです。乗せて下さい」と哀願しながら宮廷列車にしがみつく人々を、警衛隊が力まかせに突き落とし、ようやく新京駅を出発したのは深夜零時すぎだった。発車と同時に全車両の電気が消され、真っ暗な列車は、時折閃《ひらめ》く稲妻に照らされながら、次第に新京駅から離れていった。

列車はまもなく雨中の東新京駅に滑り込む。溥儀とその家族はこの薄暗い小さな駅のホームで待っていた。宮内府職員が飛び降り、溥儀たちを車内に案内する。アヘン中毒で歩くこともままならない婉容皇后は随員の肩に担がれて乗車した。溥傑一家は車内でやっと無事を確認し合った。溥傑は稲妻に照らし出される車窓にたたきつけるような雨脚を見ながら、これがまさに「蒙塵《もうじん》」だと思った。

「蒙塵」とは、天子が変に際し難を避けて御所を逃れるという意味である。ちなみに、浅田次郎氏の小説「蒼穹の昴」シリーズで、溥儀が紫禁城を出て、天津に逃れたのちに満州国の皇帝になる第五部のタイトルは『天子蒙塵』である。

列車の中で、まともな食事を用意するのは不可能だった。溥儀だけには塩味のうどんが出たが、家族たちは乾パンをかじるだけだった。八月十三日早朝、宮廷列車は通化に着く。通化駅には関東軍総司令官・山田乙三が出迎えていたが、戦況や今後の見通しなどの説明は一切なかった。「満州国」の新首都は通化よりさらに東方一〇〇キロの臨江に予定されていた。しかし、臨江では宿舎の設備が間に合わず、列車はまた発車し、長白山脈の山並みを喘ぎあえぎ登って行き、十四日早朝、山間の小駅、大栗子溝《だいりっしこう》に着いた。

長白山（朝鮮名は白頭山）は満州族の霊山である。東西に約二〇〇キロメートル、南北に三一〇キロメートルというなだらかな稜線をもつ標高二七四四メートルの火山で、山頂には「天地」という周囲一四キロメートルの巨大なカルデラ湖があり、鴨緑江、豆満江はこの山を水源としている。その山麓にある大栗子溝は長白山と鴨緑江の間に位置し、朝鮮との国境に近い小さな村である。

この村には日系企業である東辺道《とうへんどう》開発会社の鉄鉱石を採掘している大栗子溝鉱業所があり、日系社員の社宅の半分を空けてもらった。仮御所は同鉱業所所長宅に設けられ、婉容皇后、側室李玉琴と内廷の随員が溥儀に従って所長宅に入った。その他の随員は木造二階建ての社員住宅が宿舎に指定された。階下の一室に溥傑、浩、嫮生と三人の女中たち、前の部屋には萬嘉熙、五格格（韞馨《おんけい》）とその家族、二階には御用掛吉岡中将。もう一軒に二格格（韞和）夫妻、三格格（韞穎）・潤麒夫妻と、祭祀府総裁の橋本虎之助夫妻が入った。宮内府の日系職員、満系職員は大きな建物に全員一緒に入り、その夜は布団もない大部屋でごろ寝する。

溥傑一家の部屋の窓から見渡せば、長白山系の青々と茂った山々が目の前に迫り、夕日を浴びて稜線を紫色に染めていた。この地こそ清朝の太祖・ヌルハチが生まれ育った場所であり、愛新覚羅家発祥の地と言われている。

しかし傷心のふたりには、この美しい景色も薄気味の悪いものとしか映らなかった。溥傑も浩もこの大栗子溝という辺鄙《へんぴ》な村にしばらく落ち着けると思いここが桃源郷になるのを一瞬、夢見たが、その夢はあっという間に打ち砕かれる。深夜になって「明日正午から天皇陛下の重大放送があるそうだ」という情報がもたらされたのである。

第八章

満州国消滅

――浩と嫮生の流転

亡命先は京都

一九四五年（昭和二十年）八月十五日正午近く、溥傑は「予告されている天皇陛下のラジオ放送を聞きに来い」と溥儀から連絡を受け、すぐさま彼の部屋に駆け付ける。部屋に入ると、溥儀は厳粛な表情で襟を正して座っていた。ラジオ放送は雑音がひどく、よく聞き取れないが、途切れ途切れに、ポツダム宣言を受諾して無条件降伏するという詔書を裕仁天皇が読み上げているのを聴き取ることができた。

「朕、深く世界の大勢と、帝国の現状とにかんがみ、非常の措置をもって時局を収拾せんと欲し……抑々《そもそも》帝国臣民の康寧を図り万邦共栄の楽を偕《とも》にするは皇祖皇宗の遺範にして朕の拳々措かざる所……」

ここまで聞くと、溥儀は泣き出した。

「もうおしまいだ、これで満州国がおしまいになったことが徹底的に証明されたのだ。日本さえ降伏したのだから、私たちの望みもあるはずがない」

溥傑は兄を慰めようと思ったが、言葉が出てこない。兄弟は手を取り合ったまま涙を流した。当分、大栗子溝に落ち着くものだと思い荷物を解《ほど》いていた浩に「重大放送があるから上がっていらっしゃい」と吉岡安直から連絡があった。「なにごとか」と不安にかられながら、大急ぎで吉岡の部屋に行く。ラジオから途切れ途切れに聞こえてきたのは、紛れもない天皇陛下の声である。「日本が負けた！」鳴咽が腹のそこからこみあげてくる。浩は吉岡に譫言《うわごと》のように言った。「自決しましょう」。だが、吉岡の返事はなかった。

〈私はどうして室《へや》に戻ったのか、今でもよく思い出せない。気づいた時には、私の周りに打ち伏した女中たちが、オイオイと声をふりしぼって慟哭していた〉(『流転の王妃』)。浩は事実を確かめるため溥儀の部屋に走った。そこで見たのは皇帝と夫の溥傑が手をとりあったまま声もなく、お互いの瞳を覗き込みあっている姿だった。ふたりの目には涙があふれていた。溥儀は浩の手を握りしめ「みな力をあわせて苦しみに堪えていくのだ。日本の天皇はさぞお辛かったことだろう。それに比べたら……本当にお気の毒に……」と言い、あとは言葉にならなかった。

随行して来た宮内府の職員たちは感度の良さそうなラジオのある社宅を捜し、そこに集まった。宮内府内務処長だった岡本武徳はかつて溥儀の二度目の訪日に同行して、天皇の声を傍近くで聞いたことがある。ラジオから流れる声は聞き取りにくかったが、一度聴いたら忘れることのできないあのときの声である。日本は負けたのだ。重大放送が終わってもみんなしばらくは無言だった。

〈多少は予感があったとしても、昨日までは考えてみようともしなかったことで、心構えは何一つなかった。われわれは日本政府に代わり万全の処置をとらねばならぬとは思うのだが、同じような考えが頭の中をぐるぐる回りするだけで、どこから手を付けてよいかわからない状態だった〉(『青い焔の記憶　満洲帝国終戦秘録』)

翌十六日、張景恵総理は日本の敗戦の事実を確かめるために通化の関東軍総司令部に向かう。十七日、「日本が降伏した」という確実な情報をもって大栗子溝に帰ってきた。溥儀も張景恵も「皇帝は退位するのかどうか、満州国を解散するのかどうか」という極めて現実的な問題に直面することになったのである。同日夕刻、満州国の各大臣や参議が山中の鉱業所の簡素な食堂に集まり、椅子を寄せ集めて緊急御前会議が開かれた。張総理が議長席につき、これまでの顚末を悲壮な口調で述べ、「満州国の解体」と「皇帝の退位」を諮《はか》った。

会議は深夜まで延々と続き、結論が出たのは十八日の午前一時すぎである。決定したのは、以下の三項目である。

①十八日付で皇帝は退位宣言を発表する
②退位した皇帝は日本に亡命する
③満州国は解体、政権は一時治安維持委員会の手に委ねる

付則として「国務総理以下、各部大臣および参議は中央治安維持委員会を組織し、いっさいの破壊活動を防止し、国土全体をできるだけ無傷のまま、国民党政府に返還する」となっていた。

夜が明けて十八日の朝、簡素な溥儀皇帝の退位式が厳粛に行われた。溥儀は「退位詔書」を読み上げると、最後に詔書に記されていなかった「自分は日満一徳一心の義に基づいて、今日只今退位したのである」と付け加えて、自ら跪き「自分の無能のため、日本の天皇に迷惑をおかけした。天皇にお許しを請う」と頭を下げた。そして式に参列した張総理以下、各大臣、参議その他の要人たち一人ひとりと握手し、退場するときにはそばに立っている日本兵と抱擁して別れを告げた。二歳で清朝最後の皇帝に即位した溥儀は、生涯で三度皇帝の座に着き、三度その座を失ったのである。

建国以来一三年五ヵ月、満州国は辺鄙な大栗子溝で瓦解しその生命を終えた。

退位式が終わると、満州国の大臣、高官たちは、匪賊が出没することを理由にその日のうちに特

別列車で新京に引き揚げた。別れ際、張景恵総理だけが溥儀に鄭重に挨拶し、ふたりで抱き合って泣いた。この日、大栗子溝にあった忠霊塔は爆破され、新京から捧持《ほうじ》してきた清朝祖宗の位牌も焼却される。浩は灰の中から金文字で「乾」という文字が読み取れる木片を見つけ、白いハンカチに包みその後の逃避行の中、日本まで大切に持ち帰った。溥儀、溥傑が抱いた「清朝復辟の夢」は完全に消え去ったのである。

その夜、溥儀は日系官吏たちを傍近くに招き、しみじみとした口調でこう挨拶した。当時、皇帝の通訳だった嘉村満雄はその内容をこう記している。

〈諸君は長い間、私に対して、ほんとうによく仕えてくれた。自分は心から感謝している。しかしそれに対して、自分は何一つ報うることができなかった。そればかりか、運命のいたずらとはいいながら、本日ここに、諸君と袂をわかたねばならなくなったことは、自分としては大きな心残りではあるが、これもまたやむを得ない。幸い自分は、余生を京都で送ることになっている。今後とも諸君とは、たびたび会える機会があるだろうと思う。諸君が帰国して、京都を訪れるようなことがあった場合は、ぜひ立寄ってもらいたい。楽しみにして待っているから……〉（『満洲国壊滅秘記』）

溥儀は日本に亡命し京都で暮らすことになっていた。

溥儀・溥傑をソ連に売り渡したのは誰だ

最後の御前会議が続く中、宮内府の職員たちは帝室御用掛の吉岡安直を中心に、溥儀たちの亡命先をめぐる交渉を、関東軍総司令部を通して日本政府との間で行っていた。宮内府内務処長、岡本武徳によると、総司令部からの当初の連絡では「十九日に大栗子溝を発ち、汽車で平壌まで出ること。平壌には二十一日に大型飛行機が迎えに行くから皇帝一行はその飛行機で、残りの者は汽車で南下せよ」ということだった。

日本に帰国していた元満州国侍従長、工藤忠はソ連軍の満州侵攻が始まったころから、溥儀の亡命先を心配して元首相の近衛文麿を訪ね、溥儀の日本亡命を懇願した。日本政府も敗戦が決定的となった混乱の中で、皇帝溥儀の亡命を受け入れることができるかどうか、確約できる状態ではなかった。だが、そうした中で近衛は「溥儀皇帝は日本に亡命することになったようだ」との情報を漏らしてくれた。工藤はホッとしたが、それでも安心できず、数日後、また近衛を訪ねる。「安心しなさい。皇帝は日本に来る。邸も京都（の都ホテル）に用意した」と工藤に確約した。この情報は溥儀にも伝えられ、溥儀は京都で亡命生活を送る決意を固めていたのである。

吉岡や岡本は既定方針どおり準備を進めていた。そこへまた通化の関東軍総司令部から、計画変更の連絡が入った。「溥儀一行は奉天で大型飛行機がお出迎えする。通化から奉天までは関東軍の小型飛行機でお運びする。一二人しか搭乗できないので随員はそれ以下に限定されたい」。溥儀たちが日本へ亡命する飛行機は、朝鮮の平壌ではなく「奉天飛行場に飛んでくることになった」と誰もが理解した。吉岡は溥儀に相談しながら指定された一二人の同行者を選んだ。

最終的に溥儀に随行することになったのは、ソ連の侵攻が始まった直後に侍従武官に任命された溥傑と潤麒（溥儀の三番目の妹、三格格の夫）、萬嘉熙（五番目の妹、五格格の夫）の三人と、溥儀が可愛がっていた宮廷学生で、愛新覚羅家の末裔である毓嵒、毓嶦、毓嵣の三人、それに侍医の黄子正と侍従の李国雄である。日本人の随行は御用掛の吉岡中将と天照大神の神器を携える祭祀府総裁、橋本虎之助中将および神官の外島瀏の三人。

　皇后婉容、側室の李玉琴、浩と嫮生、溥儀の妹の二格格、三格格、五格格らは、溥儀たちとは別の日に、陸路で朝鮮を経由して日本に向かうことになった。


　八月十八日午後十一時半、溥儀一行一二名は大栗子溝駅を出発して通化に向かう。出発前、溥儀は号泣する婉容や浩たちに「私たちは先に行っているから、連絡のあり次第、陸路朝鮮を経て日本に来なさい。みんな助け合って日本に来るんだぞ」と別れを告げた。溥傑は正直言って嬉しかった。「日本に行けば可愛い慧生に会える」。いささか興奮していた溥傑は浩に向かって「嫮生とすぐに来るんだよ。宮廷の仕事はもうこりごりだ。今後は親子水入らずで暮らそう」と言った。東京に知人も多い溥傑は、浩が準備した洗面用具や下着も持たず「明日は日本だからそんな洗面用具はいらないさ」と笑った。これがその後、一六年間もの長い別れになるとは溥傑も浩も思ってもみなかった。

　翌十九日午前六時、列車が通化駅に着くと、一行は三台の車に分乗して飛行場に向かい、予定どおり三機の小型機で奉天に向かう。双発の一番機には溥儀と吉岡、神器を携えた祭祀府総裁・橋本に外島神官が、単発の二番機には溥傑、萬嘉熙、毓嵒、毓嶦、三番機には潤麒、毓塘、侍医の黄子正、侍従・李国雄が分乗した。一番機が奉天に到着したのは午前十一時すぎである。一番機の溥儀たちは空港ビルの満州航空重役室で後続機を待った。そのとき、十数機のソ連軍輸送機が空港上空を旋回し始めた。さらにその上には戦闘機も見える。ソ連機は次々に着陸して自動小銃で武装した兵士たちがたちまち空港ビルを占拠した。ザバイカル方面軍の降下部隊だった。

　二番機、三番機は空港を占拠したソ連軍の着陸許可がおりず、奉天上空を三時間近くも旋回し、着陸したのは空港全域がソ連兵に完全に制圧された後だった。溥儀一行一二名全員がソ連軍の捕虜となったのである。ソ連軍は奉天に飛来した三機に乗っているのが溥儀一行だと明らかに知っていた。吉岡はソ連軍将校に日本への出発の権利を主張し、激しい交渉となった。

ソ連軍は奉天空港の飛来した三機に溥儀一行が乗っていることをなぜ知っていたのか。

宮廷学生だった毓嵣は、後日こう記している。

〈ソ連へ行ってからわかったことであるが、これは日本の関東軍がソ連赤軍当局との降服交渉で、日本側が責任をもって溥儀を瀋陽（筆者注：奉天）で引き渡すと約束されていたことで、日本へ行くというのは真赤な嘘であった。恐らく吉岡安直でさえも詳しい事情を知らなかったことであろう〉（『素顔の皇帝・溥儀　第一巻』）

前述したように当初、関東軍総司令部は「朝鮮の平壌まで迎えの飛行機を出す」としていたが、途中でそれが「奉天の飛行場まで来るように」と変更された。

毓嵣の記述によると、関東軍総司令部は終戦交渉の過程で、溥儀たちをソ連側に〝売り渡し〟、溥儀たちの乗った飛行機が奉天に向かうよう工作していた、というのである。事実は明らかではないが、平壌の飛行場には、当初の予定どおり、八月二十一日、日の丸を黒く塗りつぶした大型機が溥儀一行を待っていたが、溥儀一行が乗った飛行機はついに姿を現さなかった、といわれる。それが事実だとすると、溥儀一行の日本への脱出コース変更を、ソ連側に通報したものが関東軍総司令部の中枢にいたということになる。毓嵣の記述はソ連側から得たものであり、その確度は極めて高いと見てもよい。前述したように、溥儀一行の当初の予定を変更し、まず奉天空港まで飛ぶように指示したのは関東軍総司令部であり、奉天到着の日時を知っていたのは、日本側では関東軍総司令部しかありえない。

この時点までにソ連極東司令部と接触していたのは関東軍では総参謀長の秦彦三郎と瀬島龍三ら参謀四人だけだった。瀬島の書いた「大本営の二〇〇〇日」（『文藝春秋』昭和五十年十二月号）によると、瀬島らは八月十七日に停戦交渉のためソ連極東司令部と連絡を取る必要があり、秦総参謀長のお供をして哈爾浜《ハルビン》のソ連総領事館を訪れている。翌日、ソ連側から迎えの輸送機を哈爾浜に向かわせるとの連絡があった。十九日の早朝、秦と瀬島ら四人の同行者は迎えのソ連機に乗り込んだ。ソ連機が着いたのは沿海州の興凱湖《こうがいこ》に近いジャリコーウォ飛行場。そこから車で二時間くらいの山の中のバラックで停戦交渉が始まったという。

八月十七日から十九日の間に、関東軍総司令部の首脳とソ連極東司令部との接触はこれ以外にはなく、ソ連側が溥儀一行の奉天到着を知り得たのは、この交渉過程だったと見ても間違いないだろう。つまり、関東軍の首脳のうち誰かが、あるいは全員が戦後処理の条件として、溥儀一行をソ連軍に引き渡す密約を交わしたと見るのが自然だろう。前述したように参謀のひとり、瀬島は、ソ連侵攻の直前、関東軍参謀から内地の第一総軍参謀に異動になった竹田宮恒徳殿下（秘匿名は宮田中佐）の代わりに赴任した。こののち溥儀同様にソ連軍の捕虜となり、戦後、ソ連側証人として東京裁判の法廷に立つことになる。

吉岡の獄中死

翌八月二十日昼過ぎ、溥儀一行はソ連軍の輸送機に乗せられ、奉天飛行場を飛び立った。ソ連機はいったん、通遼《つうりょう》に着陸して吉岡、橋本、外島ら日本人三人を降ろした。吉岡たちは小型自動車に乗せられ、通遼神社の境内の物置小屋に設けられたソ連軍の連絡部らしき場所に連行される。通訳による氏名、身分など簡単な取り調べがあった後、通遼のソ連軍総司令官が現れ、これまでの経過や感想を訊問された。吉岡ら日本人三名はこのとき、溥儀一行と切り離されたことに気づいた。吉岡は当時、肺炎を患い体力は衰えていた。

溥儀一行は、通遼で別の輸送機に乗り換え、シベリア南部の満州と国境を接するチタに着いたのはあたりが薄暗くなった夕刻である。溥儀に同行していたのは溥傑、潤麒、萬嘉熙と宮廷学生の毓嵒、毓嶦、毓嵣、侍従と侍医の八人。溥儀一行（計九人）は、ソ連に到着した最初の〝満州国戦犯〟だった。

陽が沈んだころ、十数台の車がやって来た。一行は一台にふたりずつ乗せられ、それぞれにひとりのソ連将校が付き添った。溥儀の車のソ連将校は、溥儀の腕時計に目をつけた。長方形の文字盤がプラチナ製の高級腕時計である。そのソ連将校は自分の手首を溥儀の方に突き出した。時計はしていない。目を合わせると笑った。溥儀は腕時計を外し、その将校の腕にはめてやった。

車の列はしばらく原野を走り、林を抜け二時間ほど走ると三階建て建物の正面に止まった。一行はその二階に案内される。しばらくすると、四十歳ほどの平服を着た男が現れた。後ろには一群のソ連将校が従っている。彼は溥儀たちに向かって「ソ連政府命令。只今より諸君を拘留する」と宣言した。チタ市の衛戍《えいじゅ》司令官でソ連軍の陸軍少将だった。彼は「落ち着いてここに住み、処置を待つように」と穏やかに言った。

溥儀はそこでの生活に一つの幻想を抱いたという（『わが半生』）。満州に送り返されれば蔣介石の国民党の手に渡されるか、中国共産党に捕縛される可能性が強い。そのどちらの場合でも溥儀の生命の保証はない。〈ソ連は英米の同盟国なのだから、私がここから英国か米国に移って亡命生活を送ることもできるかもしれない〉という幻想である。溥儀は大量の宝石や装身具を隠し持っており、後半生の生活に充てるには十分だった。そのためにはまずソ連に定住できるようにしなければならない。溥儀はスターリン宛に「ソ連永住の許可を申請する」手紙を書く。その原文作成を溥傑に命じた。受け取った管理責任者の将校は「結構です。私から伝達しておきましょう」と答えたが、ソ連側からの返事はなかった。

それから一週間ほどすると、「旧満州国」の国務総理だった張景恵を筆頭に臧式毅（参議府議長）、熙洽（宮内府大臣）、阮振鐸（外交部大臣）ら全閣僚が一網打尽にされてこの収容所に送られてきた。その中には皇后婉容の父、栄源（宮内府顧問）も含まれていた。通遼で溥儀一行と切り離された吉岡らは新京に連行され、この張景恵一行に合流させられ、再び溥儀一行が辿ったコースを追うようにチタまでやってきたが、なぜか吉岡だけがまた一行から切り離され、モスクワに送られる。

モスクワに着いた吉岡はただちにルビヤンカ収容所に収監された。拘留容疑は「ソ連に対し活発なスパイ活動を行った」「関東軍参謀副長としてソ連攻撃計画立案に関与し、一連のソ連攻撃準備行為を実行した」などだったという。きびしい取り調べが続く中、吉岡の病状は悪化し、二年後の一九四七年（昭和二十二年）十一月三十日、ソ連内務省の刑務所病院でたったひとりで臨終を迎え、豪放な生涯を閉じた。享年五十七。死因は結核菌による慢性肺感染症だったという。長年の帝室御用掛、吉岡安直と溥儀は、通遼で別れを告げて以降、再び会うことはなかった。

ソ連側管理者はしばらくすると、溥儀をはじめ満州国の元政府要人全員に「満州国」の歴史を順序立ててまとめるよう溥儀や張景恵ら大臣たちに要求してきた。溥儀の分は溥傑が執筆し、萬嘉熙が手を加えた。満州国各大臣の分は潤麒と萬嘉熙が手分けして清書した。

〈要するに、皇帝であろうと大臣であろうとみな責任回避のため一字一句に推敲に推敲を重ねたのである〉（『溥傑自伝』）。全員が満州国で果たした役割について、自分の責任を逃れ、相互に矛盾が生じないよう口裏合わせをした。

提出された文書をもとに、ソ連当局は一人ひとりに正式に尋問した。溥傑たちは後で知ったことだが、ソ連当局が溥儀を日本での「極東軍事裁判」に出席させ日本の戦争犯罪について証言させるための準備だった。溥傑はそのときこう思った。〈どうやらソ連は日本人戦犯を厳罰に処そうとしている、私たちにはそれほどのことはしないだろう、私たちを利用するかもしれない、と〉（同）。

溥儀や溥傑はこの時点で、張景恵らの一行と一緒に連行されてきた吉岡安直が途中で切り離されてモスクワに送られ、厳しい取り調べを受けていること、また彼の深刻な病状もソ連側から聞かされていたはずである。溥傑のいう「責任回避のための一字一句の推敲」とは、「極東軍事裁判」で溥儀らを操った関東軍の〝傀儡師〟として吉岡安直を仕立て上げるための意思統一だったと見ても間違いはない。

溥傑には溥儀のように、ソ連に永住するなどといった考えは毛頭なかった。〈ただなんとか日本に潜りこんで浩、慧生、嫮生たちと一緒に海外亡命者になれば、チャンスを見て適宜対応することもできるし、危険を冒すこともない。とくに日本軍が捲土重来する際には、まっ先にソ連にこの仇を復讐する〉（同）との夢さえ抱いていたのである。

隠し持っていた財宝を

十月中旬、ソ連当局は溥儀一行をさらに東方のハバロフスクに移動させると通告した。チタからハバロフスクまでは列車で四日の行程である。列車は駅があると必ず停まり、停車時間も長い。車中は南京虫だらけだった。列車は最後に黒龍江の大鉄橋を渡ってハバロフスクに着いた。ハバロフスクは黒龍江とウスリー川の合流地点にあり、もともとは満州国の領土だった。列車を降りた一行は自動車に乗せられ、市街地を走り抜けて郊外に出た。車が止まった所に二階建てのこぢんまりした木造の一軒家が建っていた。「ハバロフスク第四五収容所」の「分所」だった。

二階には小部屋が二つあり、溥儀とその同行者には二階があてがわれ、階下には大広間と小部屋が四つあり、元満州国の大臣たちが住むことになる。溥儀はここでも「皇帝」の気位を捨てきれず、元大臣を呼ぶときは依然として侍従の李国雄に「お上がお呼びです」と大声で言わせ、溥儀のもとに連れてこさせた。そして蠅も打たず、南京虫も殺さず、毎日、寝床の上でお経を唱え、一族である元宮廷学生を怒鳴りつけ、体罰を加えることもあった。しかし、ソ連兵が建物の中に入ってくると、にっこり笑って挨拶をする。

溥儀たちと階下の大臣たちとは互いに行き来はなかったが、かつては折り合いが悪かった皇后婉容の父・栄源だけが、毎晩夕食が済むと二階に上がって来て溥儀の話し相手となっていた。栄源は満州国ではこれといった官職ではなかったが、住民の通報で捕虜となり、ソ連軍は彼が何者かわからないまま、連行してきたのだった。

ソ連の十月革命記念日が過ぎたころ、州の公安局局長（中将）が乗った一台のジープがやってきて、溥儀を昼食に招待した。食事をしながら公安局長は、

「ソ連は勝利を収めたとはいえ、戦争の傷痕を修復しなければならない。今年はひどい旱魃《かんばつ》で収穫も困難だ。支援していただけないか」

と切り出した。捕虜となった溥儀ができる支援といえば、彼が隠し持ってきた貴重品を提供することしかない。ソ連当局は溥儀が皇帝時代に得た財宝を秘匿している事実を摑んでいたのである。溥儀はその一部を献上するしかないと覚悟したが、したたかな彼は、この機会を逃すことなく、交換条件としてソ連定住を申請した。地方の公安局長が決定できるような案件ではないが、公安局長は必ずモスクワに上申すると約束し、溥儀が私財を献上すると約束したことに感謝した。

収容所に戻った溥儀は、溥傑と信頼できる一族の毓嵣ら三人の宮廷学生を部屋に呼び、小型トランク一杯に詰めて大栗子溝から運んできた貴重品の一部をソ連軍に渡し、残りの大部分をいかにして隠すか相談した。溥儀はひとまずソ連に定住できれば、その後は手蔓《てづる》をつかんでラテンアメリカにでも移住したいと考えていた。そのためには最も高価な貴重品の隠し場所が必要となる。学生た

ちは大栗子溝を離れる際、映写機を収めた箱に取っ手がついていたので荷物を携帯する手提箱（スーツケース）替わりに持ち歩いていた。この箱は底が非常に深く、内面には黒いネルの裏地が貼ってあった。底は二重になっており、上から覗き込んでも見つけることはむずかしい。徹夜での改装作業が始まった。釘を打つと音がするので、ペンチで釘をしっかりとはさみ強引にねじ込んだ。そうしてできた上げ床の中に〝宝物中の宝物〟をぎっしりと詰め込み、その後、剝がした黒いネルを元どおりに貼り付けた。

溥儀がソ連当局に献上したのは〝二級品〟以下の宝物である。二、三日経ってソ連当局は宝石の専門家を派遣し、溥儀から贈られた貴重品の明細書を書きながら一つひとつしまい込んだ。このとき、溥儀はまたソ連に定住する申請書を認《したた》めて宝石類と一緒に渡した。

しばらくすると、溥儀たちや「満州国」の大臣たちは郊外の「分所」から、ハバロフスク市内にある「第四五特別収容所」に移動させられる。この収容所にはすでに捕虜となった関東軍総司令官・山田乙三をはじめとする関東軍の高級将校たち、さらに武部六蔵（満州国総務庁長官）、古海忠之（同庁次長）ら日系高級文官も収容されていた。しかし、なぜか瀬島龍三参謀ら数人は切り離され、郊外の第二〇分所に送られる。

溥儀たちが入所すると、ソ連当局は収容所を二つの区域に分けた。

ひとつが溥儀たちのグループで、もうひとつが山田総司令官など日本の高級将校らと「満州国」の大臣、将官たちだった。その境界には一本の白線が引かれ、溥儀と他の戦犯たちは境界を越えることは厳禁され、散歩のときも白線を越えることは許されなかった。しかし、溥傑や随行してきた毓嵣ら溥儀の義弟、甥たちは両方の区域を自由に行き来できた。

溥傑はこのころから、絶対服従してきた兄溥儀に対して疑問を持ち始めていた。この収容所でも溥儀はスターリンの肖像に最敬礼をし、ソ連亡命の願いを何度も申請する。溥傑にも連署を求めたが、溥傑は拒否した。溥傑の当時の心情は〈ソ連を恨み、日本を懐かしんでいた。国民党に対しては恨みと恐れ半々、共産党についてはそもそも何も知らなかった。（略）それに自分の妻は日本国籍だし、長女も日本にいるので、後半生は日本に頼るしかない。長年日本のファシスト教育をうけて、日本のすべてが気に入っていた〉（『溥傑自伝』）という。溥傑は収容所の中でも山田乙三たち関東軍戦犯に対しても、会えば必ず敬礼し、「閣下」と呼んだ。

溥傑は、浩と嫮生はすでに朝鮮経由で日本に帰国していると思い込んでいた。収容所の日本人戦犯の中で、釈放される可能性のある人を見定め、機会を見て近づき、浩の住所を教え、「生きている限り何としても彼女のもとに帰るので、ふたりの子供をよろしく頼む」と伝えるよう頼んだ。また、どうしたら日本に帰化できるかということまで尋ねた。ハバロフスク収容所のソ連人通訳のひとりが中国歴史を研究しており、溥傑にさまざまな資料を書いてくれと依頼してきた。溥傑は彼に全面的に協力し、その見返りとして日本にいる妻との連絡を依頼した。彼の友人が日本に行くことになると、浩宛の手紙を書いて東京で投函してくれるよう頼んだ。

しかし、浩はそのころ、八路軍（中国共産党の主力部隊。のちに中国人民解放軍となる）の捕虜となり、嫮生を連れて満州の荒野を彷徨《さまよ》っていたのである。

年が明け一九四六年（昭和二十一年）になると、ソ連当局は溥儀に対して一連の召喚尋問を開始した。日本の関東軍が溥儀を天津から連れ出し、満州国を建国し、満州政府を支配していった経緯などを厳しく尋問した。溥儀は当初は収容所の中で資料を作成していたが、後には毎日のように市内のソ連内務局のビルに出向き、資料を作成し、尋問に答えていた。この尋問の総責任者はソ連軍の大佐で、通訳が専属で就いた。ソ連当局は「日本が清朝最後の皇帝である溥儀を利用して満州に対する侵略と支配を行った」ということを立証するよう溥儀に迫った。

八月初め、ソ連当局は突然、溥儀の身柄を拘束して収容所から連れ去った。所内はたちまち大騒ぎになり、さまざまな憶測が乱れ飛んだ。「溥儀は極東軍事裁判で証言するため東京に行った」と溥傑たちに伝えたのは一週間後のことである。溥儀が連行されると、溥傑は溥儀の部屋に閉じ込められ、一歩も出ることを禁じられた。溥儀の証言が終わるまで、溥傑は溥儀の〝身代わり〟として人質になったのである。溥儀の証言に対する見えざる〝圧力〟でもあった。

八路軍が機関銃を乱射して

時計の針を一年前の一九四五年（昭和二十年）八月の日本の敗戦直後まで戻したい。

溥儀や溥傑たちは「私たちは先に行っているので連絡があり次第、陸路朝鮮経由で日本に来なさい」と言って大栗子溝を去った。浩たちが一日千秋の思いで連絡を待っていた二十一日の正午近く、残された溥儀の親族の女性たちの住居となっていた大栗子鉱業所の周辺で付近の住民が暴動を起こし、銃を乱射しながら鉱業所を襲撃してきた。彼らの狙いは日本人だった。浩は使用人の女性たちと畳を上げて、床下に布団を投げ込み、嫮生を抱えて飛びおりた。頭の上で暴徒が歩き回っている音がする。

浩は隣室の五格格（韞馨）に救いを求めた。五格格はすぐに下に紐をたらし、浩たちを引き上げた。彼女たちは中国人なので襲われない。浩たちはすぐに中国服に着換えた。外では暴徒たちが日本人を殴りつけ、子供の服装検査までして略奪を続けている。浩の部屋の荷物も根こそぎ持ち去られた。それればかりではない。彼らは日本人を数珠繋ぎにして連れ去った。危険を感じた浩たちは中国人の共同宿舎に移ろうとした。浩たちに気づいた暴徒が「アッ、日本人だ」と声を上げた。五格格が「私の姉です」と大声を上げ、浩たちは助かった。日本人とわかれば命はない。わずか一日の暴徒の略奪で大栗子溝の日本人はみな丸裸となった。

婉容（皇后）、李玉琴（側室）をはじめ浩たち愛新覚羅家の一族と使用人は、大栗子溝での生活は危険だと判断し、数日後、徒歩で臨江の街まで移動し、朝鮮人家屋を借りて集団生活を始めた。秋が深まると、八路軍（中国共産党軍）が臨江に進駐してきた。八路軍は機関銃を乱射し、大砲を山に向けて二、三発撃ち込んで威嚇した後、臨江の街を支配下に置いた。愛新覚羅家の一族はすぐに見破られ、その監視下に置かれた。八路軍は司令部の上官たちが必要だからと、毛布まで剝がして持っていった上に、家の内外まで探し回り、苦心して隠していた皇帝の私有財産を見つけ、すべて没収した。

浩は「金」という偽名で宮廷職員の妻に成りすましていたが、年が明けた一九四六年（昭和二十一年）一月のある日、一人の八路軍兵士が浩に話しかけてきた。

「溥傑夫人ではありませんか。私は元新京南嶺騎兵隊の満軍将校で、溥傑氏にはお世話になりました。おいたわしい姿になりましたなあ。早速司令部に保護方を頼んでおきます」と流暢な日本語で話しかけられ、身元がばれてしまった。婉容、李玉琴、浩と嫮生の四人は「皇帝一族の最重要人物」として義妹の五格格たちと切り離され、トラックで通化に〝強制連行〟される。極寒の中を険しい山道を三日間走って辿り着いた通化の街は、引き揚げを待つ日本人で膨れ上がっていた。トラックは八路軍司令部の前に横付けされ、浩たちは公安局の二階に軟禁される。

翌日、厳重な身体検査の後、履歴書を書けと命じられた。浩は正直に書いて提出した。「もう悪あがきしても無駄だ」と覚悟を決めていた。婉容と浩、嫮生は日当たりのよい部屋があてがわれ、溥儀の乳母と召使がついた。アヘンの中毒症状が進行している婉容は、床から自力で立ち上がることもできないほど体力は衰えていた。李玉琴は軍司令部に軟禁され、同行してきた宮廷学生や宮内府職員は地下の拘置所に押し込められ、行動の自由は一切なかった。

五歳になった嫮生だけが、一族が軟禁されている部屋や公安局員の部屋に自由に出入りすることが許された。嫮生は公安局員とすぐに仲良しになった。局員のほとんどが満州国警察学校の出身者で日本語も上手だった。嫮生はあどけない声で彼らの前で歌を歌い、人気者になった。拘束されている身とはいえ局員たちの態度は鄭重で、食事も溥儀一族には白米にスープ、二、三品の料理がついた。しかし、ここでの生活も平穏無事ではすまなかった。通化で引き揚げの日を待ち続ける日本人を未曽有の惨禍が襲い、浩たちもその渦中に放り込まれるのである。

国民党軍に担がれた藤田大佐

通化の周辺は鉄鉱石、石炭など地下資源が豊富で、日本の地下資源基地として大規模開発が行われ、鉄鋼会社の社員、技術者やその家族など多くの日本人が居留していた。関東軍も敗戦直前にこの通化に総司令部を移し、最後の防衛拠点にしたほど戦略拠点としても重要であり、関東軍の満州残留部隊はソ連軍の侵攻開始後、満州各地からこの通化に結集していた。ソ連軍は満州侵攻から二週間後の二十三日、戦車部隊を先頭に通化に進駐し、九月一日までに関東軍の武装解除を完了する。

ソ連軍が通化に進駐したのとほぼ同時期に、蔣介石の国民党政府軍が入城し、通化は国民党軍の支配下に入った。このころ、通化に密かに潜り込んできたのが八路軍（中国共産党軍）である。九月にソ連軍が撤退すると、八路軍は公然と活動を開始する。彼らの最初の仕事は旧満州国の通化省指導者を粛清することと日本人事業者、商店主に対する金品の供出要求、さらに関東軍残党の逮捕だった。十月に入ると国民党本部を急襲、下旬には司令部を設置して通化を支配下に置いた。国民党軍の反撃も次第に激化し、通化の街は極度の混乱状態に陥っていた。加えて敗戦直後に着の身着のままで避難してきた日本人の数は三万人に達し、極寒の地の秋はすでに厳しく餓死や凍死をする者も多かった。

このような状況下で国民党軍は残留日本兵の司令塔として抗戦派と目されていた元関東軍一二五師団参謀長・藤田《ふじた》実彦《さねひこ》大佐を担ぎ出そうと画策していた。藤田実彦は一九〇〇年（明治三十三年）、鹿児島生まれ。陸士、陸大を出て四二年（昭和一七年）大佐に昇進、四四年には対ソ戦に備えた満州の戦車第一連隊長として勤務する。文才も備えた藤田は『戦車日記』という戦記文学を書いた。そのときの部下に作家の司馬遼太郎（本名・福田定一）がいたことが戦後になってわかる。満州に残った藤田は敗戦の年の一月、第一二五師団参謀長となり、対ソ戦に備えて通化方面に進駐していた。彼は胸まで黒いひげを伸ばし、豪放磊落な〝ひげの参謀長〟として在留邦人に知られていた。

ところが、藤田は関東軍総司令部の停戦命令を受け入れずに逃亡する。天皇の敗戦を告げるラジオ放送があった翌日の八月十六日夜、関東軍総司令部作戦班長の草地貞吾《くさちていご》中佐に「わしの師団は関東軍命令は聞かないからね」と電話してきた。草地が戦後出版した『その日、関東軍は』（宮川書房）によると、ふたりの電話のやり取りは以下の通りである。

「ちょっと待ってください。軍命令を聞かない結果がどうなるかお考えですか。きのうの御放送を思い起こして下さい」

「わかっているよ。なんぼなんでも停戦や武装解除などできるもんか……師団は玉砕するまでやるだけだ」

「それはいけません。全関東軍が停戦するのに、あなたの師団だけが何でできましょう。耐え難きを耐えるのです」

「なにッ、いらぬ説法をするなッ、俺は停戦のために軍人になったのではないッ」

藤田は家族を連れて通化に近い山間の炭鉱に労働者として潜伏したが、九月下旬、八路軍に逮捕される。しかし、年末には抗戦派の手引きで収監先の八路軍司令部から脱出し、姿をくらましていた。国民党軍は暫定地区委員会委員長（国民党通化支部長）を務める孫耕暁《そんこうぎょう》をトップとし、藤田をナンバー2とした武装蜂起を計画していたのである。

悲劇の通化事件と野坂参三

藤田大佐に協力して立ち上がったひとりに通化に開設されたばかりの「臨時野戦病院」院長、柴《しば》田久《たひさし》軍医大尉がいた。同病院は通化の「日本人居留民会」の要請で設置されることになり、紅十字会（赤十字）病院として一般にも開放されることになっていた。その準備は昼夜兼行で行われ八月二十日過ぎには、物資輸送や病室改造も終わり、患者受け入れ体制も整っていた。柴田院長をはじめ、医師、看護婦などを入れると総勢一〇五名を擁する大病院である。この病院がやがて起こる通化事件の舞台のひとつとなるのである。

通化事件の背景には、八路軍が四四年（昭和十九年）に組織した「日本人民解放連盟」（略称「日解連」）の存在があった。ソ連軍が撤退を始めたころから通化には日解連の工作員が徐々に進出し、通化支部結成の準備を始めていた。もともとは中国共産党の毛沢東の指令を受け、日本共産党の野坂参三（地下潜伏中の偽名・岡野進）が立ち上げた組織である。

毛沢東は日中戦争が始まったころから、野坂参三などを使って日本人捕虜たちを自己批判させ、思想教育を徹底させてきた。教育の場は「労農学校」と称され、共産党教育が修了すると日解連に送り込み、在留邦人や各種の日本人組織の中に共産党の勢力を拡大させようとしていた。四五年十一月一日には「遼東日本人民解放連盟通化支部」が正式に結成される。柴田軍医大尉が院長を務める臨時野戦病院の看護婦たちの中にも、日解連の影響を受けた〝赤い看護婦〟が増え続けていた。

『通化幾山河』（山田一郎）や『通化事件』（佐藤和明）など事件関係者が書いた記録を総合すると、通化に集まったさまざまな日本人の思いが複雑に錯綜する中で、四六年一月十五日、一斉蜂起を目指して国民党軍の通化地区委員長、孫耕暁の家で秘密会議が開かれ「東辺地区軍政委員会」が設立される。主任委員に孫耕暁を選び、藤田実彦元大佐は委員兼軍事部長に任命された。この委員会で藤田は「通化の在留邦人がそのまま留まることを保障すること、通化の在留邦人の雇用を守ること」などの条件を提示し、孫耕暁はこれに応じた。反乱計画が成功し八路軍を排除すれば、通化に「中日連合政府」を結成し、孫が政務を掌握し、藤田が軍事を握ることも決定した。

三十一日午前十時から市内の清真街にある同志宅で藤田元大佐以下二十数名が集まり、日本人部隊の決起前の最後の作戦会議が開かれた。元一二五師団からは残留将校や下士官、赤十字病院側からは柴田軍医大尉以下軍医たち、それに通化居留民会の代表たちだった。この日、決起目標のひとつに通化に連行されてきた「皇帝一族の奪還」も付け加えられた。八路軍の重要な〝戦利品〟である皇后婉容や皇弟夫人浩の奪還は、八路軍に大きなダメージになると判断されたからである。

藤田は全員に「作戦計画書」を回覧し檄をとばす。

「皆さん、決起まであと一日半じゃ。元日の新聞には『天皇は現人神にあらず』との詔書が発表された。ワシらのように陛下を神のようにお慕い申し上げてきた者にとっては神だったのは〝架空なる観念〟だと書いてある。内地におる者にとってはそれで済もうが、満州ではそうはいかんとワシはおもうのじゃ。我々は祖国を失った。それでも生きていかねばならぬ者が満州には数えきれないほどおる。今こそ我らはひとりでも内地に帰れるよう、また八路軍に一矢を報い、日本人として恥じることのない戦争終結を完遂せねばならんと思う」

藤田は一呼吸おくと、さらに付け加えた。

「二月三日午前四時を期して決起の合図をする。その前に去る者は去れ。残る者は残ってワシとともに戦ってくれ。日本国万歳！　天皇陛下万歳！」

回覧された「作戦計画書」には「攻撃開始の合図は午前四時、変電所の電灯を三回点滅させる」とあり、赤十字病院の柴田大尉（院長）らにその任務が課せられる。赤十字病院ではこの日午後四時から決起集会を開いた。病院部隊の最も重要な任務は変電所を襲撃し、三日午前四時ちょうどに電灯を三回点滅させることだった。これが一斉決起の合図であり、手順に狂いが出ることは許されなかった。


しかし、八路軍は藤田らの「作戦計画書」をすべて事前に入手していた。どういうルートで入手したかは明らかではないが、柴田大尉の赤十字病院の看護婦の中に「日解連」の秘密メンバーがいたという説や、「作戦計画書」を持って連絡に走った見習士官が八路軍に捕まったなどの説がある。いずれにしても八路軍公安局の李剣雲《りけんうん》局長らは、事前に武装蜂起の情報を摑み、二日夜から全市に戒厳令を敷き、不穏分子の摘発を始めた。街のいたるところに武装した八路軍兵士が立ち、歩いている日本人を次々に逮捕する。その数は一四〇人に達した。

同じころ、在留日本人の在郷軍人や青壮年が隣組などの会合に集められ、決起を迫られていた。しぶる者は「それでも日本人か」という罵声が浴びせられ、事件当日の午前一時ごろには「男子はすみやかに集合すること」と書かれたビラが、在留邦人の各戸に投げ込まれる。彼らは自宅から日本刀、つるはし、鉈《なた》、スコップ、こん棒などを持ち、農民一揆のように八路軍が駐屯する軍司令部などを攻撃するよう命じられた。

事前に計画を知った八路軍司令部は、前夜のうちに首謀者の孫耕暁らを拘束する。逮捕者の多くは後方との連絡を絶つためすぐに処刑された。藤田逮捕のきっかけとなったのは、決行直前の三日午前三時ごろ藤田の伝令が街の中で八路軍に捕まったことである。危険を察知した藤田は一切の秘密文書を焼却し、司令本部を別の家に移し、天井裏に潜んだ。八路軍は藤田が身を隠しそうな日本人住宅街を包囲して個別に家宅捜索し、四日未明、天井裏にいた藤田を拘束した。

しかし、こうした状況は他の決起部隊には伝わらず、予定どおり三日午前四時には柴田軍医大尉が指揮する赤十字病院部隊はすぐ近くの変電所を占拠し、攻撃命令である電灯を三回、点滅させたのである。この朝は大きなぼたん雪が舞い、路上には一五、六センチ積もっていた。第一、第二、第三中隊、遊撃隊は「作戦計画」に従って八路軍の司令部や専員公署、県大隊などに向けて一斉に攻撃を開始した。「皇族一族の奪還」の命令を受け、公安局襲撃の指揮をとったのは、元在郷軍人の中山菊松《なかやまきくまつ》である。ちなみに中山は奇跡的に生還し、戦後は通化会会長として事件の犠牲となった遺族の援護活動に取り組んだ。

凄まじい喊声《かんせい》が轟き、激しい銃声が全市を包んだ。一月初めに八路軍に拘束された一四〇人の日本人が収容されている専員公署を襲撃した第一中隊の一五〇人のほとんどは抜刀隊。待ち構えていたように正面玄関の備えていた軽機関銃が火を吹いた。第一中隊はほぼ全員が戦死という壊滅的な打撃を受ける。悲劇的なのは収容されていた人たちだった。八路軍の軽機関銃は武器も持たない収容者にまで向けられ、全員が死んだ。八路軍は反乱部隊が襲う場所をすべて把握し、戦闘態勢を整えて、反乱部隊の蜂起を今か今かと待ち構えており、攻撃した日本人はみなその犠牲となったのである。

「日本人はもうひとりもいない」

浩や嫮生が収容されている公安局の二階の部屋に前夜の二日午後八時ごろ、公安局長が遊びにきて、嫮生を抱き上げ頬ずりしながら「映画を一緒に見に行きましょう」とふたりを誘った。「外は寒いし着るものもありませんから」と浩は断った。しかし局長は執拗だった。局員に毛皮の外套を届けさせ、「局長は玄関でお待ちです」と浩たちを急がせた。局長の真意がわからず、浩は再び断った。後から考えると局長は深夜に起こる出来事を知っており、浩と嫮生を〝避難〟させようとしていたのである。局長は後に司令部にこのことを知られ、長い監禁生活を送ることになる。

『流転の王妃』などによると、その深夜から浩の周辺で凄まじい事態が起きた。

二月三日未明、突然、寝静まった通化の街に銃声が轟く。浩は慌てて飛び起き電灯のスイッチを入れたが、電源が切られているのか電灯はつかない。凄まじい音がしてひとりの男が部屋に飛び込んできた。「誰か」と中国語で聞いたが返事がない。もう一度繰り返すと、「コーミンダン（国民党）」と答えるなり、何を思ったか「ローソクをつけろ！」と日本語で怒鳴った。その発音は日本人である。浩は「ここは皇后さまのいらっしゃる所ですよ」と急いで言った。すると男は「一番乗り中山（菊松）！　お助けにあがりました」と叫ぶなり、バッタリと倒れた。ローソクを灯すと中国服を着た日本人の男が倒れている。男は背中を切られたと言うが、よく見ると親指が切られ血が噴き出している。

浩が「手がやられただけです」と言うと、彼はむっくり起き上がり、階下に降りて行った。すぐに数人の日本人が上がってきて「今夜、救出に参ります。二、三軒先に家を用意していますので、階下で皇后さまとご一緒にお待ち下さい」と言うなり、窓側に飛んで行って、外の八路軍に激しく応戦し始めた。浩母娘が歩けない婉容を抱いた宮内府職員と階下に降り始めると、機関銃の激しい音が響き、窓ガラスは吹っ飛び、厚いコンクリートの壁が粉々に剝がれて飛び散った。浩たちは元の部屋に逃げ込み、壁に身を寄せ、布団をかぶって息を殺した。

一時、日本兵が占拠したように見えた公安局の建物だったが、すぐに八路軍の砲撃が開始された。砲撃は正確だった。まず隣の建物が吹っ飛んだ。その爆風で公安局のガラスは粉みじんとなり、壁や天井がどっと落下した。婉容の老乳母は右手首を吹き飛ばされ血が噴き出すが血止めの布もない。間もなく乳母は息絶えた。やがて部屋に朝日が差し込んできた。日本人が部屋のあちこちで思い思いの姿勢で絶命している。「日本人はもうひとりもいない。撃つのは止めてくれ！」公安局員たちは窓の外に向かって叫んだ。銃声はピタリと止んだ。

浩が山のほうを見ると、八路軍が蟻のように群がり、山上めがけて駆け上がるのが見えた。日本人反乱軍が通化の重要部を占拠したという合図を待って、藤田部隊が山上から押し寄せる手はずになっていたという。事件後の通化の街には戒厳令が敷かれた。浩たちはがれきだらけの公安局の部屋で寒気に震えながら一週間近く過ごした。窓から見ると、捕まった日本人が川岸にひとりずつ並べられ、後ろから射殺されている。凍った川には衣服をはぎ取られた裸の死体がごろごろ転がっていた。銃殺は二日間にわたって続いた。

一九四六年三月半ば、通化市内の繁華街にある玉豊百貨店で通化事件での「戦利品展覧会」が開かれた。八路軍が押収した小銃、拳銃、日本刀など反乱日本軍の武器が並べられる。その展示の中央に元関東軍第一二五師団参謀長・藤田実彦と国民党通化支部長・孫耕暁が〝さらし者〟として立たされた。かつての〝髭の英雄〟藤田は、逮捕時のよれよれの木綿の黒い中国服のままだった。豊かな髭はなかった。ふたりは変わり果てた姿を三日間、公衆の面前でさらし、頭を下げ続けさせられた。藤田はすでに肺炎を患っており、監獄の中で息を引き取った。四十六歳だった。その遺体は中国式の棺桶に入れられ、市中に晒された後、同じ獄に入っていた日本人数人が許しを得て棺を担ぎ通化の山の中腹に埋めた。

この通化での「虐殺事件」を通化在住の人たちは「二・三事件」と呼んだ。日本では事件の全容は戦後、長らく伏せられていたが、厚生省復員局が四年間かけて調査を行い、一九五二年（昭和二十七年）十二月二日に「通化事件」として初めて公表した。「毎日新聞」（同四日付夕刊）はこう報じている。

〈一般邦人中に潜っていた元百二十五師団参謀長藤田実彦大佐らは、元軍人、在郷軍人および一部邦人を統合して中共軍攻撃を計画、二月三日未明を期して元軍人ら約四百名が変電所、市公署、警察署、工兵学校（中共軍兵舎）などに攻撃を決行した。しかし計画が事前に中共軍にもれたため、攻撃は一部成功したのみで結局不成功に終り、約三百名は戦闘により死亡した。中共軍は日本人の一せい逮捕を開始、十五歳以上六十歳までの男子および攻撃に関係ありと思われた女子を含めた約三千名ぐらいが、投獄されて大部分が虐殺され処刑された〉

長春から吉林へ

満州に侵攻したソ連軍は日本の工場や生産設備を接収、一九四六年（昭和二十一年）三月から四月にかけて本国に撤収する。その際、六〇万人もの日本人捕虜をシベリアに連行した。武装解除した日本軍の武器はそのまま八路軍に渡され、満州内では共産党勢力が拡大していく。通化事件の掃討を終えた八路軍は長春に進駐することになった。満州国時代、新京と呼ばれた首都は昔の長春という呼称に変わっていた。浩たちも同行するよう命じられる。移動を命じられたのは浩と嫮生母娘のほか婉容（皇后）、李玉琴（側室）と彼女たちに随行してきた、愛新覚羅一族の子弟で宮廷学生の溥倹、溥岷、毓嶦の三人と侍医たちである。以下、『流転の王妃』の記述を中心に満州彷徨の跡を辿りたい。

春とはいえまだ寒風吹きすさぶ四月初め、一行は牛や豚を運ぶ家畜用の無蓋《むがい》貨車に積み込まれた。婉容も浩たちも衣服はボロボロで、荷物と言えば布団だけ。三人の学生には布団さえなかった。浩は鞄の中に婉容のためにドイツ製の薬とアヘンを詰めていた。三日間かかって長春駅に着いた。八ヵ月ぶりの新京（いまは長春）である。側室の李玉琴には生まれ育った懐かしい街。浩たちが脱出した後、国民党軍と八路軍の激しい戦闘が繰り返されたが、国民党軍は撤退、八路軍の支配下にあった。

駅にはガタガタの馬車が待ち構えていた。街は市街戦の跡が生々しく、以前は賑やかだった日本橋通りは廃墟と化し、人影は見えない。だが城内に入ると破壊の後も少なく街路には人が溢れていた。馬車に揺られるうらぶれた一行が、皇后とその親族たちだと気が付く人は誰もいない。馬車は満人商店街の「厚徳福」という料理屋に到着する。浩はそこで開かれた宴会にかつて何度か出席したこともあった。その料理屋は接収され、八路軍将校の宿泊所となっていた。一行は広い部屋に全員が押し込められた。

病身にボロ衣装をまとった婉容は古椅子に座らされ、かつて住んでいた宮廷を眺めながら感慨無量の面持ちである。嫮生は「どうして西万寿街の公館に帰らないの？ お父様が待っていらっしゃるのに」と無邪気に浩にねだった。「もう私たちの家ではないのよ」。浩は何度も言い聞かせるが、嫮生は不思議そうな表情で浩の顔を見つめた。

翌日から取り調べが始まった。取調官は尉官クラスと見られる将校である。取調官はまず側室の李玉琴に「溥儀は人民に罪を犯した人物である」と述べ、「離婚声明を書けばすぐに自宅に帰ってもよい」と告げた。呼び出された父親は「私たちは娘を宮廷に行かせたくなかったのに、皇帝が強引に呼んだのです」と証言し、玉琴に「離婚してすぐに家に帰りなさい」と命じた。彼女は「離婚声明」を書き取調官に渡した。

〈もともと自発的な気持ちで溥儀と別れようとしたのではなかったので、私は心の中でとても苦悩した。溥倹たちに冷たい嘲りと痛烈な皮肉の目で見られても、私はただ黙って涙を流すしかなかった〉（李玉琴『素顔の皇帝・溥儀　第二巻』）

釈放が決まった李玉琴に浩は「皇后の引受人になって欲しい。いったん外に出れば世話をしてくれる人はすぐに見つかるはずだから」とすがりついて懇願した。玉琴は頷いたが、母親は困った顔をして「私たちの生活も楽じゃないのよ。家は二部屋しかなく、そのうえ（皇后に）アヘンを買ってあげるお金などありゃしない」と強い口調で反対した。実家の貧乏生活を知る玉琴はその言葉に従わざるを得なかった。母親は浩と目が合うと「この女です。この女は日本の皇女です」と浩を指さして怒鳴り、玉琴を連れ、肩を怒らせて姿を消したのである。

婉容を救う道は閉ざされたばかりでなく、浩への取り調べは峻烈を極めた。「何のために皇弟と結婚したのか」「関東軍の手先となって美人局《つつもたせ》を働いたのではないか」「天皇の皇女ではないと言い張る証拠はあるのか？」など訊問は執拗に続いた。同行してきた侍医夫妻が、浩は皇女ではないことを証明し、自分たちが身元引受人となって浩母娘を「北京の醇親王府に送り届ける」と誓約し、浩たちの釈放がようやく決まった。しかし、それはぬか喜びだった。その直前に婉容、浩母娘、愛新覚羅一族の宮廷学生三人に移動命令が出ていたのである。その間にどんな事情があったのかはわからないが、浩たち六人はまたもや無蓋貨車に乗せられ長春を後にする。着いたのは吉林の公安局だった。「この突然の移動命令は国民党軍の長春奪回に備えるためだったようだ」と浩は言う。

吉林の公安局長は兵士の持参した一行の経歴が記された書状を見るなり「留置場に入れておけ」と冷たく言い放った。留置場に入れられた婉容はアヘンが手に入らなくなり禁断症状が激しくなった。終日「助けて、助けて！」と狂気のように叫んだり、呻《うめ》いたりする。周りの監房から「うるさい」「殺してしまえ」と怒鳴られる。浩の手を借りなければ用便もひとりではできなくなっていた。そんな元皇后の姿を見ようと八路軍の幹部たちが入れ替わり立ち替わりやってきた。浩は好奇の目から彼女を守ろうとボロボロの布団をかけるのだが、布団をはねのけて転げまわった。

婉容との別れ

五月に入ると吉林の市街地にも国民党軍の爆撃が加えられるようになる。ある夜、国民党軍が急襲してくるとの情報があり、浩たちは刑務所を出され、吉林駅に向かってただちに出発するよう命じられた。刑務所に留置されていた元日本兵と元満州国軍兵士約八〇〇人も針金で両手を縛られ、数珠繋ぎで連行される。歩行不能となった婉容は椅子に括りつけられ、長い棒が渡され六人の日本兵捕虜に担ぎ上げられた。捕虜たちは、銃剣を突き付けられながら走らされた。浩と嫮生が遅れがちになると、それを見かねた八路軍兵士が自分の腕に嫮生を両腕でつかまらせて走った。浩はその後ろを懸命に追った。

吉林駅に辿り着くと、浩は兵士の足にしがみついている嫮生を見つけ、駆け寄って抱きしめた。母娘は座席もない軍隊輸送列車に兵士に引っ張り上げられた。車内は座ったままで身動きもできない。食事が配給されたが、捕虜たちは両手を縛られ食べることもできない。浩と三人の宮廷学生が身の回りにいた捕虜たちに食べさせてやると、「俺にも食べさせてくれ」とあちこちから声が上がった。

何時間走っただろうか。列車は朝鮮国境に近い延吉《えんきつ》駅に着き、下車を命じられた。浩たち六名は荷馬車に乗せられる。荷馬車には「漢奸偽満州国皇族一同」と大書した大きな白い旗が立てられていた。荷馬車が動き始めると後手に縛られ、数珠繋ぎになったやせ衰えた捕虜たちが、俯《うつむ》きながらその後に続く。沿道は皇帝一族の顔を見ようと多くの市民が押し掛け、熱に浮かされたように罵声を浴びせ、石を投げつけた。婉容は閉じた目をときどき、ぼんやり見開くが、もはや感情すら表さない。浩は嫮生を抱き、唇を噛みしめながら顔を上げ、民衆が投げかける悪罵に耐え続けた。

〝市中引き回し〟が終わると、一行は延吉法務院裏の刑務所に収容された。今度は婉容、浩、嫮生、宮廷学生はみな別々の監房に入れられ、母娘も引き離された。婉容はコンクリート造りの倉庫に入れられる。刑務所は数棟あり、捕虜たちも分散して監房に放り込まれた。数日後の夜、捕虜たちは監房から引き出され、外に連行される。しばらくすると刑務所の裏手から銃声が同じ間隔で聞こえた。浩は翌朝「日本人捕虜は全部殺された」と聞かされた。

浩はある日、監視の兵士に「心配だから皇后さまの様子を見せて下さい」と頼み込んだ。許可を得て行ってみると、婉容はコンクリートの床に転げ落ちたままで、食事も入り口のところに何日分も放置されたままだった。「これでは皇后さまは死んでしまいます。せめて食事だけでも食べさせてあげてください」と頼んだが「あんな臭い部屋に入れるか」といって聞き入れてくれない。大小便が垂れ流しになっており、酷い臭気がしていた。浩は頼み込んで食事を運んだことがある。しかし、婉容は浩とは判らず、宮廷の侍女の名を呼び、「手箱を持ってきなさい。お風呂の用意はまだできないのか」と催促する。浩は「皇后はもはや狂われたのであろうか」と慄然として婉容を見つめた。

六月中旬、浩たちを連行していた八路軍は突如、移動することになり、出発命令が下された。「退却する部隊ゆえ荷物はすべて捨てて行け」という命令である。浩は「子供の布団だけでも」と懇願したが認められなかった。刑務所を出る時、婉容の姿が見えない。兵士に聞くと門前に停まっている馬車を指さした。延吉の駅には元日本兵の捕虜たちも集められていたが、婉容が乗った馬車はついにやって来なかった。

貨車は北に向かって走り出し、浩は婉容と再び巡り合うことはなかった。婉容の最期について〈中共軍はその馬車に乗せて運ぶつもりだったらしい。だが途中で死なれては逆効果になるというので中止し、後で図們まで護送したのだった。（略）図們の町で誰一人身寄りもなく悲劇的な生涯を閉じられたのである〉（『流転の王妃』）と記している。

佳木斯、そして北京へ

浩たちは貨車に六日間揺られて黒龍江省のソ連国境に近い佳木斯《チャムス》に辿り着く。松花江下流の佳木斯は、日本の満蒙開拓団が最初に入植し、日本人と満州人が一緒になって開拓した地域である。最初の試験移民を先導した東宮鐵男《とうみやかねお》大佐を記念する「東宮公園」も作られ、住民の対日感情も悪くなかった。浩たちはここでも衛戍監獄に収監される。浩も嫮生もひどい下痢が続き、すっかり衰弱していた。

取調官は「日本に帰り皇室をなくすように努力するなら釈放する」との条件を示したが、浩は「それは死んでも出来ません」と断固断った。すると今度は「看護婦にならないか」「教師ならできるだろう」など釈放への道がいくつか示された。八路軍は当時、新国家建設のため、旧満州にいた日本人の医師や看護婦、専門技術を持った者を留用しようとしていた。幼い嫮生を抱えて浩の心は揺れた。

この衛戍監獄には満州拓殖公社総裁・斎藤弥平太や満州興業銀行総裁・岡田信元ら満州国に関わった民間の要人や溥傑と旧知の仲の旧満州軍将校も多数収監されていた。彼らは溥傑、浩夫妻の満州国での地位や生活ぶりだけでなく、ふたりが満州での日本人の横暴に強い怒りを持っていたことなどを証言してくれた。衛戍監獄の所長はそうした証言に驚き、急転直下、浩母娘と同行してきた三人の宮廷学生（溥倹、溥岷、毓嵂）の釈放を決める。そればかりか三人の八路軍兵士を護衛につけ、哈爾浜《ハルビン》まで送ってくれるという心配りを見せてくれたのである。季節は夏を迎えていた。


佳木斯駅から馬車と汽車に乗り継いで三五〇キロ、黒龍江省の省都、哈爾浜に着いた時は夏も盛りの七月半ばだった。護衛の三人の兵士は「行くあてがなければ、八路軍の司令部においでになれば大丈夫です」という言葉を残して去って行った。

哈爾浜の街は帝政ロシアによって拓かれた街で、ソ連侵攻後も大きな破壊から免れ、八路軍の支配下にあった。浩母娘と同行してきた宮廷学生三人はとりあえず「紅卍会」（道教系慈善団体）に身を寄せる。北京出身の三人の学生はここから歩いて北京を目指すと言う。浩母娘は彼らと行動を共にする体力的自信はなかった。そのうえ夫の溥傑の行方もわからない。浩は彼らと別れ、嫮生を連れていったん日本へ帰り、溥傑との再会の道を探ろうと決意した。

この年の五月ごろから国民党軍の支配地域に居住する邦人の引き揚げが始まっていた。八月には中国共産党とも「日本人送還協定」が結ばれ、旧満州地域からの引揚港に錦州《きんしゅう》の葫蘆島《ころとう》が選ばれる。

満州の各都市には「日本人居留民会」（日本人会）が結成され、邦人保護や引き揚げに大きな役割を担うようになっていた。

浩は国民党軍による漢奸狩り（戦犯摘発）の目を避けて「浜口幹子」という偽名を名乗り、開拓団の主婦のようにモンペ姿で嫮生の手を引き、葫蘆島に向かう引き揚げの日本人の中に紛れ込んだ。哈爾浜から錦州に向かう列車は石炭や砂利を運ぶ無蓋貨車である。途中、鉄道のレールが破壊されており、浩たちは貨車を降りて二日間歩き続けた。

ようやく列車が動いている駅の近くまで辿り着き野宿した夜のことである。国民党軍の兵隊がやってきて「女を寄こせ」と銃を突きつけた。引揚者たちは円陣を作ってその中に女性を座らせ防御しようとしたが、要求を拒めば全員の生命が危ないとわかり、ついに犠牲になる女性を出さねばならなかった。犠牲を買って出た女性の大部分は水商売の人たちだが、一部には人妻や身寄りのない娘も含まれていた。翌日、列車が動く時間ギリギリになって連れ去られていた婦女子がトラックに載せられ戻ってきた。みんな歩けないような痛々しさで、ひとりの女性は兵士の手を振り払い、涙で目をギラギラさせながら「ケダモノ」と叫んだ。その憎悪に満ちた声は浩の心に突き刺さった。


動き出した汽車は長春、四平《しへい》、奉天を通過して目的地の錦州に着く。すでに冬の気配が漂う九月も半ばのことである。浩たちの一団は葫蘆島からの引揚船を待つため全員が難民収容所に入り、重い沈黙の中で引き揚げの日を待った。「あと何日で引揚船にのれるのかしらね……」と嫮生とふたりで指折り数えて待っていたある日、浩と嫮生は突然、国民党軍に戦犯として逮捕される。一緒に引き揚げてきた「ハルビン日本人会」のある人物が、「浜口」という女性は溥傑の妻、浩であると見破り、国民党軍に密告したのである。

浩と嫮生は今度は国民党軍に囚われた。上海の戦犯管理所所長の鄒任《すうにん》少将という人物が現れ、浩母娘を引き取りに来たという。ふたりは列車で北京に護送され、場末のホテルの一室に監禁される。食事は室内に運ばれ、ドアには鍵がかけられ、部屋からは一歩も外には出られない。

浩は鄒任に「せっかく北京に来たのだから義父の醇親王に御挨拶したい」と懇願した。浩母娘はわずかな時間だが、監視付きで北府の醇親王家を訪ねることが特別に許された。醇親王・載灃は浩たちが自由の身になって帰ってきたと誤解して大変喜んだが、ふたりが囚われの身であることを知ると「いいか、自由の身になったらいつでも帰っておいで」と励ました。嫮生は初めて会った祖父に慈愛溢れるもてなしを受けた。しかしそれも束の間、母娘にとってこれが載灃との永遠の別れとなった。

救出

北京で数日間監禁された母娘は、鄒任少将が同行して飛行機で上海に運ばれる。飛行場からはトラックに乗せられ鄒少将の官舎についた。しばらくすると鄒の部下である戦犯管理所の副所長がやってきて「あなたは戦犯である」と宣言し、再びトラックにふたりを載せ、元日本軍の飛行場近くにある旧・松井公館と呼ばれる建物の二階六畳間に軟禁した。

建物の周囲には鉄条網が張り巡らされ、門や玄関には銃剣を持った国民党軍兵士が厳重に監視していた。運ばれる食事はお粥や小石が混じったポロポロしたご飯。母娘は衰弱の極みにあった。建物の外に出ることは許されなかったが、尋問はなく、館内を自由に歩くことはできた。

隣室に若い中国人夫婦と脊椎カリエスを患った子供が住んでいた。そこに「岡田」という名の日本人医師（元軍医）が定期的に往診に来ていた。互いに話すことは禁じられていたが、浩母娘に時折、好奇の目を向けていることに浩は気づいていた。

「岡田医師」を通じて「上海連絡班」の田中徹雄元陸軍大尉のもとに「日本人夫人と幼女軟禁」の情報が入る。上海連絡班は中国各地に残された多くの旧軍人や留用者の救出と内地送還など終戦処理業務のために、国民党政府の許可を得て、岡本寧次（元支那派遣軍総司令官）を本部長に設立された組織である。南京に総連絡班を置き、北京、上海など十数ヵ所にそれぞれ二〇名ほどの連絡員が残留して中国側との交渉に当たっていた。

「岡田医師」の情報を受け、田中たち連絡班はすぐさま救出に動いた。田中は旧知の中国人友人に依頼して母娘の身元を探ると「浜田幹子は偽名で、実は元皇弟、溥傑夫人とその令嬢であるが、戦犯管理所所長である鄒任少将の命令で身柄を拘束されているため、釈放は難しい」との情報を得た。田中は岡本元司令官を通じて南京政府に掛け合ったが、

「逮捕監禁しているのではない。我々は彼女を保護しているのだ。彼女は中国人なのだから、お望みならば川島芳子のように漢奸（売国奴）裁判にかけてもよい」

と言を左右にし、釈放の許可は下りなかった。かつて婉容を天津から脱出させた〝男装の麗人〟川島芳子は前年（一九四五年）十月、国民党軍に捕えられ、反逆罪に問われて裁判が進行中だった。川島は一九四八年三月、漢奸として処刑される。後でわかったことだが「岡田医師」は戦前、恋人と樺太の日ソ国境を越えてソ連に亡命した女優・岡田嘉子の息子だったという。

田中は、ふたりが〈日本人であることは衆知の事実、にも拘らず軟禁ということは、戦犯管理所長の鄒少将にふくむところがあるに違いない。とすれば、表面からかけあっても無駄だろう。要は愛新覚羅さんの身柄を、日本側に奪還してしまうことだ。そしてあくまで浜口幹子として日本へ帰すことが最上の策だ〉（「七万人を降伏させた男」田中徹雄「週刊文春」一九五九年十一月二日号）と考えた。田中は単独で浩母娘の救出を決意する。

一九三五年（昭和十年）、中学を卒業後、中国に渡った田中は上海の東亜同文書院（溥儀の通訳・林出賢次郎の出身校）を出て満鉄に入社するも、わずか一年で現地召集され、中国軍との連絡将校という名目で「敵軍帰順工作」に従事する。当時、河北、河南、山西にまたがる太行山脈の山岳地帯では、重慶軍（国民党軍）と八路軍（共産党軍）が手を結び、日本軍と激しい戦闘を続けていた。四二年（昭和十七年）五月、二十六歳だった田中は、帰順工作のため軍刀のみを下げ、単身敵地に乗り込んだ。これが蔣介石の右腕と言われた老将軍を動かし、重慶軍七万人を日本軍に帰順させたことで有名になった。田中が所属していた杭州の師団は復員したが「今、終戦処理業務のためにわれわれ同文書院出身者が求められている。われわれがやらずに誰がやる」と自ら志願して残留し、戦後の後始末に当たっていた。

復員業務に当たっている連絡班の総撤退は十二月二十八日と決まった。田中もこの日の帰還船で帰還することになっていた。急がなければならない。田中は密かに浩母娘が軟禁されている旧松井公館の構造を綿密に探った。周囲には厳重な鉄条網が張り巡らされ表門には銃剣を持った兵士が数名。しかし、裏手の警備は手薄だ。下調べを十分にすると、決行は総撤退前日の二十七日の日が落ちた直後と決めた。

長袍《チャンパオ》に身を包んだ田中は乗ってきた自動車を目立たぬように裏門近くに横付けし、身をかがめて、鉄条網を両手で押し上げ、そのまま屋内に忍び込んだ。浩母娘の部屋の前にやってきた田中はあっけにとられる浩に落ち着いた口調で告げた。

「明日中に戦犯を残して全員引き揚げることになりました。今、あなた方も逃げないと、もう帰国の望みはなくなります。私を信用して、とにかく荷物をまとめてついてきて下さい。ここさえ脱出すればあとはどうにかなります」

いかにも沈着な軍人らしいハキハキした口調である。浩はその言葉に即断した。危険を冒しても今ここを脱出しなければ、東京にいる慧生に会う機会を失ってしまう。外套や着物、毛布をまとめて自動車に積み込み、嫮生と一緒にその間に潜り込んだ。自動車は猛スピードで走り始めた。

「後ろからきっと射たれます。なあに射ってきたって当たりませんから、大丈夫ですよ」

田中は落ち着き払っていた。異変に気が付いた警備兵が「止まれ！　止まれ！」と叫びながら銃を続けざま射ち込んできた。自動車は蛇行しながら追撃をかわし、連絡班のある元・水交社（旧海軍の施設）に到着、脱出劇は成功した。

その日深夜、南京の岡本元司令官から連絡班に連絡が入った。「南京政府は浩夫人がひとまず日本に行くことを許可するが、浩母娘が日本に到着したことが一般に知れ渡ったら、直ちに中国へ送還することが条件である」ということだった。〝条件付き〟ではあるが、南京政府は日本帰還を承認したのである。

翌朝、浩は変装用の衣類を買いに街に出た。嫮生には男の子の飛行帽と外套を買ってやり、浩は手袋や靴などを買いそろえた。一九四六年（昭和二十一年）十二月二十八日、北京や南京などからの各連絡班の要員も上海に集結、男の子に変装した嫮生の手を引いて浩は、田中たち上海連絡班と一緒に引揚船に乗り込んだ。上海からの最後の引揚船ということもあり、船内は人と荷物で身動きも取れないほどだった。浩は次第に遠くなる上海の街並みを見つめながら「夫のいる中国大陸にふたりの娘とともに必ず帰ってくる」と何度もつぶやいた。

明けて四七年（昭和二十二年）一月四日、浩と嫮生は田中徹雄元大尉に守られ、長崎の佐世保港に辿り着く。一年五ヵ月に及ぶ流浪の旅はやっと終わりを告げたのである。田中はふたりを横浜・日吉に移転していた浩の実家の嵯峨家まで送り届けてくれた。長女、慧生は嵯峨家に引き取られて元気に成長し、学習院初等科の三年生となっていた。

第九章

溥儀の〝証言と告白〟

——東京裁判と撫順戦犯管理所

「東京裁判」開廷

連合国軍最高司令官ダグラス・マッカーサーが神奈川県厚木の海軍飛行場に降り立ったのは一九四五年（昭和二十年）八月三十日のことである。

その前日、米国政府はマッカーサーに「戦争犯罪人に対する逮捕・訴追命令」を無線で指令する。戦勝国の米英仏ソなど連合国側は、捕虜虐待などの「通例の戦争犯罪」だけでなく、侵略戦争を計画、実行した者を犯罪者として裁く「平和に対する罪」と、占領地の一般住民に対する虐待、虐殺などの非人道的行為も裁く「人道に対する罪」を新たに付け加えた。

九月二日に東京湾に停泊した米戦艦「ミズーリ」甲板上で連合国への日本の降伏調印式を終えると、八日には米軍の主力が東京に進駐、マッカーサーも東京入りし「連合国軍最高司令官総司令部」（GHQ）に予定されている日比谷交差点そばの第一生命ビルに入った。十一日、マッカーサーは東條英機元首相をはじめとする第一次戦犯容疑者三九名の逮捕を命じる。これを皮切りに戦犯容疑者の逮捕が続き、十二月までに逮捕者合計は一〇〇名を超え、容疑者は全員「巣鴨拘置所」（現在は東池袋のサンシャインシティ）に収監された。

十二月六日、ジョセフ・B・キーナンが一九名の検事を含む米国検察陣幹部三八名を率いて来日する。マッカーサーはキーナンを国際検事局長に任命し、国際検察局を都心の明治生命ビルに設置する。国際検察局は全力をあげて被告選びを開始し、年が明けた四六年（昭和二十一年）四月八日までに東條英機をはじめとする二六名の被告が決定した。だが問題は昭和天皇の戦争責任をどう判断し、訴追するか否かにあった。

米国政府は日本が「ポツダム宣言」の受諾を決める以前から国務、陸軍、海軍三省調整委員会（SWNCC、国家安全保障会議の前身的な組織）を設置し、対日占領政策の協議を進めていた。当時の国務次官ジョセフ・グルーは一九三二年（昭和七年）から一〇年間に及んだ駐日大使時代の経験を通して、日本の天皇制の特異性を十分に理解しており、「天皇を利用すれば日本占領後の日本人の混乱とゲリラ活動を防止して多数の米国人を救える」と、この調整委員会で強く主張する。こうした経緯もあって米国政府は「日本の占領政策を円滑に進めるために天皇の存在は欠かせない」と判断し、天皇を被告として訴追しない方針を決め、マッカーサーにその旨、発信していた。

この政治的判断を受けて、キーナン検事は「日本の天皇は戦争犯罪人として裁判しないことに決定している」との声明を出し、天皇訴追に反対する態度を崩さなかった。これに対し、オーストラリア代表のアラン・マンスフィールド検事は天皇の訴追を強硬に主張した。マンスフィールド検事が提出した日本人戦犯リストには「ヒロヒト」の名があり、その犯罪容疑は「平和に対する罪」「人道に対する罪」が指摘されている。裁判長に任命されたウイリアム・ウエッブ判事もオーストラリア人であり、彼も天皇を法廷に立たせようとして、キーナン検事としばしば対立するが、米国政府の主張を代弁するキーナン検事が押し切った。

四月十三日、遅れていたソ連のS・A・ゴルンスキー検事と判事のI・M・ザリヤノフ少将の一行がやっと到着する。天皇訴追に対してソ連はどう対応するのか、注目されたが、ソ連側はスターリンの指示により「天皇不起訴」の立場をとった。スターリンは、当初、天皇訴追を主張していたが、なぜか直前になって方針を転換、東京裁判での米国の主導権を基本的に承認して、裁判への全面的関与を避けたのである。ソ連検察陣は昭和天皇の訴追免除は了承し、十七日、新たに前外相の重光葵《しげみつまもる》（元駐ソ公使）、梅津美治郎（元関東軍司令官）、鮎川義介（元満州重工業総裁）、富永恭二《とみながきょうじ》（中将・元陸軍次官）ら四名を被告に追加するように求めた。検察官会議で協議のうえ、重光と梅津が新たに被告に追加されることになり、二十六日、ふたりは逮捕され巣鴨拘置所に送られる。こうして起訴された被告数は二八名となった。

満州国に関連した人物で被告となったのは東條英機（関東軍参謀長）をはじめ梅津美治郎（関東軍司令官）、土肥原賢二（奉天特務機関長）、星野直樹（満州国国務院総務長官）、板垣征四郎（関東軍総参謀長）、木村兵太郎《きむらへいたろう》（関東軍参謀長）、松岡洋右（満鉄総裁）、南次郎（関東軍司令官）らである。

満州事変勃発時に関東軍司令官だった本庄繁は、前年（昭和二十年）十一月二十日、戦犯として逮捕命令が出たことが知らされると「かねてから覚悟していた。責任は感じている」と言い残し自刃した。「満州事変」の仕掛け人、石原莞爾はなぜか被告から外された。石原は「満州国を作ったのは自分である。その人間を呼ばないで、どうして戦犯裁判など始められようか」と、のちのちまで言い続けた。

四六年（昭和二十一年）五月三日午前、東京・市ヶ谷台の旧陸軍士官学校（現・防衛省）の大講堂に特別にしつらえられた法廷にウエッブ裁判長を中心に九人の裁判官が黒いガウンを着て入場して席につき、「極東国際軍事裁判開廷」が宣言された。

元満州国皇帝、溥儀は検察側証人として八月九日夜、ウラジオストックから厚木飛行場に到着する。乗機は戦時中に米国からソ連に援助物資として送られた飛行艇で、他に二機が随伴した。溥儀にはアレキサンドル・イワノフ陸軍大佐ら二〇人のソ連人が同行していた。溥儀はロイド眼鏡をかけ、鳥打帽、背広姿。レインコートを腕にかけていた。飛行場には多数のカメラマン、記者が集まっていたが、イワノフ大佐は写真撮影やインタビューを認めなかった。溥儀はソ連人に囲まれて車で東京に向かい、東京・麻布狸穴のソ連代表部に近い宿舎に入る。

「脅迫されて皇帝に即位した」

溥儀が法廷に立ったのは一週間後の八月十六日午前十一時半すぎである。〈昨日まではガラ空《あき》だった来賓席をはじめ、外人記者席、傍聴席なべて満員、悲運の廃帝の呼ぶ吸引力であろう〉と「朝日新聞」（十七日付朝刊）は伝える。証人として法廷に入った溥儀の後ろにはふたりのソ連軍将校がついている。紺の背広に濃い茶色のネクタイをしめた溥儀は元気そうに見えた。被告席には顔なじみも多い。板垣征四郎、土肥原賢二は溥儀が満州国執政から皇帝となった過程での〝共演者〟であり、南次郎、梅津美治郎は関東軍司令官として深い関わりを持った。星野直樹は満州国総務長官として膝を交えて意見交換をした仲である。しかし、溥儀は被告席には視線を向けず、扇子を取り出し二、三度あおぐとキーナン検事を注視した。

以後、溥儀は十九、二十、二十一、二十二、二十三、二十六、二十七日と計八日間にわたって証人席に座り、東京裁判での最長の出廷記録となった。

溥儀の初日の証言はまずキーナン検事に求められ、自己の経歴を話すことから始まった。だが話し始めるとすぐに鈴木貞一（元企画院総裁、陸軍中将）の弁護人である米国出身のマイケル・レヴィンから「証人は手に持っているメモを見ながら話している」ことにクレームがつき、ウエッブ裁判長から「法廷の許可がなければ書いたものを見ることは許されない」と注意された。同じ注意はその後も繰り返される。たぶん、ハバロフスクの収容所でソ連軍に強要されて作成した証言用のメモだったのだろう。

初日の証言は昼食休憩を除くと正味約二時間。検察陣は溥儀が、旅順で関東軍高級参謀（当時）の板垣征四郎の訪問を受け、建国する満州国の執政就任を求められた経緯についての証言を求めた。溥儀はこう証言（要旨、以下同）する。

「当時の関東軍司令官本庄繁がその参謀の板垣征四郎を私のもとに遣わし、張学良軍閥を追い払い、新政権を樹立したいと述べ、その新政権の領袖に私が就任することを希望した。私はこの板垣の申し出を即座に拒絶した。板垣は非常に不満な顔をして旅館に帰ったが、その後、顧問の鄭孝胥らに会い、もし拒絶したら生命の危険があると伝えてきた。兵力を持っていない我々がどうしてこうした圧迫に対抗することが出来ようか。その後、板垣は私にこう言った。『もし、あなたがこれを拒絶すれば、我々は断固たる手段をとる』。私の顧問たちにも同じように彼は伝えた。つまり、拒絶すれば身辺に危険があったわけで、私はやむを得ず屈伏したのである」

被告席の板垣征四郎は、ここまで証言して退廷する溥儀を苦笑しながら見送った。南次郎はかつて陸軍大臣だったころ、溥儀から受け取った〝親書〟の文面を思い出していた。それには溥儀が皇帝の座に就くことを如何に熱望しているかという思いが書き綴られていた。南は弁護団を通じて妻に連絡し、その親書を法廷に提出する手続きを取った。

被告席で溥儀の証言を聞いた重光葵はこの日の日記にこう記している。

〈憐れむべし。彼はソ連の俘虜として死命を制せられ、更に支那側の処刑より免れんことをも工夫しおるものの如く、総ての非を日本側に帰せしむるを、最も安全な策と考えて居るものの如し。かつて満州国皇帝として、小なりと雖も、新京の王宮に起居せるものの気品風貌は毫も認むることを得ず。総ては日本側の脅迫詐欺に依らざるなき点に付、技巧を弄す〉（『巣鴨日記』）

三日後の十九日に再開された法廷でも、溥儀は重光葵が指摘したように「脅かされた」「怖かった」「私は踊らされた操り人形で、何の権限もなかった」と繰り返したのである。

リットン調査団が満州を視察した際のリットン卿との会見についてはこう証言した。

「リットン卿と会見した際には日本の将校が大勢いて監視していた。リットン卿を尊敬していた私は彼にいろいろと告げるべきことがあったのだが、もしそういうことを告げれば、後で必ず殺されると思ったので、非常な恐怖心を抱いていた。当時の私は、土匪がやってきてピストルを突き付けられている状態にあった」

ウエッブ裁判長もたまりかねて注意した。

「我々は証人を裁判にかけているのではない。証人の発言が信じられるか否かに関心をもっているのである。生命に対する危機感、あるいは死の恐怖というようなものは、戦場において軍隊から逃げ去ること、あるいは戦場から離脱するということの言い訳にはならない」

溥儀の証言は続いて吉岡安直中将との関係に移った。

「この十数年来、自由という言葉は、皇帝としても個人としても私にはほど遠いものだった。関東軍から派遣され私の監視をしていた吉岡中将は、私が外国人や日本人と会う際にもいつも側にいて監視していた。彼は私が満州国官吏と会うことも許さなくなった。許されたのは週に一度、国務総理の張景恵と参議府議長の臧式毅と会うことだった。吉岡は私が満州国軍司令官と会話することも許可しない。仮に許可することがあっても、先ず吉岡が鉛筆で紙に書いたものを私に渡して、紙に書いたこと以外のことを話すことを許さなかった」

そして溥儀は、髪を振り乱し絶叫するようにこう叫んだのである。

「妻（譚玉齢のこと）と私は仲が良く、彼女はいつも私に、今はやむを得ないが辛抱して将来、時が来たら、失った満州国を中国に取り戻そうと語っていた。彼女は二十三歳と若かったが病気になり、日本人に殺された。毒殺した下手人は吉岡中将である」

キーナン検事はこの証言に驚き、譚玉齢の死について具体的な証言を求めた。

「彼女の病状は重かったが、死ぬほどの病気ではなかった。彼女は最初、中国人の医者に診察してもらっていたが、吉岡中将が日本人の医者を連れてきた。日本人の医者が診察した後、吉岡はこの医者と約三時間、何か秘密の話をしていた。その翌日の朝、彼女は死んだのである。彼女は本来なら一時間ごとにぶどう糖の注射をしなければならなかったのだが、日本の医者が来てからは翌日に至るまで一、二回しかぶどう糖の注射はしなかった。吉岡はその晩、宮中に泊まり、日本の憲兵や看護婦から報告を聞いていた。二日目になって彼女が死んだことを聞くや否やただちに引き揚げた。それから一ヵ月ほど経つと吉岡は私に日本婦人と結婚するよう勧めたのだ」

溥儀は天照大神を祀る「建国神廟」建設の経緯についてこう証言したのである。

「関東軍司令官も吉岡中将も、日満は一徳一心と言い、満州国を日本の植民地にしようとした。一徳一心はいわゆる〝八紘一宇《はっこういちう》〟という日本の神話から出ている言葉である。（被告席の）梅津美治郎は日本政府の内命を受けて、私に対する圧迫執行者としてやって来た。日本は一方で武力侵略を行い、他方では宗教的に侵略し、全世界を日本の奴隷にしようとした。私は一切の自由を奪われたが、心の中では日本の神道的侵略に対しては絶対的に反対だった」

昭和天皇の困惑をよそに満州国に天照大神を勧請することに拘泥したのは誰だったのか。溥儀はこうも証言した。

「後に梅津の命令によって吉岡は、私を無理に日本に連れて来て、天皇に会わせた。天皇は私に三つの宝物（剣と玉と鏡）を見せ、私に剣と鏡をくれた。日本の神話ではこの鏡は天照大神と言われている。これは満州に対する凌辱だけでなく、全中国に対する凌辱であり、私が持ち帰った二つの宝物を見て、私の家族はみんな悔し泣きした」

溥儀によって「譚玉齢毒殺の下手人」とされ、また溥儀を背後から操った〝傀儡師〟とされた吉岡安直は、前述したようにスパイ容疑などでモスクワの獄中にあり、彼の虚偽証言など知る由もない。溥儀はソ連当局から獄中の吉岡の病状は重く、再起不能であることを知らされていたのだろう。すべての〝責任〟を吉岡になすりつけたのである。

日本側弁護団の反撃

清瀬一郎を弁護団長とする日本側弁護団のひとり、滝川政次郎によれば、溥儀への反対尋問について弁護団はこう考えていたという。

〈縦《たと》え検事側の証人であるにせよ、曽《か》つては日本天皇から兄弟の国の元首として朕と一徳一心と詔りせられた満洲国皇帝である、この人に対して辛辣な反対尋問の矢を放つことは、お互いに遠慮しようではないかと申合せた〉（『東京裁判をさばく』上　滝川政次郎）

しかし、弁護団は方針を一八〇度転換する。滝川は同書でこう述べている。

〈然るに溥儀皇帝が証人台に立っての証言は、自分は強制せられて満州国皇帝の位に即《つ》いた、日本の傀儡として操られたの一点張りで、天津出廬の動機までが、日本の裏をかいて中国の為に満洲の失地恢復《かいふく》を実現する為の長期計画であったと述べ立てた。これを聴いた日本人は憤慨するよりも、寧ろ呆れた。或る者は、それは溥儀の偽物ではないかと疑った。しかし、この証人がキーナン首席検察官の主尋問に紙片に書いたノートを見ながら言っているのを見て、これは溥儀氏が言っているのではなく、ソ聯《れん》が言わしめているのだということがわかった〉

あきれ果てた弁護団は〈いまは何の遠慮するところぞと、ブレークニー弁護人（筆者注：梅津美治郎を担当する弁護人）を陣頭に立て、六日間に亘って反対尋問の総攻撃を行った〉（同）のである。

ブレークニー少佐は米国軍人ながら、かねてから溥儀研究を続けてきた人物である。

ブレークニーは翌二十日の法廷で溥儀に対し、

「あなたの念頭には清朝を再興するということはなかったのか。あなたは誰かに、自分が復辟されるという希望を述べたことはないか」

と質《ただ》した。

「思い出せません。誰にもそういうことを話したことはありません」

と溥儀が答えるとブレークニーは、数度にわたって「そういう事実は本当になかったのか」と確

認する。しかし溥儀は、

「思い出せません。そういったことは考えたこともない。私は自分のことより、常に中国の将来を考えていた」

と繰り返した。

二十一日も溥儀はブレークニー弁護人の質問に対して「思い出せぬ」「記憶していない」と繰り返しながら「ひたすら日本側の強制によって行動させられた」と主張した。ブレークニーはそれでも辛抱強く質問を続けた。同日午後の法廷で「あなたはある日本の高官に対して復辟を受諾する意思があることを書面で伝えたのは本当ですか」との質問に対しても「私は全然知りません」「書いたこともありません」と繰り返した。休憩時間を終えた午後一時三十五分、ブレークニーは南次郎夫人が持参した「宣統帝親書」を溥儀に手渡し質問した。

「その手紙はあなたが書いたものか、あるいはあなたの命令で書かれたものなのか、宣統帝の印があるかどうか」

一見した溥儀は〈バネ仕掛けのように証人台の上に突っ立ち上がり、上ずった声で叫んだ〉（『東京裁判をさばく』）。

「判事各位、それは全くの偽造です。私が書いたのではありません。偽造犯人は罪を負うべきです。御璽印もまったく私のではありません」

ブレークニーに何度確認を求められても「私が書いたものではない」「まったくの偽造である」と髪を振り乱しながら繰り返した。一一人の判事も被告席も五〇〇人の傍聴人も異様に取り乱した溥儀の姿に息をのんだ。滝川は〈この場面は、東京裁判劇のクライマックスであったと思う〉（同と記している。

当時、陸軍大臣だった南次郎が溥儀から受け取った親書は第三章に記したが、明らかに満州に帝位を復活し、その椅子に溥儀自らが座る希望を綿々と綴っていた。この親書について被告席の南次郎に代わって岡本敏男弁護人が同日の法廷でこう述べた。

「昭和四年十一月上旬頃、天津に居住していた溥儀氏の使者として遠山猛雄なる者が私（南次郎）宛の手紙を持ってきた。面談はしなかったが後になって人から聞くと、『溥儀氏が満州において張学良政権の失政を根本的に是正したい』との希望であるとのことだった。内閣は中国の内政問題に関係することは不可とする方針を決めていたので私もこれを好まず、溥儀氏の手紙には返事も出さずに放っておいた。しかし、その後数年経って満州国総理鄭孝胥が日本に来た時、私は帝国ホテルを訪れこの書簡を見せ、真偽を聞くと、これは溥儀氏の真筆であるとの奥書《おくがき》をくれたので、記念のために今日まで保存しておいた」

しかし、溥儀はあくまでも「自分が書いたものではない。捏造だ」と言い張った。このため溥儀出廷の最終日となった二十七日の法廷でウェッブ裁判長は偽筆か真筆かを鑑定するため、筆跡鑑定を行うことを決める。溥儀は日本を去る直前、三枚の紙に計二五六文字を書き残した。溥儀証言の信憑性を左右する唯一の物証であり、弁護人側は警視庁の鑑識課員・高村巌を、検事側は前北京大学教授の張鳳興を鑑定人として親書と溥儀の書き残した文字とを比較検討した。高村鑑識課員は溥儀の筆跡の拡大写真を撮り、顕微鏡で筆の穂先の震えまで検査し、親書は溥儀の真筆に間違いないと判定した。張教授は「皇帝の文書としては体裁が整っていない」など感覚的な判定で、明らかに高橋鑑識課員の鑑定のほうに説得力があった。溥儀はそれ以降、書体を意識的に変えたという。

「吉岡中将が側室の譚玉齢を毒殺した」という証言を新聞報道で知って驚愕したのが、満州から引き揚げて来たばかりの新京市立病院内科医長だった橋本元文である。前述したように橋本医師は譚玉齢の最後の診察をした本人である。橋本は姻戚に当たる元満鉄理事、十河信二（後の国鉄総裁）を介して、溥儀の証言が事実と反することを証明するために証言台に立つ用意があると申し出た。しかし弁護団は「溥儀の証言はすべてソ連に言わされている嘘であることはわかっている。今、証言台に立つと反って相手を興奮させる」と証言を断った。

二十六日には日本側弁護団長の清瀬一郎が法廷に立ち、溥儀の第一回訪日後に満州国民に向けて渙発した「回鑾訓民詔書《かいらんくんみんしょうしょ》」に触れ、その真意を質した。「当時の私の一切の言論行動は、すべて吉岡中将の言うがままになっており、私が如何なる話をする場合にも、まず吉岡中将がその話の範囲について紙片に書いて私にくれた。私の話はその範囲を一歩も出なかった」とこれもすべて吉岡のせいにする。「吉岡は今、どこにおりますか」と清瀬が畳みかけると「私がどうしてそれを知ることができましょうか」と逃げた。

「すべては吉岡中将の振り付けに従った」と主張する溥儀に清瀬はしびれを切らしたように、溥儀が第一回の訪日のときに船上で詠んだ二編の漢詩を示し、自作の詩であるかどうか聞いた。二編の漢詩は前述したように林出賢次郎の「扈従訪日恭記」に記されているもので、溥儀は否定することはできない。

海平似鏡　万里遠航　両邦携手　永固東方
万里雄航破飛濤　碧蒼一色天地交　此行豈僅覧山水　両国申盟日月昭

溥儀が自作の詩であることを認めると、清瀬は「心の中から湧き出る詩のようなものは、本当にあなたのお感じになったことを表現してるのではないか」と問うた。溥儀は平然とこう答えた。

「これは一種の社交上の対応と言うべきもので、それが私の心情を現しておるというようなことを言えば笑い草である。弁護人は私が自発的に作った詩で、日本人の圧迫によって作ったものではないと言わせたいのだろうが、事実は事実である」

もうひとりのソ連側証人・瀬島龍三

溥儀が東京裁判の法廷に登場した八月十六日、傍聴席には、長年にわたって溥儀に忠誠を尽くしてきた工藤忠がいた。満州時代以来の友人である毎日新聞記者から裁判担当記者団の出入許可証と新聞記者の腕章を借りて傍聴席に入った。十七日付「毎日新聞」朝刊は〈「ああお元気だ。お顔の色もいい。これで安心した」。工藤氏は傍らの記者に目に一ぱい涙をためてそう言った〉と記している。

工藤は閉廷になると、「せめてひとことなりと……」と法廷の玄関で溥儀が出て来るのを待ち続ける。溥儀がソ連将校に守られて玄関に出てきたのは最後に近かった。

〈殿下……それまで大柱のかげに立っていた工藤氏は溥儀氏にかけよった。「ああ、工藤……」溥儀氏は工藤氏を見て何か言おうとした。しかし、それは言葉にならなかった。自由に誰にでも話しかけることの出来る今の溥儀氏ではなかったのだ。溥儀氏はそのまま車へ……何も言わない、何も言葉をかわさない、だが工藤氏の顔は満足そうに輝いていた〉（同「毎日新聞」）

工藤忠は東京裁判での溥儀発言について、自著『皇帝溥儀』にこう書いている。

〈なるほど、皇帝は、日本陸軍に対し、満腔の不平をぶちまけたが、日本の皇室に対しては、一言一句も批評がましいことは洩さなかった。だが、何人もその点に着目しなかった。清瀬博士なども、皇帝の人となりを知らなかったので、只、一図に憤るところがあったらしかった。だが、あれは、軍に対する不満であって、日本皇室や日本人に対する憎悪でないことだけは見きわめねばならない〉

当時の日本の新聞は「板垣の脅迫に屈す　溥儀氏『擁立』の裏面暴く」（十七日付「朝日新聞」）、「関東軍の操り人形　溥儀氏夫人の毒殺も暴露」（同二十日付）などと連日のように溥儀の証言を報じる。初めて知る証言内容に読者の多くが「満州国は関東軍の脅迫の下で建国された傀儡国家」と思っても不思議なことではない。溥儀は後に『わが半生』で東京裁判での自分の証言について概略、こう述べている。

日本が中国を侵略した真相を証明し、日本がいかに清朝最後の皇帝である私を利用して東北四省に対する侵略と支配を行ったかを明らかにすること、これが（ソ連当局から）私に対して立証するよう要求されたことだった。あのときの証言を思い出すと私は非常に遺憾に思う。日本軍と私たちは秘密の結託をし、日本人が我々を保護し育成したことも公然の秘密だった。私は自分の罪を逃れるために、私がどんなに強要され、迫害されたかということばかりを述べた。私が日本戦犯の罪行を数えあげた後に、ある米国人弁護士が大声で怒鳴った。「あなたはすべての罪を日本人に押し付けている。しかし、あなたも犯罪者だ。あなたも結局は中国政府の裁判を受けねばならない」。彼のこの言葉は私の急所を突き、私の一番恐れていたことを言い当てていた。

溥儀と同じようにソ連軍の捕虜となり、当時ハバロフスク郊外の第一六収容所に捕虜として収容されていた関東軍参謀・瀬島龍三がソ連の検事証人として市ヶ谷法廷に立ったのは二ヵ月ほど後の十月十八日のことである。

彼の証言内容は「日本陸軍は一貫して対ソ侵略の意図を持っていた」ということだった。だが瀬島は、東京に連行されたことについて「最初はなんで突然連れて来られたのか全然わからないんです。羽田に着いたら星条旗が上がってましてね、ああやっぱり占領されたんだなと思いました。羽田で身柄を進駐軍へ渡され、ジープにのせられて丸ノ内の三菱仲六号館に連れて行かれ、二、三日して初めて東京裁判の証人として連れて来られたことがわかりました。証言台に立ったのは九月の十八日でしょうか」(「文藝春秋」昭和五十年十二月号「大本営の二〇〇〇日」)と言う。

もしそれが事実なら、瀬島はソ連側となんの打ち合わせもなく法廷に立ったということになる。しかし、溥儀の場合はソ連当局と徹底した事前打ち合わせが行われ、ソ連側の意図に沿った証言を行ったのである。同じようにハバロフスクの収容所にいた瀬島が「どんな目的で東京に連れて来られたか知らなかった」というのはあり得ない話だろう。また、出廷日は十月十八日であり、九月十八日ではない。

瀬島の生涯を追っているノンフィクション作家、保阪正康は米国の公文書館で保存されていた文書で「ソ連側はシベリア収容所にいる日本陸軍の将兵の中から三人の軍人を選んで東京裁判用の証言の勉強会を行った。何度もである。そしてソ連側にとって都合のよい証言はどういうものかを教えている」との記述を見つけたという（『昭和の怪物　七つの謎』講談社現代新書）。

三人の軍人のひとりが瀬島であり、彼と一緒に東京に連れて来られた草場辰巳中将は密かに持っていた毒薬を飲んで出廷前に自殺している。瀬島龍三の戦後の証言には多くの虚偽が含まれており「瀬島スパイ説」は今なお消えないのである。

極東国際軍事裁判所は開廷から二年半後の四八年（昭和二十三年）十一月十二日、「満州事変以降のすべての戦争は東條元首相以下二八人の指導的人物の共同謀議による侵略戦争」と断定し、被告全員に有罪判決を言い渡した。東條英機、土肥原賢二、板垣征四郎、木村兵太郎、松井石根、武藤章、広田弘毅の七人が絞首刑。うち東條、土肥原、板垣、木村の四人が関東軍関係者。さらに梅津美治郎、南次郎、星野直樹が終身禁固刑である。松岡洋右は一度だけ出廷したが公判途中で胸部疾患が悪化し死亡した。

アメリカ軍の広島、長崎への原爆投下で壊滅的被害を受け敗戦を迎えたこの戦争での日本の死者は計三一〇万人。うち日中戦争での死者は四一万人に上る。その中にはソ連軍の満州侵攻による戦死者八万人も含まれ、五七万人が捕虜としてシベリアに送られた。「東京裁判」は、満州事変から始まったこの戦争を日本の一方的な侵略戦争であったと判断し、断罪したのである。ソ連当局の要求に従った溥儀の証言やこの判決が、戦後の日本の「中国侵略史観」に大きな役割を果たしたことを否定することはできないだろう。

〝高級捕虜収容所〟

溥儀が捕虜として収容されているソ連に戻ったのは一ヵ月後のことである。このころ、中国大陸では蔣介石の国民党と毛沢東の共産党との国共内戦が一段と激しさを増していた。現地の新聞などを通じて溥儀の東京裁判での発言が伝えられ、日本人戦犯と同居するハバロフスク第四五収容所では溥儀への反発が強まっており、溥儀はしばらくの間、チタの収容所に留め置かれる。溥儀の安全を危惧したソ連当局の配慮だった。彼の世話をするため元侍従の李国雄とふたりの甥が急遽、チタに送られる。騒ぎが一段落した秋が深まったころ、溥儀は再びハバロフスク収容所へ移されるが、そこでも溥儀はしばらくは、一族と離れて管理事務所の部屋で起居した。

溥儀の東京裁判での一連の発言を知った溥傑も内心、失望し、憤慨していた。「日本の満州侵略の犠牲者だったと哀れっぽく訴えるとは何事だ。日本軍閥は我々を利用したが、我々もまた彼らを利用しようとしたのではないか。何故、堂々とそのことを言わないのか。南次郎大将宛ての親書も確かに兄の書いたものだ。兄は日本の軍閥は嫌っていたが、皇室は尊敬していた」と溥傑は言う。

溥儀は収容所の空気が落ち着くと、溥傑たちの住む棟舎に戻り、以前と同じように集団生活を続けることになる。

溥儀はこの収容所でも「昔の気位」を捨てなかった。靴下をはくことからシャツのボタンかけまで、さらに洗濯や布団の上げ下ろしまですべて元侍従の李国雄にさせる。食事をするのも食堂にはいかず、李国雄たちに部屋まで運ばせた。ある日、散歩をしようと階下に降りようとすると、階下に昔の満州国の大臣がいて、溥儀に挨拶をしなかった。これに腹を立てた溥儀は以後、階下に降りることを止め、毎日を二階の部屋で読経して時間を潰すようになった。

満州国元高官たちの中には、国民党政府となんらかのパイプを持つ者も多く、彼らは中国への帰還を願っていた。彼らは国民党軍の勝利を信じ、中国本土での国共内戦に一喜一憂していた。旧大臣、高官たちは溥儀がソ連での永住を求めて、何度もスターリン宛の請願書を出していることを知っている。彼らは溥儀のソ連永住に巻き込まれることは、なんとしても避けたかった。必然的に彼らは溥儀との接触を避けるようになっていた。

溥儀や瀬島が起居した「高級捕虜収容所」は、三度の食事には魚か肉が付き、ピロシキや肉汁のお代わりもできた。シベリアの捕虜収容所と言えば、日本人捕虜に対する重労働と黒パンを連想するが、ソ連は地位によって待遇が異なる〝階級社会〟であり、高級戦犯を収容するこの第四五収容所は別世界だった。三度の食事を除けば、ほとんどすべてが〝娯楽〟の時間である。散歩、碁、麻雀、賭博で時間を消費するのが〝日課〟となった。収容者は終日飽食し、各々それを楽しみとし、点呼が終わるのを待つ必要もなく、中庭に通じる門が閉鎖された後も各種の娯楽が途絶えることはなかった。

娯楽の中でも麻雀は常連も多く、廊下の片隅に軍用毛布を敷き、十数台の麻雀卓が並ぶ。牌は暖房用の薪の中から選び出した白樺を削った手製で、配給されるタバコを賭けた。麻雀のほかにサイコロやトランプ賭博も盛んだった。溥儀はこうした賭博に関わることに反対し、腹心の宮廷学生三人には賭博への参加を禁じたが、溥傑、潤麒、萬嘉熙と侍医の黄子正は溥儀と一歩距離を置き、こうした賭博にも常に顔を出していた。

「マエレス学習会」

中国本土での国共内戦は一九四八年（昭和二十三年）に入ると、両軍の力学は逆転し、共産党軍が優勢となってくる。収容所内でもソ連側の思想改造が次第に浸透し、所内の空気も少しずつ変化が見られるようになった。ソ連当局は同年初め、若くて順応力があり、読解能力のある溥傑と義弟の萬嘉熙（妹・韞馨の夫）を指名して、交代で収容所内の満州国関係者に学習・指導するように命じた。この学習会はマルクス・エンゲルス・レーニン・スターリンの頭文字をとった「マエレス学習会」と名付けられ、毎日午後になると、麻雀用の椅子を並べ替えて学習会が始まった。

指導役を命じられた溥傑は「やれと言うならやろう。指導と言ってもお芝居だ。聞く方も〝役を勤める〟だけのこと。そこそこお茶を濁して済めばよい」という心境だったという。講義に先だって準備することもなく、毎回、与えられた教科書を読む。ソ連側から貸し与えられた教科書は中国語版の「ソ連共産党史簡略教程」やスターリンの書いた「レーニン主義の問題」だった。マルクスとレーニンの肖像も見分けられない溥傑と萬嘉熙は、内容もわからず、ただ大声で教科書を読み上げるだけの講義を続けた。

溥儀は溥傑らが講師役となるこの学習会に参加するのを嫌い、自ら別の「マルクス・レーニン主義研究会」を立ち上げようとするが、収容所側はすぐに「マエレス学習会」との合併を命じる。この学習会への出席も溥儀は自らの威厳に拘り、受講者ではなく「御臨席」の形を取った。学習会の時間になると、誰かが溥儀の部屋に行って〝お出まし〟をお願いする。しばらくすると三人の宮廷学生を従えてやってきて用意された椅子に着席する。溥儀がおもむろに着席するのを待って溥傑ら講師役は「ただいまより始めます」と宣言、教科書の朗読に入る。

溥儀はこの学習会の感想をこう述べている。

〈講義するほうもわけがわからなかったし、聞くほうもチンプンカンプンだった。私自身は心のなかで、これが私とどんな関係があるのだろう、といぶかるばかりだった。もし、私をソ連に留まらせず、やはり送り返そうというのであれば、たとい、この二冊を暗誦したとしても、何の役にもたたないではないか。「学習」という言葉は、当時の私にとっては、ピーマンやトマトほどの現実性も持たなかった。（略）（筆者注：講師役が）私のわからない、またわかろうとも思わない『メンシェヴィキー』だの『国家ドゥーマ』（同：帝政ロシアの国会のこと）だののことをたどたどしく講義しているのを聞きながら、一方では、『もしモスクワかロンドンに住めたら、この宝石や装身具は何年ぐらいもつだろう？』（略）などと考えていた〉（『わが半生』）

ソ連当局はこの「マエレス学習会」を収容所内の日本人捕虜に対しても実施するよう命令した。溥傑と同じように〝講師役〟となったのは簗瀬幸三郎（少将・自動車隊長）である。簗瀬は溥傑たちより学習会に積極的で、自ら詳細な学習計画を作り、当局に提出する。彼は講義の中で「天皇制」に矛先を向け、批判する。日本人捕虜たちの多くが極めて短期間に日本軍国主義の罪悪を認識するようになり、民主運動の組織を作り、「意識の遅れた」かつての上官に対して〝吊し上げ闘争〟を展開するようになっていた。

ある日本軍中将が食べ残した白パンを投げ捨てたところ、部下の将校がその実物を壁に貼り付けて〝告発〟する。ソ連の新聞を教材にして学習する際、ある将官が記事の一部だけを取り出してソ連を誹謗すると、部下たちの一部はすぐにその〝反動宣伝〟を攻撃した。将官たちはこうした批判に反撃することができず、部下たちの吊し上げを恐れてそれぞれ自分の部屋に閉じ籠った。部下たちはその部屋の周囲を取り囲み、大声で彼らの間違いを暴き立てた。

「中華人民共和国」建国

国民党軍と共産党軍の内戦は、共産党軍が優勢となり、四八年秋には満州全域と北京は共産党軍の支配下に入った。北京に入城した共産党軍は四九年十月一日、毛沢東を主席とする「中華人民共和国」(以下中国と表記)を建国する。蔣介石の「中華民国政府」は台湾に逃れた。それまで蔣介石の国民党政府を支持し、同政府と「中ソ友好同盟条約」を結んでいたソ連政府は、一転して共産党が建国した新中国を承認した。

五〇年二月、モスクワを訪問した毛沢東主席、周恩来総理ら中国代表団は、クレムリンでスターリン首相などソ連の最高指導者たちと会談し、十四日には新たに「中ソ友好同盟相互援助条約」に調印する。毛沢東とスターリンはその場で「第二次大戦中に捕虜として拘束された溥儀、溥傑らを含む満州国戦犯や一千人余の日本人戦犯を、ソ連はすべて中国に引き渡す。中国は主権国家としてその処分を自ら実行し、それをもって西側諸国に外交承認を求める」ことに合意した。その時点で新中国を承認していたのは、ソ連を含めて社会主義国一一ヵ国だけだった。

五〇年三月、北京に戻った毛沢東と周恩来は戦犯政策について協議し、総指揮は戦時中から国民党の捕虜や日本人捕虜の取り扱いを熟知している周恩来総理が当たり、彼の指揮の下に公安部が実務を担当することになった。「戦犯改造政策」は周恩来自らが直接、指揮をとる「国家政策」として位置付けられたのである。当時の公安部長は延安の抗日軍政大学副学長として、日本人捕虜の取り扱いに関する規則整備を毛沢東に訴えてきた羅瑞卿《らずいけい》である。溥儀、溥傑ら満州国戦犯や日本人戦犯の思想改造教育や戦犯処理は羅瑞卿の延安での主張をもとに進められることになる。羅瑞卿の戦犯政策の考え方のもとになったのは、毛沢東の「改造教育を実践し、正しい考え方・思想を、正しい方法で教育すれば人間は変わる」という思想である。

周恩来は三月下旬、瀋陽（旧奉天）に設置された「東北戦犯行政委員会」に、戦犯収容所の建設計画を早く進めるように指示し、「戦犯であっても人間である。戦犯の健康に配慮した収容所にするよう」要請した。東北戦犯行政委員会は旧満州地方のいくつかの監獄を視察した結果、撫順市の「東北司法部直轄監獄」を「戦犯管理所」とすることに決める。建物の造りが良く、広さも十分確保でき、行政委員会のある瀋陽からも四五キロという近距離にあることが決め手となった。これが、溥儀たちが収容されることになる「撫順戦犯管理所」である。

戦犯は七月中旬に移管されるとの連絡を受け、五月から急ピッチで獄舎の大改造を行う。壁は白く塗り替え、冬の寒さに備えてボイラー室を設け、部屋、廊下に暖房用のパイプを設置する。日本人は風呂好きであるというので大浴場を作り、理髪室、医療室も設置した。

ハバロフスクから撫順戦犯管理所へ

溥儀や溥傑の一行一〇名をはじめ満州国関係者六〇人は一九五〇年（昭和二十五年）七月二十八日午後、ハバロフスク第四五特別収容所を後にし、列車に乗せられる。全員が中国政府に引き渡されるということは列車内で知らされた。溥儀は死を覚悟した。〈中国の土地を一歩踏めば、命はないものと私は思いこんでいた〉（『わが半生』）。溥傑も同じである。〈この旅は冥土に向かっているのかもしれない。（略）共産党は私たちを旧王朝の残滓《ざんし》とみなして、見せしめのため死刑にする〉（『溥傑自伝』）

車内で一夜を明かすと、翌朝、中ソ国境の街、綏芬河《すいふんが》（黒龍江省牡丹江市）に着いた。八月一日朝から綏芬河駅で引き渡しが始まる。ホームには小銃を構えた兵士が二列に向かい合って立っている。片方はソ連軍兵士で、片方は「中国人民解放軍」の徽章を付けた中国軍である。中国側には二両編成の専用列車が待っていた。溥儀一行らは両軍兵士の間を通って中国側の列車に乗り込む。列車内で一行は初めてふたりの中国側指導者と会った。ひとりは青い中山服（人民服）を、もうひとりは草緑色の軍服を着ていた。彼らは一行に笑みをたたえてこう言った。

「中国共産党が率いる軍隊は、国民党の軍隊を打ち破って人民を主人公とする新たな国を作り上げました。党は改造によって犯罪者も生まれ変わると信じています。徹底的に前非を悔いて正しい人間に生まれ変われば、必ず輝かしい前途があります。政府はあなた方の改造のための準備を整えており、これから皆さんを新しい場所へ送ります」

溥儀は車両がきしむ音を聞きながら「死がいよいよ近づいてくるのを感じた」という。彼は席を離れ狂ったような大声を上げ、意味不明のことをわめきながら、車両の中を歩き回った。目がすわっていた。溥儀研究で知られる王慶祥は「その様子を目撃した人の話」として〈(溥儀は)精神錯乱状態で、右の頬の肉が激しく痙攣しており、車両の中でも他人の目を気にも留めず、むやみに歩き回り、口の中で何かぶつぶつ唱えていた〉(『毛沢東、周恩来と溥儀』科学出版社東京)と記している。それを見た指導員が溥傑のところにやってきて溥儀をなだめてくれるよう頼んだ。溥傑は溥儀を懸命に慰めた。ようやく落ち着きを取り戻した溥儀は自分の席に戻った。

綏芬河を出発した列車は牡丹江を渡り、哈爾浜、瀋陽を経由して八月三日午後、目的地の撫順に着いた。プラットホームでは銃剣を持った兵士たちが溥儀一行を包囲する。一行はトラックに分乗させられ撫順市内を走り抜け、高い塀の上に鉄条網の張ってある大きな庭に止まった。「撫順戦犯管理所」だった。溥儀と同行者たち一〇人はその一棟に入れられる。監房は全部で一〇室あり、溥儀、溥傑と、栄源(婉容の父親)、萬嘉熙、潤麒の五人が一列に、毓嵒《いくがん》、毓嶦《いくせん》、毓嵣《いくとう》の三人の宮廷学生、李国雄(侍従)、黄子正(侍医)らが向かい側に入った。溥儀たち第一陣に続いて八月中旬には武部六蔵(国務院総務庁長官)や古海忠之(同総務庁次長)ら日本人捕虜九六九人(注・日本人捕虜はこの他に「太原戦犯管理所」に一四〇人いた)が同じコースを辿って同管理所に送られてきた。

周恩来は溥儀ら戦犯の第一陣が収容されると「戦犯に対しては緊張のない生活を送らせ、ひとりも逃がさず、ひとりも死なせないこと、殴打したり罵倒したりせず人格を侮辱しないこと。戦犯も人間であり、彼らの人格を尊重せよ」と厳命し、さらに戦犯の日常生活についても国際慣例に従い、戦犯の階級に基づき将官、佐官、尉官の三つの階級に応じて、それぞれ三種の食事を与えるよう指示した。この指示によって戦犯管理所は溥儀を特別待遇とし、特別の食事を与えるほか、自分では洗濯も衣類の繕いもできない溥儀の雑事をやらせるために、毓嵣ら三人の宮廷学生を同じ監房に入れた。周恩来は時間をかけて、ゆっくりと溥儀を改造する方針だったのである。

溥儀たちが撫順戦犯管理所に移る直前の五〇年六月二十五日、朝鮮戦争が勃発する。日本の敗戦後、朝鮮は、李承晩《イスンマン》を大統領とする大韓民国（韓国）と朝鮮民主主義人民共和国（北朝鮮）のふたつの国家に分断された。その韓国と北朝鮮が全面戦争に突入したのだ。当初、ソ連が後押しする北朝鮮軍が韓国軍を圧倒した。国連安保理事会はソ連欠席のまま、戦争を北朝鮮からの武力攻撃とみなし、国連軍の派遣を決定する。米国軍を主力とする国連軍は劣勢を立て直して北上し、中国との国境に迫った。中国は北朝鮮を支援するため鴨緑江を越えて人民義勇軍を送り込み、北朝鮮軍とともに国連軍との戦闘に突入する。

こうした事態に周恩来は撫順戦犯管理所の満州国戦犯と日本人戦犯をソ連国境に近い哈爾浜に移動させることにした。国連軍が万一、国境を越え、満州地域に侵攻することに備え、戦犯たちを保護するためにとった措置である。同年十月中旬、戦犯たちは列車で哈爾浜に向かったが、哈爾浜には全員を一ヵ所に収容できる監獄はない。溥儀一行や満州国高官たちは哈爾浜市公安局看守所に、日本人戦犯は哈爾浜道里監獄などいくつかの監獄に分かれて収容された。哈爾浜での収容所生活は、一九五三年七月に朝鮮半島で休戦協定が結ばれるまで三年余にわたって続くことになる。

溥儀の改造教育

戦犯管理所で溥儀や溥傑たちが受けた「思想改造教育」とはどのようなものだったのか。

中国の戦犯政策に興味を抱いた日本のフリーカメラマン・新井利男は、三一人の元管理所職員の証言を集めた。新井は肺がんのため二〇〇一年、六十歳で死去するが、彼が取材した証言は「新井利男資料保存会」によって二年後に『中国撫順戦犯管理所職員の証言』（梨の木舎）と題して出版された。この書で「皇帝溥儀の前半生との決別」を詳細に証言しているのは、同管理所の「管理教育科員」として溥儀を担当した李福生《りふくせい》である。

李福生によると、溥儀らの思想改造は当初は「絶望的」だった。死を恐れ、李たちの出方を窺《うかが》い、認罪を受け入れなかった。そこで管理所側は溥儀らの認罪告白を促すため、三つの順序で思想教育を深める決定をする。まず、具体的な事実を暴露して彼らに自己の罪悪を認識させる。二つ目は彼らが日本帝国主義と結託して売国行為を行った本質を暴露する。三つ目は党の政策を反復学習させ、彼らから疑いや心配を取り除き、生まれ変わった人間になる決意をさせる、ということだった。最大の問題は元皇帝の溥儀だった。〈溥儀の身体には、封建主義、半封建、半植民地から資本主義、帝国主義等の種々雑多な政治観、倫理道徳観、支配観およびその生活様式が沁み込んでいました。旧中国独特の社会環境や宮廷環境で形成された唯我独尊という典型的な特性を改めさせるには、絶対に急ぎすぎてはならず、必ず順序を追って一歩一歩小さいことから進めて、初めてこれを彼に受け入れさせることができるのです〉（李福生）と管理所側は判断する。

溥儀改造の第一歩として管理所側は、溥儀の身内で身の回りの世話をしてきた毓嵒、毓嶦、毓嵣の三人の宮廷学生や侍従の李国雄を溥儀と切り離し、別の部屋の監房に収容することにした。溥儀は洗濯も自分でやらなければならなくなった。だが衣服を洗濯してもきれいにならず、靴下や衣服の繕いもできない。管理所が支給した白いシャツも彼が着ると数日でインクで汚す。衣服にはいつもボタンがなく、自分でボタンを付けると、その場所を間違え、着ている衣服はいつも歪んでいた。履いてる靴も片方の紐がなく、なすことすべてがふつうの人とたいへんな違いがあった。

改造方針に従って溥儀にはまず「自伝」を書くという〝任務〟が与えられた。「思想改造には過去の思想を知るべきで、人の思想は自分の出身家庭やその後の経歴と切り離せない。思想改造には客観的、徹底的に現在までの生き方を反省すべきであり、それには自伝をきちんと書かなければならない」（李福生）。しかし、溥儀は自伝を書かされるということは、「裁判の前触れ」だと思った。溥儀には裁判に備えて消しておかなければならない過去がいくつもあった。

溥儀は侍従だった李国雄に会うと、

「天津から満州にやって来たときのことを聞かれたら全然知らないと言ってくれ」

と命じてから自伝執筆にとりかかる。〈天津では日本公使館に逃げ込んだのだが、公使館では人質にされ不幸な歳月を送った〉などと書き、〈私は人民が苦難にあっているのを見ながら、自分ではどうしようもないと思うと、憤慨にたえなかった。私は中国の軍隊が攻め込んでくれたらと思い、また国際情勢に変化が起こって東北（満州）が解放されるように希望した〉と結んだ。

溥儀は何度も推敲し、この文章を読んだら〈すっかり悔い改めた人間であることがわかってもらえるものと信じた〉（『わが半生』）。しかしすぐに、それだけでは信じてもらえないのではないかと不安になってくる。そこで政府の要人が視察に来たとき、「人民政府に献上したいものがあります」と隠し持っていた乾隆帝の三本の印鑑を手紙を添えて差し出した。

乾隆帝は清王朝最盛期に在位した第六代皇帝。その印鑑は、田黄石という皇帝色の最高級の石材を使ったもので、とうてい金では購《あがな》えない貴重なものだった。溥儀はこの印鑑を政府に献上することで、自分の「改造」の証拠としようと考えたのである。溥儀が手提箱の底にたくさんの宝石類を隠し持っていることは、同行してきた毓嵒ら三人の学生たちにも極秘にするよう命じていた。

しかし、政府要人はその印鑑を受け取ろうとはせず、「管理所と相談してくれ」と言って去った。

「その印鑑を見たらそっけなくできるはずはない」と溥儀は不満だったが、看守に渡して管理所長に届けてもらった。しかし、所長からはいつまで経っても何の連絡もない。溥儀は看守が着服したのではないかと疑った。以後、その看守がニコニコと声をかけて来ても「お前は人を騙そうとしている。その手には乗らないぞ」と睨み返した。

その後、まもなく管理所長の孫明斎から話があった。

「あなたの手紙と田黄石の印鑑はたしかに受け取りました。あなたがソ連で手渡した品物も今、返還されて私たちのところにあります。しかし、人民にとって価値ある者は人間です。改造された人間なのです」

「学習組長」の溥傑

管理所長に溥儀と同じように「自伝」を書くように命じられた溥傑は「彼らはたしかに私たちを本気で〝改造〟しようと思っているのではないか」と思い始めていた。管理所内では溥儀、溥傑は食事の面でも特別待遇である。当初は「殺されるのではないか」との不安を抱いていた溥傑はようやく「ほっとした気持ち」になり、真剣に「自伝」執筆に取り組み、一方で管理所内での「学習」にも真面目に取り組むようになった。

管理所側は絶えず「学習会」を組織し、特定のテーマを学習させ、そのテーマに沿った専門書を読ませた。「中国はどうして半封建的、半植民地に転落したのか」などといった授業も繰り返された。こうした学習会を通じて溥傑は「自分の偏狭な民族主義」の間違いに気づいたとしてこう記す。

〈私は溥儀とともに清朝復辟のため全力を尽くして画策し、あげくのはて日本帝国主義者の中国侵略の道具にまで転落した〉

『中国封建社会』という本も学習した。

〈溥儀も私も清王朝の子孫で、中国封建社会の代表であった。社会発展史の原理を知れば、清王朝の滅亡は喜ぶべきだし、中国共産党の指導する人民民主独裁国家を情熱をこめて擁護すべきである〉と考えるようになる。さらに『帝国主義論』を学習して帝国主義の特徴を深く認識するようになった。溥傑はその〝結論〟をこう述べている（要旨）。

日本帝国主義者も対外拡張のため九・一八事変（満州事変）や七・七事変（盧溝橋事件）を起こし、長期にわたる中国侵略の戦争を起こしたのだ。私自身、長期間日本の陸軍学校で学んだため、侵略思想の害をより深く受けた。帝国主義の本質を見極めた以上は、日本帝国主義と一線を画し、中国人民の立場に立って帝国主義の罪悪、陰謀を暴露しなければならない。

溥傑は毛沢東、魯迅《ろじん》らの著作を次々と読んで多くを学び、学習の過程をきちんと書き残し、自分の思想を現実の行動と結びつけるようになる。頭脳明晰な溥傑は、戦後の日本の学生の多くが、戦前の「日本帝国主義」を批判し、左翼思想に取り込まれていったように、マルクス・レーニン主義の著作を学習することによって、かつての思想と行動を反省し、頭の中で「共産主義国家・中国」の一員へと変貌を遂げていくのである。管理所側もこうした溥傑の〝進歩〟を見逃さなかった。

管理所側は溥傑を満州国関係の収容者の「学習組長」に任命する。溥傑は学習会や討論会が開かれるたびに率先して発言し、学習中に出て来た問題点の解決に努力し、それが終わると必ず報告書を提出した。元満州国大臣らが真面目に学習せず、でたらめな発言をすると、溥傑は強い言葉で彼らを批判した。溥傑は優秀な「学習組長」になったのである。

しかし、そんな〝優等生〟溥傑は大きな〝弱点〟を抱えていた。手持ち無沙汰でいるときや眠れない夜には、彼の胸は「妻と娘が恋しい」という思いで一杯となる。「大栗子溝で別れた日、それっきり音信不通になるとだれが予想しただろうか。浩も私を思っているに違いない」——こうした溥傑の思いは、管理所側にも伝わっていた。一九五一年十一月、教育管理科長が戦犯を集めて話をしているとき、突然、溥傑のほうを向きこう言った。

「いまだに日本人妻を忘れられずに気にかけている者がいる。日本はあなたを利用するために日本人と結婚させたのだ。どうしてあなたを利用したその女が忘れられないのか」

溥傑にとっては青天の霹靂だった。

「私は日本人を妻にした。日本帝国主義は女房を通して侵略のために私を利用したのだろうか。浩が特務（スパイ）だったというのだろうか？　しかし私は浩が絶対に特務であるはずはないと信じている。彼女自身、中国に同情しており、関東軍の鼻息の荒さと横暴な振る舞いには不満であった。日本軍の言うままに結婚したが、ふたりには混じり気のない愛情があった。しかし当時、このような気持ちは説明しにくく、それが私にはつらかった」と、後年、溥傑は吐露する。

しばらく後に、管理科長は溥傑を呼び、穏やかに諭した。

「あなたが日本人妻と子供を思うのはかまいませんが、それと日本帝国主義の問題とは別です。日本が起こした侵略戦争でどれだけの中国人が妻子と離れ離れになり、一家離散の目に追いやられたか。あなたはどうして自分の小さな家庭のことから抜け出せないのか。今はどの立場に立つかという問題である。国家は家の仇より大きい。妻子を思うことが学習と改造に影響することがあってはなりません」

溥傑は言葉に詰まり涙が出た。

宮廷学生たちが離反

溥儀の「改造担当者」、李福生によると、改造教育が進んでくると、これまで溥儀に忠実に仕えてきた侍従の李国雄や溥儀の甥である毓嵒、毓嵣、毓嶦、三人の宮廷学生にも溥儀を驚かす変化が生まれてきた。溥儀はある日、眼鏡のつるが取れたので、看守を通じて李国雄に修理するように頼んだ。李は大変器用な男で、彼が修理すると時計でも万年筆でも新品同様になった。清朝末期に宮廷に入り、長い間、溥儀に仕えたが、彼に逆らったことは一度もなかった。そんな李が「そんな暇はありません」と眼鏡の修理を断ってきたのである。溥儀は「ムカムカしながら」もう一度、修理を頼んだ。今度は修理してくれたが、そのやり方はひどく投げやりで、糸で括っただけだった。

李国雄も『社会発展史』や『帝国主義論』などの書籍を学習する中で、思想上大きな変化が生まれていた。自分が宮中で受けた教育は、すべて封建貴族に服務するための〝作り話〟であると認識し始めていたのである。そして李はついに溥儀と自分は同じ「階級」の人間ではなく、当然、彼とは一線を画すべきだと認識するようになる。以後、彼の溥儀に対する態度は疎遠になっていった。溥儀はそんな変化に気づくことなく、眼鏡の修理を頼み、彼の変化を怒っていた。

李国雄だけではなかった。三人の宮廷学生の中で、溥儀が最も信頼していた甥の毓嵒も変化していた。彼は溥儀の祖父である初代醇親王（奕譞）の兄・惇親王（奕誴《えきそう》）の曽孫で十九歳のとき、溥儀の下で「宮廷学生」となり、溥儀に忠実に仕え、子供のない溥儀は自分の後継者に決めていた。

そんな毓嵒が食事当番だったある日、食事を運んできて、小さな紙切れをそっと溥儀の手にしのばせた。溥儀はぎくりとしたが、その紙切れをしまい込み、何くわぬ顔で食事を済ませた。食後、便所に行くふりをして、便器の上でその紙切れを開いた。

〈私たちはみな罪人です。政府にすべてを告白しなくてはいけません。以前、ハバロフスクでトランクの底に隠した品物は申告しましたか。自分から進んで申し出れば、政府も寛大な措置を取ってくれるでしょう〉

怒りがこみ上げてきた溥儀は、紙切れを引き裂き、便器に投げ捨てた。前述したように、溥儀はソ連の収容所で毓嵒ら三人の学生を使って「手提箱」を作り、その底の部分に貴重な宝石類を詰め込み、隠し持ってきた。毓嵒は管理所長に「溥儀が箱の底に隠している珍宝は当然没収すべきです」と〝密告〟した。しかし所長は「没収するのは容易だが、溥儀の改造には不利である。彼が自覚して自分から届け出るのを待とう」と言う。だが、溥儀が自ら申告する気がないことを知る毓嵒は、紙切れに書いて溥儀に自覚を促したのである。

溥儀は告発されると思うと思い悩んだ。隠し持っていたのは、白金、黄金、ダイヤモンド、真珠など四六八点の装身具で、それがなくなれば釈放されても生きてはいけない。しかし、この秘密を知っているのは毓嵒だけではない。他の学生も溥傑も知っている。溥儀は「暴かれるより進んで告白する方がいい」と判断する。溥儀は所長室に出向いて、宝物を窓際に並べ「これは私のものではなく人民のものです」と告白した。

「政府は告白した者には寛大であり、立派に改造された者は減刑されます。今、あなたは誤りを認め、自分から告白しました。処分しないことにします」。所長は溥儀に「預り証」を書いた。「政府が没収する気がないとしても、私は献上したいのです」と溥儀はそれを押し返した。しかし所長は「私たちに値打ちのあるものは、宝石ではなく、改造された人間です」と溥儀の手に「預り証」を握らせた。

清朝の恭親王（奕訢《えききん》）の曽孫である毓嶦にも、溥儀は「清朝中興」の中心人物となることを期待し、彼もそれを生涯の目的にしてきた。しかし彼は管理所の学習計画に深い関心を寄せ、常に問題の核心を捉えた発言をし、理論と実際を結合することができるようになる。

溥儀に忠誠を尽くしてきた惇親王の末裔・毓嵣も溥儀に対する認識が変わってきた。「溥儀に忠誠を尽くしてきたのは、私利私欲の思想の表現であり、その目的は溥儀から高官に取り立てられ、高禄を与えられるためで、恥ずべき思想だった」と溥儀との距離を置き始める。

愛新覚羅家の一族で、自分の腹心と思っていた三人の元宮廷学生の変化を見て、溥儀はようやく「自分がお高くとまっていた」ことに気づかされる。

一九五三年（昭和二十八年）春、管理所当局は毎日四時間の学習に加えて四時間の労働時間を設定する。その内容は市内の鉛筆工場が製作した鉛筆を入れる紙箱作りの請け負いである。これまで労働をしたことのない溥儀を対象としたものであることに、彼は当初、まったく気づいていなかった。溥儀は鉛筆の箱の糊付けはおろか、鉛筆を削ることも自分でやったことはなかった。鉛筆を入れる箱など気にも止めたことはなく、ましてや箱一つ糊付けするのに大変な手数がかかることなど、考えたこともなかった。

作業が始まると、他の人はいくつも仕上げているのに、溥儀は最初のひとつを持て余し、出来上がった紙箱はどうやっても開かなかった。溥儀が作った紙箱の周りにどやどやと人が集まり、笑い声が起こる。溥儀がその製品を廃品の山に投げ込むと、今度は「勝手に廃棄処分するんですか」と詰《なじ》られる。溥儀は「糊付けがちょっとまずかっただけで、使えないことはない」と弁解しながら、投げ捨てた製品を拾って、完成品を積んである方に移した。すると箱の体をなしていないことが、ますます目についた。「どこに置こうが廃品は廃品だ」とみんなが溥儀を冷やかした。

数日後、いくつかの組に分かれて「生産競争」をすることになった。競争に参加するには能率を上げる新しい方法を考えなければならない。溥儀の組は「一貫した流れ作業」をすることになった。各人が糊付け、貼り合わせ、ラベル貼りなどを専門にやって流れ作業にしようというのである。溥儀もこの方法に賛成した。このような分業なら仕事が割合簡単だし、一緒になってやればボロがでない、と溥儀は喜んだ。

だがこの方法でも溥儀のところで問題が起こった。流れ作業が溥儀のところでストップし、材料が溜まって動かなくなってしまうのである。溥儀の目の前には半製品が山のように溜まった。結局、溥儀は流れ作業の列から出され、別にひとりで作業することになる。溥儀は一族の者たちからも敬遠され、この作業でも孤独感を味わうことになる。彼は同情してくれる人を探してその寂しさを訴えたいと思ったが、組の人たちは誰も忙しそうで、溥儀との話に興味を持つ人はいなかった。その夜、溥儀は熱を出し夢を見た。

〈お前は廃物だ！　乞食に落ちていくよりしょうがない！〉（『わが半生』）

それから半月ほど溥儀は病床にあった。

告白と告発

一九五三年（昭和二十八年）七月、中国が義勇軍を送り込んでいた朝鮮戦争は、板門店《パンムンジョム》で休戦協定が結ばれる。以後今日まで、朝鮮半島は北緯三十八度線を挟んで韓国（大韓民国）と北朝鮮（朝鮮民主主義人民共和国）が対峙している。

朝鮮半島の情勢が落ち着いてきた翌五四年三月十七日、戦犯管理所は、哈爾浜から撫順に戻る。溥儀たちに続いて日本人戦犯も撫順に送られてきた。溥儀たちも日本人戦犯も哈爾浜での三年あまりの間、一連の思想教育を受けてきた。

撫順戦犯管理所に戻って生活が落ち着いてくると、いよいよ〝戦争犯罪人〟として裁判の場に引き立てるための最後の証拠固めが始まる。中国政府は戦犯管理所の発足直後から北京最高人民検察院から二〇〇人近い検察陣を送り込み、長期間にわたって犯罪事実の調査・研究を続けてきた。残されていたのは最後の〝詰め〟である「戦犯たちの告白・告発と罪の承認」だった。満州国戦犯と日本人戦犯はこの管理所で一緒に座って管理所長の説明を聞いた。

「諸君らはこの数年間、学習と反省を重ね、今や罪の承認のときが来ている。諸君は過去について正しい認識を持ち、自分の犯罪を告白し、さらにその他の漢奸（売国奴）の犯罪を告発しなければならない。告白や告発は必ず正直でなければならず、誇大にも過小にも言ってはならない。政府は諸君の犯罪行為と諸君の態度に基づいて最後の処分を決定する。進んで告白する者には寛大にし、拒む者には厳しく臨む」

管理所長は続いて「お互いの情報を交換してはならない。他の監房に書き付けや手紙の伝達をしてはならない」などの獄内規則を読み上げた。大告白と大摘発、つまり自らの罪の告白と他人の罪の告発を促す訊問が始まった。事実を供述し、溥傑の場合は前後六回の訊問があった。

〈私は事実を供述し自分の罪を告白した。訊問者が供述を記録し、それを見せられた後で私が署名、捺印した。(略)前後六回告白し、他人、とくに溥儀の問題も摘発した。いうべきことはすべていった、あとは祖国と人民の判決を待つだけだと思い、気持ちもかえって軽くなった。(略)戦犯たちはみな自分の犯罪行為を白状していたが、互いの進捗状況は知らなかった〉(『溥傑自伝』)

しかし、溥儀は自分の責任をどこまで認めればよいのか、まだ揺らいでいた。たとえばソ連軍が侵攻してきたというニュースを聞いたとき、彼が取った行動についてである。溥儀は張景恵(総理)と武部六蔵(総務庁長官)を呼び寄せ、「緊急動員を行って、ソ連軍の侵攻に抵抗する日本軍を全力で支持せよ」との勅命を口頭で伝えた。その事実を検察側が知れば新しい疑惑が生じ、何事も吉岡安直の指図通りに動いていたという陳述を信じてもらえなくなるかもしれない。こう思った溥儀は〈この一件も吉岡安直の責任にしておこうと決めてしまった〉(『わが半生』)のである。

一ヵ月余り経った一九五四年五月二十日午後、管理所西側にある大運動場に、収容されている全員が集合させられた。満州国関係者も日本人戦犯も整列して入場し、順々に座った。検察当局の代表がこう演説した。

「戦犯たちは程度こそ違うが自分の問題を白状した。しかし、実際の状況とはまだ距離がある。今日、ある人に告白させ、みんなに聞いてもらう。過去の罪悪がどんなに大きくても人民に罪を認めて告白すれば、政府と人民は寛大な措置をとる。しかし、もし隠し立てをして重大な問題があるのに、取るに足らぬことだけ話すなら、それは人民を騙し、自分を騙すことになる。もしそうなら、人民は許さず、厳しく制裁をする。どの道を選ぶか自分で選択するのだ」

そう言い終わると彼は告白者を壇上に呼んだ。満州国国務院総務庁次長だった日系官吏、古海忠之だった。古海は満州国建国直後に日本の大蔵省から派遣され、同総務庁長官だった武部六蔵とともに国務院の実権を握っていた人物である。〈古海忠之は壇上に立っておずおずとしていたが腹を決めているようだった。（筆者注：満州国崩壊から）十年も経っていないのに、もう胡麻塩頭になって、過ぎし日の威風は消え去っていた〉（『溥傑自伝』）。

古海は「どのようにして日本軍が満州の土地を強奪し、資源を略奪したか」を具体的に述べ、「労働者を強制徴用して日夜厳しい軍事工事を強制し、生活条件が劣悪な中で六〇〇〇人以上を死亡させた」ことなどを供述した上、日本の「アヘン政策」について概略、次のように告白したのである。

「一九三三年初め、日本軍は熱河で軍事行動を起こした際、軍費を調達するためにアヘン政策の採用を決定した。当時、満州のアヘン栽培は統制されておらず、手持ちのアヘンが不足していたので、外国から約七万三〇〇〇キログラムあまりを購入するとともに、熱河住民にアヘン植え付けを奨励した。その後、植え付け面積は満州全域に拡大され大増産が行われた。さらに満州国ではアヘン専売制度を設け住民にアヘン吸引を勧めた。満州国のアヘン畑の面積は三〇〇〇ヘクタールに達し、三八年には満州国の財政収入の六分の一を占めるようになる。アヘン吸引者は熱河省だけでも三〇万人に達し、全満州では住民一〇〇人に平均五人がアヘン中毒にかかっていた」

古海の告白がまだ終わらないうちに、日本人戦犯たちの野次と怒号が飛び交った。古海を「裏切り者」と罵《ののし》る者、彼の告白を拍手で讃える者。彼に続いて多数の戦犯が台上に上がり、戦犯仲間を次々に告発し始めた。憲兵隊長だった軍人や元満州国官吏も起ち上がって過去の罪状を暴露する。古海らの〝裏切り〟に激しい怒りをぶっつけて騒ぐ戦犯のひとりは、その場で手錠をかけられ、会場から連れ出された。大会の時間は延長され何時間も続いた。

溥傑はこの日の日記に〈中国の一貫した公平無私の方針は、日本侵略軍の兵士や将校でさえ感化され、過去の統治者の面皮をはがして摘発し、暴露し、罪を認めた。これには心から感動した。人間の心にはみな生きた血が通っており、人間としての良心は多少は持っていることがわかる。これは彼らを見習うべき点である〉と記した。

この日の大会は翌日に開かれた満州国関係者の集会にも大きな影響を与えた。参加者は前日の興奮が収まっていなかった。次々に立って発言し、進んで自分の罪を告白し、同時に他人を告発した。溥儀は、人からその場で告発されたり、不真面目だと思われるのが恐かった。当局に告白したことや、告発した内容を人に漏らすことは禁じられていたが、溥儀は自分がどんな告白をしたかを伝えておこうと思い、かつての宮廷学生たちに告白内容をあえて説明した。すると思いがけず毓嶦《いくせん》が不意に立ち上がって質問した。

「あなたはそんなにたくさんしゃべりながら、どうしてあの紙切れのことを言わないのです。あなたは今、あの装身具や宝物を自分から提出したと言ったが、どうして毓喦から勧められて出したと言わないのですか」

溥儀は慌てた。

「そのことは今、話そうとしていた。それは毓嵒に教えられたからです、と」

溥儀は監房に戻ると、急いで筆をとり、その事実も書き加えた「自己批判書」を書いて管理所長に提出した。

管理所の規定によると、それぞれが書いた告発資料は、告発された本人が一つひとつ目を通し、同意できるものには署名し、同意できないものについては反対意見を書いて提出することになっている。溥儀は元満州国の大臣たちが書いたものは、すべて公表資料だったので残らず署名した。しかし、家族、親族たちの書いた「溥儀告発文書」を読み始めると、手の平に汗がにじみ、足元が崩れていくように感じた。たとえば萬嘉熙と李国雄はこう告発していた。

「ソ連が侵攻した四五年八月九日夜、私は参内して溥儀に会った。溥儀は書き物をしており、張景恵と武部六蔵が控えの間で待っていた。溥儀は私に書いたものを示したが、その内容は、満州国の軍民に日本軍との共同作戦によって侵入したソ連軍を撃滅せよと命令したものだった。溥儀はこのように張景恵らに命じたいが意見はないか、と聞くので、私はそれ以外に策はないと答えた。

溥儀は帝宮で映画を見ていて、スクリーンに日本の天皇が映ると、すかさず起立の姿勢をとり、日本兵の攻撃、占領の画面を見るとすぐさま盛んに拍手を送った。大栗子溝に逃げる時も、溥儀は日本の神と天皇の親（貞明皇太后）の像を列車の中の別室に安置し、そこを通るときには必ず最敬礼をし、我々にもそうするように命じた」（萬嘉熙の告発）

「溥儀という男は残酷なくせに死ぬのを怖がり、とくに猜疑心が深く、しかも術策を弄する偽善者である。使用人を人間扱いせず、殴ったり怒鳴ったりしたが、こちらに過失があったからではなく、まったく気まぐれでやった。彼が少し体の調子が悪かったり、くたびれたりしていたら、召使たちはとんだ災難で、殴ったり蹴ったりするのは朝飯前だった。彼は周りの者をみんな共犯に仕立てた。誰かを殴ろうとする時、一緒に手だしをしないか、ぐずぐずしていたりすると、かばっていると勘違いし、何倍もひどく殴りつけた」（李国雄の告発）

溥儀はこうした告発資料を読み、自らを弁護していた理屈が足元から崩れていくように感じた。〈何かといえばなぐりつけ、どなりちらし（略）それも私の権力だと思いこんでいた。強いものにへつらい、弱いものをいじめるのは理屈にかなったあたりまえのことで、だれでも私の境遇におかれれば、そうするにちがいないと信じていた。だが、今となると、みんなが私のような人間ばかりではなく、私の理屈も人前に出せるものではないことがわかった〉（『わが半生』）

溥儀は、すべての告発文書に同意の署名をすると、深い悔恨と悲しみがこみ上げてきたという。

第十章

周恩来

——溥儀、溥傑、浩の運命を変えた人

慧生から周恩来への手紙

撫順戦犯管理所で告白と告発の嵐が吹き荒れていた一九五四年（昭和二十九年）の秋、管理所長が溥傑を執務室に呼び、笑みを浮かべながら「奥さんと娘さんが懐かしいでしょう」と尋ねた。溥傑は「いいえ」と心にもない返事をした。彼はこれまで妻と娘への強い拘りを何度も自己批判させられてきた。「懐かしく思わないはずはない。だが、戦犯の身にとって家族との連絡は許されず、心の奥にしまっておくしかない」と心の中で思っていた。

そんな溥傑に管理所長は思いもかけない話を持ち出した。「妻と娘たちに手紙を書けば、届けることができそうだ」と言いながら長女、慧生からの手紙を手渡してくれたのである。慧生は学習院中等科の三年生になっていた。手紙の宛先は「国務院周恩来総理」となっている。

所長によれば、慧生が周恩来に手紙を書き、長年、消息が途絶えている父との文通を許してくれるようにお願いした。周総理は手紙を読んで、その文面にも、中国語のレベルの高さにも感動し、溥傑に届けてくれた、というのである。その手紙には立派な中国語で次のように書かれていた。

拙《つたな》いながら、日本で習った中国語で手紙を書いています。……父溥傑の消息は、長らく途絶えたままで、母も私たち娘も大変心配しております。私たちは恋しい父に何度手紙を書き送ったかわかりません。同封した写真は何枚を数えたでしょうか。しかし、返事は一度もなく、私たちはただ嘆くばかりです。（略）たとえ思想がちがおうと、親子の情に変わりはないと存じます。周恩来総理に、もしお子さまがおありになるなら、私どもが父を慕う気持ちもおわかりいただけるのではないでしょうか。夫との再会を待って私たちを育ててきた母が、父の身を気遣う気持ちを理解していただけるのではないでしょうか。

現在、中国と日本は国交が断絶したままです。しかし、中国人の父と日本人の母によって築かれた私たち一家が、真の中日友好を願う気持ちはだれも押しとどめることはできません。母は一刻も早く父の許《もと》に戻りたいことでしょう。私もいずれは中日友好の架け橋となりたいと思い、こうして一生懸命中国語を学んでおります。どうかお願いいたします。この手紙と写真を父にお届けくださ い……。

周恩来は慧生の手紙に目を通すと傍らの秘書に「私はこういう子供が好きだ。若者というのは何事も勇気がなくてはならない。慧生という子は満州族の青年らしい行動力がある。機会があったら会ってみたいものだ」と語り、溥傑が日本の家族と手紙のやり取りをすることを許したのだという。

溥傑は手紙を読みながら声を上げて泣いた。

「浩！　こんなに立派な娘に育ててくれたのか。こんなに人の気持ちを解せる手紙を書けるとは……。私が九年間、獄中にいる間に娘たちは君の手元でこんなに成長した。どのように感謝の気持ちを表したらいいのだろうか」

手に取った手紙が重く感じられた。慧生の中国語の手紙はよく書けていた。溥傑はすぐに浩に手紙を書いた。〈私は今、撫順にいる。慧生のお陰で手紙をだせるようになった〉。溥傑は、周恩来総理が慧生の手紙を転送してくれたこと、周総理がこの手紙に感心していたことも手紙に書いた。溥傑の手紙は赤十字社を通じて浩・慧生・嫮生の母娘に届いた。

一国の総理が本国にいる戦犯と外交関係のない国外にいる家族との通信を直接許可するのは歴史上初めてだといわれる。まもなく母娘からの手紙も届き、溥傑は撫順管理所での生活が一段と充実して感じられるようになる。毎日首を長くして浩やふたりの娘からの便りを待ち、自らの生活を浩たちに知らせる生活が始まった。

＊　　＊

浩が次女・嫮生とともに一年半に及ぶ逃避行からようやく東京に辿り着いた七年前の一九四七年（昭和二十二年）一月まで話を戻そう。

東京・赤坂氷川町にあった浩の実家は戦災で焼け、東横線の日吉駅近くに転居し、浩と溥傑が見合いした上大崎の母方の実家・浜口邸は英国領事館に接収されていた。長女・慧生は日吉の嵯峨家で元気に少女らしく成長して背丈も伸び、学習院初等科の三年生となっていた。浩と嫮生は慧生を引き取って面倒をみてくれていた嵯峨家で暮らすことになる。

浩たちと再会した慧生は「お母さんたちは満州の山の中で虎にでも食べられてしまったのかと思っていたわ」と冗談を言って笑わせたが、嵯峨家の両親の話では、行方不明になっていた浩たちのことを話題にすると慧生は「いや。そんな話はしないで」といつも寂しそうだった、という。

嫮生も姉と同じ学習院初等科に入学することになった。入学試験の面接で試験官に、「いままでどちらにいらっしゃいましたか?」と聞かれ、「監獄に入っていました」と、天真爛漫に答えて試験官をびっくりさせた。

帰国後まもなく浩は貞明皇太后に招かれ大宮御所を訪ねる。御所も戦災で炎上し、荒れ果てていた。皇太后は敗戦の心痛で〈急にお年を召されたような御模様で恐懼する以外ない。しかし、慈母のような優しいお眼差しは昔も変わらなかった〉と浩は記す（『流転の王妃』）。

「御苦労さまでした。気丈で無事に日本に帰られて何よりでした。皇帝さんはどうしておられるでしょう。日本は利用するときだけでなく、困られたときにお世話しなければね。ご無事を祈っています」

と、皇太后は溥儀を気遣った。

三笠宮も同席して昼食を御馳走になり、帰り際には慧生、嫮生にと、料理をたくさん折詰めにして、制服用の紺サージなど反物をいただいた。食料難、物資不足で生活はどん底にあり、たいへんありがたかった。

嵯峨家の両親も浩たちの食糧確保のため庭を畑にして、トマトなどの野菜を作り、鶏を飼った。浩は娘たちを連れて、つくしやわらび摘みにでかけ、食料の足しにした。そんな生活の中でも慧生はいつも快活で、将来はバイオリニストになるんだと、日夜、バイオリンを弾いていた。浩はシベリアからの帰還者や中国からの引き揚げ者に溥傑の消息を聞いて回ったが、正確なことは何一つわからず、そのうちに溥儀や溥傑はソ連のハバロフスクから中国の撫順に連行されたとの噂を聞きつけた。浩はスイスの赤十字本部や中国赤十字社などに何度も問い合わせるが、溥傑たちの消息は一向に摑めない。

慧生は読書が好きで六年生になると島崎藤村の詩集などを愛読し、自分でも和歌や詩を作り始める。中学に進むころから中国語を学びたいと言い出した。浩もいずれ中国語や中国の習慣を身につけさせたいと考えていたので、慧生を連れて、渋谷の自宅で内弟子を取り中国文学を教えていた伍《ウ》俶《ティ》を訪ねた。伍俶は東大に招聘された学者だが、当時は東大を辞職し、六畳一間の自宅で内弟子をとり、中国文学を教えていた。伍は喜んで慧生への中国語教育を引き受け、毎日、中国語で日記をつけることを命じる。慧生の学力向上は著しく、「五年もみっちりやれば、中国でもすぐれた文学者になれますね。彼女ほど文学的才能を持った者は珍しい」と伍は褒めた。

慧生の読書好きは学年が進むにつれてますます昂じた。本ばかり読んでいる孫娘に浩の祖母は口癖のように「本を読むのもいいけど、運動もしなさい。電車の中で本ばかり読んでいると目が悪くなりますよ」と注意する。だが慧生は「だって、本を読んでいるときがいちばん楽しいんですもの」と意に介さなかった。中学三年のころ、慧生が難しそうな本を読んでいるので、浩が部屋を覗いてみると、書棚には中国の古典文学と一緒にマルクス・エンゲルスの『共産党宣言』や毛沢東の『実践論・矛盾論』などが並んでいた。浩が「まだ読むのは早すぎる」と叱ると「だって、お母さま、中国は共産主義の国になったのよ。自分の祖国から取り残されたらたいへんじゃない。お母さまもお読みになったら」と逆襲された。

そのころのことである。日赤を通じて中国・撫順の消印のある一通の手紙が浩に届いた。溥傑からの手紙である。

〈私は今、撫順にいる。元気で変わりないから心配いらない。(略)こうして便りができるようになり、嬉しく思っている。これも慧生のおかげだ。慧生の手紙を周総理がお読みになり、私に届け

て下さった。とても立派な中国文だと総理も感心しておられたと聞いている……〉

思いがけない嬉しい知らせに浩は驚きながら、

「いつの間にお手紙をだしたの？」

と慧生に聞いた。

「お母さまはお父さんのことが心配だったでしょう。私も同じよ。だから周恩来総理に手紙を書いてお送りしたの」

慧生は驚く浩を後目《しりめ》に、溥傑からの手紙を食い入るように読み返していた。そして自室に保存してあった手紙の下書きを浩に見せた。浩はその下書きを読み進めるにつれ、目頭が熱くなり、慧生の大胆な行動に目を見張った。そして彼女がなぜ、あれほどに中国語を学びたがったのか、その理由が初めてわかった気がした。浩は慧生の成長ぶりを心から誇りに思った。

溥傑との文通が自由にできるようになると、慧生の中国熱はますます高まる。『清朝三百年史』やジョンストンの『紫禁城の黄昏』などを読みふけり、徳齢の『西太后に侍して』といった珍しい本を古本屋から探してきた。溥傑との文通も繁くなる。

「慧生の手紙は本当に自分で書いたものなのか。伍俶先生ではないだろうな。本当ならこれほど嬉しいことはない。余生は文学の研究で送りたいと思っているが、慧生とはいい文学仲間になれそうだ」という期待のこもった手紙も届いた。

慧生は高等科に進むと、哲学に強い関心を寄せるようになり、東大の中国哲学科に入りたいと猛勉強を始める。撫順の溥傑からは「本人の希望をかなえてやるように」との手紙が届き、浩も慧生の希望どおりさせることにした。高等科二年の夏休みには城北予備校に毎日通った。友人に東大の

「五月祭」に案内してもらい、楽しそうにその模様を浩に話し、嫮生と一緒に校歌や寮歌を覚え、浩に歌って聞かせた。慧生は受験の準備が忙しくなるにつれ「中国では働かざる者は食うべからず、と言われているそうだし、私も何か技術を身につけていたほうがいいのかしら？」といった疑問を浩に投げかけることもあった。

大学受験が迫ると、東大の中国哲学科の受験生の中で女子は慧生だけということがわかった。それを聞いた親戚一同はこぞって反対する。「そんなところに入学して〝赤の思想〟に染まりはしないか」などという声もでる。浩もだんだん心配になってきた。

「もし、男の中に混じって髪を振り乱し、哲学を論じたりしているうちに、女性らしさが薄れ、将来、独身で過ごすなどと言い出すのではないか」

取り越し苦労ではあったが、周囲の心配する声に、慧生は最後には黙って頷き、秋も深まったころ、東大受験を断念し、学習院大学を受験することに決めた。一九五六年（昭和三十一年）四月、慧生は父、溥傑も学んだ学習院大学に入学する。学習院には中国哲学科はなかったので国文科に入り、古典日本文学を中国に紹介したいと張り切っていた。

李玉琴の面会

溥傑と浩の文通が許可されると、周恩来総理の指示によって満州国戦犯とその家族との通信、面会も許可する決定が下される。撫順戦犯管理所は戦犯全員の家族との文通にも便宜を図るようになった。家族の働きかけが当時、展開中だった告白・告発の活動を有効に進める一助になると判断しためである。

溥儀も管理所員に勧められて五五年六月、「福貴人」と呼ばれた李玉琴に手紙を書く。前述したように玉琴は浩たちと逃避行を続けていた四六年四月、長春で八路軍の取り調べを受け、溥儀との離婚を承認するとの文書に署名したが、その後のどさくさで離婚の手続きは取られていなかった。大栗子溝で溥儀と別れてから一〇年近い歳月が流れており、溥儀から突然届いた手紙に玉琴は驚き、戸惑った。手紙には「自分は罪を犯した、人民にもあなたにも申し訳なかった」と謝罪の言葉が書き連ねてあった。

李玉琴はこの一〇年、中国新社会の中で「売国奴の側室」として非難を浴び続け、就職もできず、身をすくめながら、さまざまな苦しみを味わってきた。玉琴には溥儀の手紙の真意がわからなかった。「とにかく溥儀に会ってみよう」。彼女はさっそく、借金をして旅費を工面し、七月中旬、撫順に向かった。「溥儀には裕福な親族も多く、生活支援を受けられるかもしれない」という期待もあった。二日間をかけて列車を乗り継ぎ、撫順駅からは歩いて管理所に辿り着く。大栗子溝で別れたとき、十七歳だった少女は今や二十七歳。溥儀は四十九歳となり、頭には白いものが目立ち、実際よりずっと老けて見えた。

溥儀は玉琴のそばに腰を下ろすと、目を拭いながら「自分は罪人だ。人民に申し訳ない。あなたにも申し訳ないことをした」と繰り返す。そのときのことを李玉琴は、こう書き残している。

〈私も涙を流しながらこの十年余りの経緯をかいつまんで話した。しかし彼の耳には入らないようで、ただくどくどと彼のソ連での様子や帰国後の様子を語るばかりだった〉（『素顔の皇帝・溥儀第二巻』）

話を聞くうちに玉琴の心はすっかり白けてしまった。二時間余りを管理所で過ごしたが、胸一杯に溜まっていた苦労話もほとんどしなかった。〈何を訴えようと意に介さない彼の態度を見た途端、もはや何も話したくなくなった〉（同）のである。玉琴は失望しながら夜汽車に乗って長春に戻った。

玉琴は数ヵ月後、再び借金をして彼に会いに撫順に行く。彼女はなお失業中で、生活の保障もなく、食べるのにも暮らすにも困難をきわめていた。今度も溥儀はそうした事情を尋ねようともしなかった。ある祭日に溥儀を訪ねた日のことである。溥儀には管理所から飴が支給されていた。飴を噛みながら現れた溥儀は、目の前にいる玉琴に気づくと、一粒を投げてよこし「一緒に食べよう」と言った。彼の様子は〈まるで子供がお正月に大好きなものを分けてもらって喜んでいるようだった〉（同）。玉琴は〝売国奴の妻〟ゆえに、仕事にも就けずその日の食費にも苦労している。〈それなのにあなたは管理所で十分な食事をし、支給された飴もやっと思い出して一粒くれた。食べてなんかやるものか〉（同）。

玉琴は飴を投げ返した。そのとき、彼女は溥儀との離婚を決意した。

李玉琴は四度目の管理所訪問となった五六年二月二十五日、溥儀に向かって離婚を切り出した。溥儀以上に慌てたのが管理所当局である。「溥儀は改造が進んでおり、やがて外にでて働くことができるようになる。彼とは離婚せず、彼の改造に手を貸して、彼の面倒をみてあげてほしい」と説得した。玉琴は彼らにも反感を覚えた。彼らは溥儀の改造には関心があるが、この一〇年間に玉琴が置かれた差別や失業などの苦境には、まったく関心を示さない。そのうえ、彼女が離婚したいという原因が「性的欲求不満」にあると憶測し、上部の判断を仰いでその夜、溥儀の部屋にベッドを持ち込むという〝特別の配慮〟をしたのである。戦犯管理所開設以来の破天荒な出来事だった。玉琴はこのベッドで溥儀と一夜を明かした。

管理所側は翌朝も繰り返し玉琴を説得する。しかし、この一夜で彼女の離婚の決意はさらに固まった。溥儀との間では、望んでも子供は出来ないことを、はっきりと悟ったのである。彼らが説得すればするほど、玉琴の決意は強くなる。溥儀の改造担当者は「溥儀の立場に立ってしか物事を考えていない」と強く感じた。

〈あなたたちは溥儀の改造の進み具合ばかり考えている。どうして私の立場も考えてくれないのか。私は聞きたくない。（略）いつの日か溥儀が出所して、出世したとしても私は後悔はしない〉（同）と管理所員たちに啖呵を切った。

管理所の担当者が部屋を出ていくと、溥儀とふたりだけになった。溥儀は玉琴の決心が堅いことを知って涙を流し、玉琴もこらえきれずに泣き出した。溥儀は「しばらく時間がほしい」と訴えたが、玉琴は「有名無実の夫婦関係を続けることが、あなたにとって何の役に立つのか？　あなたはいつ出所できるかもわからない。私たちが一緒にいたところで、実際は兄妹の間柄でしかないではないか」と答えた。溥儀はその事実を認め、ようやく離婚を承諾する。李玉琴は五七年二月、正式に離婚を申し立て、その年の五月、離婚は正式に成立した。

後述するが、「文化大革命」の最中、李玉琴は北京の紅衛兵を引き連れ、病床にある溥儀の眼前に現れ、皇帝時代の彼を厳しく糾弾するのである。

戦犯たちの「社会見学」

一九五六年初め、撫順戦犯管理所は理論学習を実際と結合させる改造教育の一環として、祖国の社会の実情を見せる必要があると判断し、「社会見学」を実施する方針を決める。とくに溥儀はこれまで労働者や農民に接触したことがなく、工場や農村がどうなっているのか知らない。収容者の「参観学習」は三月と翌年六月の二回にわたって行われた。この計画が発表されると、収容者の多くは、釈放の前触れではないかと喜んだが、溥儀は人前に顔を曝け出して見学することに内心、びくびくしていた。

「皇帝だった溥儀だとわかると復讐されるのではないか」

と恐れていたのである。

初日の三月七日、満州国戦犯と日本人戦犯の一部はそろって撫順西露天掘り炭鉱を見学する。この炭鉱は市の中心部から約四キロ、一〇〇〇戸余りの住民が住み、地名は「平頂山」と呼ばれていた。溥儀、溥傑ら満州国関係者がまず見学したのは、炭鉱労働者の住宅地区で、三階建ての宿舎が何列も並んでいる。一戸は2DKか3DKで台所もトイレもついていた。各家庭にはラジオ、ミシンと自転車があり、ソファのある家庭も多かった。部屋は清潔で明るく、壁には毛沢東の写真が飾ってあった。住民の服装もきちんとしており、昔のぼろをまとった炭鉱夫の姿はどこにもない。見学者が「戦犯」であることを知らない住民たちは、お茶を出してもてなしてくれた。

見学者一行はこの後、近くの撫順炭鉱託児所を訪問する。託児所の所長はかつて「平頂山事件」

の際に運よく生き延びた女性だった。一九三二年（昭和七年）九月、抗日義勇軍が日本軍と遭遇、日本守備隊十数人を射殺し、日本軍の倉庫を焼き払った。翌日、日本軍は報復のため三〇〇〇人の村民を村外れの丘に追い立て、機関銃を掃射し殺害した。虐殺後、その証拠を隠匿するため周囲の家を焼き払い、大砲で山中の土を撃ち崩して死体を埋めた——彼女は記憶を辿りながら、この虐殺事件発生時の状況を話した。

託児所長はそのとき、五歳の少女だった。溥儀たちや日本人戦犯たちに「今後は心を入れ替えて真人間になってほしい」語りかけた。日本人戦犯たちは彼女の前に跪いて、声を上げて泣いた。溥儀も溥傑も一緒にこの情景を見ていて、慚愧《ざんき》の思いで顔をあげられなかった。

翌日、台山堡という村で「農業合作社」を訪問、新式養鶏場、野菜用温室、家畜小屋などを見た。合作社の社員たちは畑で農作業をしていたが、みんな非常に和やかに溥儀たちに挨拶する。溥儀たちはある農民の家庭を訪問し、解放前と後の生活の対比に話が及んだ。その家庭の老いた母親は、解放前の酒粕や白菜などの切れ端ばかりを食べていた乞食のような生活を回想し、部屋の片隅にあった壺の蓋を開け、中に入ったお米を自慢そうにみんなに見せた。息子が「米なんて何も珍しいことないじゃないか」と笑うと母親はすぐに反論した。「今でこそ珍しくないが、お前たちはあの康徳帝の時代を知らないからだ」。母親は目の前にいるのが、その康徳帝たちだとは思ってもいなかった。

溥儀はこの言葉を聞くといたたまれなくなり、立ち上がってこの母親に頭をたれた。「あなたが言われた康徳帝、満州国皇帝だった溥儀です。心からお詫びします」。すると同行していた満州国時代の大臣たちもみな立ち上がって、かつての官職・姓名を名乗り、頭を下げた。母親はしばらく唖然としていたが、ため息をつきながらこう言った。

「もう過ぎ去ったことです。もう何もいうことはありません。よく学習して、毛沢東主席のおっしゃることを聞いて、真っ当な人間になってくれればよいのです」

戦犯管理所の外の世界は、満州国時代と違って毛沢東の共産党政権下で急ピッチで豊かな国へと変化しつつあることを、この「社会見学」を通じて学ばせようとしたのである。

溥傑の〝特殊任務〟

このころ、溥傑は戦犯管理所の委託で二つの〝特殊任務〟を担当していた。ひとつは日本語の翻訳である。管理所に収容されている日本人戦犯は、日本語で自分の罪を供述し、互いに告発しあっていた。それらの資料は中国語に翻訳されなければならない。この作業を任されたのが戦前、日本に留学し、陸軍士官学校などで学んだ溥傑と義弟の潤麒、萬嘉熙の三人である。この翻訳作業は他の戦犯たちには秘密だった。仕事量は多かったが、溥傑たちはこの翻訳作業を通じて、日本軍が満州で行った〝犯罪行為〟を知る。

もうひとつは溥儀が「自伝」を書くのを手伝う仕事である。前述したように、哈爾浜に管理所が一時移転したときから、収容者には「自伝ふうの手記」を書くという課題が与えられていた。「自伝」という名の「認罪書」である。一人ひとりが自分の過去を分析して、自分の足跡から罪を犯した根源を捜し出せ、というのである。溥傑はすでに自分の手記は書き終えていたが、溥儀の手記はそう簡単ではない。二歳で清朝最後の皇帝に即位した時から、天津時代、さらに満州国皇帝時代に日本軍と結託したことなど、内容は複雑で錯綜していた。そのうえ、溥儀は自分の過去について触れたくないことも多く、彼の手記はなかなか進まなかった。このため撫順に戻ったころから、管理所は溥儀の手記執筆を手伝うように溥傑に命じていた。

溥傑は毎日のように溥儀の話を聞き、それを文章にまとめていった。処分が重くなるのを恐れる溥儀は、しばしばためらって事実を隠そうとする。そのたびに溥傑は中国政府の政策を説明し、ときには溥儀を厳しく批判した。溥儀は次第に態度を変え、徹底的に告白するようになっていく。最初の原稿は「認罪書」だったので、各章の終わりには「まことに万死をもっても償うことの出来ぬ罪である」といった〝決まり文句〟が連ねられていた。溥傑の協力で完成した溥儀の手記の初稿は「回憶録」（認罪録）と名付けられ、総計四五万字に及んだ。

溥儀が後に「特赦」を受けて北京に戻ったころ、共産党統一戦線部がこの「回憶録」を受け取り、公安部の出版部門である「群衆出版社」から本にして出版することを決定する。群衆出版社では、文編室主任の李文達を担当者とし、溥儀に再取材するとともに、自らも事実関係を再検証し、三年の歳月をかけて出版したのが溥儀の『わが半生』である。しかし、歴史的事実は検証できても、溥儀の「心の内なる声」の検証は不可能であり、自らを正当化する記述が随所に残っている。

「日本人戦犯はひとりの死刑もあってはならない」

溥儀はこの年（五六年）の六月九日から始まった中国最高人民法院が瀋陽（旧・奉天）で開いた

「特別軍事法廷」に検察側証人として出廷する。新中国で初めて開かれる戦犯裁判で、裁かれたのは日本人戦犯である。日本人戦犯に対する審問と調査を終えた戦犯管理所当局は前年秋から、裁判に向けて起訴状作りに取り掛かっていた。

前述の『戦犯管理所職員の証言』によると、証拠資料に基づいて作成された「起訴案」では極刑（死刑）が七〇人に上っていた。管理所副所長・金源をトップとする代表団が北京に行き、周恩来総理にその資料を見せ意見を聞くと、周総理はこう述べた。

「日本人戦犯の処理については、ひとりの死刑もあってはならず、またひとりの無期刑も出してはならない。有期刑も出来るだけ少数にすべきである。起訴状には基本罪行（罪状）をハッキリと書くべきで、罪行が確実でないと起訴できない。明確に戦争犯罪が立証できない者は不起訴である。これは中央の決定である」

代表たちは撫順に戻って管理所当局全員にこの周発言を伝えた。「寛大すぎる」「納得できない」という意見が圧倒的で、代表たちは再び北京に行き、周総理にその意向を伝えた。周総理は諭すように言った。

「日本人戦犯に対する寛大な処置については、二〇年後に君たちは中央の決定の正しさを理解できるようになるだろう。侵略戦争で罪行を犯した人たちが充分に反省し、その体験を日本の人たちに話す。われわれ中国共産党員が話すより効果があると思わないかね。日本の人民もきっと納得するだろう」

周恩来は将来の日中関係の改善を視野に入れていたのである。代表たちは周総理の言葉をみんなに伝えた。誰からも今度は反論は出なかったが、「心の中では、そんな先のことはわからない。寛大すぎると思っている者は少なくなかった」（同）という。最高検察院もこうした経緯を踏まえて討議した結果、最終的には撫順管理所に収容されていた一〇〇〇人近い日本人戦犯のうち二八名の起訴状を作り上げ、他は順次、釈放する方針を決定する。これを受けて開かれた瀋陽での「特別軍事法廷」は新中国の寛容さを中国人民や世界に宣伝する一大イベントでもあった。

「特別軍事法廷」の傍聴席は、国政への助言機関である「政治協商会議」の代表たちや各人民団体の代表、瀋陽市内の学校、工場などの代表、中国国内の新聞記者など一四〇〇人あまりでぎっしり埋まった。溥儀が検察側証人として出廷したのは、七月一、二日に行われた元満州国総務庁長官・武部六蔵（脳軟化症のため出廷できず）や同総務庁次長・古海忠之ら二八名に対する公開裁判である。

管理所当局はこの証言を溥儀がその「前半生」と訣別するための〝試練〟と捉えており、事前に「中国はこの一〇〇年間、日本帝国主義の侵略を受けたが、あなたたちは日本帝国主義と結託して多くの罪を犯した。中国政府が日本人戦犯を裁くことは中国人民の光栄である。あなたがひとりの中国人として法廷で証言することも、贖罪立功の機会である」と伝えた。

溥儀は「法廷で必ず日本帝国主義の罪業を徹底的に暴露します」と決意を述べ、「食事のときも、歩いているときも、就寝の前もその準備に没頭した」（管理所教育科員、李福生の証言）という。溥儀は自分が満州国皇帝として経験した日系官吏の横暴の事実や、管理所内での「大告白・大摘発」での日本人戦犯の証言を聞き、十分な告発材料を持っていた。

溥儀は法廷で古海らが満州国の〝悪法〟を次々と制定・執行し、物資掠奪、住民からの搾取、抗日運動家への弾圧などを行った事実を具体的に供述した。古海は涙を流しながら「証人の発言はすべて事実です」と認めた。中国政府は溥儀以下、全証人の証言を映画に撮り、全国で上映した。映画のタイトルは「寛大なる裁判」。国内向けの宣伝映画である。
古海は後に〈法廷は一つの儀式でもあった。日本の軍国主義者をかくの如く処罰した、という国内的な大きな宣伝である。恨みに思っている人民たちへの方策として必要なわけだろう。それ以外は考えられない〉（『忘れ得ぬ満洲国』）と述べている。

一ヵ月近い公開裁判が終わり、七月二十日、日本戦犯に対する判決が言い渡される。撫順戦犯管理所の収容者で起訴された二八人のうち、最高刑の懲役二〇年は武部六蔵（総務庁長官・判決後病気のため釈放）と斎藤美夫（満州国憲兵訓練所長・少将）のふたり。古海忠之（総務庁次長）、中井久二（満州国司法矯正局長）ら四人が懲役一八年。古海の罪状には「アヘン政策で中国人民を衰退させ、奴隷化した」ことも含まれていた。その他は一六年から一二年の実刑判決である。
この刑期は一九四五年八月のソ連軍に逮捕・連行された時点からとされ、たとえば古海の「懲役一八年」という刑期は残り七年ということになる。また管理所に収容されていた九〇〇人以上の日本人戦犯は「微罪不検挙」として全員釈放され順次、帰国の途についた。帰国した戦犯たちの多くは「反戦平和・日中友好」を掲げる「中国帰還者連絡会」（中帰連）を組織し、「過去の日本の侵略戦争への反省」を訴える活動を続ける。帰還した戦犯たちを中国の工作員・スパイと見る論調も日本国内では強かった。

こうした中で古海忠之は、満期の半年前の一九六三年二月に釈放される。その前の三ヵ月間、上海、蘇州、北京など中国各地の視察旅行に招待される。帰国前に中国の発展ぶりを見て行け、という趣旨で〈まるで国賓のような待遇〉（『忘れ得ぬ満洲国』）だった。さらに帰国直前には周恩来総理との会談が設営されており、周総理は「日中関係の改善のための中国政府の考え方」を古海に詳細に説明した。その骨子は「現在の日本の向かうべき大道」として「日本の独立、日中友好、東洋の平和」の三点をあげ、「日中両国人民の友好関係の発展には、政治、経済、文化、科学技術方面の往来を発展させることにより、米国の干渉を受けずに日中関係の正常化を達成する」という考え方だった。

そしてこう述べた。

〈日中が当面している問題を早期に解決することは非常に困難である。だから、古海君、決してあせってはいけない。私はこんなやり方がよいと思っている。それは「細水長流、水磨石頭的弁法」（ささやかな水が集って大きな川となり、川水が尖った石をすりへらすようなやり方）である〉（同）

会談を終えると、周総理は「五年たったらもう一度中国の発展を見に来てください」と言いながら、退出する古海をわざわざ玄関まで見送った。

戦前、東大法学部を卒業して大蔵官僚となった古海に周総理が期待していたのは「日本政府や財界などとのパイプ役だった」と古海は述懐する。帰国した古海は日中国交回復に向けて、大蔵省時代に同僚だった池田勇人首相や満州国官吏としてともに働いた岸信介元首相に働きかけ、後に岸の勧めで自民党公認候補として参議院全国区に立候補する。選挙スローガンは「日中問題の解決、日中貿易の拡大」などだったが落選。大谷重工業副社長を務めたあと岸らに請われて「東京卸売センター」の設立に尽力して社長となり、以後、日中問題解決の〝裏方〟に徹した。

当時、新中国の実質的な総指揮者は毛沢東に次ぐナンバー2の周恩来総理だった。周恩来と日本の関わりについて簡単に記しておきたい。

＊　＊

清朝末期の一八九八年に江蘇省に生まれた周恩来は、少年時代に天津にできた市立中学「南開学校」に入学する。「中学」は、日本の現在の学制の中学と高校にあたる。同校は欧米の近代教育を取り入れた進歩的な学校だった。卒業後の一九一七年、日本の大学に入学することを夢見て来日。神田で下宿生活をしながら日本語を学び、第一高等学校（現在の東大教養学部）、東京高等師範学校（同、筑波大学）を受験する。しかし、最初の年は両校の入試に失敗した。

再度の挑戦を目指してお茶の水の予備校に通学しながら、明治大学の授業を聴講し、日本社会の理解を深めようとした。そんな時代に読んだのが創刊したばかりの京都帝大教授・河上肇《はじめ》が主宰する雑誌「社会問題研究」だった。河上肇はこの雑誌に「マルクスの社会主義の理論的体系」を連載し、マルクス主義の基本原理を分かりやすく紹介していた。周恩来はたちまちこの雑誌の熱心な読者となり「マルクス主義」への理解を深めていく。当時、中国語に完訳されたマルクス、エンゲルスの著作はなく、周恩来はまず日本語で「マルクス主義」に接したのである。周恩来は一九一九年四月、創設された「南開学校大学部」で学ぶため帰国する。

加藤徹・明大教授と、林振江・北京大日本研究センター常務理事の共著『日中戦後外交秘史』は、周恩来をこう評価している。

〈日本で学び、遊び、日々の暮らしを送ることで、本物の日本人をよく知っていた。「親日家」であったか否かはさておき、少なくとも「抗日」と「反日」を冷静に区別できる「知日」派であった。日本人全体を敵視する感情的な反日は、中国にとってもマイナスである。抗日の最良の方法は、日本の人民と友情をはぐくみ、二度と戦争を起こさせないことである。（筆者注：こうした）周恩来の信念は、終生ぶれなかった〉

天城山心中

日本人戦犯の裁判が終わり一九五七年（昭和三十二年）新春を迎えると、溥儀・溥傑周辺の満州国関係者一三名が不起訴になり、三人の甥（毓嵣、毓喦、毓嶦）と李国雄、黄子正らも次々と釈放された。さらに二月に入ると義弟の潤麒、萬嘉熙らを含む四人が釈放される。溥儀の岳父、栄源は哈爾浜管理所時代にすでに病死している。日本に亡命しようとして奉天でソ連軍に逮捕された溥儀一行の中で、撫順戦犯管理所に残されたのは溥儀、溥傑兄弟だけとなった。溥儀、溥傑には期限の通告もなく「いつになったら釈放されるのだろう」と期待と不安が交錯する日々が続く。そんな中で溥傑に飛び込んだのは「最愛の長女、慧生の心中」という衝撃的な事件だった。

その年の十二月四日朝、学習院大学二年生となった慧生はいつもと変わらない明るい声で「行って参ります」と浩に挨拶して登校した。ところが夕食の時間になっても、門限の午後八時になっても帰宅しない。これまで断りもなく帰宅が遅くなることなど一度もない。浩は慧生が誘拐されたのではないかと心配になり、慧生の親友、木下明子に電話した。木下は「慧生の親しい学友の大久保武道君なら知っているかもしれない」と学習院の学生寮「新星学寮」の電話番号を教えてくれた。すぐに電話したが、大久保も寮には帰っていなかった。

翌朝、浩は妹の町田幹子夫妻と一緒に新星学寮近くの本富士署を訪れ、捜索願いを出した。その後、木下明子に会って事情を聞くと「慧生は一日夕、大久保君に呼び出され、ピストルを見せられた、と笑いながら話していた」というのである。木下は「エコちゃん（慧生のこと）が大久保君と一緒だと危険だわ。彼はピストルを持っているんだから……」と心配する。浩はその足で町田夫妻とともに文京区森川町（現・文京区本郷）の新星学寮に駆け付けた。浩は新星学寮の寮監、穂積五一に会うと「大久保がピストルで脅して連れ去ったのではないか」と穂積を難詰した。

穂積寮監はこの朝、「落合長崎局」の消印（四日付）のある慧生からの封書を受け取っていた。穂積はその手紙を浩に見せた。手紙は便箋五枚ほどに「何も残さないつもりでしたが、先生にだけはどうしても気が済まないからペンを取りました」との書き出しで、おおよそこのようなことが記されていたという（『われ御身を愛す』）。

「二日の午後、長い時間をかけて話し合った末、大久保さんの意見が正しく、自分の考え方——世の中は多少ごまかしても楽しく過ごせばよい——は間違っていることがわかりました。大久保さんは一身上の都合で前から苦悩していましたが、最近また苦しみを加える事件が起こり、生きる望みを絶つに至りました。この考えは誰も思い留まらせることはできません。大久保さんには長い間、迷惑ばかりかけ、本当に済まなく思っており、彼のいない自分は考えられず、彼と行動をともにすることになりました。これは自分で決めたことで、誰に何を言われても少しの悔いもありませんが、あとに残った方たちを思うと耐え難い思いです」

手紙の最後には、〈十二月三日夜八時〇五分〉と記されてあった。浩はこの手紙を信じることはできなかった。浩は嵯峨家の祖母に「真実を知らせたい」とこの手紙を借りた。穂積は「すぐに返してもらう」ことを条件にこの手紙を渡して告別式の後、返却を求めたが、「焼いてしまった」と手紙は穂積の手元には返って来なかった。


浩によると、慧生は思いやりがあり、自分に厳しい娘だった。「母親に黙って学校を休むような子ではない。もし恋愛してもそのことを母親に告げないような子ではない」と信じていた。「慧生は自分に課せられた宿命的な立場をより以上に理解し、よほどの病気でもない限り中国語のレッスンや授業を欠かしたことはなく、自分が清朝の正統な血を受け継いだことに誇りを感じていた」と浩は思っていた。

浩はいずれ溥傑が釈放されれば、ふたりの娘と一緒に再び中国に渡り日中友好の架け橋になるのだ、と常々思い、慧生の結婚相手はしかるべき中国人であるべきだと願っていた。浩はそんな願いを慧生にしばしば語り、慧生もそのことを良く理解していると信じていた。

浩は撫順戦犯管理所の溥傑に、手紙で慧生の結婚方針について問い合わせたことがある。「結婚は本人次第で、周囲の人は助言する程度でよい。慧生が選ぶ人なら間違いないと思う。自分も北京のほう（醇親王家）に適当な候補者を頼んでおく」との文面の手紙が折り返し届いた。これを読んだ慧生は「お父さまって世界で一番理解があって、立派な方ね」と喜んだ。

学習院大学に入学したころ、「同級生の男子学生が、講義のノートが取れないというので、ノートを貸したが、なかなか返してくれないの」と浩に話したことがあった。「ノートが取れないくらいなら、大学に来なければ良いでしょうが」と言うと「本当ねえ、東北から来ているズーズー弁の人なのよ。大学に馴れないからでしょうねえ」と慧生は笑いながら言った。そのズーズー弁の学生が大久保武道だったのである。

大久保武道は青森県八戸市の八戸高校を卒業、学習院大学国文科に入学し、愛新覚羅慧生という級友に遭遇した。

彼女は上品、優雅で美しく、しかも聡明、快活。クラスの人気の中心にあった。田舎育ちで朴訥な大久保に強烈な印象を与えたことは間違いない。大久保の父、弥三郎は八戸の素封家で、九州帝国大学に学び、思想的には北一輝《きたいっき》、大川周明《おおかわしゅうめい》、安岡正篤《やすおかまさひろ》らの流れをくむ日本主義者だった。ちなみに武道が慧生との心中に使用することになるピストルは父親が所有していたものである。武道という名も「武を以って道を治める」という意味で名付けられた。武道は幼少より父の薫陶を受け、高校時代には父に与えられた「葉隠論語」を読破し、より良き目的のためには自己を犠牲にすることを人生最高の道徳と考えるようになっていた。そんな〝武骨者〟の武道に、お嬢さん育ちの慧生は強く魅かれていったのだろう。

慧生は、表面は闊達だったが、内心は常に孤独に苛まれていた。浩と妹の嫮生がともに満州にいた時代、彼女は母の実家の嵯峨家に預けられ〝おばあちゃん子〟として育てられ、終戦後、一緒に暮らすようになった母に対してはどこか遠慮があり、武道との関係も母には率直に打ち明けられなかったのである。

そのうえ、彼女には大学に入学したころから「中国に帰りたくない」という思いもあった。父・

溥傑はいずれの日か釈放されるだろう。そのときには当然、母と一緒に中国に帰らなければならない。そのために中国語も学んできた。しかし、彼女の本心はそれを拒否していた。「もし母たちの意思に背いて日本に留まるとすれば、自分はどういうことになるのだろう」。常にそのことが慧生の念頭から離れなかった。「頼りになる人が欲しい」。そんな思いが誠実純真な大久保武道という人間を知って、激しく揺り動かされたのである。

警視庁捜査三課が公開捜査に踏み切り、「ピストルで脅され？　級友と姿を消す　元満州国皇帝のメイ」（朝日新聞）などと各紙がいっせいに報じたのは七日朝刊である。捜索は大久保が寮友たちに伊豆や谷川岳のことを尋ねており、彼がひとりで伊豆の徒歩旅行に出かけていることもあり、この方面を中心に山狩りが行われた。八日午後、伊豆半島・天城峠の近くで大久保名義の紙袋や手袋などの遺留品が発見される。ふたりの遺体が発見されたのは十日朝だった。十二月十日付「朝日新聞」夕刊は社会面トップで「慧生さんと大久保君の死体発見　天城でピストル心中　家出した四日夜に」との見出しで報じ、「悩む大久保君に同情？　慧生さん　不幸な〝名門〟にも反発」との解説を付けている。

　各紙を総合すると、現場は天城山頂トンネル入り口から一・五キロほど登った雑木林で、普通のハイキングコースから一五メートルほど入った場所。大久保が慧生の右こめかみに銃口をつけて撃った後、自分も右手で同じこめかみを撃って心中しており、大型の拳銃は大久保の右手にそのまま握られていた。ふたりは四日夕方、天城トンネルから天城峠に登り、その夜に心中したものと見られる。慧生の服装は空色のセーターに同色のオーバー、大久保は紺の背広に同色のオーバーを着ていたという。

死体が発見されると、浩はショックのあまり床に就き、起き上がることもできず、妹の町田幹子夫妻が現地に行き、三島で荼毘《だび》に付した後、遺骨を日吉の実家に持ち帰った。葬儀は慧生が命を絶ってから十日後の十二月十四日、日吉の嵯峨家で行われ、学習院大学の恩師や同級生など四〇〇名が告別した。

心中事件の真実

新聞各紙は「心中事件」と断定したが、浩は慧生が大久保と心中したとは思えなかった。いや思いたくなかったのだろう。浩は「拳銃は四発撃たれたが、命中した弾丸は二発。現場付近を捜索したが、薬莢が二つしか出てこなかったので、一発目は不発であり、慧生の頬の傷は大久保が自分の頭を撃ち抜いた時、頬をかすめたのだろう」という警察当局の見解を、著書の『流転の王妃』で引用し、〈最初の一発が不発だとなると、慧生は逃げようとしたのではないか〉と推測する。また天城山でふたりを乗せたタクシー運転手が「ここまで来れば気が済んだでしょう」と慧生が言っていたという伝聞をもとに、懸命に「無理心中説」を匂わせている。妹の嫮生もまた〈姉には死ぬ理由など何ひとつありませんでした（略）。Oさん（筆者注：大久保）を最後まで説得し続けて、無理心中させられてしまった――そうとしか、私たちには考えられないし、今もそう信じていますす〉（『流転の王妃　愛の書簡』）と記している。

事件から四年が経過した一九六一年（昭和三十六年）、学習院大学新星学寮の寮監・穂積五一と、慧生の同級生で親友だった木下明子は、慧生と大久保武道のふたりが青森県八戸市の武道の母親に送った手紙に解説をつけ、『われ御身を愛す』というタイトルで出版する。武道から慧生宛ての手紙は慧生が、慧生から武道宛ての手紙は武道が、それぞれまとめて武道の母親宛てに郵送していたのである。その郵便物にはいずれもふたりが心中した昭和三十二年十二月四日付の消印が押され、武道の発送分は東京・落合長崎局から、慧生の発送分は目白局から発送されたものだった。

ふたりの手紙は一年余の間に七〇通を超え、ふたりが愛し合うようになった経緯から、ふたりの愛が深まり、さらに心中を決意するまでの心の動きが連綿と書き記されている。やり取りされた手紙によると、ふたりは死の一〇ヵ月前の一九五七年二月五日、学習院大学に近い東京・目白の蕎麦屋で「婚約」していた。前年末、「いずれ中国に帰らなければならない」などと思い悩んでいた慧生に対し武道は「あなたの幸せのためなら私は身を引く。しかし、自分はいつまでもあなたを待つ。将来、もし自分が必要になったら、いつでも喜んであなたを迎える」と〝絶縁宣言〟をする。この言葉に感動した慧生は「婚約」の決意を固めたのである。慧生が何でも話し、相談していたという木下明子によると、慧生は武道についてこう語っていたという。

「大久保さんに対して何よりも感ずることは、人間の心の温かさ、誠実さ、気楽さ——ほのぼのとした人間味である。髪がボサボサでもいい。下駄をはいていてもいい。そんなことは枝葉末節だ。虚飾と虚栄だけの世界を浮遊しているような自分たちの生活から見れば、これが人間の生き方だという感じがしみじみとする。大久保さんは待ち合わせの時間に自分が遅れても、それがたとえ二時間になろうと、三時間になろうと必ず待っていてくれる。たいていの男の人はそんなに待つことはないだろう。彼はただ自分の真心に忠実なだけなのだ」

　中国に帰る問題についてはこう話していた。

「お母さまは私が中国に帰るものと思い込んで、中国語を習わせたりして期待して下さっているので、とても悪くて、帰る意思がないなんてことは言えないの。それ、わかるでしょう。もし、大久保さんと結婚したいなどということがわかったら、学校にも行かせて下さらないかも知れないわ。だからと言って後三年間（卒業まで）黙っているなんて、お母さまを裏切ることになるので、とっても苦しいわ」


　撫順戦犯管理所の溥傑が慧生の死を知ったのは一九五八年（昭和三十三年）一月二十八日、浩から届いた手紙によってである。浩の手紙には慧生の死について一言も触れていなかったが、同封された浩の妹、啓子の手紙にその事実が記されていた。浩は悲しみのあまり慧生の死について書く気力もなかったのだろう。溥傑によると、浩は「自分は中国人と結婚した以上、中国人であり、娘も中国人だ。中国人と、それも満州人と結婚すべきだ」と考えていた。一方、溥傑は「浩のこのような中国を愛する気持ちにはいつも感動させられた。しかし、娘の結婚問題では、本人の意思を尊重すべきで、自分の考えを押し付け、日本人と結婚させないのはよくない」と思っていた。

　溥傑は慧生からの最後の手紙に「ボーイフレンドがいて彼が好きだ」と書いていたのを思い出した。結婚のことには具体的に触れておらず、母が反対していることもはっきりと言わず、ただ「どうしたらよいか」と溥傑の意見を求めていた。溥傑は「自分は罪を負った身で、長い間、娘とは一緒におらず、父親としての責任を果たしていない。彼女の問いに答える資格はない」との考えから

「詳しい事情は分からないから、母の言うとおりにするように」との返事を出した。「これが慧生をいたく失望させたのだ」と溥傑は直感する。

〈彼女は私が（筆者注：大久保君との結婚を）支持してくれることを望んでいたのに私の支持を得られなかったため、死の道を選ぶしかなかったのだ。（略）慧生はじつは私が殺したのだ。もし、彼女に支持する言葉を書いてやったら、あるいはさらに浩を説得していたら、彼女が死の道を選ぶことはなかっただろう。私は罪を重ねた〉（『溥傑自伝』）

溥傑は彼女の死に重大な責任を感じ、涙を流して嘆き悲しんだ。翌日、浩に詫びる手紙を書いた。

「私は将来のすべてを慧生と嫮生に託してきた。苦しみに耐え、今日まで生きてこられたのも、ふたりの娘と浩さんといつかは一緒に暮らせるという夢があればこそだった。なんということだ。遠く離れていて父親として何もしてやれなかったことが、これほど恨めしいことはない。もし誰かに罪があるとするならば、この私、父である私にだ」

慧生の死から一年近くが経って、浩から、慧生と自分の苦難の人生を書き残し、日本で出版するのでその「序文」を書いて欲しいと言ってきた。本の内容もわからないまま「序文」を書くことを躊躇したが、溥傑は思い切って慧生を偲び、かつ懺悔する気持ちで、「序文」を書いて浩に送った。

「ソ連より祖国に送り返された後、『祖国は怨に報ゆるに徳を以ってする』精神を以って、数年来一日の如く、人道的な温かい待遇をなし、更に『厳師慈母を兼ねる』忍耐心を以って諄々と善導され私に前途の光明さえ指示された。私に前途があると感ずれば感ずるほど、私は亡くなった娘に対して申し訳なく覚える。私にはこのような今日と明日があるけれど、彼女には万事空しく、遺恨千秋である。可哀相な彼女は永久に家庭の温かい幸福な生活を味わうことは出来ない。これも一切万事、みんな私の為である。私が彼女を害《ころ》したのだ」

本は一年後に『流転の王妃　満洲宮廷の悲劇』（文藝春秋）として出版され、溥傑の手元にも送られてきた。溥傑は「その中の一部の見方に正確さを欠き、また八路軍に関する記述も偏っている」ことに気づいた。溥傑がいう「正確さを欠き、八路軍に関する偏った記述」とは浩・嫮生母娘が八路軍（共産党軍）の捕虜となり、満州各地を転々とした苦難の時期に目撃した八路軍の残虐行為のことだろう。浩は自分の体験した事実を記したのだろうが、溥傑は戦犯管理所で囚われの身となっている。

また、浩はこのころから「満州国の戦争犯罪人の釈放を求める嘆願署名運動」を始めていた。その署名運動には岸信介首相らかつての満州国の日系高級官吏らが名を連ねていた。溥傑の一日も早い釈放を浩が願う気持ちはわかったが、彼はすぐに三〇〇〇字あまりもの長い手紙を書き「署名運動そのものは、中国人民の立場とは相反する。私にとって何の利点もないもので、逆に私の罪悪をさらに深めるものだ。どうか目をもっと遠くにおいて見てほしい」と署名運動を中止するよう浩に伝えた。

釈放

溥傑が撫順戦犯管理所で慧生の死に悶々としながら反省の日々を送っていた一九五九年（昭和三十四年）九月十八日朝、管理所のスピーカーは劉少奇《りゅうしょうき》主席が全国人民代表大会常務委員会で決定した「特赦令」を伝えた。この場合の「特赦」とは起訴・判決を経ないで出獄することである。「中国共産党は偉大な中華人民共和国成立一〇周年の祝賀に際し、改悛の情の著しい戦争犯罪人、反革命犯罪人および一般の刑事犯罪人に対し、特赦を実行する。わが国の社会主義革命と社会主義運動はすでに偉大な勝利を得た。この処置を取るならば、消極的要因を積極的要因に変えるのに一層有利であり、これら犯罪人および服役中の犯罪人が引き続き改造される上で、重要な教育的役割を果たすだろう。また、我々の社会主義制度の下では、改悛して正道に立ち返る限り、誰でも前途が開かれるということを、彼らに感じさせるであろう」

放送の最後の一言が終わると、スピーカーの前に短い沈黙が支配した。次の瞬間、歓呼、口笛、拍手が入り交じり、全収容者は落ち着いていられなくなった。どんな順番で釈放されるのか。話題はこの一点に尽きていた。喜びに浸りながら溥傑は溥儀と話し合った。溥儀は「自分は〝漢奸〟の筆頭の元満州国皇帝であり、第一次の特赦には入れないだろう」と悲観的だった。溥傑は皇帝にこそならなかったが、溥儀の弟には違いない。「満州国解体」の際には侍従武官であり、溥儀とともに捕虜となった。そのうえ軍人として何回も日本に留学している。「たぶん、特赦リストには入らないだろう」と思った。

それから三ヵ月、戦犯たちにとっては耐え難いほどの長い時間が過ぎた。十二月四日、管理所ホールで「撫順戦犯管理所特赦大会」が開かれる。壇上には最高人民法院の代表、管理所長らが腰かけていた。所長の短い挨拶の後、人民法院代表が一枚の紙を取り出し、読み上げた。最初に読み上げられた名前は誰もが予想しなかった「愛新覚羅溥儀」の名前だった。

「中華人民共和国特赦令に基づいて、本法院は服役中の『満州国』戦争犯罪人、愛新覚羅溥儀に関して審査を行った。犯罪人愛新覚羅溥儀、男、五十四歳、満族、本籍北京市。当犯罪人はすでに満一〇年服役し、服務期間中、労働改造と思想教育を通じて、誠実に前非を悔い、正道に立ち返ったと認められ、特赦令第一条の規定に該当する。よって釈放する」

溥儀は特赦通知書を受け取ると、その場で激しく泣き出した。溥傑も涙を抑えきれなかった。この日、管理所の収容者一〇名の釈放が言い渡されたが、溥傑の名前は最後まで読まれなかった。溥儀が第一陣として特赦されたことは、本人にとって予想外だっただけでなく、一緒に収監されている戦犯たちにも意外なことだった。戦犯管理所の幹部たちも、当初は理解することができなかった。〈戦犯処理問題を報告する会議で、最初に溥儀の名前を持ち出したのは、毛沢東と周恩来であった。真剣に関連状況と溥儀本人の学習と改造の状況を聴取した。彼らはそれに基づいて、最初に溥儀を特赦する決定を下したのである〉と王慶祥はその著『毛沢東、周恩来と溥儀』に記している。

溥儀が管理所を出所して北京に戻る前夜の十二月七日夜、管理所長は溥儀と溥傑を会議室に呼んだ。別れの前に兄弟ふたりを共に過ごさせ、忌憚なく語らせるための配慮だった。溥儀は厳しい表情で、言い含めるように溥傑に言った。

〈私はここを去るが、君のことが心配だ。（略）君の主な問題は日本人妻のことだと思う。日本人はどうして君と日本人を結婚させたのか？　君に、日本帝国主義者にぴったりついて歩かせるためだった。嵯峨浩は特務（筆者注：スパイ）に間違いない。彼女はあらゆる手を尽くして君を日本帝国主義者に引きつけておこうとしている。だから嵯峨浩と一線を画して、離婚しなければいけない。

（略）特赦が許されなかった主な理由は、やはり君が日本人妻の問題をきちんと処理していないからだと思うよ〉（『溥傑自伝』）

溥儀の頭の中にはかつて溥傑と浩の結婚が決まったときに抱いた思いが蘇っていたのだろう。戦犯管理所の収容者の中でも、新中国の思想を最も早く理解し、収容者の指導的役割を果たしてきた溥傑が、第一次特赦から外されたのは、「日本人妻、浩との関係が清算されていないからだ」と溥儀は思い込んでいた。しかし、溥傑は溥儀の忠告に納得できず、こう反論した。

「浩が中国に帰って来られるかどうかは未知数ですが、浩の問題についてはどうしても同意できません。たしかに私たちは日本軍の手によって政略結婚したのですが、私たちの愛情は偽りのないものです。浩は日本軍閥の中国侵略には反対でした。浩は私の言うことをちゃんと聞いてくれる人です。私がもし特赦されて、浩と再会できたら、彼女にも日本軍国主義に反対するように話し、共に中日友好の仕事に携わるつもりです」

ふたりはこの夜、一時間以上にわたって真剣に話し合った。兄弟にとって初めてのことだった。しかし、浩との問題については最後まで平行線のままで、後に溥傑も釈放されて北京に戻ってからもこの意見の違いは続くことになる。翌日、溥傑は涙ながらに溥儀を送った。

溥儀の釈放から一年が過ぎた一九六〇年（昭和三十五年）十一月、第二次特赦が始まった。溥傑は今度も自分は外されているのではないか、と不安だったが、二十八日に開かれた二度目の「撫順戦犯管理所特赦大会」で最高人民法院代表が読み上げた十数名の特赦名簿に溥傑の名前も含まれていた。溥傑は自分の名前が呼ばれたときの感動を〈顔じゅう涙でいっぱいになり、法院代表が何を読んでいるのか、ほとんど聞き取れなかった。通知書を持った手は震えていた。私は体をなさない言葉で何か話したが、いったい何を話したか、もう覚えていない〉（『溥傑自伝』）と記している。

戦争が終わり、ソ連抑留五年、撫順管理所で一〇年、通算すれば一五年という長い収容所生活だった。

一九六〇年十二月六日、溥傑は特赦を受けた数人の人たちと一緒に北京行きの列車に乗り込んだ。北京到着の日時は誰にも知らせなかった。義弟の萬嘉熙一家の住所を知っていたので、バスで住所近くまで行き、さんざん探して夜八時すぎ、やっとの思いで辿り着き、妹夫婦をびっくりさせた。萬嘉熙は出版社で翻訳の仕事をしており、甥たちも仕事に就いたり、学校に通っており、その夜は撫順で別れた後の話に花を咲かせた。

北京に着いて三日目の九日、溥傑は浩が東京から打った短い電報を受け取った。特赦を知り、それを祝う喜びにあふれた電報だったが、宛先は「中国国務院」となっている。彼女は特赦後の溥傑の住所がわからないため、大胆にも国務院宛てに打ち、転送を頼んだのである。さらにその四日後には浩からの手紙を受け取った。手紙には夫に対する限りない思慕の情と、中国への帰国を願う思いが刻みこまれていた。溥傑はその手紙に涙しながらも、返事を書くことができなかった。中国と日本には国交もなく、浩が北京に戻り一緒に生活することには多くの障害が横たわっていた。

北京に住む愛新覚羅家の弟妹たちは溥傑の思いを理解してくれたが、依然として長兄の溥儀だけは、溥傑の心の内を理解できずにいた。ふたりは浩の帰国問題を巡ってときどき、激しい言い争いになった。溥儀はまだ浩が日本軍の〝回し者〟だと思い込み、強い警戒心を抱き続けて、浩の帰国に反対し続けていたのである。溥傑は溥儀の心情もわからなくはなかったが、自分たちの純粋な愛情をなぜ理解してくれないのか、怨めしくもあった。しかし、溥儀は長兄である。弟妹たちも面と向かって溥儀の説得にあたることはできなかった。

溥傑の思いをくみ取った義弟の萬嘉熙は「自分で解決しようのない問題は、党の組織に相談すれば指示を仰ぐこともできるのですから、良い方法もみつかるかもしれません」と示唆した。溥傑はこの示唆を受けて、北京市民政局を訪れ率直に悩みを打ち明けた。

「私は特赦を得たあの日、喜びのあまりまず思ったのは、ほかでもない妻のことだったのですが、私は今、これを手の届かない問題だと思っています。妻は日本女性なので、情況が複雑すぎます。兄の溥儀は『きっぱり諦めるように』と勧告しました。妹たちの中にも『妻のために自分の後半生を誤ってはならない』と忠告する者もいます。妻は私を十数年も待ち続け、私は特赦を受けたのに『きっぱりと別れる』と言い出さなければいけないのか、思い悩んでいます」

溥傑は浩とやり取りした手紙を一まとめにして北京市民政局に手渡したが「当局に面倒をかけることになるのではないか」とすぐに後悔する。数日後に会った民政局の王旭東副局長は「あなたの思いは当然のことで、非難を浴びることではありません」と語りかけた。その言葉に溥傑は少し自信を持った。そんなとき、浩から二通目の手紙が届く。浩はその手紙で中国への帰国と家族団欒の実現を願う気持ちを切実に訴えていた。溥傑はその手紙を繰り返し読むうちに浩の気持ちに心打たれ、その手紙を持って民政局に出かけ「組織で妻の帰国問題を解決するよう援助してほしい」と訴えた。市当局はこの問題を周恩来総理に詳細に報告する。

〈（周恩来は）八年間生活を共にし、ふたりの女の子をもうけ、さらに十六年間も苦しみに耐えぬいた日本人女性が、焦燥に駆られて一家団らんを要求してきたのは情理にかなったことであり、求めに応じるべきだと総理は考えた〉（王慶祥『溥儀、戦犯から死まで』）

周恩来は率先して溥傑一家の団欒解決の問題を日程に組み入れたのである。

「人間は変われるものです」

年が明けた一九六一年（昭和三十六年）早々、周恩来総理は溥儀・溥傑兄弟を、首都北京の政治の中枢、中南海《ちゅうなんかい》の執務室に呼び出し接見した。周総理は微笑みながら開口一番、浩の帰国問題を切り出した。ふたりが予想もしなかったことである。賈英華『愛新覚羅溥儀　最後の人生』によると、周総理は溥傑に浩一家の情況を細かく尋ねてからこう言った。

「あなたは、夫人の手紙にまだ返事をだしていませんが、彼女はきっと、焦っているのではないですか」

周はそこまで知っていた。溥傑は浩の帰国問題で懸念されることをありのまま話した。

「ひとつは妻の思想が正しく改革できるかどうかであり、二つ目は生活の目途が立つかを心配しています」

するど周は、

「帰国したいなら、させたらどうですか。帰国させても何の不都合もないでしょう」

と断言したのである。

慌てたのは溥儀である。周総理に盾突くように言った。

「私が溥傑と浩の結婚に異議を唱えてきたのは、過去の統治階級の思想によって、日本帝国主義を弟に植え付けられるのを恐れたからでした。私は弟にも疑いをかけ、ずうっと弟を信用していなかったのです。弟が彼女と手紙を交わし、そのことによって、国家機密が漏れることを恐れ、また浩のスパイ行為を警戒していました。溥傑はどの方面でも私より思想改造が出来ていますが、ただ一点、浩への思いが問題なのです」

周総理は、こう答える。

「日本軍閥はふたりの結婚を策謀し、（浩の書いた）『流転の王妃』の中には中国人に受け入れ難いものがあり、あなたが不安を感じているのは理解できます」

と溥儀の発言を受け止めたうえで、

「あなたの話が正しくても、正しくなくても、先に結論を出してはいけませんね。日本人はかつて彼女を操ろうと思ったのでしょうが、それは過去のことで、今はそうではないでしょう。あなた自身は思想改造が正しくできたのに、他人にはできないのですか？」

周は溥傑に浩についての具体的な問題を聞き、早く浩に手紙を書くよう促し、その手紙の内容にまで注意を与えた。別れ際、溥儀の手を握りながら「浩の帰国問題がうまく進むよう弟を援助し、愛新覚羅一族も説得してほしい」と要望した。溥儀は口では承諾したが、まだ完全には納得していなかった。

一年前に釈放された溥儀はそのころ、周恩来総理の斡旋で「北京植物園」の一作業員として働いていた。やがて彼は花のとりことなり、繁殖温室から観賞温室の担当となりベテランの師匠についいて懸命に技術を学んでいた。溥傑も北京市共産党委員会を通じて周総理から「景山公園管理処」で働くようにとの連絡があった。景山公園は明時代の初期に造られた宮室用森林公園で、溥傑にとっては昔からなじみの場所である。溥傑は年明けからこの公園の園丁として働き始め、薄給ながら生活の目途は立つようになった。しかし、これらの仕事はふたりにとって「仮の職場」と周恩来は考えていた。

一九六一年の春節（旧正月）前夜の二月十二日、周恩来は溥儀、溥傑をはじめ北京に住む愛新覚羅一族の弟妹夫婦たち全員を執務室のある中南海・西花庁ホールでの晩餐会に招待する。周総理と妻の鄧穎超《とうえいちょう》が一人ひとりに挨拶しながら出迎えた。

溥儀兄弟の釈放後、初めての愛新覚羅家の家族会議の場でもあった。中央統一戦線部の徐氷副部長、北京市統一戦線部の廖沫沙《りょうまつさ》部長と北京市民政局の幹部たちも同席する。前述の『愛新覚羅溥儀最後の人生』によると、周総理はみんなとお茶を飲みながらしばらく歓談した後、こう切り出した。

「今日はみんなで少し相談しましょう。溥傑さんが戻ってきたので、妻の浩さんに中国に戻ってもらい、夫婦を一緒にさせるか否かについて、皆さんはどんな考えを持っていますか。意見を聞かせて下さい」

応接間はシーンと静まり返った。長兄、溥儀の強硬な態度は誰もが知っていた。互いに顔を見合わせながら、溥儀を盗み見する。周総理は一人ひとりに視線を送りながら、溥儀と目が合うと、「このことに関しては、あなたが口火を切らなければ進展しないと思いますが……」と溥儀に振った。溥儀は「嵯峨浩の帰国には賛成できません」といつもの持論を展開する。しかし、最後に「最終的には総理のご指示に従います」と付け加えた。弟妹たちは溥儀に遠慮しながらも次々に「浩の帰国に賛成である」との意見を述べた。最後に意見を述べたのは溥傑と一緒に日本に留学し、浩を良く知る三番目の妹の夫、潤麒だった。

「浩さんの思想は進歩的、保守的のどちらにも可能性があります。彼女は日本帝国主義に反対し、昔はふつうの日本人よりも警戒されていました。その後も溥傑兄さんとの手紙を通して、彼女の反関東軍、反軍国主義は事実であることが確認されています。従って、彼女を家族として迎えることができれば、それは中日友好に益のあることです」

周総理はみんなの意見を聞き終わると最後にこう言った。

「浩さんに帰ってもらうのはいいことです。こんな大きな中国にひとりの日本女性ぐらい受け入れられないはずがないでしょう。人間は変われるものです。嵯峨浩を迎え入れた後には二つの可能性がある。一つは溥傑さんと仲睦まじく暮らし、円満な家庭を築く。これが最も理想的です。二つ目は互いに失望する。そうなれば彼女は日本に帰ってもらいましょう。帰りたい時は帰ってもいい、行くも来るも自由です。浩さんが来たらみんなで助けてあげることです。違った社会制度の国に来るんですから、すぐには理解できないでしょう。焦ることはない、余計な心配はいりません」

そして周総理は溥儀に向かって心を込めて言った。

「あなたの気持ちはわかります。あなた自身が日本人の迫害を受けてきましたからね。浩さんのことは、溥傑さんの考えを尊重したほうが良いでしょう。帰って来て慣れなかったら、そのときは日本に帰せばよいでしょう。どうですか、やってみましょうよ」

溥儀はその言葉に、これまでの拘りが消えていくのを感じた。「そのとおりです。私も浩の帰国に賛成します」。溥傑は終始無言のまま、感激で胸を熱くしていた。宴が終わって帰り際、周総理は溥傑に直接「浩さんを呼び戻す手紙を書きなさい」と指示する。帰宅後、溥傑は涙ぐみながら手紙を書いた。

〈偉大な共産党と恩人周総理のお陰で、一緒に暮らせることになった。帰国に関しては何の障害もなくなった。帰っておいで！　弟妹たちもみんな君の帰りを待っている〉（『溥傑自伝』）

当時の日本政府は、中国封じ込め政策を取り中華民国（台湾）を合法政府とする米国に追随しており、周恩来総理はこのままでは日本との関係を変えるのは難しいと判断、その突破口としていわゆる「民間外交」を推し進めようとした。周総理は溥傑の手紙を、最初の民間訪日団の一員として訪日することになっていた「国営新華社通信」記者（当時）、呉学文に直接手渡し、嵯峨浩に届け、その返事をもらって帰国するよう命じる。周恩来は浩の中国帰国は民間外交推進に貢献するとの判断があったのだろう。

東京の出先機関「中国弁務事務所」で浩は呉学文から手紙を受け取ると、泣きながらその場で何度も読み返し、中国渡航を即断する。浩は帰宅するとすぐに中国渡航の準備を始め、次女・嫮生とともに出発の日を待った。

北京へ

一九六一年（昭和三十六年）五月初め、浩・嫮生母娘は香港に向かって飛び立った。ふたりには浩の母・嵯峨尚子、浩の末の妹・町田幹子、満州国軍時代に溥傑の部下だった宮下明治が同行する。嫮生は学習院短大を卒業したばかりだった。当時、国交のない中国に入国するにはパスポートとビザ（入国査証）が必要だった。浩は溥傑との結婚に際して日本の戸籍を抹消して満州国籍を取得した。敗戦後、嫮生を連れて帰国してからはふたりとも「在日華僑」として暮らしていた。母娘は日本出国に際し、無国籍の在日中国人としてパスポートを作り、英国領だった香港で中華人民共和国へのビザを取得しなければならなかったのである。

浩たちは香港で中国入国の手続きを進めたが、手続きに時間がかかり、ビザが下りたのは三日後のこと。一行は国境の街、深圳《しんせん》に向かう列車に乗り込み、溥傑と再会することになっている中国・広州に向かう。溥傑は義弟、萬嘉熙とともに四月下旬から広州に滞在し、浩たちの到着を待ち続けていた。

五月十二日に広州駅に到着するとの連絡が入ると、ふたりは朝から広州駅ホームで浩たちの到着を待った。溥傑はデッキから降りてくる女性のひとりが浩だと直感する。中国服を着て、手には白い布に包まれた四角い箱を抱いている。慧生の遺骨に違いない。溥傑の胸に痛みが走った。

浩は手を振る溥傑に向かって小走りとなった。近づくとふたりはお互いにじっと見つめ合った。浩が先に口を開き小声で「申し訳ありません」と喉を詰まらせる。「もう何も言わなくていい」。溥傑は歩み寄ってそっと遺骨の箱を受け取り、かつて慧生を抱きしめたように、しっかりと抱いた。

嫮生はそっと近寄り「お父さま……」と声をかける。昔の無邪気な娘は二十一歳になっていた。〈そのほっそりした姿に昔の無邪気な了が重なった。嫮生を見て慧生を思うと胸が潰れた〉（『溥傑自伝』）。浩の母・嵯峨尚子たちへの挨拶が終わると一行は改札口へ。溥傑は片手に慧生の遺骨を、一方の手は昔と同じように肘を曲げて浩の方に差し出し、まるで昨日までそうしていたかのように腕を組んで歩き始めた。

嫮生は「恋人どうしのような両親のあとを一人ぽつねんと付いて行きました」と『流転の王妃愛の書簡』に記している。

三日間を広州で過ごした一行は五月十五日朝、列車で北京に向かう。北京に着いたのは十七日午前八時すぎ。北京駅には愛新覚羅家の妹や弟たち全員が出迎えていた。浩たち家族三人は車で故宮の西北、護国寺街五二号にある新居に向かった。この家は溥傑が撫順戦犯管理所から帰って来たときに、いつでも暮らせるようにと亡き父、載灃が買い求めていたものだったが、溥傑は釈放後、ここには住まず、仕事先の景山公園の管理所の一室で暮らしていた。家族三人が生活することになる護国寺の家は洋風に改装され、応接間が二部屋、寝室が五部屋、広いダイニングルームにはシャンデリアが吊るされ、各室には暖房設備が整えられている。壁や柱はきれいに塗り直され、ベッドやソファ、食器や鍋までが揃えられていた。

浩は大喜びで「どなたがこんな不自由のない準備をしてくださったの」と溥傑に聞いた。溥傑は感慨を込めて言った。「周恩来総理！」。

周総理は溥傑一家の北京での新生活のために、建物の改造から家具の配置に至るまで細やかな指示を出していた。さらに中国での生活に慣れない浩たちのために、家事を手伝ってくれる婦人だけでなく、当時はまだ珍しかった電話まで引いてくれていたのである。三人家族の新しい生活が始まった。浩は日本から山椒や朝顔などさまざまな植物の種を持って来ており、さっそく庭に朝顔の種を蒔き、木や花を植え始めた。溥傑は景山公園で働いており、植木についてはプロだと自慢した。溥傑が釈放後、初めて家族と暮らす護国寺の家は嫮生を中心に笑い声に包まれていた。

家族三人が北京で生活を始めて間もなく、周総理の配慮で日本から同行してきた嵯峨尚子、町田幹子らも一緒に上海、蘇州、杭州などの景勝地を巡る旅に出かける。この旅には周総理の命を受けて周斎（当時、中国国際貿易促進委員会連絡部長）が案内役として同行した。彼女は中日経済貿易諮問機関の要職を歴任した中日貿易のエキスパートで、当時四十八歳。上品な日本語を使いこなす快活な婦人だった。『流転の子』（本岡典子）によると、嫮生はこの旅ですっかり周斎を慕うようになり、旅の途中でさまざまな悩みを相談し、彼女を「中国の母」と呼ぶようになる。

嫮生の最大の悩みは、このまま北京に留まるかどうかにあった。溥傑と浩は当然のように嫮生が愛新覚羅家に繫がる男性と結婚して、北京に定住することを望んでいた。しかし、嫮生は心の内でふたりの願いに素直に納得していなかった。「六歳で日本に帰って以来、日本で暮らし、日本の学校を出て、片言の中国語しか話せない自分が、どうしてこの国で暮らしていけるだろうか」という思いが日ごとに強くなっていたのである。

〈私は正直に言って、幼い頃に中国で体験した通化での銃撃戦やその後の流転の日々で食料もなく病気に苛まれた恐ろしいできごとがトラウマになり、中国語があまり上手でないこともあって永住帰国に踏み切れませんでした〉（『流転の王妃　愛の書簡』）。旅の途中で、両親には面と向かって言えないこの悩みを何度か周斎に打ち明けた。「この国では私はいつまでたっても最後の皇帝の姪であって、普通の生活をすることができない。私は普通の生活が一番ほしい」。周斎はそんな嫮生の心をよく理解していたという。溥傑は周斎の部屋を訪ね、娘への説得を頼んだ。溥傑はやっと再会した嫮生と再び別れて暮らすことは身を切る辛さだった。しかし、嫮生の悩みを知る周斎は「娘さんは日本に帰してあげてください」と逆に溥傑を説得した。

浩が中国に戻って一ヵ月近くが経った六月十日昼前、周恩来総理は中南海の西花庁に溥傑・浩夫妻と嫮生、日本から訪れた浩の母嵯峨尚子と妹の町田幹子と、溥儀を筆頭とする愛新覚羅家の一族を招待して午餐会を開いた。溥傑、浩、嫮生と嵯峨尚子、町田幹子は周総理が内々の話がしたいということで、午餐会が始まる三時間前に周総理の執務室を訪ねた。

周総理は浩に向かって言った。

「あなたが一六年も待ったのは、溥傑氏に中華人民共和国の光栄ある公民になってもらうためでした。あなたは中国人と結婚して、今はもう中国人です。私はあなたが立派な中国人になって、中国の社会活動に参加するのを望んでいます。もし、居心地が悪いと感じたら日本に戻って結構です。日本に帰ってみて中国がいいと思えばまた来ればよろしい。往来は自由です。それは私が保証してもいい」

そして話題は亡くなった慧生の話に移った。

「遅くなりましたが、慧生さんのことは心よりお悔やみ申し上げます。本当に惜しい方を亡くし、誠に残念です。彼女は私に直接、手紙をくれたことがあります。父親との文通を希望してきたもので、私はそれに同意しました。私はあのような勇敢な若者が好きです」

そして周総理はこう付け加えた。

「あなたは慧生さんの写真を持っていますか。記念に一枚下さい」

感動のあまり「ええ、すぐに送ります」と応える浩の声はふるえた。周総理は嫮生が北京で生活する気持ちがなく、両親と嫮生との間で中国永住をめぐり、意見が対立していることについて、周斎からすでに詳しい報告を受けていた。嫮生に視線を移しながら、溥傑夫妻にこう言った。

「嫮生さんが日本に帰りたければ、好きにさせればいいのです。若い人の気持ちは私にはわかります。強制はいけません。帰ってから中国のほうが良いと思えば、また戻ればいい。日本人と結婚するなら、それはまた結構じゃないですか。嵯峨家が愛新覚羅家に嫁いで、愛新覚羅家の娘がまた日本人に嫁いでも、何の不都合もありません。日本にいても遊びに行ったり来たりは出来るんですから……」

周総理の言葉に、嫮生は涙を抑えることができなかった。彼女は総理の前に進み出て、慣れない中国語で「あなたを心から尊敬します」と心を込めて言いながら深々と頭を下げた。嫮生は周総理のアドバイスに従って北京に来て三ヵ月後に日本に戻った。日本に帰ると北京の両親に相談し「愛新覚羅嫮生」として日本に帰化する。こうすればいつでも日本人のパスポートで、中国と往来することができるのである。

浩もまた中国人民共和国の国籍を取得、中国人・愛新覚羅浩として生きる道を選んだ。

第十一章

文化大革命の嵐の中で

「文史専門委員」

浩が北京に戻る直前の一九六一年（昭和三十六年）三月一日、溥儀は人民政治協商会議（以下「政商会議」）内に設置された文史資料研究委員会の「文史専門委員」に任命された。「政商会議」とは新中国発足と同時に設立された人民統一戦線組織で、国政への助言機関の役割を担っており、初代主席は毛沢東、当時は周恩来総理が主席を兼務していた。文史資料研究委員会は「自分の身をもって体験したことを書きおろして、子孫に伝える仕事をしてもらう」という周恩来の提案で設立された組織である。溥儀は最初に文史専門委員に選任された七人のうちのひとりだった。研究委員会の会長は歴史家の范文瀾《はんぶんらん》、副会長は政商会議副秘書長の申伯純《しんはくじゅん》だった。

溥傑も翌六二年五月、溥儀と同じようにこの文史専門委員に選ばれる。この研究委員会には一部の政商会議のメンバーも非常勤で参加し、溥儀、溥傑を入れて二二人で構成された。

文史専門委員の具体的な仕事は、自分の回顧録（自ら経験したこと、見たこと、聞いたこと）を書くと同時に、全国から委員会に送られてくる資料を閲覧し、「文史資料選輯」に載せる価値があるかどうかを判断することだった。溥儀や溥傑たちは旧社会における特殊な経歴を持っており、自分でも価値のある史料が書けるし、送られてくる大量の史料の価値も判断できる。ふたりにはうってつけの仕事であった。この職場に溥傑が来たことは、溥儀にとってまさに〝鬼に金棒〟である。溥傑の記憶力は抜群だったし、「満州国」の歴史を著述する際に、日本語に精通する溥傑は兄のよき協力者になった。

文史専門委員はほとんどが七十歳近くで五十五歳の溥儀、五十三歳の溥傑は一番若い〝書生〟にすぎなかった。給料は全員が月一〇〇元で当時の物価水準からみて、少ない金額ではなかった。溥傑によると、専門委員は出勤すると班ごとに当番があり、部屋の掃除やお湯汲みもしなければならない。溥儀、溥傑兄弟は同じ班に組み入れられた。溥儀は当時、政商会議本部近くにある自宅に住んでいたので、当番の日になると先に出勤して部屋の掃除をし、雑巾で机を拭いた。溥傑が護国寺の自宅から出勤すると溥儀はもう掃除を終えていて、溥傑は魔法瓶を持ってお湯汲みをするぐらいだった。

間もなく、溥儀と溥傑は清朝に関する史料を審査する責任者に指名される。溥儀はここで彼の脳裏に長年、残っていた「歴史上の謎」の一つが簡単に解けた経験をする。「満州史」の文史資料を検討する際、張学良の弟、張学銘という人物に会った。

「あなたは天津を脱出する際、爆弾のプレゼントを贈られたときの状況を覚えていますか」

と彼は興味ありげに溥儀に聞いた。第三章で記したように、天津脱出を決意した溥儀に爆弾入りの贈り物が届いた。その爆弾は、天津からの脱出を迷っていた溥儀が、満州潜入を決断する重要な誘因となったのである。しかし、誰が贈ったかは長年にわたって謎のままで、多くの歴史書は「関東軍が溥儀を天津から離れさせるための脅迫だった」と解釈してきた。

「あの爆弾の贈り主は私の兄の張学良ですよ」

と張は断言した。張学良は「溥儀が日本人と手を結ぼうとするのに対する警告として爆弾を送り付けた」というのである。溥儀はため息をつきながら言った。

「あの爆弾は、私の目を醒めさせたのではなく、逆に私を日本軍の方に追いやったのです」

溥儀が文史専門委員に選任された翌年の一九六二年一月三十一日のことである。群衆出版社編集室で、李文達と『わが半生』出版の打ち合わせをしていたとき、政商会議事務局の職員が慌ただしく飛び込んできて溥儀に言った。

「すぐに政商会議に来てください」

理由を聞くと、共産党主席の毛沢東が溥儀に接見するというのである。溥儀は慌てた。皺くちゃの衣服を指しながら「この服でどうやっていくんですか」。李文達は笑いながら「大丈夫、私の服があるから」と深いブルーの中山服を貸してくれた。溥儀は政商会議本部でその中山服にアイロンをかけてもらって、車で毛沢東が待つ中南海に急いだ。

職員の案内でホールに入ると四人の先客がいた。彼らは毛沢東と同郷の昔なじみだった。間もなく爽やかな笑みを湛えて毛沢東が現れ、皆を食堂に案内した。溥儀が一番後ろを歩いているのを見ると、毛沢東は溥儀の手を取って食堂に入り、自分の横に座らせ、四人の先客に溥儀を紹介する。毛沢東は溥儀という「改造された男」に関心を持っていたが、会うのはこれが初めてだった。一年ほど前の六一年四月、毛沢東はキューバ青年代表団と会見した際、溥儀の〝改造〟について言及し、「溥儀の特徴はとても死ぬことを恐れる小心者です。それが故に自己改造を認めたのです。階級意識は改造できます。溥儀もそうなりました」と自慢した。そして後ろめたそうに「しかし、私はまだ会ったことはありません」と述べている。毛主席はこのときから溥儀に一度、接見したいと考えていたのだろう。

食事が終わると毛沢東は溥儀と一緒に写真を撮りたいと提案した。溥儀は喜んで毛沢東のそばに立った。最初のシャッターが切られた直後、毛はカメラマンに手で合図して言った。「ふたりの並び方が違いました。お客様は当然、右側ですから、もう一枚お願いします」。溥儀が茫然としているうちに毛沢東は溥儀を上座である自分の右側に立たせてもう一枚写真を撮った。溥儀はこの〝歴史的〟な写真を自宅の応接間に飾り、後々まで自宅を訪れた人たちに自慢する。その後、雑談に入ると毛主席は「まだ再婚していないのですね」と溥儀に聞いた。毛沢東は撫順で李玉琴と離婚していたことを知っていた。

「まだです」と答えると「また結婚なさい」と毛沢東は言い、さらに言葉を継いだ。「でも、あなたの結婚については、慎重に考えねばなりません。いい加減にしてはいけない。良い相手を見つけ、これからの後半生のため、家庭を持たなければならないのだから」(『毛沢東、周恩来と溥儀』)

数日後に会った周恩来総理は笑いながら「あなたは奥さんもいないし、可愛がる人形もないし、本当に孤独な人になってしまいましたね」と溥儀を冷やかした。毛沢東の発言がすでに周総理に伝わっていたのだろう。北京で孤独な一人暮らしをする溥儀に、周総理は自分に代わって毛沢東に結婚を勧めてもらったのかもしれない。

五番目の妻

周恩来総理の命を受けて溥儀の結婚問題に動き出したのが北京市民政局の王旭東副局長である。『愛新覚羅溥儀　最後の人生』(賈英華)によると、彼はしばしば溥儀と婚姻問題について話し合っ

た。ある日、溥儀はうなだれて、

「私は結婚出来ません。病気があるので……」

と口ごもった。

「その問題のために、私はあなたと話し合っているのです。病気なら治せます」

その言葉に感激した溥儀は、王副局長にざっくばらんに紫禁城にいた時代からの〝性体験〟に触れ、自分の〝病〟について率直に話した。溥儀の話をもとに政商会議が委託した協和病院が溥儀の体を徹底的に検査する。「性機能障害」という診断結果が出たが、その後、著名な漢方医数人に治療してもらい、さまざまな漢方薬が投与された結果、溥儀の体調は明らかに良くなり、再婚の意欲も湧いてきた。

親族や友人たちの紹介で溥儀は相次いで七、八人の女性と見合いをする。中には旧皇族や貴族出身の熟年女性もいたが、彼はすべて断った。「今度、結婚する相手は必ず貧しい農民出身で、進歩的思想を持っている女性でなければならない」と溥儀は注文を付け、一歩も譲らなかった。溥儀の頭の中は結婚観についてもいっぱしの〝革命家〟となっていた。そんな中で溥儀は政商会議の同僚が持ってきた一枚の写真に好感を抱いた。写真だけでなく、知らされた彼女の不遇な半生も、〝改造〟された溥儀の心を惹きつけたのかもしれない。名前は李淑賢《りしゅくけん》。浙江省出身の三十七歳、看護師だった。

李淑賢は七歳のときに兄が急病で亡くなり、一年後には母親が悲しみの余り世を去った。父親は八歳の彼女を連れて上海に行き、銀行に勤めた。しばらくして父親は再婚するが、十四歳のとき、父親も亡くなった。以後、彼女は継母に叩かれ、罵られることが日常茶飯事となり、うだつの上がらない継母の弟と結婚させられる。毎日、大酒を食らって帰宅する夫に愛想をつかし、間もなく離婚した。彼女は自立しようと夜間の補習学校に通い医療看護の知識を学んで看護師となり、市内の診療所で働いていた。

溥儀と見合いをすることになった淑賢は、相手が溥儀と言われても、どんな人物かわからない。「昔の宣統帝だ」といわれて驚き「どうして私が……」とためらい、会うのを一度は断った。しかし、〝昔の皇帝〟に興味を持ち始めた彼女は、いわば「冒険心と好奇心」で仕事帰りに看護の教科書を抱えたまま溥儀に会いに行った。溥儀はその教科書に興味を示した。

「私は撫順の戦犯管理所で医務室の手伝いをし、看護の仕事をしたことがある」と医学の話題でふたりは意気投合するのである。溥儀は紹介者の頭越しに淑賢に連絡をとり、ダンスパーティなどに積極的に誘った。ふたりが北京市内長安街の文化クラブで結婚式を挙げたのは一九六二年四月三十日。溥儀、五十六歳のときである。

新婚生活最初の一年間は政商会議本部の構内にある二部屋の東棟宿舎に住み、「使用人を雇うことは公民として恥ずべきことだ」とする溥儀の意見で模範的な共働き夫婦として出発した。溥儀が再婚を決意した最大の理由は子供が欲しかったからである。しかし、結婚後二週間で溥儀は腎臓がんの最初の兆候である血尿を見た。李淑賢は看護師としてしばしば夜勤もあり、家事能力どころか一般的な市民的常識にかける夫との生活に体調を崩し、子宮摘出の手術をする。ふたりの間に子供が生まれることは絶望的になった。

淑賢の著書『素顔の皇帝・溥儀　第三巻』（大衛出版社）によると、溥儀は起床して布団を畳もうとするが、それは折り曲げて床に投げ出すだけ。着替えたばかりの服はたちまちご飯粒や油まみれにしてしまう。顔を洗えばあたりは水浸し、上着もびしょびしょにする。食事の用意を手伝うと茶碗を床に落として何個も割った。先に帰宅した溥儀が食事の用意をしようと火を熾《おこ》すと、家の中から煙がもうもうと吹き出し、火事と間違われて大騒ぎになる。淑賢は彼の不器用さにいつも腹をたて、怒鳴り散らす日々が続くようになる。ストレスが溜まった淑賢は「あなたはなぜそんなに不器用なの。もう我慢が出来ない。離婚しましょうよ」と言ったこともある。溥儀はそんな淑賢を怖がり、日に日に〝恐妻家〟となっていった。

淑賢には看護師として夜間の当直があった。当直の夜、溥儀はひとりでの生活に耐えられないのか何度も病院に電話し、しばらくすると直接、病院に淑賢に会いに出かけ、当直室でぼんやりするようになる。彼女の着替えや夜食を持って来ることもあった。このような事情を知った病院側は、溥儀に気を使い淑賢を夜勤から外した。淑賢が買い物などで街に出かけて帰宅が遅くなると、溥儀は食事にも手を付けず、彼女の帰りを待った。

再婚後二年して溥儀は政商会議の全国委員に選出され、月給も二倍の二〇〇元となったが、彼の小遣いは増えなかった。李淑賢が給与袋をそのまま受け取り、その中から数元だけを溥儀に渡した。「お金を渡すと渡しただけ使ってしまうの。使わなくても失くしてしまうのよ。だから少なく渡すにこしたことはないわ」（同）と彼女は周囲の知人たちに説明した。溥儀は煙草好きで政商会議委員には特別に高級煙草が月に一〇箱ほど配給になった。しかし、淑賢はその高級煙草を買う金を溥儀に与えなかった。そのため溥儀は高級煙草を受け取る権利を他人に譲り、その人に配給された煙草の何本かを譲り受けて吸った。しかし淑賢はそれも許さなかった。溥儀はその高級煙草は仕事場だけで吸うことにし、自宅では安煙草を遠慮しながら吸っていた。

再婚から三年が経った一九六五年（昭和四十年）四月二十五日、血尿の再発で溥儀はまた入院した。腎臓造影など全面的な検査が行われると、左側腎臓にピーナッツほどの腫瘍が二つ発見された。「左側腎臓乳頭状腫。左側腎臓と輸尿管をただちに切除すべし」と医師はカルテに書き込んだが、溥儀に心理的圧迫を加えないように、診断結果は溥儀には伝えなかった。六月七日、協和病院高級幹部病棟泌尿科手術室で溥儀の手術が行われ、左側腎臓の切除は一時間で、輸尿管の切除は三〇分で終わり手術は成功した。しかし、この検査で尿からがん細胞が検出されており、六六年に入ると溥儀は入退院を繰り返す日々を迎えることになる。

狂気の「文化大革命」

浩が中国に帰り、溥傑と昔の新婚時代と同じような愛情に包まれた生活を再開し、溥儀が五番目の妻、李淑賢と再婚して新生活を始めたころの中国は、毛沢東派と、劉少奇を筆頭とする〝走資派〟の間で権力掌握をめぐる激しい暗闘が繰り広げられていた。ちなみに〝走資派〟とは、党の改革を進めようとする劉少奇側を、毛沢東側が攻撃するためさかんに使われた言葉である。新婚の溥儀夫妻も、溥傑・浩夫妻も、この中国史上、未曽有の大混乱に巻き込まれていくことになる。

一九五八年、共産党主席の毛沢東は「大躍進運動」を始動させる。計画経済にもとづいた政策によって、中国の生産力を一気に世界　流レベルに引き上げようというもので、その中心に据えられたのが「人民公社」である。毛沢東は人民公社を農業生産と行政の基本単位とした。農民は人民公社の〝社員〟として人民公社で働くことになる。人民公社は政府の指導の下で生産し、政府に生産物を納め、残りを農民の間で分配するというシステムである。毛沢東は工業化の役割もこの人民公社に担わせた。

人民公社は毛沢東の理想だった。そこでは私有の土地もなく、私有の財産もない。すべての農民が人民公社で平等に暮らし、共同所有の土地を力を合わせて耕すことによって、中国を一流の国にしようとした。五八年末までに中国の全人口の九割が人民公社に集められた。

しかし、共産主義思想のユートピア「人民公社」は人間の本能と欲望を無視していた。働いても大きな報酬がないから、農民たちは働かない。収穫増を目指してもまともな農業指導者がいないから土地は荒れる。一方、専門家もいなければまともな生産設備もない工業生産の現場で働く者もみな素人だからまともなプロダクツはできない。そんなときに三年連続の自然災害が中国を襲い大凶作が続く。農村は大飢饉に見舞われ大量の餓死者が出た。その数は数千万人ともいわれる。しかし、毛沢東が人民公社を廃止することはなかった。

中国に深刻な飢餓を招いた毛沢東の「大躍進政策」に対して、国家主席の劉少奇や鄧小平《とうしょうへい》（当時、国務院副総理）らは毛沢東路線を批判し、毛路線に修正を加えようとする。六二年初頭、毛沢東の大躍進運動・人民公社化の総括を行うために開かれた中央工作拡大会議（七千人大会）で劉少奇は「われわれの経済は大きな困難を抱えている。その原因は何か。湖南省のある農民はこう言った。『天災が三分、人災が七分』」。劉少奇の発言は婉曲的な毛沢東批判だったが、北京市長の彭真《ほうしん》は「もし、毛主席が自分の誤りについて自己批判しないなら、よからぬ影響が我が党に残ってしまう」と直接、毛沢東に自己批判を迫ったのである。

劉少奇らによって「大躍進政策」が修正され、追い詰められていくと、毛沢東は「彼らは資本主義を取り入れようとしており、このままでは中国は資本主義に汚染されてしまう。そうなる前に劉少奇を潰し、自らが絶対権力を掌握しなければならない」と逆襲に転じる。毛沢東の「政権奪取」の右腕となったのが、当時、国防相の林彪《りんぴょう》と毛夫人の江青《こうせい》である。林彪は七千人大会でも「毛思想が順調に実行されれば困難は容易に克服できる。困難な時期こそ、毛主席の命令に従うべきだ」と毛を擁護した。江青の周りには王洪文《おうこうぶん》、姚文元《ようぶんげん》、張春橋《ちょうしゅんきょう》といった上海の党幹部が集まり「四人組」を形成していた。

毛沢東はまず劉少奇らの支配下にあった上海周辺で〝文化闘争〟を開始する。江青ら上海グループの最初の標的になったのが北京市副市長の呉晗《ごがん》が書いた京劇の脚本「海瑞罷官《かいずいひかん》」である。海瑞は明時代の廉潔な役人で、率直に皇帝に諫言したため投獄された人物。一九六五年十一月十日、上海の日刊紙『文匯報《ぶんわいほう》』に「新編歴史劇『海瑞罷官』を評す」という論文が掲載された。筆者は四人組の一人、姚文元である。彼は海瑞を封建時代の役人と見なし「海瑞罷官」を批判した。姚文元の背後にいたのは江青や張春橋らだった。彼らの「海瑞罷官」攻撃の先にあったのは北京市長の彭真である。彭真は劉少奇に連なる大物だったうえ、かつて毛沢東に自己批判を迫った人物でもある。この「海瑞罷官批判」がその後の「文化大革命」への〝号砲〟だった。一九六六年五月から毛沢東による新たな階級闘争が始まった。

毛沢東による「文化大革命」の〝武器〟となったのが、「紅衛兵《こうえいへい》」と呼ばれた若者たちと「大字《だいじ》報《ほう》」と呼ばれる壁新聞である。毛沢東は血気盛んな紅衛兵を挑発して北京大学や清華大学などに壁新聞を貼り出させる。「反逆には道理がある」とする「造反有理」が若い紅衛兵たちの〝合い言葉〟となり、北京市党委員会、北京大学党委員会などの幹部らが名指しで批判された。「海瑞罷官」で攻撃の対象とされた北京市長の彭真や人民解放軍参謀長の羅瑞卿《らずいけい》、党中央弁公庁主任の楊《よう》尚昆《しょうこん》ら劉少奇に近い人物が相次いで追放された。

一九六六年八月十八日、北京の天安門広場で「文化大革命祝賀群衆大会」が開かれる。一〇〇万を超える群衆が押し寄せ、毛沢東が登場すると群衆は手にした赤い表紙の「毛主席語録」を掲げ、「毛沢東万歳！」と叫び、毛沢東を讃える「東方紅」を歌った。女子紅衛兵のひとりが毛に近づき、彼の腕に「紅衛兵」の腕章をつけると、毛沢東はそれに快く応じた。以後、紅衛兵の暴力と破壊活動はいっそう、激しくなった。

紅衛兵はターゲットになった党の幹部らを大衆の面前で容赦なく罵倒し、両腕を背後からねじり上げ、膝を曲げさせ、三角帽子を頭にかぶせ、罪状を書いた板を首につるさせる。中国を代表する作家・老舎《ろうしゃ》は紅衛兵に吊し上げられた二日後の同二十四日、屈辱的扱いに抗議して自殺した。

最大のターゲットとなったのが国家主席の劉少奇である。六七年一月、紅衛兵らは北京・中南海の劉少奇の邸宅を襲い邸内を荒らし、七月には劉少奇は批判集会の場に立たされ、罵られ、暴行を受けて彼の歯は七本しか残らなかった。「審判するなら人民代表大会を通じなければならない。君たちのこんなやり方は国家を侮辱している」と劉少奇は紅衛兵たちに語りかけたが通じる相手ではなかった。党籍は剝奪され、まともな食事も与えられなくなり、体は衰弱していく。国家主席の地位も取り上げられ、六九年に無残な死を遂げたが、その死が報道されることもなかった。国務院副総理だった鄧小平は「労働改造」のために農村に追放され、約三年間、軟禁状態で労働に従事させられた。

「日本帝国主義の走狗、出て来い！」

「文化大革命」の発端となった「『海瑞罷官』を評す」という論文は溥儀、溥傑が所属する政商会議の文史専門委員会でも議論となった。意見を求められた溥儀は「歴史上、本当に清廉な官吏はいなかったと思います」とつい〝本音〟を漏らした。皇帝に諫言した海瑞は明時代の官吏だが、溥儀は清朝、満州国の皇帝であった。溥儀の発言に「溥儀さん、認識が甘いんじゃないですか。清廉な官吏は皇帝が任命したんですよ」と指摘する声が相次いだ。溥儀が文史専門委員として書いた「醇親王府での生活」も、「封建主義を美化している」との批判が出た。溥儀は次第に他人の批判に敏感になっていった。

「『海瑞罷官』を評す」に続いて、一九六六年五月十日の上海の『文匯報《ぶんわいほう》』に「三家村を評す」と題する評論が掲載される。「三家村」とは北京市党委員会の機関紙『前線』のコラム「三家村札記」のことで、執筆者は呉晗、鄧拓《とうたく》、廖沫沙《りょうまつさ》の三人のグループである。この「三家村札記」を、文匯報は反社会主義の文章として激しく攻撃する。中でも攻撃目標となったのが北京市党委員会の統一戦線工作部長である廖沫沙である。廖は溥儀や溥傑ら特赦後の元戦犯を監督指導する立場にあった。「元満州国皇帝・溥儀や弟、溥傑のような『牛鬼蛇神（悪人の意）』をかばい、牛鬼蛇神に勝手に振る舞わせ、反党・反社会主義活動を行った」ことがその理由に挙げられていた。

文史専門委員会の会議で、溥儀は特赦後に受けた廖沫沙の温かい処遇に感謝したことがあった。

これが彼を賛美したとされ「なぜあなたは彼を憎めないのか、それは貴方の思想の中に彼と相通じるものがあるからだ」と強い批判を浴びる。会議の主催者は「毛沢東思想を選ぶのか、それとも廖沫沙を守るのか」との選択を溥儀に迫った。溥儀には共産党内部の権力闘争についての知識はなく、改造期間中に受けた教育では中国共産党は〝一枚岩〟であり、複雑な対立があるとは思ってもみなかった。溥儀はこうした状況に適合できず、複雑な矛盾に陥って混乱し始めていた。

溥儀は主催者の指摘を受けて熟考した結果、二日後の反省会で「私は〝三家村〟に対して憤りを感じました。第一線に立って闘っているのはやはり労農兵だと思います」と今度は激烈な「三家村批判」を行う。

数日後、溥傑たちが三家村を摘発・批判する文書を読んでいると、遅刻した溥儀が部屋に入って来て、

「廖部長が縄で縛られ、トラックに載せられ引き回されていた。彼はいい人です。何とか彼をトラックから降ろし、縄を解いてやりたかったけど、トラックに追いつけず、叫び声を上げるのがやっとだった」

と泣きながら「自分の経験から廖沫沙は絶対に無実でいい人です」と繰り返した。

溥儀、溥傑が所属する政商会議で次に批判対象となったのが、同会議の副秘書長で文史研究委員会の副会長でもあった申伯純である。文史事務局の壁に彼を批判する「壁新聞」が次々と貼り出される。彼の罪は「文史資料選輯」に溥儀や溥傑ら旧社会の残存分子に「大量の大毒草（反共産党・反社会主義的な言論や作品）を発表させ、社会主義国家を転覆させようとしている」というものだった。溥儀や溥傑たちは文史専門委員として、資料収集や分析に当たっていたが、その仕事自体が

「大毒草」と決めつけられたのである。溥儀も溥傑も納得はできなかったが、溥傑はやむを得ず

「中伯純は以前は輝かしい仏像のようだったが、壁新聞を読むと、メッキした金箔が剝がれていくようだ」と自己批判し、溥儀もこの溥傑の意見に賛成した。

八月下旬、政商会議事務局の壁一面に「溥儀たち特赦された戦犯は悪である。頭を下げて罪を認めさせ、給料を下げるべきだ」と書いてあった。専門委員たちは協議して連名で①資料研究の仕事を中止し、学習を深め、思想改造を行う　②労働への参加を希望する　③給料の引き下げを要求する——との意思を表明した。しばらくすると、文史資料研究委員会は解散を命じられた。溥儀、溥傑たち文史専門委員全員が免職され、学習も停止になって、一律に肉体労働に参加させられる。委員の給料も月二〇〇元から七〇元に減らされた。

政商会議事務局に近い溥儀の自宅にも八月末、紅衛兵の集団が押し入ってきた。彼らは応接間の壁に掲げられた毛沢東と溥儀が一緒に並んで撮った写真を見て「お前は戦犯なのに、毛主席と一緒に写真を撮る資格があるのか」とこの写真を没収しようとした。溥儀は必死に哀願して、その写真を政商会議で保管してもらうことが許された。さらに紅衛兵たちは寝室を覗いて「お前は現在でもこんな贅沢な生活をしているのか、柔らかいベッドにソファもあって、これはブルジョア生活ではないか」。溥儀が「これは外国のお客さん用に国家の配慮で準備したもので……」と弁明を始めると「今、そんなお客はいないではないか。これは人民の血と汗を流して出来たもので、お前が享受すべきものではない」と言い残して去った。溥儀は政商会議の事務局に電話して、それらの家具をすべて引き取ってもらった。

相次ぐ攻撃に、体調が悪化した溥儀は人民病院に診察を受けに行くと、受付の職員に突然「階級・身分は何か」と質問される。溥儀はどう答えていいかわからず、口を濁していると「階級・身分を言わない者は診断できない」と断られた。『溥儀日記』（李淑賢資料提供・王慶祥編集）によると八月末ごろから溥儀の自宅には「お前を探しているんだ。昔、人民の血税をどれだけ犠牲にしたか知っているのか。今すぐ返させてやるぞ」といった匿名電話がかかるようになる。心配になった溥儀は近くの福綏境派出所に保護を求めた。派出所長は溥儀の「ただならぬ身分」を考え上司に許可を求め、直接、中南海の周恩来総理の執務室に電話して相談した。周総理の秘書官は総理と相談し、「溥儀は最後の皇帝だがすでに改造されており、十分に保護すべきです」との返答があった。派出所はこの指示をすぐに溥儀に伝えた。

派出所長は「紅衛兵をもって紅衛兵を制する」作戦をとった。一部の紅衛兵を派出所に進駐させ、溥儀の自宅に別の紅衛兵が押し掛けると、所長は派出所に常駐する紅衛兵を連れて溥儀の自宅に向かい、紅衛兵同士で議論させた。押し掛けた紅衛兵たちは「溥儀の反動的な罪を清算させるために来た」と息巻くが、所長側は「その罪は昔のことですでに改造されている」と答える。「そのことを証明できるのか」と紅衛兵が詰め寄ると所長側は「毛主席はこう教えている。『私たちの国家は皇帝をも改造した』。これが証拠だ」。議論では所長側が優勢だった。結局、「溥儀の昔の罪を糾弾するのはよいが、溥儀を連行してはいけない。派出所にいる紅衛兵は溥儀の動向を十分監視する」という妥協が成立し、押し掛けた紅衛兵たちはようやく退散した。

＊　　＊

溥儀の自宅だけではない。護国寺街の溥傑・浩の自宅にも、一群の紅衛兵がなだれ込んできた。

「日本帝国主義の走狗、前へ出て来い！」

「傀儡満州国皇帝の弟・溥傑、日本帝国主義の特務・浩、神妙にその罪を認めよ！」

彼らは声を合わせて叫びながら、窓ガラスを割り、家財道具を壊し、台所に入って日本製のラベルが貼ってある醤油や酢の瓶を見つけると、片っ端から叩き壊した。彼らの狙いは皇弟・溥傑だけでなく、「長期にわたって潜伏していた日本帝国の女特務（スパイ）浩」を摘発し、その資料を押収することだった。浩は恐怖のあまり足がすくんで、動くこともできず震えあがった。

溥傑は目の前で繰り広げられる暴挙を比較的、冷静に見ていたが、その先頭に立つ紅衛兵にショックを受けた。溥傑の二番目の妹、韞和（二格格）の息子だったのである。この甥は高校生までは品行も学業も優秀だったが、文化大革命の雰囲気に巻き込まれ、紅衛兵の先頭に立つようになっていた。彼は伯父・溥傑の家には高価な日本製品や食料があることを知っており、学内の紅衛兵たちを引き連れてやってきたのだった。

彼らの乱暴狼藉を見かねた溥傑は、怯える浩を守ろうと、

「狼藉を働くのは誰だ！　何の理由で、誰の許しを得て、乱暴するのだ！」

と怒鳴りつけた。

紅衛兵たちは溥傑の凄まじい形相に圧倒され、手を止めて互いに顔を見合わせた。先頭の甥は「お前は漢奸だ。罪状は数えきれないほどあるぞ」とすごんだが、溥傑の迫力の前にその声は弱か

った。

彼らは衣装簞笥や戸棚をテープで封印し、カメラや真珠のネックレスなどを浩の「特務行為」の証拠品として押収し「これで終わったと思うなよ」という捨て台詞《ぜりふ》を残して引き揚げた。溥傑も浩も彼らが立ち去った後、床に飛び散ったガラスの破片やこぼれた醬油を見て茫然とする。

甥を先頭にした紅衛兵たちは翌日もやってきた。溥傑夫妻は門に閂《かんぬき》をかけ、電気を消して暗闇の中に隠れ、災厄が去るのを待った。彼らは門をたたき、「漢奸は出て来い」とシュプレヒコールを繰り返したが、やがて諦めて去っていった。

溥儀や溥傑が紅衛兵の〝標的〟になっていたとき、背後から手を回してふたりを助けてくれたのは周恩来総理だった。文化大革命は毛沢東以外、誰もが「造反有理」のターゲットになる時代だった。周恩来は劉少奇や鄧小平らとともに仕事をし、毛沢東ともしばしば対立したが、毛は〈みずからの傍らに副星として置きつづけ、一度としてこれを粛清の対象にしたり政治指導の場から引き摺り下ろすことをしなかった〉(『周恩来・最後の十年』)ため、周恩来は、大嵐の中を生き延びる。周恩来を使い勝手のよい能吏として毛沢東は信頼し続けたのである。といっても、暴走を始めた紅衛兵運動に歯止めをかけるのは容易なことではない。周恩来は密かに紅衛兵の攻撃から保護するため党や国家の要人たち数十人のリストを作り、信頼する同志たちに背後から救済してくれるよう手配した。その中に溥儀、溥傑だけでなく愛新覚羅一族もリストアップされていたのである。

「チキンラーメンが食べたい」

一九六六年九月十五日、溥儀は長春から一通の手紙を受け取った。『溥儀日記』によると長春市建設局市政工程処の革命戦闘隊・孫博盛となっている。その名前を思い出した溥儀は両手が震え出した。孫はかつての「満州国」時代、宮廷の召使（童僕）だった少年で、朝から晩まで浴室や便所掃除をしており、溥儀は彼の失敗を見つけると、部下に命じて何回も殴らせた。その少年が中国解放後、共産党の地区幹部となっていたのである。手紙には〈当時の溥儀の残酷さや自分が受けた懲罰による心の傷が忘れられない〉と溥儀への憤怒をぶつけていた。

〈お前は本当に改造を受けいれたか？　解放後お前は党や人民に何をしたか？　お前は人民からの給料をもらい、共産党のご飯を食べたが、何を書いたか？　俺はお前の書いたいわゆる『前半生』を見て、お前は中国共産党と中国人民に対して嘘を吐き、毒をはなっている！〉との書き出しで始まる手紙は、〈愛新覚羅家の一族を美化し、自己の罪状を人になすりつけた〉などと攻撃した後、〈よく覚えておけ。『わが半生』についてきちんと説明しろ。さもないと全国の労農兵に呼びかけて、お前を批判する。お前が間違いを認識し、この本が毒を持っていると声明し、原稿料五千元を国家に返還するまで批判するぞ〉と記されていた。

溥儀が撫順戦犯管理所で「自己批判」する目的で書いた『わが半生』は釈放後、出版され、この時期には第二刷六万部あまりが発行され、三刷にかかっていた。この手紙に恐怖を感じた溥儀は孫博盛の要求通り『わが半生』は「古くなった事物を美化し、思想的毒素をたくさん含んでおり、社会に悪い影響をもたらした著作である」と自己批判し、まだ手元に残っていた原稿料四〇〇〇元を共産党の組織を通じて政府に返還した。また孫が幼いころに宮廷で受けた暴力に謝罪した。しかし、孫の批判は収まらず、次第にエスカレートし、五、六日に一度は分厚い手紙を寄こして、溥儀を罵倒し続けた。

溥儀はそのたびに自己批判文を書いて孫に送った。十二月二十日の九通目の返事に溥儀はこう書いている。

〈私の根本的な大間違いは政治の采配を優先しなかったこと、偉大な毛沢東思想の赤旗を高く掲げなかったこと、毛主席の思想を武器として私の前半生を批判しなかったことにあります。だから問題がたくさん出来、毒素も広く流すのに、自分ではそれを発見できない。これも私が二、三年間病気して、学習がゆるみ、思想的認識が時勢においつけなくなった結果です。私はあなたの意見に従い、文化大革命中に自己改革を行います〉

腎臓がんで入退院を繰り返していた溥儀の血圧は、その心労で高くなり、尿毒症も併発し六六年十二月二十三日、「協和病院」に六度目の入院をする。協和病院は文革によって「反帝病院」と改名されていた。この病院にも孫からの〝脅迫状〟は送られてきた。溥儀はかつてからよく知る主治医による治療を求めたが、病院側は溥儀の要求をことごとく拒否する。溥儀は病院内部の派閥闘争にも巻き込まれ、「大多数の群衆の猛反対があるので即刻、病棟から立ち退くべし」と通告され、強制的に退院させられた。

妻の李淑賢は一晩の猶予を願い、政商会議に応援を頼んだが、責任を負える人は誰も残っていなかった。彼女は溥傑家にかけ込み実情を説明した。溥傑は知人を通じて総理執務室に電話してもらい、周総理に支援を願い出た。周総理は事情を知ると、すぐに「反帝病院」に「溥儀を高級幹部病棟に入院させ、行き届いた治療や世話をするよう」指示した。周総理は主治医に「溥儀によろしく伝えてくれ」と頼んだ。主治医は溥儀に会うと「周総理が心配しています。総理の代わりに私が見舞に来ました」と伝えた。溥儀はその手を握りしめ放そうとしなかった。

溥傑は兄の病状を心配しながらも、当時の政治状況に配慮して、溥儀への見舞いも避けていたが、周総理から溥傑にも「心配はいらない」との伝言があった。溥傑も浩も以後、日本からの食品や薬をたびたび持って兄、溥儀の病室を訪れた。浩によると、「何か食べたいものがありますか」と溥儀に聞くと「日本のチキンラーメンや鶏内の唐揚げが食べたい」と言うので、浩は喜んで「チキンをバターで焼いて冷やしたコールドチキン」を作って病室まで運んだ。

一九六七年一月三十日朝、溥儀が入院している「反帝病院」の高級幹部病室を離婚した妻（側室）の李玉琴と長春の機械工場で働く彼女の兄嫁が訪ねてきた。李玉琴は発音が同じである「李育勤」と革命闘士風に改名していた。溥儀は彼女の顔を見た瞬間、顔面蒼白となり、ベッドから降りて手を差し出し、握手しようとしたが、彼女はそれを無視した。そのとき、妻の李淑賢はベッド脇で溥儀の看病をしていた。

李玉琴は「溥儀よ、お前はお前の被害者とその家族に対し正直に罪を認め、質問に答えよ」と一四項目にわたる質問状を突き付け、質問状への回答を「証明書」として渡すよう要求した。

李玉琴は文化大革命の中で、満州国の宮中で〝福貴人〟として溥儀に仕えていたという汚名を背負っていた。また彼女の兄も〝皇帝の親族〟として満州国の警察署長を務めていたために、〝黒五類〟（地主・富農・反革命分子・悪質分子・右派分子）と呼ばれ、攻撃されていた。李玉琴の目的は溥儀に一筆書かせて、彼女と兄がもともと無実の貧民であり、彼女自身も宮中では被抑圧者であったことを証明してもらい、身の潔白を明らかにしようということにあった。

突然の乱入に驚いた妻の李淑賢が「あなたはどなたですか」と聞くと、溥儀が「こちらが……李玉琴だよ」とおずおず紹介した。玉琴はこの女性が何者かをすぐに理解し、ふたりの間で口論が始まった。李淑賢が書いた『素顔の皇帝・溥儀　第三巻』にはこう書かれている。

「溥儀は今すでにこんな病状になっているのに、もし紅衛兵が来て溥儀を吊し上げにでもしたら、それこそ大変なことになる。玉琴、あなたはここに来ないで！」

「溥儀、はっきり言ってよ！　私がどんなにして騙されて皇宮に連れて行かれたの？」

玉琴は淑賢が間に入ろうとするとますます興奮する。この日のふたりの押し問答は夕方まで続いた。この間、当惑してうなだれていた溥儀は病気を理由に「証明書」を書くことを退院後に先送りした。所属する政商会議の承認を得る必要があったからである。

溥儀が故意に時間を引き延ばししていると判断した李玉琴は、紅衛兵による溥儀の〝総括〟を決断する。この総括に興味を示したのが北京市の大学・専門学校の学生紅衛兵の連合組織「三司」（首都大専院校紅衛兵第三司令部）に所属する紅衛兵たちだった。二月七日、玉琴は数人の女性紅衛兵を従えて溥儀の病室に押し掛けた。

「溥儀！　よく聞きなさい。今日はお前の罪を清算するのだ」

玉琴は声高に叫んだ。入院患者や医師たちも溥儀の病室の周りに集まりこの〝総括〟を見守った。

「偽満州国当時、お前は皇帝になろうという夢を追いかけ、日本帝国主義と結託し、私や家族に数えきれないほどの災難をもたらした……」

と彼女は絶叫し涙を流した。

玉琴の溥儀攻撃の区切りごとに、女性紅衛兵が「溥儀を人民の前で清算させるぞ！」などと大声で叫ぶ。溥儀は身の安全を考え、玉琴が要求する「証明書」を書くことにした。しかし、溥儀の体力は日ごとに衰えており、筆を持つ手も自由に動かず、溥傑に口述筆記を頼み、数千字に及ぶ証明書を書き上げた。この証明書は李玉琴が満州国宮廷に入った経緯を述べ、「二十一か条」などの規則を作って、彼女とその家族を圧迫したことを克明に記し、事実であることを証明する公印を捺した。証明書は政商会議の承認を経て李玉琴に渡された。この証明書は溥儀の最後の「自己批判書」でもあった。政商会議は玉琴たちが北京を離れ長春に戻る際、旅費などに相当する公費を支払った。

溥儀の最期

こうした騒ぎが繰り返されると病院側は溥儀に退院を迫った。一九六七年（昭和四十二年）四月初め、退院した溥儀は以後、死去するまでの五ヵ月間を通院しながら自宅で過ごすことになる。毎日のように病院通いをし、薬を処方してもらったが、病状は日増しに悪化し、歩くこともままならなくなった。バスに乗るにも人力車を頼むにも溥儀は紅衛兵たちに襲われるのが怖かった。政商会議事務局に相談しようとしても、事務局自体、機能していなかった。結局、妻の淑賢が彼の手を引き、歩いて病院に行くしかなかった。そのうち日常生活も自分では処理できなくなり、大小の排便さえ淑賢の介護が必要になった。

八月の半ば、淑賢は「反帝病院」を訪ね溥儀の入院を希望するが、承諾は得られなかった。それから間もなく、溥儀は尿毒症の発作を起こし、政商会議の契約病院である「人民病院」に運ばれる。応急手当を受けることはできたが、「病室に空きがない」という理由で入院は断られた。激化の一途を辿る文革の嵐の中で、「黒五類」の元満州国皇帝、溥儀の治療を引き受けることは病院側には迷惑であり、医者や看護師たちも「元皇帝に同情した」というレッテルを貼られることを恐れていた。十月四日早朝、溥儀の病状は急変、即刻入院が必要になった。人民病院の急患室に運び込まれたが、病院内部の職員の反対で溥儀の入院は断られた。

途方に暮れた李淑賢は溥傑に頼んで政商会議の指導者に連絡を取ってもらった。「溥儀重篤」の情報はただちに周恩来総理に伝えられる。周恩来は「特別手配」の四文字を揮毫して決裁する。入院が決まった人民病院の泌尿器科には空きベッドがなく、溥儀はとりあえず内科の病室に収容された。八日からは酸素吸入やブドウ糖の静脈注射によって溥儀の生命は維持される。ベッドに寝ている溥儀は苦しそうに喘ぎ、いつ呼吸が止まるかわからない状態が続いた。溥儀は意識が戻ると「日記」にその日の処方を書き留め「まだ死ねない。国のためにもっと働きたい。何とか私を救って欲しい」などと最後まで生への執着を見せた。

絶筆となったのが十二日の日記である。すでに手の力が抜け、筆を取る力もなかったのだろう。誰もが解読できない七つの文字が並んでいた。その五日後、息を引き取る寸前に溥傑が駆け付けたとき、彼は溥傑と気づき、何か言いたそうに口をかすかに動かした。溥傑は兄の唇に耳を寄せ、やっとそれを聞き取ることができた。

「本当に（周）総理にもう一度会いたいなあ」
溥儀が溥傑に言い残した最後の言葉だった。一九六七年十月十七日深夜二時三十分、愛新覚羅溥儀は波乱の生涯を閉じた。六十一歳だった。死亡証明書に記されていた死因は「腎臓がん、尿毒症、貧血性心臓病」。

中華王朝最後の皇帝、満州国初代皇帝、そして北京市の公民として、まるで転生したかのような三つの人生を溥儀が生きた中国の大地には依然として文化大革命の嵐が吹き荒れていた。

溥傑は、溥儀をこう追憶する。
〈兄は気の小さい根は善良な人でしたが、一九四五年（筆者注：満州国が崩壊する）までは周囲の者が兄を自分は特別なんだ、神様同然なんだと信じ込ませていました。そのため他人に対する兄の態度は異常なところがありました。撫順に収容されて、はじめて兄は自分が人（間だ）と判ったのです〉（『皇弟溥傑の昭和史』舩木繁）

浩もまた〈幼いころから父母の許を離れて、権謀渦巻く宮廷で暮らし、次第に人を信じられなくなったようでした。唯一人心を許せる相手は弟の溥傑だけだったかも知れません、その妻である私にさえ、最後まで一線を画していたように感じられました〉と『流転の王妃の昭和史』に書いている。

溥儀の遺体は北京西郊の八宝山火葬場で人知れず火葬された。葬儀は花輪も葬送曲もなく、妻の李淑賢、弟の溥傑ら数人の親族や友人が出席しただけだった。遺骨の取り扱いも難しく、政商会議でも検討したが、明確な結論はでなかった。しかし、周総理から「満州族の慣習や愛新覚羅家の伝統を十分に尊重し、その墓も一族の人にまかせるべきだ」と明確な指示が下された。溥傑たち一族は「溥儀はにぎやかなところが好きだったので、公衆墓場に葬ると一般市民と一緒になれていいことではないか」との結論となった。

李淑賢もこの案に賛成した。二ヵ月後には周総理の決裁も下りた。手続きがすむと溥儀の遺骨は八宝山人民公墓納骨堂に預けられ、一般市民と同じように納骨堂の棚に並べられた。その後、文化大革命が終焉すると、特赦後の溥儀の貢献が再評価され、一九八〇年、遺骨は同じ八宝山の革命公墓第一室副舎に移される。さらにその後、イタリア人監督ベルナルド・ベルトルッチの映画「ラストエンペラー」が世界的に大ヒットし、溥儀ブームが起きると、河北省の永寧山麓の清室西陵の隣接地に移されたという。彼の生涯が二転三転したように遺骨もまた三度、流転したのである。

終章　あいよって命を為す——相依為命

日中国交回復

溥儀の逝去が日本にも伝えられたころ、浩の実家である嵯峨家でおおらかに育った次女、嫮生は二十八歳になっていた。

嫮生のもとには旧華族や政治家などさまざまな縁談が持ち込まれ、見合いもしたが両親の姿を理想とする嫮生の心は動かなかった。文化大革命の嵐の中で、溥傑と浩の最大の関心事は嫮生の結婚だった。そんな愛新覚羅家に、浩の二番目の妹で神戸の福永家に嫁いだ福永泰子から縁談が持ち込まれる。相手は嫮生と同い年の幼馴染で、泰子の義理の甥、福永健治である。福永家は曽祖父の時代から絹貿易で財をなした関西の大実業家で、関西の保養地として知られる須磨に居を構えていた。慧生と嫮生は福永家の子供たちと幼いころから親しく、夏休みには姉妹で須磨に遊びに行った。

福永健治は甲南大学の学生時代からホッケーやラグビーに親しむスポーツマン。当時は大阪で建築資材会社を経営していた。油絵や水彩画も描く趣味人でもあり、華族の家に育った嫮生は健治の快活で屈託がなく、自分とは好対照な人柄に魅かれていた。健治の兄、隆一も甲南大学山岳部に所属する山男だったが、北アルプスの剣岳《つるぎだけ》に登山中、雪崩に巻き込まれて死亡した。嫮生もまた同じように姉・慧生を天城山中で亡くしている。ふたりは胸中に兄・姉に対する思いも共有していたのだろう。叔母・泰子の仲人で健治と嫮生の縁談はトントン拍子でまとまった。

溥傑も浩も泰子から電話でふたりの縁談の話を聞かされたとき、慌てふためいたが、すぐに大きな喜びに変わった。まもなく健治の写真が送られてくると、溥傑も浩もそれが自慢の種となる。一九六八年（昭和四十三年）五月二十九日、福永健治と嫮生の結婚式は東京・霞が関の霞会館（旧華族会館）で行われた。

溥傑も浩も駆けつけたかったが、文化大革命の動乱の中、出国許可は下りなかった。祖父の嵯峨実勝はすでに亡く、式は叔父の嵯峨公元が父代わりに、祖母・尚子が母代わりとなって取り行われる。その夜、健治と嫮生は北京に電話を入れた。電話は雑音が入ってお互いに聞き取りにくかったが、健治は緊張しながらも「嫮生さんをもっともっと幸せにしますから……」と呼び掛けた。溥傑・浩夫妻は、後に送られてきた結婚式の様子を映した一六ミリのフィルムを護国寺の自宅で映写機にかけて、目を細め、涙ぐんだりしながら何度も見た。

中国を取り巻く国際情勢は大きな変化の時代を迎えていた。

一九六九年（昭和四十四年）三月、中ソ国境地帯の珍宝島（ダマンスキー島）で両国の軍隊が武力衝突、中国内では緊張が走り、「反ソ」デモに紅衛兵たちも駆り出される。ソ連は文化大革命中の中国を「教条主義」「極左日和見主義」と罵り、中国はソ連を「修正主義」「社会帝国主義」と罵倒し、中ソ対立が激化する。中ソ対立が深刻化すると中国は米国との接近を図った。七一年七月、米国のキッシンジャー大統領補佐官は極秘裏に北京に飛び、周恩来総理と会談する。この会談でニクソン大統領の電撃的な訪中が決まり、世界に衝撃が走った。一九七二年（昭和四十七年）二月、ニクソンの訪中が実現する。日本でも一刻も早く中国と国交を結ぶべきだとの声が高まった。

五ヵ月後の同年七月七日、日本で田中角栄内閣が発足し日中国交正常化を目指すことを明言すると、周恩来総理はただちに「田中訪中を歓迎する」との意向を伝える。日本側でも社会党の佐々木更三元委員長や公明党の竹入義勝委員長などの訪中によって、少しずつ地ならしが行われた。田中首相が心配していたのは「戦争賠償問題」だった。周恩来は「賠償問題は解決済みで、〝賠償放棄ありがとう〟の一言でよい」と訪中した竹入に答えた。周がこだわっていたのは台湾問題だった。

中国側が示した「復交三原則」は、①中華人民共和国は中国を代表する唯一の合法政府である、②台湾は中国領土の不可分の一部である ③日華平和条約（日台条約）は不法であり無効である、の三点。周恩来は「中国は一貫して日台条約を認めていない」ことを強調する。日本では自民党内を中心に強い「台湾擁護派」が存在し、日中国交回復には「台湾問題」が最大の懸案として浮上していた。この問題を抱えたまま田中首相、大平正芳外相、二階堂進官房長官は九月二十五日、五日間の滞在予定で北京空港に降り立った。出迎えたのは周恩来総理である。

二十六日の首脳会議で周総理は「日米安保条約はそのまま続ければよい。国交正常化に際しては日米安保条約にふれる必要はない」と日本側に気を使った発言をする。しかし台湾問題をめぐっては激しい論争となった。田中も国内の親台湾派に対する〝ジェスチャー〟もあったのだろう。台湾問題について強く反論した。周総理は「喧嘩しにきたのか、それとも問題を解決しに来たのか」と激しく田中首相に迫った。会談三日目の二十七日夕方、田中首相らは中国外交部の用意した車で中南海の毛沢東主席の私邸に呼ばれる。事前の予定には入っていなかった。その席で毛主席は田中首相に「もう喧嘩は終わりましたか」とにこやかに語りかけた。「雨降って地固まるです」と田中は応じる。毛主席は田中首相に『楚辞集注六巻』を贈った。

二十九日に調印された「日中共同声明文」には「日本側は過去において日本国が戦争を通じて中国国民に重大な損害を与えたことについての責任を痛感し、深く反省する」と記された。中国外交部には「戦争」の前になぜ「侵略」の文字がないのか、と不満を述べる者も多かった。しかし、周恩来総理は「前後の文脈から侵略戦争だと誰でも連想できる」と彼らを説得した。「周総理にはもうこれ以上、田中・大平両氏を困らせたくないという寛大な気持ちがあったのだと思う」と通訳にあたった周斌《しゅうひん》は『私は中国の指導者の通訳だった』に記している。

懸案の日台問題は共同声明には盛り込まれなかった。しかし調印式が行われたあと、大平外相が記者会見し、「共同声明には触れられていないが、日中関係の正常化の結果として日華平和条約は存在の意義を失い、終了したものと認められる」という外相談話を発表し、台湾の中華民国との事実上の断交に踏み切る。すでに共産党政権が発足して二〇年あまりが経過し、台湾に逃れた国民党政府を中国の代表と認めるには無理があった。毛沢東や周恩来が日中国交回復を実現したのは、「経済の近代化」に出遅れた中国にとって経済大国に成長した日本の支援と協力が必要だと考えていたからである。

田中たちの帰国の日、周恩来は北京空港まで見送りに来て田中の手をいつまでも握り「お帰りになったら天皇陛下によろしくお伝えください」と頼んだ。田中は「必ずお伝えします」と強く握り返し、二十九日夕、東京に着くとすぐに皇居に向かい記帳を済ませた。周恩来には「天皇・皇后両陛下の中国訪問が実現したとき、日中両国の真の友好関係が達成される」という強い思いがあったのである。

周恩来はこのとき、すでにがんに侵されており、これが最後の大仕事だった。

里帰り

日中国交回復の翌年、日中間は空路でも結ばれる。七三年六月、周恩来の意向を受け、福永健治・嫮生夫妻は政商会議の招きで北京訪問を果たした。北京空港には溥傑と浩が出迎えていた。四人は北京で親子水入らずの一〇日間を過ごす。溥傑は初めて中国を訪れた健治のために紫禁城、頤和園など愛新覚羅家ゆかりの地を案内した。

嫮生と健治の訪中で地ならしをした一年後の七四年（昭和四十九年）十二月二日、周恩来の特別の配慮により、溥傑と浩の訪日が実現する。国交回復後、北京―羽田間はわずか三時間の距離となっていた。溥傑にとっては実に三〇年ぶり、終戦間際、長女・慧生を日本に残し、浩と嫮生を連れて軍用機で新京へと飛び立って以来である。浩にとっても一三年ぶりの帰国である。

溥傑・浩は初孫の顔を見られる喜びに胸を躍らせたが、溥傑には戦後初めて訪れる日本にある種の不安があった。日中両国の国交が回復したといっても、両国の体制はまったく異なっている。ことに戦時中、中国共産党を強く警戒していた旧軍人たちは溥傑や新中国をどんな思いで見ているのか。

しかし、そんな思いは羽田空港の到着ゲートを出てすぐに吹き飛んだ。いっせいにカメラのフラシュがたかれ、嵯峨家の人たちだけでなく政財界関係者たちの末席には溥傑の陸軍士官学校時代の同期生たちや旧満州国軍時代の部下たちが並び、割れんばかりの拍手でふたりを迎えたのである。溥傑は昔の顔を思い出しながら同期生やかつての部下たちと固い握手を交わした。その中のひとりに、その後、日本での世話役を引き受けることになる陸士同期生の舩木繁もいた。舩木はのちに『皇弟溥傑の昭和史』を著したことはすでに触れた。

「どんなに国家や体制が変わろうと、人と人とを結ぶ絆は変わらない」

溥傑はこのとき、実感した。

溥傑・浩が並んだ空港での記者会見で、はじめに「三〇年ぶりの日本の印象」を聞かれた。溥傑は日本語でこう答えた。

「浦島太郎の気持ちで驚いています。昔の溥傑はすでに死にました。今、あなた方の前に立っているのは生まれ変わって真の生命《いのち》を得た溥傑です。このたびの訪日は親戚や友人を訪ねるためです」

この発言は、特赦後に溥儀がインタビューで語った「過去の溥儀は死にました。今、あなたの前にたっているのは生まれ変わった溥儀です」をまねたものだった。

溥傑夫妻は周恩来総理に託された「日中友好の発展」のため翌日、皇居での記帳を済ませると、赤坂御用地の東宮御所に明仁皇太子（現・上皇）と美智子妃（同・上皇后）を訪ねる。嫮生も同行した。

浩はかつて貞明皇太后に渡満の挨拶に参上した際、まだ三歳だった皇太子が三輪車を漕いで遊んでいたことを思い出し、そのときの思い出話をすると、会見の席は明るい雰囲気に包まれた。さらに溥傑夫妻は多摩の貞明皇太后の御陵にもお参りする。秩父宮妃、高松宮夫妻、三笠宮夫妻からも招かれ、各宮家を訪れた。以後、三ヵ月にわたって東京、大阪、神戸、京都、奈良、さらに九州、北海道を訪れ、各地で盛大な歓迎を受けた。

この間、溥傑と浩は神戸・須磨に住む嫮生の自宅に一週間滞在する。嫮生はすでに四人の子供を産み育て、逞しい母親になっていた。孫たちは「おじい様、おばあ様」のそばを離れず飛びはね、お話をせがんだ。波乱の人生を過ごしてきたふたりにとって、ようやく訪れた静かな満ち足りたひとときだった。

帰国直前になって溥傑は、遠慮がちに浩に慧生が死んだ天城山行を希望した。浩に気兼ねして言い出せなかったのである。溥傑夫妻は浩の弟、嵯峨公元の運転する車で天城山に向かう。天城山に近づくにつれて浩は激しいめまいを覚え、天城山に入ることができず、麓の茶屋で休んでふたりが帰るのを待つことになった。浩は事件のショックが昨日のように思い出され、一緒に行くのは忍び難かったのである。

溥傑は天城山トンネルの脇で車を降り、公元の案内で熊笹の小道に入った。三月初めの天城山中にはまだ雪が残っていた。やがて日は暮れ、雪に阻まれて前には進めなくなった。公元は「暗くなっては危険ですから。この辺で拝みましょう」と声をかけた。歩きながら溥傑の気持ちが次第に沈んでいくのがわかり、公元にはそれが耐え難かったのである。公元に促されて、溥傑は持ってきた花束を傍らの雑木に立てかけ、慧生が命を落とした方角に向かって長い黙禱《もくとう》を捧げた。ふたりは何度も振り返りながら山を下った。麓で待っていた浩を車に乗せ東京に戻る途中、三人はお互いの気持ちを推し量って、言葉は少なかった。

溥傑と浩は帰国に際し、嫮生と相談して周恩来総理にぜひ、お土産を差し上げようということになった。総理が高価な贈り物は受け取らないのを知っていたので、富士山の図案入りの屏風と玉蘭（白木蓮）一束の二点にした。周総理はこのころ、膀胱がんに蝕まれており、何度かの手術に耐え、多忙な公務をこなしながら、壮絶な闘病生活を送っていた。ふたりはすぐに持ち帰ったお土産を北京病院に届けた。総理執務室からは「玉蘭は気持ちとしていただきますが、屛風は高価なようなのでお返しします。自宅で自由に使ってください」との連絡があった。

周恩来の死と四人組の逮捕

それから一年後の一九七五年（昭和五十年）十二月二十七日、北京の解放軍三〇五医院に入院していた周恩来は突如、昏睡状態に陥る。医師たちの適切な処置で一命は取り留めたものの、周恩来の長年の主治医である張佐良は、「彼の精神と体力はすでに消耗し尽くしていた」（『周恩来・最後の十年』）と記している。

年が明けた七六年一月八日朝、医師団の懸命な救急治療にもかかわらず、周恩来は息を引き取った。享年七十七。張佐良によると病院全体が泣き叫ぶ声に充ち溢れ、胸を叩いて地団駄踏むもの、天に叫び、頭を地に叩きつけるもの。その叫び声は病棟を揺るがし、その心情は日月をも揺るがす勢いだったという。この表現はけっして「白髪三千丈」のようなオーバーな表現ではなく、周恩来の死は病院内だけでなく中国全土に大きな混沌状態をもたらしたのである。

訃報は瞬く間に北京市内に広がり、弔事用の黒布は瞬時に売り切れ、天安門広場の人民英雄紀年碑周辺には花輪や花籠が溢れ、周恩来を悼む詩が朗読された。それればかりか四人組だけでなく毛沢東に対する批判演説さえ始まったのである。

溥傑も浩も声を上げて泣き崩れた。ふたりは書斎に周総理の遺影を飾り、溥傑はその下に「音容宛在」（声が聞こえ姿が見えるようだ）と書き留めた。浩も若き日に二年の間、日本に留学し日本料理が好きだった周恩来のために何品かの日本料理を作って写真の前に供えた。

そして溥傑はすぐに夫人の鄧穎超《とうえいちょう》あてに心を込めて手紙を書いた。それは残された人生に対する溥傑の「決意表明」でもあった。

〈総理が世を去ったのは、星が落下したようで、大地からその輝きを奪ってしまいました。（略）総理のおかげで私の夫婦は再会でき、一家団欒の楽しみを享受できたのです。（略）総理が亡くなり、私の涙はすでに枯れ果ててしまい、その悲痛な気持ちを形容することができません。総理が私にとっては兄弟にも勝ります。私溥傑が今日あるのも、すべて総理の思いやりと教えによるものです。これらを私は永遠に忘れません。

悲痛な気持ちをバネに、私は生ある限り、国家のため、民のために、献身的に力を尽くさなければ、総理の恩に背くことになってしまいます。そうしなければ、あの世にいる総理の英霊に申し訳が立ちません〉（『毛沢東、周恩来と溥儀』王慶祥）

中央の指導者の中では毛沢東夫人の江青が最初に病室に姿を現した。彼女は泣きじゃくる人々の視線を浴びながら周恩来の遺体から一メートルほど離れたところに立ち止まったが、〈周恩来の死顔を見ようともせず、遺体に向かって身体を屈めて哀悼を表すこともなく、顔には涙も悲しみの表情もなかった〉（『周恩来・最後の十年』）という。

告別式は一月十、十一日の両日、北京病院の霊安室で行われる。しかし、江青ら四人組は参列者の人数を大幅に制限した。これに反発した国家機関や北京市などの職場は自発的に大衆を動員して北京病院に押し寄せ、十重、二十重に取り巻き、昼も夜も追悼の列は絶えなかった。

天安門広場で開かれた周恩来追悼運動は四月五日の清明節でピークに達する。全国から大衆が集まり、「故周恩来総理に反対する者は誰であろうと打倒せよ」と叫び、その標的は江青ら四人組に向けられた。この動きに危機感を覚えた江青ら四人組は、周恩来追悼運動を「反革命」と断定して排除に乗り出し、武器を手にした人民解放軍、公安警察などが天安門広場の大衆を実力で排除し多くの人民を拘束した。中国共産党が意に沿わない人民を武力で制圧したこの騒ぎは今では「第一次天安門事件」と呼ばれている。

周恩来の死去から八ヵ月後の九月九日、今度は毛沢東が死去する。享年八十二。

毛沢東の死によって新たな権力闘争が始まった。毛夫人の江青は四人組を代表して毛沢東の後継を狙うようになり、鄧小平の完全排除に乗り出す。鄧小平は再びすべての職を解かれ、北京で軟禁状態に置かれる。だが、党副主席兼国防相の葉剣英《ようけんえい》は共産党の長老たちを代表して鄧小平を擁護し、四人組に対抗した。両者の対立が続くなかで、毛の後継者には地方での忠実で地道な活動が評価され抜擢された華国鋒（党第一副主席・国務総理）が四人組を抑えて就任する。だが、華国鋒は江青ら四人組の野心をもてあまし、秘かに葉剣英らの協力をとりつけ、毛沢東の死からわずか一ヵ月後の十月六日、江青を自宅で拘束したのに続いて、中南海での会議に呼び出された張春橋、王洪文、姚文元らを次々と逮捕した。こうして「文化大革命」はようやく終息に向かったのである。

文化大革命が収束した一九七七年七月、失脚していた鄧小平が生涯三度の失脚を乗り越えて、党副主席に復活する。同年末から鄧小平の指導で文化大革命のあおりで出遅れた「農業、工業、国防、科学技術」の分野での「四つの近代化」を掲げた「改革・開放政策」が急ピッチで始まる。また中国政府は中断されていた「日中友好条約」の交渉再開に向けて動き出す。周恩来の死去から二年後の一九七八年二月、溥傑は第五期全国人民代表大会（全人代）で人民代表に選出される。事実上の満州族の代表である。

この年の八月十二日、「日中平和友好条約」が締結された。同条約には「両国間の恒久的な平和友好関係を発展させ、アジア・太平洋地域における覇権を求めず、また覇権を確立しようとするいかなる国にも反対する」ことが謳われた。

覇権を求めず、覇権を赦さず――溥儀・溥傑とその家族を庇い続けてきた周恩来が、生涯をかけて大切にした思いが大きな実を結んだ瞬間だった。このときの喜びを浩は歌に詠んだ。

からくにと大和のくにがむすばれて　永久《とわ》に幸あれ千代に八千代に

「一緒に逝きたい」

溥傑は一九八〇年（昭和五十五年）秋、陸軍士官学校の同窓会である偕行社の年次総会に出席するため浩を伴って戦後二度目の来日をした。浩は夜の懇親会にも参加し、士官学校校歌を同期生たちと肩を組んで大声で合唱する溥傑の楽しそうな姿を見て、士官学校卒業生の繋がりの強さに感動する。

しかし、この来日以降、浩は体調不良を訴えるようになった。三度目の訪日（八二年四月）の際には、羽田に向かう飛行機の中で具合が悪くなり、空港から東大病院に直行した。検査の結果、慢性腎不全であることがわかり緊急入院し、週三回の透析治療が続けられた。入院中、当時、皇太子だった明仁親王と美智子妃が花束を持って見舞いに来て、溥傑・浩夫妻を感激させた。

しかし、いつまでも東京にいるわけにはいかない。六月末、北京の友誼病院が人工透析の受け入れ準備を整えると、中国に帰り、以後、入退院を繰り返しながら透析治療を続ける。溥傑は一日おきに透析を受ける浩に付き添い、献身的な看護を続けた。このころの溥傑はふたりの生活について聞かれると「相依為命」（相依《あいよ》って命《いのち》を為《な》す）と常に答えた。「互いにいたわり助け合って、天寿を全うしたい」という願いである。また「浩が死ねば私も生きてはおれない」と口にするようになった。

一九八六年（昭和六十一年）六月、浩の病状は一段と悪化し、友誼病院に入院する。年が明け八七年に入ると、両方の腎臓とも機能不全となり、長い入院生活が続いたため、病院では彼女のために人工腎を備えてくれた。二月になると溥傑は病室に泊まり込み、つきっ切りで看病する。ある深夜、意識の戻った浩は溥傑の手を取って、

「お願いがあるの。私が死んだら遺骨の半分は嫁ぎ先の中国に、後の半分は実家の日本に送って、エコ（慧生）と一緒にしてくださいね」

と涙を流した。慧生の遺骨は日中平和友好条約が締結された一九七八年、嫮生夫妻が北京を訪れた際に分骨され、嵯峨家の菩提寺である京都・嵯峨野の二尊院に納骨していた。溥傑は「浩さん、君はよくなるよ。何としても治してもらうよ」と泣きながら手を強く握り返したが、これが浩の遺言になった。

八七年六月二十日午前七時五十分、浩は尿毒症を併発し、七十三歳の生涯を閉じた。溥傑は最後まで浩の耳元で「浩さん、浩さん……」と小声で呼び続けた。しかし浩にはもう聞こえなかった。溥傑の脳裏には、「日本の稲毛海岸をふたりでそぞろ歩きし、渚を打つ波の音を聞きながら一日の出来事を話し合った情景が浮かんだ」と『溥傑自伝』に記している。

最期を看取ったのは溥傑と浩の妹・町田幹子のふたりだけだった。溥傑は浩の遺体に取りすがり、「一緒に逝きたい」と泣き叫び、看護師たちを困らせた。そしてすぐに日本の嫮生に電話し「とうとう死んでしまったよ」と告げ、そのあとは涙で声にならなかった。

告別式は六月二十九日午前、遺体が移された北京病院で行われた。葬儀には日本から福永嫮生夫妻、実弟の嵯峨公元も駆けつけ、中国から鄧穎超・政商会議主席（故・周恩来夫人）、孫平化・中日友好協会会長ら数百人が参列、日本から香淳皇后、秩父宮妃、高松宮夫妻、三笠宮夫妻からの供花が飾られた。浩の遺体は化粧が施された姿で壇上に安置され、花で包まれた。

人前ではあまり感情をあらわにしない溥傑が、遺体に取りすがって浩の名を呼び続け、号泣した。歩くこともできない父を嫮生が支え続けた。見かねた文史資料研究委員の同僚が「溥傑さん、周総理に与えられた任務はまだ終わっていないですよ」と声をかけた。それが、溥傑が立ち直るきっかけとなったという。

溥傑は葬儀後、嫮生夫妻や嵯峨公元と相談し、浩の遺骨は護国寺の自宅に安置し、その分骨を慧生の遺骨とともに埋葬することにし、嫮生は母の遺骨の半分を持ち帰った。慧生の分骨が納骨されている京都・嵯峨野の二尊院は奥嵯峨の小倉山にあり、急な参道を登って行くことは、高齢者には負担が大きい。そこで帰国した嫮生は嵯峨家の叔父、叔母たちと相談し、嵯峨家ゆかりの山口県・下関の中山神社の境内に「愛新覚羅社」として社殿を建て、そこに浩と慧生の遺骨を納めることにした。神社側もこころよくこれを受け入れた。日本で結婚し福永姓となった嫮生には、どのような形でも「愛新覚羅」の名を残したいという強い思いがあったのである。

中山神社は下関市綾羅木《あやらぎ》の白い砂丘の松林の中にあり、浩の曽祖父にあたる中山忠光卿を祀った神社である。浩の母方の祖母、南加は、明治天皇の生母である中山一位局の弟で、〝忠臣〟と言われた宮内侍従・中山忠光卿の忘れ形見。中山神社の本殿は南に向けて建てられているが、新たに建立された「愛新覚羅社」は西北方向、中国大陸に向けて建てられた。入口の右側には溥傑が自書した「愛新覚羅社」という社名を彫った石柱が建てられる。左手には黒い御影石に浩の詠んだ歌が刻まれた。

ふた国の　永久のむすびのかすがいに　なりて果てたき我が命かな

溥傑は、一九八七年（昭和六十二年）の暮れも押し迫った十二月十二日、愛新覚羅社に浩と慧生の分骨を納める鎮座祭に参列するために来日した。五年ぶりの日本訪問だった。鎮座祭は年が明けた八八年一月十七日夕、完成したばかりの「愛新覚羅神社」で溥傑が祭主となって行われた。中山神社本殿に仮安置された浩・慧生の遺骨は神主に捧げられ、松明《たいまつ》に照らされながら愛新覚羅社まで進んで安置され、「愛新覚羅浩命《のみこと》」、「愛新覚羅慧生命」となった。浩と慧生は神様になった。

一連の神事が終わって近くの旅館で「直会《なおらい》」が開かれる。その席で溥傑は声を詰まらせながら謝辞を述べた。

「妻は長女の慧生とともに大陸にいちばん近いこの地に埋葬され、曽祖父中山忠光卿の足許に永遠の眠りにつきました。母娘はもうこれ以上離ればなれになることはなくなりました。先ほど私は妻と長女の遺骨の前で、私もやがて来るから待っているようにと話しました。今日は本当に有難うございました」

それが溥傑の遺言となった。

明仁天皇・美智子皇后の訪中

溥傑は浩を失ってから六年八ヵ月を北京で過ごし、その間、浩の一年祭（一九八八年、仏式の一周忌にあたる）、三年祭（一九九〇年）、五年祭（一九九二年）に合わせて三度の来日を果たす。そのたびに皇居で記帳し、各宮家へ表敬訪問、中国大使館が主催する日中友好に関わる行事や催しに参加するなど天皇家をはじめ各宮家との親睦を深めた。一年祭の来日時には「毎日新聞」のインタビューに応じている。
「私と兄の溥儀は日本と協力してお互いに利用し合う形で、清朝の流れを満州国皇帝とその弟として存続させようと意図しました。自分たちの野望をとげようとしたのです。日本は関東軍に満州国をつくらせて、言うことを聞く皇帝を置き、大義名分のもとに自分たちの勢力拡張を図ったのです」（昭和六十三年二月十四日付朝刊）
「（そうした歴史的事実と）慧生さんの（心中）事件とは直接関係がないと思いますが……」

と聞かれると、はっきりと、

「いや、あります。あのとき、兄と私があのような野望を抱かなければ、以後のことはすべてないのです。戦後初めて日本に来たとき、義弟（筆者注：嵯峨公元のこと）に頼んで天城山のトンネルのところまで行きましたが、雪が積もっていて現場には近づけませんでした」

と語っている。「満州で犯した自分たちの罪を慧生が一身に背負って自分に代わって亡くなった」との思いが、溥傑の後半生を貫いた行動の〝原動力〟となったのであろう。

序章で述べた「千葉市ゆかりの家・いなげ」を溥傑と嫮生が訪れたのは、一九九〇年（平成二年）四月、浩の三年祭に来日したときのことである。この訪日の際、溥傑は出迎えた嫮生を連れて宮内庁を訪れ、記帳した。即位してまだ日も浅い明仁天皇・美智子皇后は、ふたりが皇居を訪れたことを知ると、すぐに日時を指定して晩餐に招いた。溥傑父娘は嵯峨公元夫妻とともに赤坂御苑を訪れ、天皇・皇后と食事を共にする。溥傑はこのとき「明仁」の署名が入った天皇・皇后の写真をプレゼントされる。後日福永家で孫たちに見せながら感激の涙が止まらなかったという。

最後の来日となったのが五年祭の九二年（平成四年）五月末である。この年は日中国交回復から二〇周年に当たり、水面下で天皇・皇后の史上初となる中国訪問計画が進んでいた。狙いは、日中の喉に刺さった骨のように引っかかっている「歴史問題」の解決である。溥傑訪日のもうひとつの目的は、密かに中国訪問の〝根回し〟をすることだった。中国国内には天皇の訪中に反対する声も強く、日本国内でも「天皇の政治利用」だと強い反発があり、正式なルートで訪中を実現するにはさまざまな困難が横たわっていた。

最大の難関は、天皇の「お言葉」である。天皇が訪中すれば過去の戦争について「お言葉」で触れないわけにはいかない。問題は日中戦争について、どのように「謝罪」するかにあった。しかし、天皇が先の戦争について「謝罪」すれば日本国内の保守勢力の猛烈な反発を招く。現に天皇訪中反対を唱える集会が相次いで開かれ、「過去の戦争について謝罪することは認められない」との声が上がっていた。来日した溥傑は六月初め、二度にわたって参内し、天皇・皇后と面談した。どんな会話が交わされたかは明らかではないが、「お言葉」の内容がテーマだったことは当時の状況から容易に想像できる。溥傑は、このことについて、中国の意向を説明、舞台裏で大きな役割を果たしたのである。

天皇・皇后の訪中は五ヵ月後の十月二十三日から五日間にわたって実現する。両陛下が出発した二十三日付の朝日新聞朝刊に「謝罪は求めるものではない」との見出しで北京発の溥傑のインタビューが掲載された。溥傑はこう述べている。

「『お言葉』の中の『謝罪』について、こちらは期待していません。要求するものではない。求めたら『親善』ではないでしょう。（略）（天皇訪中には）中国でも一部に反対の気持ちの人はいるが、大多数は親善のためによいことと思っています。両国間に親善という基礎があれば、一切の問題が解決する見込みがあるということなのです」

この発言こそ、溥傑が東京で明仁天皇に会って伝えたかったことなのだろう。同紙によると、溥傑の自室の棚には天皇・皇后からプレゼントされた「明仁」のサイン入りの写真が飾られていたという。

十月二十三日夕、北京に着いた天皇・皇后は午後六時半から人民大会堂で開かれた楊尚昆国家主席主催の歓迎晩餐会に出席、楊主席のスピーチに対する答辞の中で、明仁天皇は日中戦争について次のように述べた。

「両国の関係の永きにわたる歴史において、我が国が中国国民に対し多大の苦難を与えた不幸な一時期がありました。これは私の深く悲しみとするところであります。戦争が終わったとき、我が国民は、このような戦争を再び繰り返してはならないとの深い反省に立ち、平和国家としての道を歩むことを固く決意して、国の再建に取り組みました。爾来、我が国民は世界の諸国との新たな友好関係を築くことに努力してまいりましたが、貴国との間においては、両国の先人たちをはじめとする多くの人々の情熱と努力によって、将来にわたる末長い平和友好を誓い合う関係が生まれ、広範な分野での交流が深まりつつあります」

明仁天皇は中国国民に対して「深い反省」という言葉で厳しい歴史認識を示し、その「思い」を吐露する形をとり、明確な謝罪の言葉は盛り込まれなかった。このお言葉は、一九七二年の日中国交正常化における共同声明の「日本側は、過去において日本国が戦争を通じて中国国民に重大な損害を与えたことについての責任を痛感し、深く反省する」という文言がベースになったという。この日の夜、溥傑は神戸の嫮生に涙声で電話してきた。

「浩が生きていたらどんなに喜んだことだろう」

そして周恩来が生きていたら。溥傑は、「周恩来からの任務」を果たしたのである。

二日後の二十五日、天皇・皇后はかつての「紫禁城」である故宮博物院を訪れた後、中国大飯店で開かれた日本大使館主催のレセプションに出席する。二十六日付「読売新聞」によると、明仁天皇が、その席に招待されていた溥傑に「お元気ですか」と声をかけると、溥傑は日本語で「はい。

中国に来ていただき、国民も喜んでいます」と答えた。

溥傑は六月の訪日の際、詩を書いて紀宮妃にプレゼントしていた。美智子皇后は「（紀宮は）軸にして飾っています。末長くお元気で」と感謝の気持ちを伝えた。

しかし、溥傑は日本皇室との関係や日中間の友好関係樹立の〝裏方〟としての役割を公に語ることはなく、中国共産国家の一公民という自分の立場を心得ていた。また清朝の末裔であることを自らはけっして語らなかった。

*　　　*

天皇・皇后が訪中した翌年の一九九三年（平成五年）二月、溥傑は風邪をこじらせて北京で入院する。六月に結婚の儀を迎える徳仁《なるひと》皇太子のお祝いに来日を予定していた矢先のことである。溥傑の病状は回復せず、知らせを受けた李鵬総理をはじめ政府要人や、駐中国大使、日本の友人たちが次々と見舞いに訪れた。年が明け九四年になると溥傑の容態は急速に悪化する。「父危篤」の知らせを受けた嫮生も夫とともに北京に駆けつけた。二月二十八日午前八時すぎ、溥傑は浩と慧生のもとに旅立った。八十六歳だった。溥傑は浩の弟、嵯峨公元に「中国には墓を作らず、遺骨や遺灰の半分を中国の空に撒き、残る半分は日本に持ち帰ってほしい」との遺言を託していた。

告別式は三月七日、共産党幹部や国家の要人らを埋葬する北京郊外の「八宝山革命公墓」で行われ、嫮生が喪主として参列者を迎えた。祭壇の最前列には「日本国天皇・皇后」からの供花が飾られ、式は副総理、外交部長も務めた呉学謙（政商会議副主席）が取り仕切る。日中の政府関係者や各国外交官をはじめ、一〇〇〇人を超える一般会葬者が溥傑の在りし日を偲んだ。

遺骨は溥傑の遺言に従って、半分は浩と慧生が眠る下関・中山神社の愛新覚羅社に、半分は浩、慧生の分骨と一緒に北京の空に空葬されることになった。三月十二日、嫮生は三人の遺骨を抱いて、親族たちと中国政府が準備した軍用機に同乗する。機が北京北西四〇キロの醇親王家の墓所のある妙峰山上空にさしかかったとき、機体のハッチが開き、大量の深紅のバラの花びらに包まれた三人の遺骨の半分は、晴れ上がった北京の空に散っていった。

分骨された溥傑の遺骨は嫮生の胸に抱かれて、日本に運ばれる。四月四日に東京・霞が関の霞会館で開かれた「故愛新覚羅溥傑先生を偲ぶ会」には三笠宮夫妻が参列し、会場には秩父宮、高松宮、三笠宮、常陸宮四家から生花が贈られ、李香蘭こと大鷹（旧姓・山口）淑子参院議員ら一五〇〇人が献花に訪れた。

二週間後、嫮生は再び父の遺骨を抱いて下関に向かう。十九日午後七時、中山神社で納骨合祀祭がおごそかに営まれた。明々と照らし出された松明に導かれた溥傑の遺骨は、境内をゆっくりと一周して、本殿に隣接する愛新覚羅社に祀られ、溥傑は「愛新覚羅溥傑命《のみこと》」となった。溥傑、浩、慧生の親子三人は遺言どおり、再び離れることなく永遠の眠りについたのである。

「愛新覚羅社」の前方には松林を隔てて玄界灘が広がり、朝鮮半島を越えたその先には、かつて一三年五ヵ月という短い間、確かに存在した「満州国」があった。愛新覚羅社は、その満州国に日本本土から最も近い場所にある。今では毎年夏になると、眼前に広がる穏やかな海岸は海水浴場として多くの若者で賑わう。その光景は新婚時代を過ごした千葉・稲毛海岸の波静かな東京湾を思わせる。

嵯峨浩が愛新覚羅溥傑に嫁いでから八十余年の歳月が流れた。歴史の荒波に翻弄されながらも、変わらぬ「純愛」を貫き通したふたりの生涯は「愛守り」と名付けられた「お守り」として、愛新覚羅社に参拝する若いカップルたちの間で人気を呼んでいる。

しかし、この「愛守り」に込められた溥傑と浩の生涯の物語を知る若者は今や皆無に近い。中国の現代三筆のひとりといわれる書家・溥傑の書体は「相依為命体」と呼ばれている。

あとがき

私（筆者）が満州国皇帝・溥儀とその実弟・溥傑の生涯のドラマを書き残したいと思うようになった動機のひとつは、序章でも記したように、千葉市稲毛の拙宅の近くにある「千葉市ゆかりの家（愛新覚羅溥傑仮寓）」をしばしば訪れるようになったことにある。その古風な和風建築と、その庭に咲き乱れる花々は、溥傑と浩の新婚生活を偲ばせる。貞明皇太后が満州国に渡る浩に自ら拾って手渡したという白雲木の種は、今も三代目の孫木が五月初めになると花開き、甘い芳香を周囲に漂わせる。その庭に立つと古き時代の満州国と日本の関係に自ずと思いを馳せることになる。

「満州国」とは「日本軍の侵略によって作り上げられた傀儡国家である」と私たちは教えられてきた。たしかに満州国の「国体」の本質に関わる歴史的事実を否定することはできない。しかし、皇帝となった溥儀も弟の溥傑も、〝傀儡師〟である関東軍に操られ、踊らされた〝木偶《でく》の坊〟にすぎなかったのだろうか。

　溥儀はその生涯を振り返って『わが半生』を、溥傑は『溥傑自伝』を書き残している。本文中でも触れたがその原本は、中国共産党に捕らわれたふたりが撫順戦犯管理所で思想教育の一環として、「中国人民を裏切り、日本軍と結託して満州国を建国した」前半生を綴った「認罪書」であり、そこには「罪から逃れる」ための事実の歪曲も存在する。また、特赦を受けて新中国の〝公民〟となったのちの「後半生」についての記述は少ない。

とくに溥儀は少年時代の家庭教師、英国人ジョンストンが見抜いたように「分裂気質」があり、その記述と本音と間の乖離《かいり》にも十分な配慮が必要だろう。そうした点を差し引いたとしても、溥儀・溥傑兄弟とふたりを取り巻く婉容、浩ら女性たちの生涯は、戦前、戦中、戦後の日中の歴史に翻弄された壮絶な人間ドラマであった。歴史《ヒストリー》とは物語《ストーリー》である、といわれるが、溥儀、溥傑を取り巻く人間ドラマは、虚構《フィクション》の物語の世界をはるかに超えている。本書はそうした人間ドラマを、残された数々の記録によって、できる限り忠実に再現したいと思った。

さらにもうひとつ、私には長い間、「満州国の真実」を日本側からではなく、満州国側の当事者である溥儀・溥傑の眼を通して記述したい、という強い思いがあった。かつて私は満州国を舞台にした本を二冊上梓した。ひとつが『不屈の春雷――十河信二《そごうしんじ》とその時代』（ウェッジ）であり、もう一冊が『満蒙開拓、夢はるかなり――加藤完治《かとうかんじ》と東宮鐵男《とうみやかねお》』（同）である。

戦後奇跡の高度経済成長を遂げた日本経済の背骨となった「新幹線を作った男」十河信二・元国鉄総裁は、満鉄理事時代に関東軍参謀、石原莞爾と肝胆相照らす仲となり、満州事変に協力、満州国建国後は満鉄経済調査会委員長として建国後の長期経済建設計画の立案を推し進めた。

一方、寒冷地農業の研究に取り組んだ農学者・加藤完治には、不況にあえぐ農村の青少年を教育し、不毛の満州国北辺に送り出し、豊かな農村に変えたいという遠大な理想があった。それに共鳴し支援したのが石原莞爾の部下だった軍人、東宮鐵男である。

彼らは「満州」と「中国」を明確に区別し、各地に割拠した軍閥同士の戦乱が絶えない満州に「五族協和、王道楽土」を建設するという「侵略」とは正反対の思いがあった。しかし、彼らの意に反して「満州国」は変質し、彼らの思いもまた戦後は「侵略行為」として批判され、歴史の底に沈んだ。

この二冊の執筆にあたって私はかつての「満州国」を前後、五度訪れ、「満蒙開拓」の取材では開拓団が最初に入植した松花江沿いの佳木斯《チャムス》まで足を運んだ。さらに溥儀、溥傑がソ連軍の捕虜となり、五年近く収容されたハバロフスク収容所跡も訪れた。それらの取材で日本側の文献・資料だけでなく、満州国側の文献・資料も多数、蒐集したが、それらの文献類のほとんどをその執筆に生かせず、書棚に積み上げたままになっていた。新型ウイルスによる〝コロナ禍〟で二年以上にわたって自宅に閉じ籠らなければならなくなると、私はこれらの文献・資料を引っ張り出し、片っ端から読み進めた。コロナ禍は、私が満州国について改めて考え直すきっかけと時間を与えてくれたのである。二〇二二年はまた「満州国建国」から九〇年という節目の年でもあった。

溥儀、溥傑兄弟にとって「満州国」とは何だったのか――それを理解することなしに「満州国の実像」を理解することはできないのではないか。私は歴史学者ではないし、評論家でもない。一ジャーナリストとして、日本で翻訳された資料（史料）に目を通し、また「満州国」に関与した日本人の記録によって、溥儀・溥傑兄弟の実像を描き、彼らの生涯を通して戦前、戦後の日中関係を俯《ふ》瞰《かん》してみたいと思った。そんな思いが本書で十分に達成できたとは思わないが、この書が「満州国の真実」に一歩でも近づく一助になれば、と願っている。

この「満州国壊滅」の物語を書きながら、私の脳裏をずっと離れなかったのは、日本全土の主要都市が焼土と化し、広島、長崎に原爆が投下され、三〇〇万人もの日本人が犠牲となって無条件降伏した日本の姿だった。「歴史に〝ＩＦ（もしも）〟はない」ということを承知で言えば、もし敗戦国日本が米国、ソ連、中国、英国などによって分断統治され、天皇制が廃止されていたら、ということだった。そのとき、日本は満州国と同じ運命を辿ったのではないか、という思いである。しかし、日本の占領は事実上米軍によって行われ、国家崩壊という最悪の事態は避けられ、敗戦国日本は再生の道を辿ることができたのである。もう一点。もし溥儀、溥傑が、当初の予定どおり、日本に亡命していたら彼らの戦後の運命はどう変わっただろうか、ということだった。連合国軍最高司令官マッカーサーは溥儀たちを戦犯として逮捕し、東條英機や板垣征四郎らと同じく東京裁判の被告席に立たせただろうか。それとも溥儀が望んだように「天皇と精神一体・一徳一心」だとして訴追から除外したのだろうか。

この書の執筆が最終段階に差しかかった二〇二二年二月末、ロシア軍の大部隊が隣国のウクライナに侵攻するという世界を震撼させる事態が起きた。ロシアがウクライナ東部のドンバス地方の二つの「人民共和国」を承認し、武力でそれを拡張していく過程は、かつて日本が満州事変から満州国の建国、日中戦争へと突き進んでいった歴史を思わせる。二十一世紀になってもまた過去の歴史が繰り返されるのだろうか？　ロシアのプーチン大統領は、核使用さえちらつかせて世界を脅しているのである。事態の先行きはまだ見えぬ段階ではあるが、人類が再び過去と同じような悲惨な結末を繰り返さないことを祈りたい。

この本の取材、執筆にあたり「千葉市ゆかりの家・いなげ」を管理・運営する千葉市教育委員会文化財課は、長い期間をかけて収集した文献・資料類をすべて貸与してくれた。さらに同課は神戸在住の福永嫮生さんとの〝連絡役〟も引き受けていただいたが、コロナ禍が続く中、お会いすることはかなわなかった。外務省外交史料館の熱田見子さんには、同館に保存された溥儀・溥傑を中心とした満州国関係の史料閲覧に全面的に協力いただいた。さらに、群馬県前橋市在住の郷土史研究家、東宮春生氏にも彼が収集した満州国関係資料を惜しみなく提供していただいた。加藤完治に協力して満蒙開拓の先頭に立った東宮鐵男は春生氏の大叔父にあたる。今なお東京・お茶の水の「斯文会」で漢文漢詩の勉強を続ける日経新聞同期の田村哲夫君には漢文の読解など指導いただいた。こうした方々の協力なしにはこの本を出版することはできなかった。

最後になったが『昭和解体』『暴君』の前二作に続いて精緻な編集作業を行っていただいた加藤晴之氏、小学館の飯田昌宏氏をはじめ本書の出版にご協力いただいた皆様に厚く御礼申し上げます。

二〇二二年（令和四年）五月

牧久

溥儀・溥傑関連年譜（1906－1994）

溥儀・溥傑関連	西暦（和暦）	世界・中国・日本の動き
2月7日　溥儀、醇親王載灃の長子として北京に生まれる	1906年（明治39年）	11月26日　南満州鉄道（満鉄）設立
4月16日　溥傑、醇親王載灃の第二子として誕生	1907年（明治40年）	12月5日　朝鮮王朝皇太子、李垠、日本留学
11月13日　溥儀、宮中に入る。14日、光緒帝死去 11月15日　西太后（慈禧太后）死去 12月2日　溥儀、宣統帝として即位	1908年（明治41年）	12月5日　内閣直属の鉄道院発足。総裁に後藤新平
	1910年（明治43年）	8月22日　韓国併合に関する日韓条約調印
	1911年（明治44年）	10月10日　辛亥革命始まる
2月12日　溥儀退位（清朝滅亡）。中華民国の優待条件受け入れ	1912年（明治45年）	1月1日　「中華民国」建国宣言。孫文、臨時大総統に就任 7月30日　明治天皇崩御
3月16日　浩、嵯峨実勝の長女として誕生	1914年（大正3年）	7月28日　第一次世界大戦勃発
4月　溥儀、溥傑　宮中で初対面	1916年（大正5年）	1月1日　袁世凱が帝位に就き「洪憲元年」を宣言（3月22日に帝位取り消し）
7月1日　張勲による復辟で溥儀、2度目の皇帝即位 7月12日　張勲の敗北により、2度目の皇帝退位	1917年（大正6年）	3月12日　ロシア革命によりロマノフ王朝崩壊 11月7日　ボルシェビキによるソビエト政権の樹立を宣言
3月4日　ジョンストン、溥儀の英語教師に任用 8月14日　溥傑、溥儀の漢文の勉強相手（伴読）に選ばれる	1919年（大正8年）	3月2日　モスクワで第三インター（コミンテルン）設立 6月28日　ヴェルサイユ条約調印。国際連盟発足

3月10日　溥儀、婉容を皇后とし、文繡を側室とすることが決まる 12月1日　婉容、文繡との婚礼の儀、挙行	1922年（大正11年）	12月30日　ソビエト社会主義共和国連邦（ソ連）成立
9月8日　溥儀、日本の関東大震災に30万米ドル相当の見舞品を贈る 12月8日　溥傑、「内廷行走」に任用される	1923年（大正12年）	9月1日　関東大震災発生 9月16日　大杉栄、伊藤野枝、憲兵隊に虐殺される
10月23日　第二次奉直戦争で馮玉祥がクーデターを起こし北京に入城 11月5日　溥儀、馮玉祥に紫禁城を追われ北府に移る 11月29日　溥儀、北府から日本公使館に逃れる	1924年（大正13年）	1月21日　ソ連でレーニンが死去 1月26日　摂政・裕仁皇太子（昭和天皇）が久邇宮良子と結婚
2月23日　溥儀、天津の日本租界、張園へ移る	1925年（大正14年）	3月12日　孫文、北京で病没
7月4日　孫殿英による東陵盗掘事件。溥儀、復仇の誓いを立てる	1928年（昭和3年）	6月4日　張作霖爆殺事件が発生 12月29日　張学良が「易幟」を断行
3月2日　溥傑と潤麒が日本に留学、学習院に入学 7月9日　溥儀、張園から静園に移る	1929年（昭和4年）	7月1日　日本政府、張作霖爆殺事件の処分を発表、田中義一内閣総辞職（2日） 10月24日　ニューヨーク株式市場大暴落
1月26日　溥儀、日本天津駐屯軍参謀吉岡安直少佐に初引見	1930年（昭和5年）	10月9日　張学良が国民政府（蔣介石）中央軍副総司令に就任
6月　溥傑、鹿児島に歩兵第45連隊の大隊長吉岡少佐を訪ねる 7月29日　水野勝郎子爵が溥儀に「天莫空勾践　時非無范蠡」と書いた扇子を贈る 10月11日　溥儀、親書を陸相南次郎に届けさせる 10月22日　側室・文繡と離婚成立 11月10日　溥儀、天津を脱出。13日営口到着、大連へ。12月下旬には婉容も旅順に移る	1931年（昭和6年）	9月18日　柳条湖事件発生。満州事変始まる 11月3日　関東軍、北進を開始 12月10日　国際連盟理事会で「満州問題調査委員会」設置を採決 12月13日　最後の政党内閣、犬養毅政友会内閣が成立

西暦（和暦）	溥儀・溥傑関連	世界・中国・日本の動き
1932年（昭和7年）	2月23日 溥儀、「1年内に帝政移行」を条件に満州国の執政就任を内諾 3月1日 「満州国」建国宣言 年号は「大同」 3月9日 溥儀、満州国執政就任 3月10日 溥儀と本庄繁関東軍司令官の間で「秘密協定」に調印 5月3日 溥儀、リットン調査団と会見 9月15日 鄭孝胥と武藤信義司令官「日満議定書」に調印	1月14日 国際連盟理事会、リットンら5名を「満州問題調査委員会」に選定 1月28日 「上海事変」始まる 2月29日 リットン調査団、東京に到着 5月15日 「五・一五事件」。犬養毅首相暗殺される 7月19日 日本軍、熱河に侵入 9月15日 日本が満州国承認 10月1日 リットン調査団「満州問題に関する報告書」を日本に通告
1933年（昭和8年）	5月 溥儀、工藤忠を日本に派遣し「日本は満州の帝政移行に同意する」との情報を得る 9月1日 溥傑、陸軍士官学校本科に入学（学習院は3月に卒業）	2月23日 日本軍が熱河省への攻撃開始 2月24日 国際連盟「満州国、不承認」を採決。日本代表松岡洋右が退場 3月27日 日本、国際連盟を脱退 5月31日 「塘沽停戦協定」成立。満州事変終わる
1934年（昭和9年）	3月1日 満州国、帝政を実施。溥儀、皇帝となり年号を「康徳」と改元 6月6日 秩父宮が新京に溥儀を7日間訪問。来日を要請 9月 吉岡安直（中佐）が陸軍士官学校教官となる	4月10日 中国共産党が反日統一戦線・抗日救国の「六大綱領」を発表 9月2日 ローマ教皇庁が満州国を承認 9月18日 ソ連邦、国際連盟に加入
1935年（昭和10年）	3月29日 吉岡安直、満州国帝室御用掛となる 4月2日～27日 溥儀、第一回の訪日。6日に天皇と会見 5月2日 「回鑾訓民詔書」を公布 5月21日 国務総理・鄭孝胥辞任。張景恵が新総理に就任 6月30日 溥傑、陸軍士官学校卒業。見習士官として歩	4月7日 「天皇機関説」の美濃部達吉が不敬罪で告訴される 6月10日 河北省で日本軍の要求を受け入れた「梅津何応欽協定」が成立 8月1日 中国共産党が「抗日救国統一戦線」を提唱 8月12日 陸軍省軍務局長永田鉄山が相沢三郎中佐に斬殺される

溥儀・溥傑	年	関連事項
兵第59連隊に入隊。連隊長は李垠大佐 10月1日 溥傑、満州国歩兵中尉に任官、新京禁衛歩兵連隊小隊長となる		10月20日 毛沢東軍の「長征」が終わる
4月24日 興安北省長、凌陞ら一族4名をスパイ罪で死刑に処す。溥儀は妹と凌陞の息子との婚約を破棄 9月1日 溥傑、千葉の陸軍歩兵学校に実習学生として派遣される。嫁選びが本格化	1936年（昭和11年）	2月26日 二・二六事件が発生 7月5日 二・二六事件の関係将校17人に死刑判決 11月25日 日独防共協定、ベルリンで正式調印
1月18日 東京・上大崎の浜口邸で溥傑・浩見合い 3月1日 溥儀の裁可で「帝位継承法」の公布。「覚書」「節略」の〝密約〟 4月3日 溥傑・浩が東京・九段の軍人会館で挙式 〃 溥儀、側室として譚玉齢を迎える 9月 溥傑、千葉の歩兵学校を卒業、新京の禁衛歩兵連隊上尉に任官 10月12日 浩、満州へ旅立つ。16日、新京着 10月18日 浩、溥傑とともに溥儀に面会	1937年（昭和12年）	6月4日 第一次近衛文麿内閣成立 7月7日 盧溝橋で日本軍・中国軍が衝突 7月17日 蔣介石が開いた盧山会議に中国共産党代表周恩来が出席。蔣介石の「最後の関頭」演説 7月28日 日本軍、華北で総攻撃開始 9月22日 中国国民党、中国共産党と「国共合作宣言書」を公表 12月10日 日本軍、南京攻撃を開始。13日、南京占領
2月26日 浩、新京市立病院で女児を出産、慧生と命名	1938年（昭和13年）	4月1日 日本政府、国家総動員法を公布
4月1日 溥傑、駐在武官として駐日満州国大使館に赴任。浩も同行 10月 溥傑、奉天の歩兵将校軍官学校教官に。第二子妊娠中の浩は東京に残る	1939年（昭和14年）	8月23日 独ソ不可侵条約調印 8月28日 平沼騏一郎内閣「欧州の天地は複雑怪奇」と声明して総辞職 9月1日 第二次世界大戦勃発
3月13日 浩、東京で女児を出産。嫮生と命名 6月22日〜7月10日 溥儀、第2回目の訪日 6月末 浩、慧生と嫮生を連れ、新京に戻る 7月15日 「国本奠定詔書」発布。建国神廟の鎮座祭	1940年（昭和15年）	7月22日 第二次近衛内閣が成立。「大東亜新秩序建設」を打ち出す 9月27日 日独伊三国同盟締結 9月23日 日本軍、北部インドシナ進駐開始 10月12日 大政翼賛会が発足

溥儀・溥傑関連	西暦（和暦）	世界・中国・日本の動き
8月 溥傑・浩夫妻、慧生を連れ北京の北府に父・醇親王を訪ねる 12月8日 溥儀、日米の開戦を知り「時局に関する詔書」を発布。満州国の参戦を宣言 12月 溥儀の裁可で「国防保安法」「国防資源秘密保護法」を公布	1941年（昭和16年）	4月13日 松岡洋右外相とスターリン書記長「日ソ中立条約」に調印 7月7日 「関東軍特殊演習」（関特演）。日本は北満に70万人の軍隊を送り込む 10月18日 東條英機が組閣 11月26日 米国ハル国務長官が野村吉三郎駐米大使に「ハル・ノート」を示す 12月8日 日本軍がハワイ真珠湾を空襲。マレー半島に上陸開始
3月1日 溥儀、「建国十周年の詔書」発布 〃 溥傑、禁衛隊連隊長に就任 3月10日～4月5日 国務総理・張景恵を特別大使として日本に派遣 8月13日 側室・譚玉齢が急死 9月15日 溥儀、新京での建国十周年式典に出席	1942年（昭和17年）	2月15日 シンガポールの英軍が日本軍に無条件降伏 6月5日 ミッドウェー海戦。日本は空母4隻を失い、戦局の転機 10月3日 日本軍、ガダルカナル島上陸開始 11月19日 ソ連軍、スターリングラードで独軍への大反撃を開始
3月初め 側室・李玉琴が入宮。一ヵ月後「福貴人」に冊立 4月2日 東條英機首相が訪満、溥儀と会見 12月1日 溥傑、陸軍大学校に入学。一家は東京に戻る	1943年（昭和18年）	2月1日 日本軍がガダルカナル島撤退開始 4月18日 山本五十六連合艦隊司令長官がソロモン群島上空で戦死 11月28日 ルーズベルト・チャーチル・スターリンがテヘランで会議
7月31日 新任の関東軍司令官兼駐満大使山田乙三が、溥儀に信任状を捧呈 12月末 溥傑、陸大を繰り上げ卒業	1944年（昭和19年）	7月18日 東條英機内閣総辞職 11月24日 B29約70機が東京を初空襲
2月 溥傑、浩、嫮生が慧生を東京に残し、新京に戻る。溥傑は中佐に昇進	1945年（昭和20年）	2月4日 ルーズベルト・チャーチル・スターリンがヤルタで会議。ソ連の対日参戦を決める

日付	溥儀・溥傑関連
8月9日	ソ連軍が満州に進撃を開始。関東軍司令官山田乙三が溥儀にただちに通化に遷都するよう通告
8月10日	溥傑に「侍従武官」の発令
8月12日	溥儀、溥傑ら特別列車で新京を出発。通化を経由して14日朝、大栗子溝に移る
8月18日	大栗子溝で溥儀「退位詔書」を読み上げ「退位式」を行う。満州国解体
8月19日	溥儀、溥傑ら奉天飛行場でソ連軍に逮捕され、ソ連軍のチタに護送
10月16日	ハバロフスク郊外の第45収容所分所に移される

日付	一般事項
3月10日	B29による東京大空襲
5月7日	ドイツが連合国に無条件降伏
8月6日	米軍、広島に原爆を投下。続いて9日、長崎に原爆を投下
8月8日	ソ連が日本に宣戦布告
8月14日	御前会議でポツダム宣言受諾を決定
8月15日	正午に天皇、戦争終結の詔書を放送。無条件降伏
8月30日	マッカーサー連合国軍最高司令官、厚木飛行場に到着
9月2日	米艦ミズーリ号で降伏文書に調印
9月11日	GHQ、東條英機元首相ら39人の逮捕を命令
12月16日	近衛文麿元首相が服毒自殺

1946年(昭和21年)

日付	溥儀・溥傑関連
1月初め	浩、嫮生と婉容ら皇族女性は八路軍に臨江で捕まり通化に強制連行
2月3日	藤田実彦大佐ら通化の日本人が決起。浩たちも巻き込まれ日本人約3000人が殺される
6月中旬	婉容、図們で死去
7月	溥儀、溥傑らハバロフスク市内の第45収容所(将官クラスの収容所)に移される
8月9日	溥儀、東京に護送され東京裁判の証人となる
8月16日～27日	溥儀、ソ連の証人として8回出廷
9月末	溥儀、ハバロフスク第45収容所に戻る
〃	浩、嫮生は佳木斯で釈放されるが、葫蘆島で国民党軍に逮捕され上海へ連行される
12月27日	浩と嫮生、上海連絡班の田中徹雄(元大尉)に救出され、同28日、引揚船に乗船

日付	一般事項
1月1日	昭和天皇が「人間宣言」
4月19日	中国共産党軍(八路軍)が長春を占領
5月3日	東京裁判が始まり、東條英機らA級戦犯28人出廷
5月23日	中国の国民政府軍が長春を奪回
6月18日	東京裁判のキーナン検事、ワシントンで天皇を訴追せずと言明
7月2日	東京裁判で田中隆吉が張作霖爆殺は関東軍参謀河本大佐が指導と証言
10月1日	ニュールンベルク国際軍事裁判で12人に絞首刑判決
11月3日	日本国憲法を公布(施行は翌年5月3日)

溥儀・溥傑関連	西暦（和暦）	世界・中国・日本の動き
1月14日 浩と嫮生、長崎の佐世保港に帰国 春 ハバロフスクの第45収容所が郊外から市内に移転 夏 溥儀、ソ連に在留希望の3回目の上申書（スターリン宛）を提出 11月30日 ソ連軍に逮捕された御用掛吉岡安直がモスクワの収容所で死去	1947年（昭和22年）	1月31日 マッカーサーが2・1ゼネスト中止を命令 2月22日 北朝鮮人民委員会（委員長、金日成）成立 12月25日 中国共産党の毛沢東、「防御から攻撃戦略」への転換表明
1月 第45収容所内に「マエレス学習会」が発足。「マルクス・レーニン主義」について学習が始まる。溥傑は指導役を命じられる。溥儀も参加	1948年（昭和23年）	8月13日 大韓民国樹立（大統領に李承晩） 9月9日 朝鮮民主主義人民共和国樹立（首相に金日成） 11月12日 東京裁判の判決。東條英機ら7人に絞首刑が言い渡される
	1949年（昭和24年）	10月1日 中華人民共和国が成立（主席・毛沢東、首相・周恩来）
2月14日 「中ソ友好条約」調印により溥儀、溥傑ら満州国戦犯の中国への引き渡しが決まる 3月 中国の戦犯政策の総指揮官に周恩来総理が任命される 8月1日 溥儀ら満州国戦犯、綏芬河で中国側に引き渡される 8月3日 満州国戦犯、撫順戦犯管理所に収容される 10月中旬 朝鮮戦争の激化に伴い撫順戦犯管理所は哈爾浜に移転	1950年（昭和25年）	2月14日 スターリン、毛沢東がモスクワで「中ソ友好条約」に調印 6月25日 韓国軍、北朝鮮軍が全面戦争に突入 10月25日 中国人民義勇軍、鴨緑江を越えて朝鮮戦線に出動 12月16日 米国トルーマン大統領、朝鮮情勢深刻化にともない国家非常事態を宣言
	1953年（昭和28年）	7月27日 板門店で朝鮮休戦協定に調印

1954年（昭和29年）

3月17日 戦犯管理所、哈爾浜から撫順に戻り、「罪の大告白と大摘発」が始まる
5月20日 日本人戦犯・古海忠之（満州国総務庁次長）が全員の前で「日本人官吏の罪」を告白
秋 溥傑、周恩来総理にあてた長女・慧生の手紙を受け取る。浩、慧生との文通活発化
12月24日 溥儀、元臣下たちの告発資料をすべて認める

3月1日 米国、ビキニ水域で水爆実験。第五福竜丸が被爆
6月21日 ベトナム・ディエンビエンフーの戦いでホー・チ・ミン軍が勝利し「ベトナム民主共和国」（北ベトナム）と「ベトナム共和国」（南ベトナム）が発足
7月1日 日本で陸海空の自衛隊発足

1955年（昭和30年）

3月 戦犯管理所、収容者に家族との通信を認める
6月7日 溥儀、かつての側室、李玉琴に手紙を書く
7月22日 李玉琴、溥儀を訪ねる
8月 学習院高等科3年となった慧生は東大入学をめざし予備校へ
9月 溥儀、管理所に来た李玉琴と2度目の面会

3月25日 中国人民義勇軍、朝鮮から撤退開始
7月29日 日本共産党第6回全国協議会（六全協）で「極左冒険主義」を改める新方針決定
7月31日 毛沢東「農業合作化問題について」発表。農業合作社がスタート

1956年（昭和31年）

3月7日 溥傑ら戦犯、撫順市の露天掘りや台山堡の農業合作社などを見学
7月2日 溥儀、特別軍事法廷で武部六蔵、古海忠之ら日本戦犯の罪行を証言
7月20日 日本戦犯28人へ判決。武部六蔵が最高刑の20年の懲役。古海忠之は懲役18年
12月25日 李玉琴が管理所を訪れ溥儀と離婚を協議

7月17日 日本政府の「経済白書」で「もはや戦後ではない」と記述
10月19日 鳩山一郎首相がモスクワで「日ソ共同宣言」に調印
11月14日 ソ連軍がハンガリー全土を制圧。ナジ元ハンガリー首相を拘束、2年後に処刑

1957年（昭和32年）

1月 満州国戦犯13人が不起訴。毓嵣、毓嵒、毓嶦や潤麒、萬嘉熙ら釈放される
5月20日 溥儀、李玉琴と正式に離婚
12月4日 学習院大2年の慧生、帰宅せず
12月5日 浩は東京・本富士署に捜索願いを出す
12月10日 慧生と同級生の大久保武道の遺体が天城山中で発見される

2月23日 石橋湛山内閣が総辞職。石橋首相の在任期間は65日
8月26日 ソ連が大陸間弾道弾の実験に成功
11月18日 毛沢東がモスクワで「東風は西風を圧する。帝国主義は張り子の虎」と演説

西暦（和暦）	溥儀・溥傑関連	世界・中国・日本の動き
1958年（昭和33年）	1月28日 溥傑、日本からの手紙で慧生の心中事件を知る 6月下旬 戦犯管理所は戦犯を五つの小組に分け溥儀は「医務小組」に入る	8月29日 中国共産党、人民公社設立運動を決議 11月27日 皇太子明仁と正田美智子の婚約発表
1959年（昭和34年）	5月30日 浩の書いた『流転の王妃 満洲宮廷の悲劇』が出版される。溥傑はその「序文」を書く 9月17日 劉少奇のもと「特赦令」が公布される 12月4日 溥儀の特赦が発表される 12月9日 溥儀、北京に戻り、妹の韞馨の家に住む 12月14日 溥儀ら第一回特赦組が中南海で周恩来と接見	3月28日 社会党・総評などが日米安保条約改定阻止国民会議を結成 4月10日 皇太子明仁・正田美智子結婚 9月8日 岸首相が安保改定絶対実施を表明 9月30日 ソ連のフルシチョフ首相、北京で毛沢東と会議。共同声明は出されず中ソ対立が激化
1960年（昭和35年）	2月16日 溥儀、北京植物園で働き始める 11月28日 溥傑の特赦が発表される 12月6日 溥傑は北京に戻り、義弟の萬嘉熙宅を訪れる 12月9日 特赦を知り、浩の打った「国務院」宛の電報が溥傑に届く	5月20日 衆議院で新日米安保条約を強行採決 6月15日 全学連主流派が国会突入をはかり警官隊と衝突、東大生樺美智子が死亡 6月19日 新安保条約が自然成立 7月15日 岸信介内閣総辞職 7月18日 池田勇人内閣が成立
1961年（昭和36年）	1月早々 周恩来、溥儀、溥傑兄弟を中南海の執務室に呼び、浩の帰国問題を話し合う 2月12日 周恩来・鄧穎超夫妻が愛新覚羅家の兄弟姉妹を西花庁での晩餐会に招く 3月1日 溥儀、人民政治協商会議の文史専門委員に 5月12日 浩・嫮生と浩の母ら五人が香港経由で広州駅に到着。溥傑と16年ぶりの再会 6月10日 溥傑・浩夫妻ら西花庁に招かれ周恩来に面会。嫮生の日本帰国が決まる	1月20日 米大統領にケネディが就任 4月12日 ソ連ボストーク1号でガガーリン少佐、地球を一周し帰還。「地球は青かった」 5月5日 シェパード中佐を乗せた米国初の有人ロケット打ち上げ成功 9月30日 経済協力開発機構（OECD）が正式発足

1月31日 溥儀、中南海の毛沢東の自宅に招かれ結婚を勧められる 2月 嫮生、日本国籍を取得し、日本に帰化 4月30日 溥儀、李淑賢と結婚 5月 溥傑も政商会議の文史専門委員となる	1962年（昭和37年）	9月24日 毛沢東が中国共産党第10回総会で「資本主義復活の危険性」を指摘し「階級闘争強化」を指示 10月22日 ケネディ大統領がソ連がキューバにミサイル基地建設中と発表。キューバ海上封鎖を声明
11月15日 毛沢東が外国からの賓客に「ひとりの皇帝をほとんど改造し終わった」と語る	1963年（昭和38年）	11月22日 ケネディ大統領、テキサス州ダラスで暗殺される
5月5日 溥儀、自伝『我的前半生』（わが半生）の見本刷を見る 8月30日 溥儀、血尿が出て前立腺炎と診断される	1964年（昭和39年）	10月1日 東海道新幹線開通 10月10日 東京オリンピック開幕
4月25日 溥儀、腎臓がんが確認され、周恩来の指示で協和病院高級幹部病棟に入院 6月7日 左の腎臓と膀胱の一部を切除。26日に退院	1965年（昭和40年）	3月8日 米海兵隊が南ベトナムのダナンに上陸。米国がベトナム戦争に本格介入 6月22日 「日韓基本条約」の調印 11月10日 姚文元の論文『海瑞罷官』を評す」が上海の「文匯報」に掲載され、「文化大革命」の発端となる
3月31日～4月16日 溥儀、5回目の協和病院入院 5月6日～8月27日 文化大革命が激化。溥儀、溥傑に対する攻撃が強まる 9月15日 下僕だった孫博盛から『わが半生』に対する批判文が届く 12月23日 溥儀、協和病院に6回目の入院	1966年（昭和41年）	5月10日 姚文元の「三家村を評す」が上海の「文匯報」に掲載される 5月16日 中国共産党中央委、彭真批判と中央文化革命小組設置を決定。文化大革命が本格化 8月18日 天安門広場で文化大革命勝利百万人集会 12月4日 北京の紅衛兵が彭真らを逮捕

溥儀・溥傑関連	西暦（和暦）	世界・中国・日本の動き
1月30日 李玉琴が協和病院に来て、溥儀を非難 4月～6月 紅衛兵が相次いで病院を訪れ、溥儀を非難する 10月17日 溥儀、腎臓がん、尿毒症、貧血性心臓病のため死去 10月19日 八宝山で火葬。遺骨は八宝山人民公墓納骨堂に預けられる	1967年（昭和42年）	1月25日 中国人民解放軍、文化大革命への介入を表明 1月26日 劉少奇国家主席が大衆の前で「毛語録」を暗唱させられる 4月15日 東京都知事に社会党・共産党推薦の美濃部亮吉が当選
5月29日 嫮生、神戸の実業家福永健治と結婚	1968年（昭和43年）	12月21日 毛沢東が都市インテリの下放を指示
	1972年（昭和47年）	9月29日 田中角栄、周恩来両首相が日中共同声明に調印。日中国交回復
6月27日 嫮生、夫の健治と北京を訪問。10日間滞在 8月 浩の膀胱炎が悪化。入院を繰り返す	1973年（昭和48年）	3月27日 陳楚、初代駐日大使着任 3月31日 小川平四郎、初代駐中国大使着任
12月2日 溥傑と浩が訪日。溥傑は30年ぶり。浩は13年ぶりの帰国 12月3日 溥傑、浩夫妻と嫮生、東宮御所で明仁皇太子・美智子妃と面談	1974年（昭和49年）	8月9日 ニクソン大統領がウォーターゲート事件で辞任 11月26日 田中角栄首相が〝金脈追及〟を受け辞任
12月27日 膀胱がんで入院中の周恩来首相、容態が悪化	1975年（昭和50年）	4月30日 北ベトナム軍がサイゴン入城（ベトナム戦争終結）
	1976年（昭和51年）	1月8日 周恩来総理が死去。享年77 4月5日 周恩来追悼会を四人組が「反革命」と断定し武力で排除（第一次天安門事件） 9月9日 毛沢東が死去。享年82

年	溥儀・溥傑関連	主な出来事
		10月6日 四人組（江青、張春橋、王洪文、姚文元）逮捕。華国鋒首相が党主席に就任
1977年（昭和52年）		7月21日 鄧小平が党副主席に復帰 8月12日 中国共産党大会で「文化大革命」終結宣言
1978年（昭和53年）	2月 溥傑、全国人民代表大会で人民代表満州民族代表に選出される	8月12日 「日中平和友好条約」締結 10月22日 鄧小平副主席が来日
1980年（昭和55年）	10月 溥傑、浩夫妻、2度目の来日。偕行社（陸軍士官学校同窓会）総会に出席	6月12日 過労で入院中の大平正芳首相、急死
1982年（昭和57年）	4月～5月 浩、東大病院に入院し人工透析を受ける。6月、中国に帰国	11月27日 第一次中曽根康弘内閣成立
1983年（昭和58年）	6月11日 溥傑、人民代表常務委員会委員に就任。民族委員会副主任	10月12日 東京地裁ロッキード事件裁判で田中角栄元首相に有罪判決
1987年（昭和62年）	6月20日 浩、北京の友誼病院で死去。享年73 12月12日 溥傑、浩の納骨のため来日	11月29日 大韓航空機がビルマ上陸で墜落。金賢姫を爆弾テロ容疑で逮捕
1988年（昭和63年）	1月17日 溥傑、浩と長女慧生の遺骨を造営された下関の愛新覚羅社に納骨	9月19日 昭和天皇が重体に
1989年（平成元年）		1月7日 昭和天皇崩御。皇太子明仁が即位、平成と改元 6月4日 天安門広場を占拠した学生たちを軍が装甲車戦車で制圧（第二次天安門事件）
1990年（平成2年）	4月 溥傑、浩の三年祭に来日。明仁天皇・美智子皇后に招かれる。5月に嫮生と千葉・ゆかりの家を訪れる	11月12日 皇居で明仁新天皇即位の礼

溥儀・溥傑関連		西暦（和暦）	世界・中国・日本の動き	
10月	溥傑、中国社会科学院の満堂で立命館大学より名誉法学博士号を授与される	1991年（平成3年）	6月3日	雲仙普賢岳で大火砕流。報道陣など死者不明者43人
5月	溥傑、浩の五年祭に来日。最後の訪日となる。6月、2度にわたって天皇皇后と会う	1992年（平成4年）	10月23日	明仁天皇・美智子皇后、史上初めての中国訪問
2月	溥傑、前立腺がんと肺炎のため北京協和病院に入院	1993年（平成5年）	6月9日	皇太子・徳仁親王と小和田雅子結婚の儀
2月28日 4月19日	溥傑、多臓器不全で死去。享年86 日本に運ばれた溥傑の遺骨が下関の愛新覚羅社に合祀される	1994年（平成6年）	6月29日	社会党の村山富市委員長が首相に就任（自社さ連立政権）

主要引用・参考文献

*『わが半生「満州国」皇帝の自伝』上下　愛新覚羅溥儀　小野忍・野原四郎ほか訳　ちくま文庫　一九九二年

*『溥傑自伝「満州国」皇弟を生きて』愛新覚羅溥傑　丸山昇監訳　金若静訳　河出書房新社　一九九五年

*『素顔の皇帝・溥儀　大奥からの証言　第一巻』愛新覚羅毓嶦ほか　菅泰正翻訳・編集　大衛出版社　一九八八年

*『素顔の皇帝・溥儀　大奥からの証言　第二巻』李玉琴　菅泰正翻訳・編集　大衛出版社　一九八八年

*『素顔の皇帝・溥儀　大奥からの証言　第三巻』李淑賢　菅泰正翻訳・編集　大衛出版社　一九八八年

*『愛新覚羅溥儀　最後の人生』賈英華　日中文化学院監訳　時事通信社　一九九五年

*『溥儀・戦犯から死まで　最後の皇帝溥儀の波瀾にみちた後半生』王慶祥　王象一ほか訳　学生社　一九九五年

*『溥儀日記』李淑賢資料提供　王慶祥編　銭端本ほか訳　学生社　一九九四年

*『溥儀　清朝最後の皇帝』入江曜子　岩波新書　二〇〇六年

*『紫禁城の黄昏』R・F・ジョンストン　入江曜子・春名徹訳　岩波文庫　一九八九年

*『我が名はエリザベス　満洲国皇帝の妻の生涯』入江曜子　筑摩書房　一九八八年

*『ラストエンペラー夫人　婉容』池内昭一・孫憲治　毎日新聞社　一九九〇年

*『禁城の虜　ラストエンペラー私生活秘聞』加藤康男　幻冬舎　二〇一四年

*『最後の宦官秘聞　ラストエンペラー溥儀に仕えて』賈英華　林芳訳　日本放送出版協会　二〇〇二年

*『ラストエンペラーの私生活』加藤康男　幻冬舎新書　二〇一九年

*『皇帝溥儀　私は日本を裏切ったか』工藤忠　世界社　一九五二年

*『溥儀の忠臣・工藤忠　忘れられた日本人の満洲国』山田勝芳　朝日新聞出版　二〇一〇年

*『皇帝溥儀』山田清三郎　くろしお出版　一九六〇年

*『流転の王妃　満洲宮廷の悲劇』愛新覚羅浩　文藝春秋新社　一九五九年

*『流転の王妃の昭和史』愛新覚羅浩　新潮文庫　一九九二年

*「運命に泣く浩子姫」上妻斎（『秘録大東亜戦史』上巻収録）富士書苑　一九五三年

*『流転の子　最後の皇女・愛新覚羅嫮生』本岡典子　中央公論新社　二〇一一年

*『流転の王妃　愛新覚羅傳傑・浩　愛の書簡』福永嫮生　文藝春秋　二〇一一年

*『貴妃は毒殺されたか　皇帝溥儀と関東軍参謀吉岡の謎』入江曜子　新潮社　一九九八年

*『われ御身を愛す　愛新覚羅慧生・大久保武道遺簡集』穂積五

一・木下明子編　鏡浦書房　一九六一年
*『皇弟溥傑の昭和史』舩木繁　新潮社　一九八九年
*『李香蘭　私の半生』山口淑子・藤原作弥　新潮社　一九八七年
*『清朝十四王女　川島芳子の生涯』林えり子　ウェッジ　二〇〇七年
*『扈従訪日恭記』林出賢次郎　満州国国務院総務庁情報処　一九三六年
*『満洲国史・総論』満洲国史編纂刊行会編　満蒙同胞援護会　一九七〇年
*『満洲国史・各論』満洲国史編纂刊行会編　満蒙同胞援護会　一九七一年
*『ある軍人の自伝』佐々木到一　普通社　一九六三年
*『東宮鐵男傳』東宮大佐記念事業委員会　一九四〇年
*『回想の満洲国』片倉衷　経済往来社　一九七八年
*『片倉参謀の証言　叛乱と鎮圧』片倉衷　芙蓉書房　一九八一年
*『満州国　虚構の国の彷徨』秋永芳郎　光人社　一九九七年
*『満洲国壊滅秘記』嘉村満雄　大学書房　一九六〇年
*『私と満州国』武藤富男　文藝春秋　一九八八年
*『忘れ得ぬ満洲国』古海忠之　経済往来社　一九七八年
*『獄中の人間学』古海忠之・城野宏　致知出版社　二〇〇四年
*『青い焰の記憶　満洲帝国終戦秘録』岡本武徳　講談社　一九七一年
*『キメラ―満洲国の肖像』山室信一　中公新書　一九九三年
*『満州事変から日中戦争へ』加藤陽子　岩波新書　二〇〇七年
*『戦争まで　歴史を決めた交渉と日本の失敗』加藤陽子　朝日出版社　二〇一六年
*『満洲国「民族協和」の実像』塚瀬進　吉川弘文館　一九九八年
*『真実の満洲史　1894-1956』宮脇淳子　岡田英弘監修　ビジネス社　二〇一三年
*『偽満州国論』武田徹　河出書房新社　一九九五年
*『満州裏史』太田尚樹　講談社　二〇〇五年
*『満州帝国』1―3巻　児島襄　文春文庫　一九八三年
*『満州国皇帝の秘録』中田整一　幻戯書房　二〇〇五年
*『ドキュメント昭和7　皇帝の密約』NHK〝ドキュメント昭和〟取材班　角川書店　一九八七年
*『昭和天皇とラストエンペラー　溥儀と満州国の真実』波多野勝　草思社　二〇〇七年
*『孤高の国母　貞明皇后　知られざる「昭和天皇の母」』川瀬弘至　産経新聞出版　二〇一八年
*『〈女帝〉の日本史』原武史　NHK出版新書　二〇一七年
*『昭和天皇』原武史　岩波新書　二〇〇八年
*『大正天皇』原武史　朝日文庫　二〇一五年
*『人間昭和天皇』上下　高橋紘　講談社　二〇一一年
*『歳月よ　王朝よ　最後の朝鮮王妃自伝』李方子　三省堂　一九

八七年
＊『満州事変　戦争と外交と』臼井勝美　中公新書　一九七四年
＊『木戸幸一日記』上下　木戸日記研究会校訂　東京大学出版会　一九六六年
＊『東條英機と天皇の時代』保阪正康　ちくま文庫　二〇〇五年
＊『秩父宮　昭和天皇弟宮の生涯』保阪正康　中央公論新社　二〇〇〇年
＊『瀬島龍三　参謀の昭和史』保阪正康　文春文庫　一九九一年
＊『昭和の怪物　七つの謎』保阪正康　講談社現代新書　二〇一八年
＊『東條英機　阿片の闇　満州の夢』太田尚樹　角川学芸出版　二〇〇九年
＊『石原莞爾と満州事変』太平洋戦争研究会編著　PHP研究所　二〇〇九年
＊『秘録　石原莞爾』横山臣平　芙蓉書房　一九七一年
＊「満蒙私見」石原莞爾（『昭和史探索』2　所収資料）半藤一利編著　ちくま文庫　二〇〇七年
＊『全文　リットン報告書［新装版］』渡部昇一解説・編　ビジネス社　二〇一四年
＊『関東軍とは何だったのか　満洲支配の実像』小林英夫　KADOKAWA　二〇一五年
＊『「張作霖を殺した男」の実像』桑田冨美子　文藝春秋企画出版部　二〇一九年
＊『ソ連が満洲に侵攻した夏』半藤一利　文藝春秋　一九九九年
＊『幾山河　瀬島龍三回想録』瀬島龍三　産経新聞社　一九九五年
＊『戦史叢書　関東軍2　関特演・終戦時の対ソ戦』防衛庁防衛研修所戦史室　朝雲新聞社　一九七四年
＊『満洲―1945・8・9　ソ連進攻と日本軍』中山隆志　国書刊行会　一九九〇年
＊『軍ファシズム運動史』秦郁彦　河出書房新社　二〇一二年
＊『解禁　昭和裏面史　旋風二十年』森正蔵　ちくま学芸文庫　二〇〇九年
＊『帝国陸軍の最後（5）終末篇』伊藤正徳　光人社　一九九八年
＊「通化幾山河」山田一郎（『秘録大東亜戦史』下巻収録）富士書苑　一九五三年
＊『通化事件』佐藤和明　新評論社　一九八九年
＊『藤田大佐の最後』松原一枝　文藝春秋　一九七二年
＊『その日、関東軍は　元関東軍参謀作戦班長の証言』草地貞吾　宮川書房　一九六七年
＊『八月十五日からの戦争「通化事件」』加藤康男　扶桑社　二〇一八年
＊『極東軍事裁判速記録　第一巻』新田満夫編集　雄松堂書店　一九六八年
＊『東京裁判』上下　児島襄　中公新書　一九七一年
＊『秘録東京裁判』清瀬一郎　中公文庫　一九八六年
＊『東京裁判への道』上下　粟屋憲太郎　講談社　二〇〇六年
＊『東京裁判をさばく』上　滝川政次郎　東和社　一九五二年

＊『巣鴨日記』重光葵　文藝春秋新社　一九五三年
＊『東京裁判』日暮吉延　講談社現代新書　二〇〇八年
＊『東京裁判の全貌』平塚柾緒　河出文庫　二〇〇五年
＊『東京裁判の２０３人』太平洋戦争研究会編著　ビジネス社　二〇一五年
＊『復刻版　25被告の表情』読売法廷記者共著　諏訪書房　二〇〇八年
＊『周恩来秘録　党機密文書は語る』上下　高文謙　上村幸治訳　文春文庫　二〇一〇年
＊『周恩来・最後の十年』張佐良　早坂義征訳　日本経済新聞社　一九九九年
＊『私は中国の指導者の通訳だった』周斌　加藤千洋・鹿雪瑩訳　岩波書店　二〇一五年
＊『中国撫順戦犯管理所職員の証言』新井利男資料保存会編　梨の木舎　二〇〇三年
＊『毛沢東語録』毛沢東　竹内実訳　平凡社ライブラリー　一九九五年
＊『毛沢東、周恩来と溥儀』王慶祥　松田徹訳　科学出版社東京　二〇一七年
＊『文化大革命　人民の歴史１９６２―１９７６』上下　フランク・ディケーター　谷川真一監訳　今西康子訳　人文書院　二〇二〇年
＊『日本人のための中国共産党１００年史』内藤博文　河出書房新社　二〇二〇年
＊『中国共産党、その百年』石川禎浩　筑摩書房　二〇二一年
＊『日中戦後外交秘史　１９５４年の奇跡』加藤徹・林振江　新潮新書　二〇一二年
＊『日中関係　戦後から新時代へ』毛里和子　岩波新書　二〇〇六年
＊『絵画の運命　美しきもの見し人は』柴崎信三　幻戯書房　二〇二〇年
＊『象徴天皇の旅』井上亮　平凡社新書　二〇一八年
＊『不屈の春雷　十河信二とその時代』上下　牧久　ウエッジ　二〇一三年
＊『満蒙開拓、夢はるかなり』上下　牧久　ウエッジ　二〇一五年

〈雑誌〉

＊「満州事変はこうして計画された」花谷正「別冊知性」一九五六年十二月号
＊「満州事変の舞台裏」花谷正「文藝春秋」一九五五年八月号
＊「溥儀元皇帝の憎悪と真相」「週刊新潮」一九六一年十月九日号
＊「七万人を降伏させた男」田中徹雄「週刊文春」一九五九年十一月二日号
＊「大本営の２０００日」瀬島龍三「文藝春秋」一九七五年十二月号
＊「天皇とアメリカと太平洋戦争」児島襄「文藝春秋」一九七五年十一月号

＊「戦犯リストの中の天皇」児島襄　「文藝春秋」一九七五年十二月号
＊「皇帝溥儀は何を考えていたか」工藤忠　「文藝春秋」一九五六年九月号

〈新聞〉（発行の日付は本文中に明記）
＊朝日新聞　＊毎日新聞　＊読売新聞

〈外務省外交史料館所蔵史料〉
＊「宣統帝弟等日本留学ノ件」
＊「日本国臣民タル婦女カ日本国臣民ニ非サル満洲国人ト婚姻シタル場合ノ国籍取得ニ関スル件」
＊「満洲国皇帝陛下御弟溥傑中尉結婚式挙行ニ関スル件」
＊「厳秘会見録」林出賢次郎
＊「林出賢次郎関係文書」
＊「昭和十年　康徳二年五月二日宣告セラレタル詔書ノ真偽」
＊諸外国内政「宣統帝復辟問題雑件」
＊「外国元首並皇族本邦訪問関係雑件」（満洲国皇帝二千六百年慶祝ノタメ御来朝一件）
＊「特使秩父宮殿下満州国御訪問一件」
＊「秩父宮殿下を迎え奉りて　林出謹記」

〈図録〉
＊『故宮珍蔵人物照片薈萃』劉北汜・徐啓憲編　紫禁城出版　一九九四年
＊『偽満州国　史実図證』張承鈞編　文化出版公司　二〇〇三年
＊『覚醒　日本戦犯改造紀実』群象出版社編集　新華出版　一九九一年

著者紹介

牧久

（まき・ひさし）

ジャーナリスト。1941年（昭和16年）、大分県生まれ。64年（昭和39年）日本経済新聞社入社、東京本社編集局社会部に所属。サイゴン・シンガポール特派員、89年（平成元年）、東京・社会部長。その後、代表取締役副社長を経て、テレビ大阪会長。著書に『「安南王国」の夢――ベトナム独立を支援した日本人』、『不屈の春雷――十河信二とその時代』『満蒙開拓、夢はるかなり――加藤完治と東宮鐵男』（以上ウェッジ）、『昭和解体――国鉄分割・民営化30年目の真実』（講談社）、『暴君――新左翼・松崎明に支配されたJR秘史』（小学館）などがある

表紙カバー写真
1935年（昭和10年）、来日した溥儀は、4月9日に代々木練兵場での
近衛師団1万人の観兵式に裕仁天皇とともに臨んだ（Everett Collection ／アフロ）

図版／ためのり企画

編集／加藤企画編集事務所

装幀／間村俊一

転《てん》生《せい》

満州国皇帝《まんしゅうこくこうてい》・愛新覚羅家《あいしんかくらけ》と天皇家《てんのうけ》の昭和《しょうわ》

2022年8月1日　初版第1刷発行
2022年12月14日　　第2刷発行

著　者　牧《まき》 久《ひさし》
発行者　飯田 昌宏
発行所　株式会社 小学館
〒101-8001
東京都千代田区一ツ橋 2-3-1
電　話　編集 03-3230-5179
　　　　販売 03-5281-3555
印刷所　凸版印刷 株式会社
製本所　株式会社 若林製本工場

ISBN978-4-09-388858-5